复兴路上的
经典表达与沟通

主审　丁文利
策划　李国栋
主编　王中慧　孙　杰

山东人民出版社·济南
国家一级出版社　全国百佳图书出版单位

图书在版编目（CIP）数据

复兴路上的经典表达与沟通 / 王中慧，孙杰主编．-- 济南 ：山东人民出版社，2024．11．-- ISBN 978-7-209-15410-9

Ⅰ．D616

中国国家版本馆CIP数据核字第2024M9W482号

复兴路上的经典表达与沟通

FUXING LUSHANG DE JINGDIAN BIAODA YU GOUTONG

王中慧　孙杰　主编

主管单位　山东出版传媒股份有限公司
出版发行　山东人民出版社
出 版 人　胡长青
社　　址　济南市市中区舜耕路517号
邮　　编　250003
电　　话　总编室（0531）82098914
　　　　　市场部（0531）82098027
网　　址　http://www.sd-book.com.cn
印　　装　日照报业印刷有限公司
经　　销　新华书店

规　　格　16开（185mm×260mm）
印　　张　21.25
字　　数　380千字
版　　次　2024年11月第1版
印　　次　2024年11月第1次
ISBN 978-7-209-15410-9
定　　价　48.00元

教学资源

在中华民族伟大复兴征程之中，表达与沟通宛如熠熠生辉的星光，恰似划破黑暗的闪电，照亮我们前行的道路，对于凝心聚力，铸就新的辉煌具有不可替代的作用。

回顾往昔，从觉醒年代的曙光初现，到如今全球化浪潮汹涌澎湃的时代；从革命年代那充满热血的呐喊，到建设时期热烈而富有深度的探讨，表达与沟通就像一艘永不沉没的巨轮，始终稳稳地承载着推动国家发展、民族进步的重任。

表达，是自我的精彩展现，是观点的深刻阐述，它如同赋予我们一把开启时代舞台大门的钥匙，让我们拥有在这个舞台上发声的神圣权利。在中华民族伟大复兴之路上，数不清的仁人志士以激昂的言辞、深刻的文字、伟大的行动，像传递圣火一般表达着对祖国的炽烈热爱和对民族未来充满希望的憧憬。在这更接近伟大复兴的时代背景之下，我们更应当像精心打磨宝剑一样，学会准确、有力地表达自己的想法和见解，为国家的发展积极建言献策，如同勤劳的工匠为民族的复兴添砖加瓦。

沟通，是思想的深度交流，是情感的诚挚传递，它宛若一条无形的丝带，将不同的个体紧密相连，使大家能够相互理解、相互协作。在中华民族伟大复兴的道路上，我们需要像紧密拥抱家人一样与同胞沟通，从而凝聚起全体中华儿女的力量；我们还需要像热情的使者一样与世界沟通，让世界能够更加透彻地理解中国的理念、中国的梦想。不管是面对面的亲切交流，还是借助各种媒介的广泛传播，有效的沟通就像一把神奇的钥匙，是打破隔阂、增进共识的关键所在。

我们推出本书的目的在于，以荣获“五个一工程”优秀作品奖的经典电视剧为主要依托，借助剧中生动逼真的情景再现，去探寻复兴路上那些堪称经典的表达与沟通案例，像考古学家挖掘宝藏一般剖析其中蕴含的智慧与技巧。既引领读者如同漫步历史长廊一般回顾历史长河中那些伟大的演讲、精彩的辩论、深刻的著作，从中汲取沟通与表达的精华；又引领读者将目光聚焦于当代社会那些具有强大影响力的话语、成功的沟通实践，从而总结出适用于新时代的表达与沟通方法。通过对这些经典案例进行深入细致的研究，为读者提供积极有益的启示，助力大家在复兴的道路上更好地运用表达与沟通的强大力量。

中华民族伟大复兴之路，恰似漫长而充满挑战的新长征，任重而道远。让我们以沟通为坚固的桥梁，以表达为嘹亮的号角，齐心协力共同奏响中华民族伟大复兴的壮丽乐章！

山东信息职业技术学院党委副书记、院长 丁文利

2024 年 10 月 28 日

目录

CONTENTS

第一章 寻梦路上的经典表达与沟通

第一节　把人民调动起来

可在学习强国App中搜索“五个一工程”或剧名观看

一、好剧推荐

《觉醒年代》，一部堪称史诗级的电视剧，带你“穿越”回一百多年前那个风云激荡、波澜壮阔的觉醒时代。

这部剧以其深刻的历史洞察和细腻的人物刻画，为我们重现了新文化运动、五四运动到1921年中国共产党成立这一段惊心动魄的历程。它不仅仅是一部简单的影视作品，更是一堂生动的历史课，让我们对那个时代有了全新的认识和理解。

在剧中，你会看到陈独秀、李大钊等革命先驱们，心怀天下，以坚定的信念和无畏的勇气，在黑暗中摸索前行，为寻找中国的出路而不懈努力。他们的形象不再是历史书上的刻板文字，而是一个个有血有肉、情感丰富的鲜活人物。他们的理想与挣扎、激情与困惑，都能深深触动你的心灵。

《觉醒年代》制作精良，每一帧画面都仿佛是一幅历史画卷。从北京的胡同到上海的弄堂，从北大的校园到工厂的车间，每一个场景都充满了时代的气息，让你仿佛身临其境。

这部剧的台词更是精彩绝伦，句句发人深省。那些激昂的演讲、深刻的辩论，无不展现着那个时代知识分子的思想深度和社会责任感。

《觉醒年代》不仅让我们铭记历史，更让我们从历史中汲取力量。它让我们明白，如今的幸福生活来之不易，是无数先烈用鲜血和生命换来的。它激励着我们在新时代，继承和发扬先辈们的精神，为实现中华民族的伟大复兴而努力奋斗。

如果你渴望了解中国近代的觉醒之路，感受那段激情燃烧的岁月，那么《觉醒年代》绝对是你的不二之选。让我们一同走进这部剧，去见证那个伟大的觉醒年代！

二、经典表达与沟通

（一）当代新青年的“六个标准”

1. 沟通背景

在《觉醒年代》第3集中，陈独秀在上海震旦学院礼堂演讲的时代背景是20世纪初中国内忧外患、社会动荡的局面。当时，中国面临着诸多困境，如封建思想的束缚、国家的贫弱、列强的侵略等。

为了改变这种状况，一些有识之士开始寻求救国救民的道路。新文化运动正在兴起，人们渴望通过思想启蒙，唤起民众的觉悟，推动中国社会的进步和变革。

陈独秀创办的《青年杂志》（后更名为《新青年》）便是新文化运动的重要阵地之一。他在震旦学院礼堂的演讲，主要是向青年学生传播新思想、新文化，鼓励青年们追求自由、进步、科学，摆脱封建思想的禁锢，成为具有自主意识、进取精神和世界视野的新青年。

2. 沟通竞秀

3. 沟通经典

有人说，你陈独秀创办杂志是为了唤醒国人政治的和伦理的觉悟，那么这个觉悟究竟是什么？

大家知道，道光年林则徐禁了鸦片，英国人就打进了中国，人家船坚炮利，我们一败涂地。于是，有人就提出，要“师夷长技以制夷”，这是第一道觉悟。知道自己技不如人，要向人家学习。后来，有人也进一步认识到，我们不光技不如人，最重要的是国不如人，洋人有比我们先进的制度，于是就有了戊戌变法、晚清新政，直至辛亥革命推翻帝制，建立了共和，这是第二道觉悟。可是，建立了民国又怎么样呢？洋人照样欺负我们，老百姓照样吃不饱饭，这是为什么？这就不光是我们技不如人、制度不如人，最根本的是我们思想、道德、理念不如人家先进，所以我说，所有觉悟归根结底就是思想的觉悟、道德理念的觉悟，这最后的觉悟，说到底，人的觉悟！这最后的觉悟就是要换脑子，要找到世界上最先进的思想来武装我们的人民，来塑造新一代青年，来创造一个崭新的国家。

当代中国的新青年，我以为应该有六个标准：一、自主的，而非奴隶的；二、进步的，而非保守的；三、进取的，而非退隐的；四、世界的，而非锁国的；五、实力的，而非虚文的；六、科学的，而非想象的。六条标准，总的来说，就是科学与民主。要造就一代新青年，唯有用科学和民主并重。科学与民主就是检验政治、法律、伦理、学术以及社会风俗和人们日常生活一言一行的准绳。凡是违反科学与民主的，哪怕是祖宗之遗留、圣贤之垂教、社会之崇尚，皆不值得提倡！

科学和民主是朝阳，而现如今，国家却是一个被捂得严严实实的、发着霉、烂着疮、流着脓的老房子，怎么样才能让科学和民主的阳光照亮房子呢？过去我们用最简单的方法推倒老房子，可是你推倒了这房子，那霉、那疮、那浓，还依然藏在里面，长出来的还依然是腐朽的脏东西。所以，中国要强大，我们不仅要推掉那所房子，更重要的是，我们要挖掉其腐朽的根源，来一场深刻的思想革命，用科学与民主的理念来武装我们的青年。怎么武装？大家都在探索。我的意见是先让我们从入心入脑的日常生活做起，先从我们说话写字做起，提倡白话文，说大家都能听懂的话，写大家都能看明白的文字，我们要用新文学的力量来启蒙大众的思想。

4. 沟通实效

在《觉醒年代》第 3 集中，陈独秀在上海震旦学院礼堂的演讲取得了非常显著的效果，可以说是全剧的第一个高潮。

在演讲中，他把旧中国社会比喻为一座“流着脓的老房子”，呼吁大家树立清醒的认识，从复辟的美梦中清醒过来。他提出了当代新青年的“六条标准”：

（1）自主的，而非奴隶的；

（2）进步的，而非保守的；

（3）进取的，而非退隐的；

（4）世界的，而非锁国的；

（5）实利的，而非虚文的；

（6）科学的，而非想象的。

陈独秀强调不光是技不如人、制度不如人，最根本的是思想、道德、理念不如人家先进。他指出要造就一代新青年，唯有科学和民主并重，要高举“德先生”（民主）和“赛先生”（科学）两面大旗，提倡白话文，用新思想、新文学的力量从精神上改造国民思想，开启民智。

这场演讲具有极强的感染力和启发性，让在场的人深受触动，也引发了他们对于当时中国现状和未来的深刻思考。

陈独秀演讲中的激情、睿智和坚定，让观众更能感受到演讲的魅力和力量。

剧中这一情节不仅推动了剧情的发展，也生动地展现了那个时代有识之士对国家命运的关切和为寻求变革所做出的努力。

5. 沟通策略

在《觉醒年代》第 3 集中，陈独秀在上海震旦学院礼堂演讲时运用了以下策略：

（1）以激情和感染力引发共鸣。陈独秀的演讲充满激情，通过慷慨激昂的言辞和坚定的态度，激发学生们对国家命运的关注和责任感，引发他们的共鸣。

（2）提出明确的观点和标准。他明确地提出了新青年的“六条标准”，使学生们对新青年的特质有了清晰的认识。

（3）结合时代背景进行阐述。演讲中，陈独秀将当时中国社会的现状与历史、国际形势相结合，强调中国需要改变和进步，让学生们深刻理解到时代的需求和他们肩负的使命。

（4）运用生动比喻。把旧中国社会比喻为一座“流着脓的老房子”，这种生动形象的比喻有助于学生们更好地理解中国当时面临的困境和需要进行彻底变革的紧迫性。

（5）借助肢体语言和神态。陈独秀的演讲形神兼备，激情、睿智、坚定，增强了演讲的表现力和感染力。

这些演讲策略使得陈独秀能够有效地传达他的思想和观点，激发学生们的思考和行动，为推动新文化运动和启发青年的觉醒起到了重要作用。

6. 沟通启示

在《觉醒年代》第 3 集中，陈独秀在上海震旦学院礼堂的演讲带来了以下启示：

（1）勇于发声，引领时代。陈独秀作为首先觉醒的人之一，他的演讲体现了一种敢为天下先的精神。他就像那只爬上话筒的蚂蚁，虽然力量微小，却能发出振聋发聩的声音，警醒民众，引领思想变革。这启示人们在时代需要变革时，要勇于站出来表达自己的观点，发挥引领作用。

（2）倡导科学与民主。他提出新青年的“六条标准”，总的来说就是科学与民主。这强调了科学和民主的重要性，提醒人们要用科学的思维和方法去认识世界、解决问题，同时要追求民主，保障人民的权利和自由。

（3）关注社会现实，推动进步。陈独秀的演讲针对当时中国社会的现状，呼吁青年们积极进取，而非保守退隐。这启示人们要关注社会现实，不满足于现状，以进步的思想和行动推动社会的发展和进步。

（4）培养全面发展的个体。“六条标准”涵盖了自主、进步、进取、开放、务实和科学等方面，这表明一个全面发展的个体应该具备这些特质。它提醒人们在自我成长和教育中，要注重培养多方面的素质和能力。

（5）思想启蒙的重要性。演讲的目的是进行入心入脑的思想启蒙，让民众摆脱旧思想的束缚，认识到时代的需求和自身的责任，这凸显了思想启蒙对于社会变革和进步的关键作用，能够激励人们不断追求新的思想和理念。

（6）坚定信念，不畏困难。陈独秀深知自己所走的道路艰难，但仍义无反顾。这启示人们在追求真理和理想的道路上，要有坚定的信念，不畏惧困难和挫折，勇往直前。

（7）个体觉醒与时代觉醒的关系。正如剧中所表达的，只有当每个个体觉醒了，才会有觉醒的时代。这提醒人们每个人都可以为社会的进步做出贡献，个体的觉醒和努力能够汇聚成推动时代发展的强大力量。

这场演讲让人们深刻认识到，在时代的变革中，需要以科学、民主的精神，唤起民众的觉醒，推动社会的进步和发展。同时，也激励着当代人在面对各种挑战时，要勇于发声、坚持信念，为实现个人价值和社会进步而努力。

（二）蔡元培北大校长就职演说

1. 沟通背景

在《觉醒年代》第 6 集中，蔡元培就职演说的背景如下：

蔡元培赴任的北京大学，前身是京师大学堂，是戊戌变法仅存的硕果。戊戌变法运动失败后，几乎所有的新政措施都被废除了，只有京师大学堂得以保留。1912 年 5 月，京师大学堂改名为北京大学，但本质丝毫未变。

蔡元培到来之前的北大，总的来说还是一所封建思想、官僚习气十分浓厚的学府。老师多是北洋官僚，学问不大，架子不小，死守本分，不容许新思想。学生多是王公贵族、富家子弟，他们来北大的目的也不再是为了知识，而是为了当官发财。当时，在学生中十分流行结拜兄弟，以便毕业后，谁的官做得大，其他人就到其手下做事，捞个一官半职。

当时许多朋友都劝蔡元培不要去蹚这趟浑水，以免毁了他的名声，但他毅然决然地到北大赴任了。

1917 年 1 月 4 日，北京大雪纷飞，蔡元培就任北京大学校长。五天后，他在北大发表了著名的就职演说。

2. 沟通竞秀

3. 沟通经典

各位，五年前严复先生为北大校长时，我服务于教育部，做教育总长。记得北大开学的那天，我为本校做了一点贡献。诸君多自预科毕业而来，想必也知道。士别三日刮目相看，何况时日已过去数年。诸君与往昔相比，一定有了长足的进步。我今天就要服务于北大，我有三件事要告诉诸君。

一、抱定宗旨。诸君来此求学必有一定宗旨，须知宗旨正大与否，必先知大学之性质。大学者，研究高深学问之者矣。现在外面常常有人指责北大之腐败，是因为来此求学者，都抱有当官发财的思想，以此为捷径。因为一心要做官，一心想发财，所以，从不问教员之学问深浅，唯问教员官职的大小，官阶大的就特别受欢迎，这大概是为了方便毕业时有人提携吧。我想说的是，诸君来北大求学，三年或四年，时间不谓不多，如能爱惜光阴，孜孜求学，则其造诣定然会很高很深。诸君来北大求学的宗旨是做官发财，那这个宗旨就错了，求学的路就必然走偏了。平时冶游，考试来了，才去翻读讲义，不问学问之有无，唯争分数之多寡。考试结束，书籍束之高阁，毫不过问，潦草塞责，文凭到手，即可以此活动于社会。光阴虚度，学问毫无。这是自误啊，这与到北大求学的真正宗旨是大相背驰的。大家也许还记得发生不久的辛亥革命，我们之所以要革命，就是因为清朝政府太腐败。就是现在，也有许多人对现状不满意，也是因为社会道德沦丧。诸君在这个时候如果不打好基础，勤奋求学，万一为生计所迫做了教育，则一定会耽误学生哪；你进入政界，则一定会耽误国家呀，这是耽误别人——误人误己。所以宗旨不可以不正大，这是我希望于诸君者之一。

二、砥砺德行。如今的社会风气呀，越来越苟且敷衍，只顾眼前，道德沦丧，败坏德行的事触目皆是，不是德行根基牢固的人，少有不被这种社会风气所污染。各位，国家的兴衰，要看社会风气是高尚还是低劣，如果都流行于这种社会风气，前途不堪设想，所以要有卓越之人，以身作则，尽力去矫正这种颓废的社会风气。诸君皆为大学学生，地位甚高，肩此重任，责无旁贷。如果德不修，学不讲，还与这种颓废的社会风气同流合污，那亦是侮辱自己，更何谈做他人的榜样呢？所以，品行不可以不严谨对待和修养，这是我希望于诸君者之二。

三、尊敬师友。坦诚相见，开诚布公，相互勉励。各位，我们同处北大，要荣辱与共啊。我相信，我们北大一定会是出文化大家、思想大家的地方。

我今天就说这么多，来日方长，随时再为商榷。

4. 沟通实效

在《觉醒年代》第6集中，蔡元培的就职演说取得了显著的效果，主要体现在以下几个方面：

（1）明确办学宗旨和求学目的。他指出大学是研究高深学问的地方，来北大求学不应以当官发财为宗旨，否则求学之路就会走偏。这让学生们重新审视自己的学习目的，促使他们更加专注于学术研究和对知识的追求，为北大营造了浓厚的学术氛围。

（2）强调砥砺德行的重要性。当时社会风气败坏，道德沦丧的事情屡见不鲜。蔡元培鼓励学生以身作则，矫正颓废的社会风气，肩负起大学生的责任。这有助于提升学生的道德修养和社会责任感，培养具有高尚品德的人才。

（3）倡导尊敬师友、团结互助。他希望师生之间能够坦诚相见、开诚布公、相互勉励，共同为北大的发展努力。这促进了北大校内师生关系的和谐，营造了良好的学术交流和合作的氛围。

（4）为北大带来新的气象和灵魂。蔡元培的就职演说如空谷足音，驱散了当时北大上空密布的乌云。从这一刻开始，北京大学逐渐摆脱了封建思想和官僚习气的束缚，完成了脱胎换骨，真正成为一块民族文化的精神圣地，吸引和汇聚了众多优秀的学者和有志青年。

（5）激励全国青年。其演说不仅赋予了北京大学新的灵魂，也激励了全国的青年学子，让他们认识到自己的责任和使命，应努力追求学问，修养品行，为社会的进步和发展贡献自己的力量。

正如当时还是学生、后来出任国立清华大学校长的罗家伦回忆所说的："那深邃、无畏而又强烈震撼人们心灵深处的声音，驱散了北京上空密布的乌云。它不仅赋予了北京大学一个新的灵魂，而且激励了全国的青年。"

总之，蔡元培的就职演说具有深远的影响，对当时的北京大学乃至整个中国的教育界和社会都产生了积极的推动作用。即使在现代社会，其演说中所强调的一些观点和理念，仍然具有重要的启示和借鉴意义。

5. 沟通策略

在《觉醒年代》第6集中，蔡元培的就职演说运用了以下策略：

（1）以自身经历开场。演说开始时，蔡元培提到五年前严复先生任北大校长时，自己服务于教育部，且曾为北大做过贡献，由此拉近了与听众的距离，使师生们更容易接受他接下来的观点。

（2）强调进步与变化。他表示诸君与往昔相比，必有长足进步，肯定了学生的发展潜力，让大家更愿意聆听他的教诲。

（3）明确指出问题。蔡元培直截了当地指出北大当时存在的不良现象，即学生来此求学多抱有当官发财的思想，导致不问教员学问深浅，只关注其官职大小等不良风气。他通过清晰地阐述问题，引起师生对现状的关注和反思。

（4）阐述大学的真正性质。向学生阐明大学是研究高深学问的地方，使学生明白求学的正确宗旨，引导他们树立正确的学习目标。

（5）分析利害关系。详细剖析了抱着做官发财宗旨求学的弊端，指出这样会导致光阴虚度、学问毫无，不仅自误，将来进入政界或做教员还会误人误国，让学生深刻认识到问题的严重性。

（6）结合时代背景。提到辛亥革命的原因是清朝政府腐败，而当时社会仍存在道德沦丧的问题，使学生明白在这样的时代背景下，更应打好基础、勤奋求学，肩负起社会责任。

（7）强调砥砺德行的重要性。针对当时社会风气苟且敷衍、道德败坏的现象，指出国家兴衰与社会风气相关，而大学生地位甚高，有责任以身作则，矫正颓废风气，激励学生注重自身品行修养。

（8）倡导尊敬师友。鼓励学生与教员、同学之间坦诚相见、开诚布公、相互勉励，营造良好的学术氛围和校园风气，增强学校的凝聚力。

（9）表达期望与信心。蔡元培在演说中多次表达对学生的期望，如抱定宗旨、砥砺德行、敬爱师友等，同时也相信北大一定会是出文化大家、思想大家的地方，给予师生积极的引导和激励。

6. 沟通启示

在《觉醒年代》第 6 集中，蔡元培的就职演说带来了以下启示：

（1）明确学习目的。提醒学生应抱定正确的宗旨，即研究高深学问，而非将求学作为升官发财的捷径。这启示我们在学习和追求事业时，要明确自己的真正目标，避免被功利心所驱使，专注于知识的积累和自身的成长。

（2）珍惜学习时光。激励学生爱惜光阴、孜孜不倦地求学，以求得高深的造诣。这告诫我们时间宝贵，应充分利用学习机会，不断提升自己的能力和素养，不能虚度光阴，只追求表面的分数或文凭。

（3）重视品德修养。强调砥砺德行的重要性，鼓励学生以身作则，矫正颓废的社会风气。在现实生活中，我们也应注重自身品德的培养，不被不良风气所影响，以良好的品行影响他人，为社会风气的改善尽一份责任。

（4）尊敬师友，共同进步。倡导学生与教员、同学之间坦诚相见、开诚布公、相互勉励。这提示我们在学习和工作中，要尊重他人，与他人建立良好的关系，相互学习、相互促进，共同成长和进步。

（5）关注社会，担当责任。指出学生应肩负起社会责任，若没有扎实的学问基础，进入政界或从事教育可能会误人误国。这启示我们要有社会责任感，努力提升自己，以便更好地为社会的发展做出贡献。

（6）保持独立思考。蔡元培对当时社会现象的批判和对大学本质的阐述，鼓励人们不盲目跟从潮流，要有自己的判断和思考能力，分辨是非善恶，坚守正确的价值观。

（7）推动教育改革与发展。蔡元培对北大的改革理念展示了教育创新和改革的重要性。教育机构应不断反思和改进教育方式和理念，营造良好的学术氛围，培养具有真才实学和高尚品德的人才。

（8）文化传承与创新。辜鸿铭等复古派的存在也提醒我们，在追求新文化、新思想的同时，不能完全摒弃传统文化中的精华，应在传承优秀传统文化的基础上，结合时代需求进行创新和发展。

（三）讨论会上的发言

1. 沟通背景

在《觉醒年代》第 7 集中，文科教授黄侃致信蔡元培，诉学生邓中夏、郭心刚扰乱课堂秩序，辱骂师长，背经离道，要求给予校纪处分。

蔡元培责成学校牵头检查，弄清原委，并提出处理意见。为了慎重起见，蔡元培亲自参加讨论会，认真听取相关发言。

会上，黄侃教授发表自己的意见："我们北大历来是师道尊严、有规矩、讲规矩的学校。可是，近来在所谓新文化思潮的蛊惑之下，部分学生思想混乱，纪律懈怠，竟公然在课堂之上起哄，辱骂老师，真岂有此理！是可忍，孰不可忍！主犯郭心刚、邓中夏必须受到校纪处分，以儆效尤！"

邓中夏辩论发言如下："各位师长，各位先生，我们并没有扰乱课堂纪律，我们只不过是不太同意黄侃教授对于白话诗的观点，以及他在课堂上对于《新青年》杂志的行为，我们在课堂上进行了一些交流和辩论，我以为，这应该属于学术自由的范畴，而不属于什么辱骂老师。"

学生张丰载说："邓中夏，你怎么能撒谎呢？你为什么不说实话？我证明，郭心刚同学确实辱骂黄侃教授是强词夺理，大家都看到了。"

郭心刚辩论发言如下："诸位先生，黄侃教授在课堂上以一己之见攻击《新青年》和白话诗，说《新青年》是牛粪苍蝇，说白话诗的作者是白痴，而且说他的话才是真理且不容置疑。这难道不就是强词夺理吗？"

陈独秀作为北大文科学长，应邀发言如下："这件事情的缘起是白话文和《新青年》杂志，我是重要的当事人，就是黄侃教授所说的最大的白痴，白话就是大傻子，那我这个傻子就保持沉默，不说傻话了啊。"

钱玄同教授、沈尹默教授与辜鸿铭教授对此各执己见，争论一番后，会议主持人许先生请蔡元培讲话。

2. 沟通竞秀

____

____

3. 沟通经典

刚才，许先生是口误啊，不能说是诉讼，我们今天是个讨论会，应该是发表自己的意见。请黄侃先生发表自己的意见。

…………

今天参加这个这个讨论会啊，我是没有准备要说话的，不过，刚才大家讨论得非常激烈，坦率地说，也感染了我，那我就说一些。我直言不讳地说，我认为这个讨论会很好，出了问题，自由讨论，集思广益，这本身是我们北大改革的一项举措。大家刚才讨论的是有关学校的校规问题，我们北大是有规矩的，我以为北大最大的规矩，那就是科学民主、兼容并包。科学民主的前提是什么？是平等。真理面前人人平等，更何况师生呢？兼容并包，就是大家都能发表自己的学术观点，畅所欲言嘛，这应该是我们北大的学风。我相信，像今天这样的讨论，以后在北大会经常发生，我也希望像这样的讨论会，哪怕是再激烈一点，只要对教学有益，多多益善哪！

4. 沟通实效

在《觉醒年代》第 7 集中，蔡元培在讨论会上的讲话取得了显著的效果，主要体现在以下几个方面：

（1）明确会议基调。蔡元培将原本可能是一场诉讼会的讨论，巧妙地转变为思想讨论会。他一出手就给会议定了调子，"刚才，许先生是口误啊，不能说是诉讼，我们今天是个讨论会，应该是发表自己的意见。”将讨论会引领为对不同学术思想的一次探讨，避免了简单地判定师生双方的对错，在保护了学生的同时，也维护了北大校园内“思想自由”的环境。

（2）贯彻“兼容并包”的理念。蔡元培提出“我们北大是有规矩的，我以为北大最大的规矩，那就是科学民主、兼容并包”。只要学说“确有所见”和“言之成理”，即使相互对立，也可在校园内并行。他希望学生通过比较和选择，自主形成自己的思想体系，而非靠外界强行灌输或压制。这体现了他“兼容并包”的教育理念，使北大能够成为各种学说百家争鸣的“花园”，突出了大学之“大”在于学问和胸怀。

（3）解决实际冲突。针对黄侃起诉郭心刚、邓中夏一事，蔡元培以科学民主、兼容并包的态度进行定论，化解了师生之间的冲突和矛盾。他让有不同观点的双方都有机会表达自己的看法，而不是单纯地支持某一方，使问题得到了较为妥善的解决。

（4）塑造北大的精神气质。蔡元培作为校长，他的性格和气质塑造了北大的精神。他对北大的改造和影响不仅体现在学术和行政方面，更深深烙印在新北大的气质和性格中。他的“兼容并包”理念成为北大的特色，吸引了众多不同学术背景和思想主张的大师，使北大呈现出空前活跃的局面，为新文化、新思潮的发轫打下基础。

总的来说，蔡元培的讲话既解决了具体问题，又传递了先进的教育理念和价值观念，为北大营造了开放、包容、自由的学术氛围，推动了北大的改革与发展，也为中国高等教育的发展提供了宝贵的经验和启示。

5. 沟通策略

在《觉醒年代》第7集中，蔡元培在讨论会上讲话时运用了以下策略：

（1）定基调。会议伊始，许先生提出本次会议是对黄侃诉讼的讨论，可视为一场诉讼会。但蔡元培马上纠正，将其定义为思想讨论会，不存在“有罪无罪”，而是对不同学术思想的探讨，既保护了学生，也维护了北大“思想自由”的环境。

（2）阐述理念。只要符合“确有所见”和“言之成理”这两个原则，即使相互对立的学说也可在校园内并行。他希望学生通过比较和选择，自主形成自己的思想体系，而非靠外界强行灌输或压制，体现其“兼容并包”的教育理念。他认为大学之“大”不在规模，而在学问和胸怀，应如百花盛开的“花园”，突出大学的包容性。

（3）消除顾虑。对于允许各路思想在校园内争鸣可能会导致“异端邪说”乘虚而入的担忧，蔡元培通过北大校内的教师以及自身这两道“防火墙”来消除。北大的教师虽思想不同，但三观至少不会太偏，能坚守道德底线。而蔡元培作为校长，在两方意见争执不下时有决定性的一票。他对北大的改造和影响深入学术、行政以及精神等多个层面。

（4）强调规矩。面对众人的争执，蔡元培强调北大最大的规矩是科学民主、兼容并包，认为激烈的讨论只要对教学有益便多多益善，这才是北大应有的学风，从而平息了争执。

6. 沟通启示

在《觉醒年代》第7集中，蔡元培在讨论会上的讲话带来了以下启示：

（1）重视思想讨论的环境。蔡元培将对黄侃诉讼的讨论定性为思想讨论会，既保护了学生，也维护了“思想自由”的环境。这表明营造一个自由、开放的讨论氛围至关重要，能够激发人们的思考和创造力，使各种观点得到充分表达和探讨。

（2）秉持“科学民主、兼容并包”的理念。蔡元培强调各种学说只要“确有所见”“言之成理”，便可并行，这启示我们在面对不同观点和思想时，应保持开放和包容的心态，尊重多样性，鼓励各种合理的见解和学说的交流与碰撞。这样才能促进学术的进步和创新，培养具有独立思考能力的人才。

（3）发挥教育者的引导作用。蔡元培作为校长，在处理争议时起到了关键的引导作用。这启示教育者在面对分歧和冲突时，要有智慧和策略，以公正、客观的态度引导学生进行思考和判断，帮助他们形成自己的观点，而不是简单地进行评判或压制。

（4）建立良好的沟通和辩论方式。剧中即使观点对立的各方在辩论时也保持着基本的礼仪和规矩，这启示我们在交流和讨论中，应尊重他人，以理性、文明的方式表达自己的观点，倾听不同意见，避免情绪化和无礼的争吵，通过有建设性的对话来解决问题和增进理解。

（四）爱国是我们的灵魂和传统

1. 沟通背景

在《觉醒年代》第27集中，蔡元培讲话的背景是巴黎和会上中国外交的失败。

1919年，美、英、法、意、日五国讨论中国山东问题时，中国代表被禁止参加。美国代表曾提出德国在中国的各项权利、利益应均由和会暂时收回，但日本强烈反对，并提出青岛问题中日之间已有成约，应交日本处理，而英、法、意均默认了日本议案。尽管中国方面做了诸多努力，包括海外华人大量涌入巴黎声称誓死保卫山东，中国代表团也准备了妥协方案并试图与各国代表沟通，但时任美国总统威尔逊最终同意了日本的方案，英、美、法三国于1919年4月30日同意将德国在中国山东的权益移交给日本。

这一结果引发了中国民众的极大愤慨。当时中华民国外交委员会代理外交总长陈箓致电汪大燮，未开言已泣不成声。而徐世昌对于是否拒签和约态度犹豫，后在汪大燮等人的争取下勉强同意暂时拒签。然而，随后汪大燮又接到密报，徐世昌已密电巴黎专使签署和约。

在这样的情况下，汪大燮大骂徐世昌、段祺瑞、钱能训无耻，并立刻赶往北大找蔡元培。蔡元培召集陈独秀、李大钊等教授开会，通报相关情况并征求大家的意见。蔡元培深知此事关涉国家命运，在北大礼堂向师生代表发表演讲，号召每一个北大学子都要挺身而出，为挽救国家的危亡做先锋，行动起来唤起民众，敦促北洋政府拒绝签署不平等和约。

2. 沟通竞秀

____

____

3. 沟通经典

今天，把各位老师和学生代表紧急地招集起来，实在是有迫不得已的事情啊。巴黎和会现在已经通过了一项不平等的条约，条约的内容是把战前战败国德国在中国的所有权益全部移交给日本。大家都知道，中国是作为战胜国的身份，参加这个巴黎和会的，在这个和会上，作为战败国德国，它理应把霸占中国山东的土地和权益全部无条件地归还给中国。然而，在这个和会上，他们无视我中国，堂而皇之地通过了这么一个不平等的巴黎和约（指《凡尔赛和约》，下同）我们现在的政府已经致电在巴黎的中国代表团，要求他们在这个耻辱的合约上签字。大家知道，只要这个字一签，那么我们山东就变成日本的了。同学们，但凡是个中国人，我们能答应吗？（不答应！）

三年前我来到北大，我心存着一个梦想，要把北大办成一个优秀的教育学堂，优秀的教育学堂的背后就准确无误地写上两个字——爱国！按我的想法，“爱国”今后就是我们北京大学的灵魂和传统！我北大的学子不是要自己做官，而是要为国家出力，要做国家的栋梁之材！如今，国家已经到了存亡绝续的关键时刻，我们每一个北大学子都应该挺身而出，为挽救国家的危亡做先锋。我们要唤起民众，敦促政府拒签这个不平等的巴黎和约，捍卫我们的主权。我的同学们、老师们，我问你们，你们有没有这个勇气和力量？

4. 沟通实效

在《觉醒年代》第 27 集中，为拒签巴黎和约，蔡元培在北大礼堂向师生代表发表了激愤的演讲，产生了以下效果：

（1）他通报了巴黎和会上英、法、美、日等国相互勾结，牺牲中国主权和利益的情况，这让师生们清楚地了解到国家面临的严重危机。

（2）蔡元培号召每一个北大学子都要挺身而出，为挽救国家的危亡做先锋，这激发了学生们的爱国热情和责任感，使他们认识到自己肩负着国家的命运，不能坐视不管。

（3）他强调要行动起来，唤起民众，敦促北洋政府拒绝签署不平等和约，这为学生们指明了行动的方向，促使他们积极参与到后续的五四运动中，通过实际行动来表达对国家命运的关切和对不平等条约的抵制。

（4）蔡元培的讲话也使得北大师生更加团结，凝聚起了一股强大的力量。郭心刚割破胳膊，用鲜血写下“还我青岛”，便是这种力量的体现。

（5）他的演讲还推动了五四运动的发展。在李大钊的带领下，学生和工人们规划游行路线，邓中夏组织召开学联大会，联合北京十三所高校一致确定爱国大游行定于5月4日举行。“打到卖国贼！还我青岛！”的口号声响彻云霄。

总的来说，蔡元培的讲话鼓舞了北大学子，激发了他们的爱国情感和行动决心，对五四运动的爆发起到了重要的推动作用。

5. 沟通策略

在《觉醒年代》第27集中，为拒签巴黎和约，蔡元培在北大礼堂向师生代表讲话时，运用了以下策略：

（1）晓之以理。他向师生代表通报了巴黎和会上英、法、美、日相互勾结，牺牲中国主权和利益的情况，让大家清楚地认识到国家面临的严重危机，明白拒签和约的必要性。

（2）动之以情。蔡元培提到郭心刚因国家危亡而一夜白头的状况，以激发师生们的爱国情感和对国家命运的关切，使大家产生共鸣和责任感。

（3）明确号召。他明确号召每一个北大学子都要挺身而出，为挽救国家的危亡做先锋，给学生们指明了行动的方向，鼓励他们积极参与到爱国行动中。

（4）强调行动。蔡元培强调要行动起来，唤起民众，敦促北洋政府拒绝签署不平等和约，让师生们认识到不能只停留在言语上，而要通过实际行动来表达对国家的热爱和对不平等条约的抵制。

（5）鼓舞士气。蔡元培的讲话起到了鼓舞士气的作用，使北大师生更加团结，凝聚起共同抗争的力量，让大家有信心和勇气去面对困难和挑战。

通过这些讲话策略，蔡元培成功地激发了北大师生的爱国热情和行动决心，为五四运动的开展奠定了基础。

6. 沟通启示

在《觉醒年代》第 27 集中，为拒签巴黎和约，蔡元培在北大礼堂向师生代表的讲话带来了以下启示：

（1）明确目标，坚守宗旨。他强调学生应抱定正确的宗旨，知晓大学的真正意义是研究高深学问。这启示我们在学习、工作和生活中，要明确自己的目标，不被功利和短视的想法所左右，专注于自身的成长和发展，追求真正有价值的事物。

（2）关注社会，担当责任。蔡元培指出国家面临危机，每个人都有责任行动起来，唤起民众，为国家的命运而努力。这提醒我们不能只关注个人利益，要有社会责任感，关心国家和民族的前途，在需要的时候挺身而出，为社会的进步贡献自己的力量。

（3）行动起来，积极实践。蔡元培呼吁大家用实际行动来表达对国家的热爱和对不平等条约的抵制，而不是只停留在口头上。这启示我们不能光有想法，还要付诸实践，将理念转化为具体的行动，通过积极的作为去实现目标、解决问题。

（4）团结协作，共同奋斗。蔡元培的讲话使北大师生凝聚起来，形成了强大的力量。这表明在面对困难和挑战时，团结一心、携手合作的重要性。众人拾柴火焰高，只有团结各方力量，才能更好地应对和解决问题。

（5）保持清醒，独立思考。在复杂的局势下，蔡元培鼓励师生们看清帝国主义国家的真面目，不盲目依赖他人，要有自己的判断力和主见。这提醒我们在信息繁杂的时代，要保持清醒的头脑，不随波逐流，独立思考，做出正确的决策。

三、励志榜样

（一）例文引领

《觉醒年代》中的榜样——蔡元培

《觉醒年代》中的蔡元培，宛如一颗璀璨的星，闪耀在中国近代历史的天空。他不仅是一位杰出的教育家，更是一位具有深远影响力的思想家和社会改革者。

蔡元培自幼家境富裕，展现出了非凡的才智，年纪轻轻便考取秀才，后成为翰林院编修。然而，甲午战争的爆发让他深刻认识到晚清朝廷的腐朽无能，从此他踏上了接触西学、寻求变革的道路。

他的伟大之处首先体现在对贤才的极度渴望和大胆任用上。1917 年接任北大校长后，他决心改革迂腐的学风和校风，力邀具有革新思想的陈独秀担任北大文科学长，甚至不惜三顾茅庐。他的真诚最终打动了陈独秀，使其答应先试干三个月。在陈独秀入主北大文科后，蔡元培给予了充分的支持，不拘一格地招揽了李大钊、胡适、钱玄同、刘半农等一大批优秀人才，同时果断辞退不合格的教师，包括外籍教师。这种破旧立新的改革勇气和决心，在当时的社会环境下实属罕见。

蔡元培倡导的“思想自由，兼容并包”的文化理念，为北大的发展指明了方向，也为中国的教育事业树立了典范。在他的领导下，北大成为各种学术思想交汇的舞台，既有引领时代风气的新文化倡导者，如陈独秀、鲁迅、胡适等，也有拖着辫子的顽固派辜鸿铭、国学大师刘师培等。新老派师生之间虽有思想的争斗，但蔡元培毫无门户之见，以其兼容并包的思想，让众大师折服。各类刊物和学术社团如雨后春笋般涌现，北大呈现出空前活跃的局面，开启了中国近代史上第一次“百家争鸣”的思想风气。由北大领头发起的新文化运动和五四运动，更是开启了中国新民主主义革命的新篇章。

蔡元培还是民国女权运动的先锋。他早在 1902 年就在上海创办爱国女校，鼓励女子参与革命活动。1919 年，他同意九名女生以旁听生名义进入北大文科，之后又正式招收女生，开启了中国大学男女同校的先例。这种对女性的尊重和支持，体现了他超越时代的进步思想。

在对待女性方面，他同样展现出了前卫的观念。他为纪念亡妻所写的征婚启事，提出了多项在当时堪称惊世骇俗的要求，如不缠足、识字、男子不得娶妾、妻子可改嫁、意见不合可离婚等，这无疑是对封建婚姻的有力挑战。

蔡元培的影响力不仅仅局限于教育领域，他的思想和理念对整个社会都产生了深远的影响。他以自己的智慧和勇气，为中国的文化、教育和社会进步做出了不可磨灭的贡献。

他的教育理念强调培养全面发展的人，追求真理、善良和美好。他鼓励学生不仅要有扎实的知识，更要有独立思考的能力和社会责任感。这种教育思想在当今社会仍然具有重要的启示意义。

蔡元培先生凭借着坚定的信念和卓越的领导才能，缔造了中国大学应有的模样和精神。他是一位真正的教育家，他的事迹和精神激励着无数人为了社会的进步和发展而努力奋斗。他的雕像至今伫立在北大校园，时刻守望着学子，也永远铭刻在人们的心中，成为那个时代的象征和永恒的榜样。

正如美国学者杜威所说："全世界有名的大学很多，牛津、剑桥、哈佛等，这些学校的校长都有着卓越的贡献，但以一个校长身份而能领导那所大学，对一个民族，对一个时代起到转折作用的，除蔡元培外，恐怕找不出第二个。"而毛泽东称赞他"学界泰斗，人世楷模"，这无疑是对蔡元培先生最恰当、最崇高的评价。

《觉醒年代》中的榜样——李大钊

在《觉醒年代》中，李大钊是一位令人敬仰的榜样，他的形象鲜明而深刻，给观众留下了难以磨灭的印象。

李大钊是一位伟大的革命家、思想家，他对国家的热爱深沉而坚定。他深知当时的中国处于困境之中，但他没有因国家的现状而放弃，相反，他积极地为国家寻找出路。他深入研究马克思主义，坚信社会主义能够拯救中国，并在《新青年》上发表了《我的马克思主义观》，成为最早在中国传播马克思主义的先驱之一。他高瞻远瞩的目光和敏锐的洞察力，使他早早地意识到马克思主义和俄国十月革命的重要性。他振臂高呼："试看将来的环球，必是赤旗的世界！"

李大钊是一位亲切和蔼的青年导师。他在北京大学任职期间，致力于帮助同学们成立读书会，引领他们学习马克思主义，为他们启蒙思想，指引他们走向正确的道路。他对每一个同学都关怀备至，毫无保留地给予帮助和鼓励。他用自己的知识和热情，点燃了青年们心中的理想之火，激励着他们为国家和民族的未来而奋斗。

李大钊拥有高尚的品德和无私的奉献精神。他生活节俭，把自己有限的钱财慷慨地给予那些有困难的人。为了帮助长辛店工人葛树贵的孩子看病，他不惜典当了自己的衣服、鞋子和怀表。他的眼中看到的是中国广大穷苦人民，他所追求的道路，是一条能让穷苦人民过上好日子的道路。

李大钊还是一位深情且忠诚的丈夫。尽管他是知识分子，而妻子是从小的童养媳，文化程度不高，但他们之间的感情深厚而美好。他没有嫌弃妻子，反而与她相濡以沫，彼此理解和支持。李大钊虽然陪伴家人的时间不多，但只要在一起，就会展现出幽默和温情的一面，亲子关系也非常融洽。

李大钊更具有无畏的勇气和牺牲精神。他明明有着一份不错的工作，拥有一个和睦的家庭，但为了国家大义，他始终冲在第一线，将个人生死置之度外。剧中，他曾坚定地表示："我李大钊愿意当这个急先锋，九死而不悔，虽千万人吾往矣！"这种大无畏的精神令人钦佩。

在那个黑暗的年代，正是因为有了像李大钊先生这样的人，才让人们看到了希望的曙光。他的思想、他的行动，激励着无数的中国人前赴后继，为了国家的独立、民族的复兴而努力拼搏。

他的形象不仅在剧中熠熠生辉，也深深地烙印在观众的心中。他让我们明白，一个人对国家和人民的热爱可以如此深沉，一个人的理想信念可以如此坚定，一个人的品德可以如此高尚。李大钊先生是当之无愧的榜样，他的精神将永远激励着我们，为了实现中华民族的伟大复兴而不懈奋斗。

他所代表的那种为了理想信念而奋斗、为了国家和人民无私奉献的精神，在任何时代都具有重要的价值和意义。我们应当铭记李大钊先生的事迹和精神，以他为榜样，秉持着对国家和人民的责任感，努力在自己的生活和工作中为社会的进步和发展贡献自己的力量。

（二）百花齐放

____

____

四、观后感

（一）例文引领

观《觉醒年代》有感

最近观看了电视剧《觉醒年代》，这部剧以1915年《青年杂志》创刊、1921年《新青年》成为中国共产党机关刊物为时间轴，形象地再现了新文化运动、五四运动到1921年中国共产党成立这一段波澜壮阔的历史画卷，展示了那个时代的社会风貌和人物风情，给我带来了深深的震撼与感动。

在那个动荡不安的年代，国家面临着内忧外患，人民生活在水深火热之中。然而，正是在这样的黑暗时刻，一群有理想、有抱负的知识分子挺身而出，他们以笔为剑，以思想为刃，试图划破那无尽的黑暗，为国家和民族寻找出路。

陈独秀、李大钊、胡适、鲁迅等人物在剧中的形象鲜明而饱满。陈独秀，他性格坚毅，目光敏锐，敢于冲破旧有的思想束缚，倡导新文化运动，为中国带来了新的思想潮流；李大钊，心怀天下，忧国忧民，深入工人群众，传播马克思主义，为中国共产党的成立奠定了坚实的基础；胡适，倡导白话文运动，主张以科学的方法解决问题；鲁迅，以犀利的笔触，深刻地剖析社会的弊病，试图唤醒民众的麻木心灵。

剧中的五四运动场景让我热血沸腾。学生们走上街头，高喊着“外争主权，内惩国贼”的号，他们的爱国热情如同一把熊熊燃烧的烈火照亮了黑暗的旧中国。那是一个觉醒的时代，青年们不再沉默，他们用自己的行动，表达着对国家命运的关切，对民族未来的期望。他们的勇气和决心让我深刻地认识到，青年人的力量是无穷的，他们是国家和民族的希望。

这部剧不仅展现了那个时代的宏大历史背景，还细腻地刻画了人物的情感和内心世界。陈独秀与两个儿子陈延年、陈乔年之间的父子情，既有冲突又有理解，让人感受到家庭在那个动荡年代所承受的压力和无奈。李大钊与妻子赵纫兰之间相濡以沫的爱情，朴实而真挚，让人看到了伟人平凡而又温暖的一面。

《觉醒年代》让我深刻地认识到，我们今天的幸福生活来之不易，是无数革命先烈用鲜血和生命换来的。他们为了理想和信念，不惜放弃个人的安逸生活和宝贵生命，为了国家和民族的未来，义无反顾地投身到革命事业中。他们的精神激励着我们，要珍惜当下，努力奋斗，为实现中华民族的伟大复兴贡献自己的力量。

同时，这部剧也让我思考了许多关于时代和个人的问题。在当今时代，我们虽然不再面临战火纷飞和生死存亡的考验，但我们依然肩负着实现中华民族伟大复兴的历史使命。我们应该如何在自己的岗位上，发挥自己的才能，为国家和社会的发展贡献力量？我们应该如何传承和发扬革命先烈的精神，保持对理想和信念的坚守？

《觉醒年代》是一部值得反复品味的佳作，它让我们穿越历史的长河，与那些伟大的灵魂对话，感受他们的激情与理想，痛苦与挣扎。它让我们明白，觉醒不仅仅是那个时代的使命，更是我们这个时代永恒的主题。我们要在不断的觉醒中，砥砺前行，书写属于我们这一代人的辉煌篇章。

感谢这部剧，让我对历史有了更深刻的理解，对未来有了更坚定的信念。我相信，只要我们不忘初心，牢记使命，中华民族的伟大复兴必将实现！

（二）百花齐放

五、研讨发言

（一）例文引领

电视剧《觉醒年代》研讨会发言稿

尊敬的各位领导、亲爱的同仁们：

大家好！很荣幸能在这次研讨会上，分享我对电视剧《觉醒年代》的一些感悟和思考。

《觉醒年代》以1915年《青年杂志》问世、1921年《新青年》成为中国共产党机关刊物为贯穿时间线，展现了从新文化运动、五四运动到1921年中国共产党建立这段时期波澜壮阔的历史画卷，讲述了觉醒年代的社会风和百态人生。

这部剧为我们真实而生动地还原了那个时代的社会风貌和人物群像。陈独秀、李大钊、胡适、蔡元培等一众先驱者们，他们以坚定的信念和无畏的勇气，在黑暗中摸索前行，寻找着救国救民的真理。他们不再是历史课本上的一个个名字，而是有血有肉、有理想有情怀的鲜活人物。

剧中的陈独秀，他性格刚直，有着强烈的使命感和责任感。从一开始倡导新文化运动，到后来逐渐认识到马克思主义的力量，他的转变展现了一位革命者不断探索、不断进步的精神。李大钊先生则始终怀着对底层人民的深切同情，他深入工人群众，传播马克思主义，为中国共产党的成立奠定了坚实的基础。他们的形象让我们深刻感受到了那个时代知识分子的担当和奉献。

《觉醒年代》还通过细腻的笔触，描绘了那个时代普通民众的生活和觉醒。比如在五四运动中，学生们的激昂愤慨，工人阶级的团结一心，广大民众的积极响应，无不展现出了人民群众的力量。它让我们明白，历史的进步并非仅依靠少数精英，而是源于广大人民的共同努力。

这部剧的艺术呈现也令人赞叹。其画面制作精良，场景布置、服装道具等都极具年代感，让观众仿佛穿越回了那个风云激荡的时代。同时，剧中的台词富有深度和感染力，如“在这个浮躁的时代，只有自律的人，才有可能脱颖而出，成就大事”，这些话语不仅在当时具有深刻的意义，在今天也依然能引发我们的思考。

《觉醒年代》的成功，不仅在于其精彩的剧情和出色的表演，更在于它所传递的精神力量。它让我们看到了那个时代的人们为了理想和信念，不惜牺牲一切的勇气和决心。在今天，我们身处和平繁荣的时代，但依然不能忘记先辈们的奋斗和付出。我们应当从他们的故事中汲取力量，坚守初心，担当使命。

在教育领域，《觉醒年代》也为我们提供了丰富的素材和启示。它可以激发学生对历史的兴趣，让他们更深入地了解那个时代的社会背景和人物精神，培养他们的爱国主义情怀和社会责任感。同时，也让我们思考教育的本质和目标，如何培养有理想、有担当、有创新精神的新一代。

总之，《觉醒年代》是一部具有深刻思想内涵和艺术价值的优秀作品。它让我们铭记历史，缅怀先烈，激励我们在新时代不断奋进，为实现中华民族伟大复兴的中国梦贡献自己的力量。

谢谢大家！

（二）百花齐放

六、文旅链接

北大红楼：位于北京市东城区五四大街 29 号，是五四运动的策源地，早期马克思主义传播主阵地，北京共产党小组的诞生地。

《新青年》编辑部旧址（陈独秀旧居）：位于北京市东城区北池子大街箭杆胡同 20 号，院内原景重现了《觉醒年代》中的部分陈列。

北京李大钊故居：位于北京市西城区文华胡同 24 号，是李大钊 1920 年春至 1924 年冬的居所。

中共一大纪念馆：位于上海市黄浦区黄陂南路 374 号，是中国共产党第一次全国代表大会的会址。

作业

1. 完成本节“沟通竞秀”练习，将其中自己最满意的文字版和音频版创作内容上传到学习平台。

2. 观赏《觉醒年代》全剧，完成“励志榜样”“观后感”“研讨发言”部分的练习，将其中自己最满意的文字版和音频版创作内容上传到学习平台。

第二节 嘤其鸣矣 求其友声

可在学习强国 App中搜索 “五个一工程” 或剧名观看

一、好剧推荐

电视剧《恰同学少年》是一部令人热血沸腾的作品。这部剧以青年毛泽东等在湖南第一师范五年半的求学生活为主线，展现了20世纪初，以毛泽东、蔡和森、向警予、杨开慧等为代表的一批优秀青年积极进取的精神风貌。

剧中的人物性格刻画得极为出色。例如，蔡和森沉稳内敛、有远见且深谋远虑；向警予大方热情，拥有那个时代女子少有的勇敢和敢为人先的魄力；萧子升则充满儒雅的书生气。

这部剧深刻揭示了“学生应该怎样读书，教师应该怎样育人”的现实主题。它描绘了一群风华正茂的青年以天下为己任的抱负与情怀，以及他们改造中国与世界的雄心壮志。

在那个风起云涌的时代，这些青年怀着对知识的渴求、对国家命运的关怀、对理想的坚定信念、对生命的思考，勇敢地追求自己心之所向。他们一起探讨国家大事，吟诵经典，高喊“少年强则国强”。他们的青春没有所谓的疼痛与浮于表面的自我哀叹，有的是洋溢其中的积极向上和求知求学的热情。

他们的爱情纯粹，友情坚固；他们身无半文却胸怀天下，寒窗苦读而志在鸿鹄。面对国家的困境，他们展现出强烈的爱国主义精神，以笔为武器，为推翻旧中国、建立新中国进行了不屈不挠的斗争。

《恰同学少年》不仅是一部精彩的电视剧，更是一部能给予人信心和勇气的作品。它让我们看到了先辈们的奋斗与拼搏，激励着当代青年树立正确的理想追求，为实现中华民族的伟大复兴而努力。无论是学生还是已经毕业的人，都能从中获得启示和力量。

这样的青春故事，值得我们每一个人去品味和感受。让我们一同走进《恰同学少年》，领略那段激情燃烧的岁月，感受伟人的风华正茂！

二、经典表达与沟通

（一）经世致用的最佳途径

1. 沟通背景

在《恰同学少年》第3集中，孔昭绶校长在新生寝室讲话的背景是：湖南第一师范迎来了新的一批学生，校长孔昭绶和方学监等来到本科第八班的新生寝室看望同学。

当时的湖南第一师范在具有现代民主教育思想的教育家孔昭绶的主持下，开展了新式教育改革，聘请了一批优秀的中外教师，学校面貌焕然一新。学校吸引了众多像蔡和森、萧子升这样的青年才俊前来报考，毛泽东也以第一名的成绩考入了这所湖湘千年学府。

孔校长来到新生寝室，望着一双双期待而又充满力量的眼睛，他不无感慨地发表了讲话。

2. 沟通竞秀

____

____

3. 沟通经典

怎么样？刚进一师，还习惯吗？（挺好的，还行！这电灯我还是头一次见呢！）

同学们，你们想过没有，为什么要来读师范？诸位今日走入师范之门，习教育之法，今后还要致力于民国之国民教育，如果不解决为何读书这个问题，势必学而不得其旨，思而不知其意，到头来呀，自己五年的大好青春和一番苦功，都不知下到什么地方去了。大家都知道，我们一师素称千年学府，自南宋理学大儒张南轩先生在此地创办城南书院，至今八百余年，虽经天灾，虽历战祸，虽经朝代变迁、帝王更迭而绵绵不息直垂于今日，如孙鼎臣、何绍基，如曾国藩、李元度，如谭嗣同、黄兴，历代才人辈出而灿若星辰，成为我湖湘学派生生不息之重要一支，为什么？我想一句话就可以概括——经世致用。何谓“经世”？致力于国家、致力于社会谓之“经世”。那么，何谓“致用”？以我之所学化我之所用谓之“致用”。“经世致用”者，就是说，我们不是为了读书而读书，我们读书的目的，我们求学的动力，是为了学得知识，以求改变我们的国家，改变我们的社会。我们湖南人历来读书只为了两个字：做事。做什么事呢？做于国于民有用之事……乱以尚武平天下，治以修文化人心。以今时今日论，我认为首要大事当推教育。我中华百年积弱，正因为民智未开，只有大兴教育，才能以新知识、新文化扫除全民族的愚昧和落后。教育人人，则人人得治，人人自治，则社会必良，社会改良，则人才必盛，人才既出，则国势必张！以此而推论，当今之中国有什么事比教育还大？欲救国强种，有什么手段能比教育还强？所以，读师范，学教育，他日学成，以我之所学，为民智之开启而效绵薄，为民族之振兴而尽一己之力，这不正是诸位经世致用的最佳途径吗？

4. 沟通实效

在《恰同学少年》第3集中，孔昭绶校长在新生寝室的讲话振奋人心、鼓舞士气，取得了显著的效果。

他提到“我中华百年积弱，正因为民智未开”，鼓励学生们“以我之所学，为民智之开启而效绵薄，为民族之振兴而尽一己之力”。这番讲话让新生们感受到了校长的殷切期望和学校的教育理念，激发了他们的责任感和使命感。

讲话使学生们对自己的学习和未来有了更明确的目标。许多学生开始认真思考如何通过学习来开启民智、振兴民族，这种思想上的启发为他们日后的成长和发展奠定了基础。

孔校长的讲话也营造了一种积极向上的氛围，让学生们对学校的改革和发展充满信心。他广招人才、大胆革新的举措，以及提倡学生向社会学习的理念，得到了学生们的认同和支持。

在孔昭绶校长的影响下，学生们更加团结，积极参与各种活动，努力提升自己的能力和素质。这种精神也贯穿了他们在湖南一师的学习生涯，对他们的人生产生了深远的影响。剧中的毛泽东、蔡和森等一批优秀青年，在这样的教育环境下，逐渐成长为有理想、有抱负的进步青年，为中国的未来贡献了自己的力量。

5. 沟通策略

在《恰同学少年》第3集中，孔昭绶校长在新生寝室讲话时，运用了以下策略：

（1）真诚与亲切。他亲自到新生寝室看望学生拉近与学生的距离，让学生感受到校长的关心和重视，营造了亲切的氛围。

（2）强调时代责任。他指出“我中华百年积弱，正因为民智未开”，使学生深刻认识到国家面临的困境，激发学生的爱国情感和责任感。

（3）明确目标方向。鼓励学生“以我之所学，为民智之开启而效绵薄，为民族之振兴而尽一己之力”，为学生的学习和奋斗指明了方向，让他们明白自己努力的意义和价值。

（4）唤起共鸣。孔校长的讲话内容反映了当时有识之士的共同追求和理想，容易引起学生们的共鸣，获得他们的认同和支持，从而激励学生们积极进取，为实现这一目标而努力。

这些策略使得孔校长的讲话具有很强的感染力和号召力，能够激发学生的使命感和学习动力，对学生们的思想和行为产生深远的影响。

6. 沟通启示

在《恰同学少年》第3集中，孔昭绶校长在新生寝室的讲话带来了以下启示：

（1）强调时代责任。让学生们深刻认识到国家面临的困境，明白自己肩负着为民族振兴而努力的重大责任。这启示我们在任何时代都要有使命感，关注国家和社会的发展，将个人的成长与国家的命运紧密联系在一起。

（2）明确目标方向。鼓励学生以所学知识为民智开启和民族振兴贡献力量，为学生的学习和奋斗指明了清晰的方向。它提醒我们要树立有意义的目标，将个人的努力与社会的进步相结合，为实现更美好的未来而努力。

（3）激发爱国情感。通过讲述中国的百年积弱，唤起学生的爱国之心，使他们充满激情地投入到为国家强大而奋斗的征程中。这教导我们要培养深厚的爱国情怀，热爱自己的祖国，为国家的繁荣和发展贡献自己的力量。

（4）重视教育的力量。讲话体现了教育对于培养人才、开启民智和推动国家发展的重要性。这表明教育是民族强盛的根源，我们应该始终重视教育，不断提升教育质量，培养具有高尚品德和卓越才能的人才。

（5）关注学生成长。校长亲自到学生寝室与学生交流，关心他们的成长和发展，体现了对学生的尊重和关注。这提醒教育者要走近学生，了解他们的需求和困惑，给予他们正确的引导和支持，帮助他们充分发挥潜力。

（6）鼓励积极进取。激励学生们不要满足于现状，要有奋发向上的精神，努力提升自己，为改变社会、拯救国家而不断进取。这激励我们在面对困难和挑战时，保持积极的态度，不断追求进步，勇于超越自我。

（7）唤起共鸣与认同。孔校长的讲话内容能够引起学生们的共鸣，获得他们的认同和支持。这提示在交流和教育过程中，要注重与受众建立情感连接，使传达的理念和价值观能够深入人心，激发他们的内在动力。

（8）培养使命感和责任感。让学生们意识到自己的行为和努力对于国家和民族的重要性，从而培养他们的使命感和责任感。这告诫我们每个人都应为自己所处的社会和时代负责，积极主动地为社会的发展和进步做出贡献。

这些启示在当今社会仍然具有重要的价值，无论是对于个人的成长、教育工作者的职责，还是对于国家和民族的发展，都有着深远的指导意义。

（二）半块窝头

1. 沟通背景

在《恰同学少年》第7集中，孔昭绶校长关于半块窝头讲话的背景是：蔡和森家境贫困，在学校食堂将自己的午饭让给妹妹后，返回食堂时因怕浪费捡了同学刘俊卿剩下的窝窝头吃，却遭到了刘俊卿的冷嘲热讽，一旁的妹妹看到后泪流满面。这一幕恰好被徐特立老师看见，他当即拿过蔡和森手里的窝窝头大口吃了起来。

孔昭绶校长针对这一事件以及学生中存在的对于贫困与富有的错误观念，组织召开了全校教育大会并发表讲话。

2. 沟通竞秀

____

____

3. 沟通经典

小的时候，我家里很穷，吃不起什么好东西。有一次过年，我母亲借了半袋玉米，磨成了面，蒸了一锅窝头。我当时饿极了，拿了一块就吃，结果烫了嘴，窝头掉在地上。母亲把那半块窝头捡起来，把脏的那一半自己吃了，干净的那一半留给了我。香啊！今天，我看到这半块窝窝头，又让我想起了我小时候的那半块，真的很香！

同学们，第一师范的同学们，一粥一饭，来之不易啊！你们的父母，在家里是何等地节俭，何等地惜粮惜物！还记不记得，你们那种田的老父亲，冒着三伏天的大太阳，在田里一整天一整天地割稻子；还记不记得，你们的母亲经常把碗里的饭，拨一半到你们的碗里，还说自己吃了一半，就已经很饱很饱了。

（刘俊卿同学，请你出列。）

有一位老师，我想重新给你介绍一次，也给我们全体同学重新介绍一次——那就是被你们称为“徐大叫花”的徐特立老师。

（徐老师，请！）

我知道，不光是你一个人，还有不少同学背后也这样叫他：“徐大叫花”。是啊，我们这位徐老师，看起来还真像一个叫花子，身穿粗布衣服，脚下穿草鞋，坐不起轿子，吃学生食堂，就连一把油纸伞都舍不得买，下雨天就穿一件蓑衣，寒酸呐，在长沙城的教书先生中，就找不出第二个这么寒酸的了。可就是这位“徐大叫花”，在省议会，光副议长一职，就有二百块大洋的月薪，更不用说，他还担任着长沙师范学校的校长，同时兼着三所学校的课程，他的收入，全长沙城教书先生当中无人能比。那么他的钱去哪了呢？大家如果有空的话，不妨去一趟徐老师的家乡——长沙县五美乡，就会看到一所小学，一所免费招收贫困农家子弟的五美小学，那里的学生读书不要钱，一分钱都不要！而我们的徐老师，“徐大叫花”，把自己的家人全都留在了乡下务农，因为在长沙城生活费太高，因为他觉得只要能省下一块钱，就能让一个穷人家的孩子，多读一个月的书！

同学们，第一师范的同学们，什么是贫困？什么是富有？穿草鞋、打补丁、粗茶淡饭就是贫困？穿皮鞋、坐轿子、山珍海味就是富有了吗？不，孩子们，真正的贫困与富有，不在于这些表面上的东西。今天你们还年轻，将来走入社会，都要经历金钱和名利的诱惑，都要面临现实与理想的选择。等到了那个时候，你们就会真切地感受到，自己不计较个人得失，尽己所能，让更多的人得到幸福的时候，你在精神上是那样的富有和快乐；相反，如果一天到晚，只记得自己那一点私利，就算你坐拥万贯家财，就算你白天锦衣玉食，荣华富贵，可是到了晚上，当你一个人静下来的时候，你就会发现，你并不快乐，因为你所拥有的一切，都是无尽的空虚，因为你在精神上，是个一文不名的穷光蛋！

今天，这半块窝头，我留下了，我也希望这半块窝头从此留在每一位同学的心里，使我们牢牢记住，俭朴乃修身之本！

4. 沟通实效

在《恰同学少年》第 7 集中，孔昭绶校长关于半块窝头的讲话取得了显著的效果。

他的讲话不仅让学生们对贫困与富有有了更深刻的理解，不再单纯以物质的表面现象来定义，更让学生们明白了精神富有和社会责任的重要性。

校长指出贫困与富有不在于外在的物质，而在于当一个人不计个人得失，尽己所能让更多人获得幸福时，精神上就会富有和快乐；反之，若只关注个人私利和得失，即便拥有万贯家财和荣华富贵，精神上也是空虚的。这番话在学生们心中引起了强烈的共鸣和反思。

讲话引导学生们在未来面对金钱与名利的诱惑、理想与现实的选择时，能够坚守内心的信念，不被物质所迷惑，注重精神的追求和自身对社会的价值。

同时，这也激励了学生们树立积极向上的人生态度，培养他们的社会责任感，鼓励他们努力学习，为改变国家和社会的现状贡献自己的力量。这种教育理念和价值观的传递，对学生们的成长和发展产生了深远的影响，让他们在艰苦的环境中依然保持着积极进取、勤奋刻苦的精神。

在剧中，像蔡和森这样的学生，本身就具有优秀的品质，校长的讲话进一步强化了他的信念，使其更加坚定地追求精神上的富足，并为了国家和人民的利益而努力奋斗。而对于其他学生来说，也起到了激励和鼓舞的作用，促使他们审视自己的行为和价值观，向更高尚的目标迈进。

即使在今天，孔校长的这些观点依然具有重要的启示意义，提醒人们关注精神世界的充实，不过分追求物质享受，同时要肩负起对社会的责任。

5. 沟通策略

在《恰同学少年》第 7 集中，孔昭绶校长关于半块窝头的讲话运用了以下策略：

（1）以小见大。从半块窝头这一具体而微小的事物入手，通过它引发对更深层次的价值观和人生哲理的探讨，使学生更容易理解和接受抽象的道理。

（2）对比阐述。将拥有财富却精神空虚的人与虽贫困但精神富足的人进行对比，鲜明地展现出两种不同的人生状态和价值取向，让学生清晰地看到差异，从而引发思考。

（3）情感共鸣。用富有感染力的语言和真挚的情感，讲述关于窝头背后的故事和道理，触动学生的内心，引发他们的情感共鸣，让学生能够感同身受，深入思考。

（4）引导思考。讲话过程中，不是直接给出结论，而是通过提问、引导的方式，让学生自己去思考贫困与富有的真正含义，培养学生的独立思考能力。

（5）结合实际。将窝头所代表的贫困与学生们所处的现实生活和社会环境相结合，使抽象的道理具有了现实的根基，让学生明白这些道理与他们的生活息息相关。

（6）强调精神。着重强调精神层面的富有和快乐，让学生明白物质并非衡量一切的标准，精神的追求和奉献才能带来真正的满足和幸福。

这些策略使得孔昭绶校长的讲话深入人心，对学生产生了深刻的教育影响。

6. 沟通启示

在《恰同学少年》第 7 集中，孔昭绶校长关于半块窝头的讲话带来了多方面的启示：

（1）强调精神追求的重要性。提醒人们不应只关注物质享受，而应更注重精神层面的富足。真正的富有不仅仅是拥有财富，更在于拥有坚定的信念、高尚的品德和为社会做出贡献的追求。

（2）树立正确的价值观。让人们思考人生的真正意义和价值，不被虚荣和表面的东西所迷惑，明白追求知识、提升自己、为国家和人民谋福祉才是更有意义的事情。

（3）重视教育的力量。正如剧中孔校长所说，“开民智、兴教育，提高全体国民的素质，这才是民族生存的根本，中华强盛的源泉”。这启示我们教育是培养人才、推动社会进步的关键，不能仅仅将其视为获取利益的手段。

（4）培养社会责任感。激励人们关注社会问题，意识到自己对社会和国家的责任，鼓励像剧中的青年学生一样，以所学知识和能力，为改变社会现状、推动国家发展贡献力量。

（5）坚持经世致用。不能只是为了读书而读书，要将所学知识应用到实际中，解决现实问题，做于国于民有用之事。

（6）保持艰苦朴素的作风。不追求奢华，珍惜资源，懂得在艰苦的环境中坚持和奋斗。

（7）引导青年立志。正如剧中所表达的，青年人要有远大的志向和抱负，并为实现这些目标而努力拼搏，而不是局限于个人的小利益。

（8）客观全面地看待事物。不能片面地看待问题，比如不能仅以物质的多寡来衡量一个人的价值，而要综合各种因素进行判断。

（9）重视品德修养。培养自己的道德情操，约束私欲，做一个纯粹、高尚的人，保持精神的完美。

（10）勇敢面对困难和挫折的态度。无论遇到何种艰难险阻，都要保持坚定的信念和不屈的精神，不被困难所打倒。就像孔校长所讲的徐特立的事迹，即使在困境中也要坚持自己的信念，为了更伟大的目标而努力。

（三）恨铁不成钢

1. 沟通背景

在《恰同学少年》第 7 集中，杨昌济劝说毛泽东的背景是：毛泽东在国文课上与国文教员袁吉六发生了争执。袁吉六把毛泽东的作文批驳为梁启超式的新闻体，毛泽东不服气，与老师争辩，结果被赶出了课堂。

方维夏、黎锦熙为此严厉地批评了毛泽东，但他一时还没能认识到自己的错误。杨昌济作为一位思想开明、德高望重的老师，重视学生的全面发展和人格培养，他深知毛泽东是个有天分且有远大抱负的学生，看出了毛泽东的冲动和倔强，也理解毛泽东对知识的渴望和对观点的坚持。为了让毛泽东明白，在追求真理和表达自己观点的过程中，也需要尊重师长，以恰当的方式处理分歧，他连夜劝说、引导毛泽东。

2. 沟通竞秀

3. 沟通经典

“世有伯乐，然后有千里马。千里马常有，而伯乐不常有。”润之啊，读过这篇文章吗？

（读过，是韩愈的《马说》。）

对，《马说》。在这个世上，人才易得，识才者难求啊，为什么呢？因为人都有个毛病——自以为是，凡事总认为自己是对的，看不到别人的优点。你比方说，比方说袁仲谦袁老先生这方面的毛病就不小。怎么，你不同意我的看法？

（老师怎么突然批评起袁先生来了？）

他做得不对，我当然要批评他。你看，像你这样的学生，作文写得这么好，他居然看不上眼，这像话吗？不就是文章锋芒过甚，不太注重含蓄吗？这又不是什么大不了的毛病，值得这么抓住不放？就算是有毛病吧，你毛润之改不改，关他什么事啊，他怎么一而再再而三地跟你过不去，这不是吃饱了饭没事做吗？你说对不对？

（老师，我……）

还有还有，动不动就搬出什么韩柳欧苏，要人学什么古之大家，那韩柳欧苏有什么了不起的？不就是几百上千年人人都认为他们写得好吗？难道你毛润之非得跟上千年来的读书人看法一样？说不定你比这上千年来所有读书人都要高明得多呢，他袁仲谦怎么就没看到这一层呢？你说，他这不是自以为是是什么？

最可气的是，他居然看不上梁启超的文章，那梁启超的文章有什么不好？就算比不上韩柳欧苏这么有名气，就算许多人都认为他的文章过于直白，只适合打笔仗，上不得大台面，那又怎么样？你毛润之偏偏要喜欢，偏偏认为他十全十美，他这个老师管得着吗？还要因此在课堂上当着这么多同学的面教训你，跟你争个面红耳赤，哪有一点虚心的样子？哪有一点容人的气度嘛？

（老师，别说了。）

润之啊，道理，我就不跟你多说了，你自己慢慢去体会。不过有一件事我要告诉你，你入学的作文，大家都知道是我敲定你为第一名的，可你不知道的是，那次阅卷其实是袁仲谦先生负责，当时是他把你定为第二名。仲老是长沙国学界公认的权威，在他的眼中，能得到第二名的成绩，足见他有多么地赏识你的才华。之所以定为第二名，也是因为在你的作文中还存在明显的缺陷。他一次次指出这些缺陷，一次次降低你作文的分数，乃至降到四十分，为什么？难道他看中的第二名写出的文章就真的只值四十分吗？一个老师，当他碰上自己非常欣赏的有才华的学生，却又总也看不到学生改正缺点的时候，他会是什么心情？我告诉你，五个字——恨铁不成钢！

4. 沟通实效

在《恰同学少年》第 7 集中，杨昌济的劝说取得了显著的效果。

起初，毛泽东因作文被国文教员袁吉六批驳为梁启超式的新闻体，且得了低分数而不服气，与袁老师争辩，甚至被赶出课堂。方维夏、黎锦熙为此事严厉地批评了他，但他一时还没能完全认识到自己的错误。

然而，杨昌济的一番话彻底让毛泽东认识到了自己的冲动和错误。他意识到在坚持自己观点的同时，也需要尊重师长。于是，毛连夜登门向袁老师道歉。尽管一开始袁吉六闭门不纳，但毛泽东雨夜中在袁家门外站了整整一夜，他的诚意最终打动了袁老师。袁老师看到他真心求教，便翻箱倒柜，把自己珍藏的国学古籍统统搬了出来，给毛泽东开起了小灶。在袁老师的教诲下，毛泽东开始认真研读韩愈等古文大家的文章。

在杨昌济的引导下，毛泽东不仅改正了错误，还在学业上更加精进，同时也学会了以更加成熟和理智的方式面对学术上的争议以及与师长之间的分歧，这对他的个人成长和发展产生了深远的影响。此后，毛泽东继续广泛阅读、深入思考，不断提升自己的学识和思想境界，并在后来的革命道路上展现出了卓越的领导才能和坚定的信念。

5. 沟通策略

在《恰同学少年》第 7 集中，杨昌济劝说毛泽东时，主要运用了以下策略：

（1）以理服人。杨昌济没有直接严厉地批评毛泽东，而是通过讲道理的方式，让毛泽东明白自己的错误。他向毛泽东阐述了尊师重道的重要性，以及在坚持自己观点的同时，也需要尊重师长的道理。

（2）引导思考。杨昌济的话语促使毛泽东深入思考自己的行为，认识到冲动和倔强可能带来的后果，帮助他分析问题的症结所在，使他能够从更全面的角度看待与袁老师的争辩事件。

（3）结合自身经历与期望。杨昌济结合自己的人生经验，以及对毛泽东的期望来进行劝说。他了解毛泽东的才华和潜力，希望他能够更加成熟地处理事情，充分发挥自己的才能。

（4）保持耐心和理解。尽管毛泽东一开始没有立刻认识到错误，但杨昌济保持了耐心，给予他时间去反思和领悟。这种理解和包容的态度，使毛泽东更容易接受他的劝说。

杨昌济的劝说并非简单地要求毛泽东认错，而是通过启发和引导，让毛泽东真正从内心认识到自己的问题，从而促使他主动去改正错误，并以更加积极和成熟的态度面对学习与生活中的挑战。

6. 沟通启示

在《恰同学少年》第 7 集中，杨昌济劝说毛泽东的情节带给我们以下启示：

（1）以理服人、耐心引导的重要性。杨昌济没有直接严厉斥责毛泽东，而是通过讲道理，让毛泽东自己认识到错误。这启示我们在教育或劝说他人时，应保持耐心，用理性的分析和真诚的态度去引导，而非强制或简单地批评指责。

（2）尊师重道的意义。尊师重道是一种传统美德，学生需要尊重老师的教导和意见。同时，老师也应以德高望重的形象和丰富的知识赢得学生的尊重。这提醒我们在任何学习和成长的环境中，都要重视与师长之间的关系，虚心接受教导，从他们的经验和智慧中汲取营养。

（3）培养全面的价值观。杨昌济让毛泽东明白，在追求真理和表达观点的过程中，不能忽视对他人的尊重。这教导我们要树立全面的价值观，不仅要关注自己的想法和目标，还要考虑到他人的感受和社会的规范。

（4）自我反思与成长。毛泽东在杨昌济的劝说下，能够深刻反思自己的行为，并主动改正错误。这表明人需要有自我反思的能力，当意识到自己的不足或错误时，要有勇气去面对并积极改进，从而实现个人的成长和进步。

（5）重视教育的方式方法。杨昌济了解毛泽东的特点和潜力，因材施教，而非采用统一的标准去衡量学生。这提示教育者应关注每个学生的个性差异，采用合适的教育方法，以充分发挥他们的优势和潜力。

（6）强调理想与现实的结合。杨昌济的教导让毛泽东认识到，仅有理想和才华是不够的，还需要以恰当的方式去实践和表达。这提醒我们在追求理想的道路上，要注重将理想与现实情况相结合，找到切实可行的方法和途径。

（7）师生间需要相互理解。杨昌济理解毛泽东的冲动和坚持，通过深入沟通，化解了师生间的矛盾。这体现了师生之间相互理解的重要性，双方应保持良好的沟通，增进彼此的了解，以营造和谐的教育氛围。

（四）“支那”之耻

1. 沟通背景

在《恰同学少年》第 12 集中，孔昭绶校长在明耻大会上讲话的背景是：日本处心积虑地妄图灭亡中国，以及袁世凯政府的卖国行径。

当时，日本对中国虎视眈眈，企图将中国亡国灭种，强加“二十一条”以攫取更多在华利益。袁世凯政府曲意承欢、卑躬屈膝、卖国求荣，拱手将大好河山让与日寇。例如南满铁路、东蒙铁路归于日本人之手，山东权益也被日本攫取；日本还妄图控制中国的政治、军事、财经等各项事务，包括要求中国的各项事务请日本人担任顾问，向日本购买武器，甚至中国警察要与日本合办等。当时，中国已面临严重的民族危机。

此外，有人认为，国家局势如此是因为国势积弱，无力维护自身利益；有人指出，是因为袁世凯政府腐败，一味对列强退让；还有人觉得是国人过于冷漠，仁人志士的呼号难以唤醒他们麻木的心灵。在这样的背景下，孔昭绶校长召开明耻大会，发表了慷慨激昂的讲话，旨在唤起学生的爱国精神和责任感，激励他们为国家的强大和兴盛而努力奋斗。

2. 沟通竞秀

____

____

3. 沟通经典

有一个词，我相信大家都听说过——“支那”，这是日本对中国的称呼。在日本人嘴里，中国就是“支那”，我们所有的中国人都是“支那人”。那么“支那”到底是什么意思呢？起初，我也不清楚，只知道这是自隋朝起，从天竺语摩诃至那中派生出的一个对中国的称呼，词意并无褒贬，可就在五年前，五年前我在日本留学的时候，日本学校给我准备的学籍表上填写的就是支那人孔昭绶。

每次遇到日本人的时候，他们都会说：“看，支那人来了。”他们当时说话的表情，我想我这一辈子都不会忘记——那是一种看到了怪物，看到了异类，看到了某种不洁净的东西，看到了一头猪混到人群里才会表现出的轻蔑和鄙夷。

于是，我就去查字典——我不相信日本人的字典，我查的是荷兰人出的 1901 年的荷兰大百科通用辞典。我查到了：“支那”，中国的贬义称呼，常用于日本语，亦指愚蠢的、精神有问题的中国人。这就是“支那”的解释。耻辱啊！耻辱！

我泱泱大国，巍巍中华，竟成了诸般列强眼中的荒蛮未化之地，耻辱啊，我四万万同胞竟成了任其宰割的鱼肉。

人，不可不知耻！耻，有个人之耻、国家之耻，德守不坚，学识愚昧，身体衰弱，遭人白眼，乃个人之耻；纲纪扫地，主权外移，疆土日蹙，奴颜婢膝，乃国家之耻。

我四万万同胞如果人人为人所耻，则国家必为人所耻。一个国家被人耻笑，那么个人也将成为别人耻笑的把柄。“支那”之耻，无有个人与国家之分，此乃我中华全体之奇耻大辱！

今日之日本，处心积虑，虎视眈眈，视我中华为其囊中之物，大有灭我而朝食之想，已远非一日。今次，“二十一条”的强加于我，是欲将我中华亡国灭种的野心赤裸裸地表现，而袁世凯政府呢，曲意承欢、卑躬屈膝、卖国求荣，他直欲将我大好河山拱手让于日寇，此等卖国行径，如我国人仍浑浑噩噩，仍然任其为之，中华灭亡，迫在眉睫！

夷狄虎视，国之将亡，多少国人痛心疾首，多少国人惶惶不安呢？是啊，大难来临了，国家要亡了，“这样的灾难什么时候才是尽头？”“老天爷为什么不开开眼，劈死这些贪婪的强盗？”。这些抱怨，这些呼号，我们听过无数回，也说过无数回，可抱怨有什么用呢？我们恨这些强盗，恨得牙痒痒的，可是，恨，救不了中国。大家都知道，南满铁路、东蒙铁路，都归于日本人之手，山东权益也归于日本人之手，要旅顺，要大连，整个长江流域所有的矿产要归日本来开采，一国之政治、军事、财经各项都要请日本人担任顾问，所有武器要跟日本去买，就连我中国的警察都要跟日本来合办，这还能算是一个主权国家吗？这究竟是为什么？为什么局势会这样？国家为什么会落到了如此地步？有人说，是因为国势积弱，无力维护自己的利益；有人说，是因为袁世凯政府太腐败，在列强面前，只知一味退让；还有人说，是因为国人太冷漠，仁人志士的呼号像一道道警钟却难以唤醒他们麻木的心灵。我们坐在这里，痛斥列强，痛斥一切让中国落后挨打受欺负的人和事的时候，你的心中有没有想过，我们每一个中国人应该为国家的落后承担些什么样的责任？应该为这个民族的强大和兴盛担负起什么样的义务？“天下兴亡，匹夫有责”，这个“匹夫”不是指除你之外的别人，而是首先应该包括你自己！

我们都希望国家强大，但是，我要在这里告诫大家一句，不能光有恨，我们要学会将仇恨埋在心底，把悲愤化为动力，我们要拿出十倍的精神、百倍的努力，卧薪尝胆，发愤图强，振兴中华，做得比任何人更好，更出色，这才是每一个中国人应尽的职责！

国家之广设学校，所为何事？我们青年置身于学校，又所为何来？正因为一国之希望，在于青年，一国之未来，要由青年来担当。当此国难之际，我青年学子，责有悠归，更肩负着为国家储备实力的重任！

4. 沟通实效

在《恰同学少年》第12集中，孔昭绶校长在明耻大会上的讲话取得了显著的效果，主要体现在以下几个方面：

（1）激发了爱国热情。孔昭绶校长深刻剖析了日本的侵略野心和袁世凯政府的卖国行径，让学生们清楚地认识到国家面临的严重危机，激发了学生们强烈的爱国情感和民族责任感。

（2）唤起了民族耻辱感。孔昭绶校长通过对“支那”一词的解释，让学生们感受到了国家被侮辱的耻辱，使他们明白个人之耻与国家之耻紧密相连，增强了学生们为国家雪耻的决心。

（3）引发了深刻思考。孔昭绶校长的讲话促使学生们思考国家落后的原因以及自己应承担的责任和义务，引导他们将仇恨转化为动力，努力奋发图强，为国家的强大和兴盛而奋斗。

（4）树立了正确价值观。孔昭绶校长的讲话强调了“天下兴亡，匹夫有责”，让学生们认识到每个人都应该为国家的命运负责，而不是只停留在抱怨和痛恨上，帮助他们树立了正确的价值观和使命感。

（5）彰显了教育理念。这次讲话也展示了孔昭绶校长的教育理念和人格魅力，他注重培养学生的道德品质和爱国精神，以自己的博学和赤诚为学生指引方向，对一师的学子们产生了深远的影响。

他的演讲如同一盏明灯，照亮了学生们的内心，激励着他们在国家危难之际挺身而出，肩负起振兴中华的重任。剧中的学生们在孔昭绶校长的影响下，积极投身于学习和社会实践中，不少人后来成为中国革命的重要力量。毛泽东、蔡和森等一批进步学生，更是以实际行动践行了校长的教诲，为改变中国的命运做出了重要贡献。

5. 沟通策略

在《恰同学少年》第12集中，孔昭绶校长在明耻大会上的讲话运用了以下策略：

（1）以情动人。孔昭绶校长用充满感情的语言，描述了日本人对“支那”这一称呼所表现出的蔑视和鄙夷，让学生们深刻感受到国家被侮辱的耻辱，引发了学生们的情感共鸣。

（2）深刻剖析。孔昭绶校长详细解释了“支那”一词的含义，使学生清楚认识到这是对中国带有贬义的称呼。他还强调耻有个人之耻与国家之耻。通过讲述日本的侵略野心和袁世凯政府的卖国行径，深入分析了国家面临的严重危机和造成这种局面的原因，让学生们明白局势的严峻性。

（3）引发思考。孔昭绶校长在讲话中不断设问，如“我们每一个中国人，应该为国家的落后承担些什么样的责任？应该为这个民族的强大和兴盛担负起什么样的义务？”，促使学生们主动思考个人与国家命运的关系，以及自己在国家兴亡中的责任。

（4）激励鼓舞。孔昭绶校长告诫学生不能光有恨，而要将仇恨埋在心底，把悲愤化为动力，激励学生们拿出十倍的精神、百倍的努力，卧薪尝胆，发愤图强，振兴中华。强调“天下兴亡，匹夫有责”，让学生们认识到每个人都应为国家的强大尽自己的职责，给予了学生们奋斗的方向和动力。

（5）结合实例。孔昭绶校长通过列举南满铁路、东蒙铁路、山东权益以及政治、军事、财经等方面的具体事例，让学生们更直观地感受到国家主权的丧失，增强了他们对国家现状的认识和紧迫感。

（6）强调理念。孔昭绶校长讲话中始终贯穿着他的教育理念，注重培养学生的道德品质和爱国精神，将个人的修身与国家的兴亡紧密联系起来，使学生们明白道德修养和爱国的重要性。

通过这些策略，孔昭绶校长成功地激发了学生们的爱国热情、民族自尊心和责任感，让他们深刻认识到国家的耻辱和个人的责任，鼓舞他们为振兴中华而努力奋斗。

6. 沟通启示

在《恰同学少年》第 12 集中，孔昭绶校长在明耻大会上的讲话带来了诸多启示，具体如下：

（1）培养爱国精神。个人与国家命运紧密相连，要树立强烈的爱国情感和民族责任感，时刻将国家的荣辱放在心中。

（2）重视品德修养。德守不坚、学识愚昧、身体衰弱等个人之耻会影响国家之耻，应注重自身品德的培养和提升。

（3）保持清醒认识。面对国家的困境和危机不能只停留在抱怨和痛恨上，而要深入分析局势产生的原因，清醒地认识到问题所在。

（4）勇担责任义务。每个人都应对国家的兴衰负责，不能将责任推给他人，要为国家的强大和兴盛担负起自己的义务。

（5）化悲愤为动力。即使面对耻辱和困境，也不能被仇恨蒙蔽双眼，而应将其转化为积极向上的动力，以卧薪尝胆的精神，发愤图强，努力做出比别人更好、更出色的成绩。

（6）关注国家教育。讲话凸显了教育的重要性，阐明国家的希望在于青年，而学校是培养青年的重要场所，教育者应注重培养学生的道德品质、爱国精神和社会责任感，为国家储备有实力、有担当的人才。

（7）自我反思与进取。以史为鉴，促使现代社会的人们反思现状，避免重蹈覆辙。在当今时代，也应警惕各种不良现象，不断追求进步和发展，努力提升个人素质以及国家的综合实力。

这些启示在任何时代都具有重要的价值，激励着人们为了国家的繁荣昌盛、民族的伟大复兴而努力奋斗。

三、励志榜样

（一）例文引领

《恰同学少年》中的榜样——毛泽东

在电视剧《恰同学少年》中，毛泽东以其独特的魅力和非凡的品质，成为当之无愧的榜样。

在剧中，毛泽东展现出了超越常人的智慧和远见。他不拘泥于传统的教育模式，不满足于仅仅从书本中获取知识。他在岳麓山上与同学们畅谈古今，在橘子洲头抒发壮志豪情，用自己的思考和实践探索着知识的真谛。他对社会现象有着敏锐的洞察力，能够透过表象看到问题的本质。这种智慧使他在同学中脱颖而出，也为他日后的伟大成就奠定了基础。

他的勇敢和坚毅令人钦佩。面对困难和挑战他从不退缩，而是勇往直前。无论是在学校组织的活动中，还是在面对社会的不公时，他总是挺身而出，为正义发声。这种勇敢不仅体现在行动上，更体现在他的思想和信念中。他坚信自己的理想，坚信通过努力可以改变中国的命运，这种坚定的信念支撑着他在漫长的革命道路上不断前行。

毛泽东的胸怀天下更是他成为榜样的重要原因。他深知当时中国的苦难，心系百姓的疾苦。他的目光不仅仅局限于个人的得失和荣辱，而是放眼整个国家和民族的未来。他读书不是为了个人的功名利禄，而是为了寻找拯救国家、拯救人民的道路。这种伟大的情怀让他在同学中具有强大的感召力，也让无数观众为之动容。

他的乐观积极也是一种感染力极强的品质。无论遭遇多少挫折和困境，他总是保持着乐观的心态，相信未来会更好。这种乐观不是盲目无知的乐观，而是基于对自身能力的自信和对未来的坚定信念。在他的身上，我们看到了一种不屈不挠的精神，一种永远向上的力量。

同时，毛泽东在人际交往中展现出的真诚和热情也让人难以忘怀。他对待同学和朋友真心实意，善于倾听他人的意见和想法，能够与不同性格的人建立深厚的友谊。他的领导才能在同学中也逐渐显现，他能够团结大家，共同为了一个目标而努力。

在《恰同学少年》中，毛泽东不仅是一个有着远大抱负的青年，更是一个充满人格魅力的榜样。他的智慧、勇敢、胸怀天下、乐观积极以及真诚热情，都成为我们学习和效仿的榜样。他让我们明白，青春不应虚度，而应在追求理想、为国家和人民贡献力量的道路上绽放光芒。

在当今时代，我们依然需要从毛泽东身上汲取精神力量。我们要像他一样拥有广阔的视野和深邃的思考，勇敢地面对生活中的困难和挑战，心怀国家和人民，始终保持乐观向上的态度，用真诚和热情去对待身边的人和事。相信在这样的精神引领下，我们能够不断进步，为实现中华民族的伟大复兴贡献自己的力量。

《恰同学少年》中的榜样——蔡和森

在《恰同学少年》这部剧中，蔡和森是一位令人钦佩的角色，他展现出了非凡的才华、坚定的信念和高尚的品德，是那个时代优秀青年的典型代表。

蔡和森勤奋好学，具有深厚的学识和敏锐的思维。他在湖南第一师范学习期间，如饥似渴地汲取各种知识，不断拓宽自己的视野。他对社会问题有着深入的思考，努力探索救国救民的真理。这种对知识的渴望和追求，使他在同学中脱颖而出。

他与毛泽东等志同道合的青年结下了深厚的友谊。他们一起探讨国家命运、社会变革，共同追求进步和理想。在共同的学习和生活中，蔡和森展现出了他的真诚和友善。他与朋友们相互鼓励、相互支持，共同成长。他们的友谊不仅是同学之间的情谊，更是为了共同目标而奋斗的同志之情。

蔡和森具有坚定的信念和强烈的使命感。他深刻认识到中国社会的问题和困境，坚信通过努力可以改变现状，为国家和人民带来希望。他不被困难和挫折所动摇，始终坚持自己的理想和信念。在面对各种挑战和考验时，他表现出了坚韧不拔的意志和勇气。

剧中的蔡和森还是一位具有远见卓识的青年，他能够敏锐地洞察时代的发展趋势，对新思想、新观念有着开放的态度。他积极参与各种社会实践活动，如组建学生军、开办工人夜校等，将自己所学的知识运用到实际中，为社会的进步做出贡献。

蔡和森与向警予之间的感情也令人感动。他们心心相印，不仅在情感上相互支持，在理想追求上也是志同道合。他们的爱情充满了青春的活力和对未来的憧憬。他们彼此激励，共同为了革命事业而努力。

蔡和森的形象给观众带来了许多启示。他的勤奋、坚定、有远见以及对理想的执着追求，都值得我们学习和效仿。他让我们看到了那个时代青年的精神风貌和责任担当。

在当今社会，我们同样需要蔡和森这样的品质。我们应该保持对知识的渴望，不断学习和进步，提升自己的能力；坚定自己的信念和目标，不轻易被外界的干扰和困难所左右；具有广阔的视野和远见，能够适应时代的变化并为社会的发展贡献自己的力量；同时，在追求个人理想的道路上，也要珍惜真挚的友情和爱情，与身边的人共同成长、共同进步。

蔡和森是《恰同学少年》中的一位杰出榜样。他的故事激励着我们在自己的人生道路上勇往直前，为实现个人价值和社会的美好未来而努力奋斗。他让我们明白，无论时代如何变迁，青年一代都应当以天下为己任，胸怀大志，奋发有为。

（二）百花齐放

____

____

四、观后感

（一）例文引领

《恰同学少年》观后感

《恰同学少年》这部电视剧，犹如一幅波澜壮阔的历史画卷，生动地展现了一群风华正茂的青年学子在动荡年代的成长与追求。观毕，心中感慨万千。

剧中，毛泽东、蔡和森、向警予等一众青年才俊，在湖南第一师范求学。他们身处乱世，却心怀天下，以满腔的热血和坚定的信念，探寻着救国救民的真理。

毛泽东，这位日后改变中国命运的伟人，在剧中初现其非凡的智慧和胆略。他不拘泥于传统的读书方式，不仅在课堂上积极思考，更在广阔的社会中实践所学。他热爱读书，却不读死书，常常在岳麓山上与志同道合的同学畅谈理想，在橘子洲头挥斥方遒。他深知百姓疾苦，深入农村调研，提出了许多独到而深刻的见解。他的果敢、坚毅以及对理想的执着追求，让人肃然起敬。

蔡和森的沉稳内敛，向警予的勇敢无畏，都给我留下了深刻的印象。他们在学习中相互砥砺，在生活中彼此扶持，共同成长为有理想有担当的青年。他们的友情纯粹而真挚，他们为了共同的目标携手前行，这种精神令人动容。

剧中的老师们也令人钦佩。杨昌济先生的博学与睿智，孔昭绶校长的开明与果敢，都为学生们的成长提供了良好的引导和支持。他们不仅传授知识，更注重培养学生的品德和志向，真正做到了教书育人。

这部剧让我深刻地认识到，青年时期是人生中最宝贵的时光，应当充满朝气与激情，勇敢地追求理想。在那个国家积贫积弱、内忧外患的年代，这些青年学子没有被困难吓倒，没有被安逸诱惑，而是以天下为己任，立志为国家的崛起和民族的复兴贡献自己的力量。他们用实际行动诠释了“少年强则国强”的真谛。

对比当下，我们生活在一个和平、繁荣的时代，享受着优越的物质条件和丰富的教育资源。然而，我们是否也拥有像他们那样坚定的信念和远大的抱负呢？我们是否在安逸中迷失了自我，忘记了肩头的责任？

《恰同学少年》给了我们答案，也给了我们警醒。它告诉我们，无论时代如何变迁，青春的激情与理想的火焰不应熄灭。我们应当以剧中的青年为榜样，珍惜时光，努力学习，不断提升自己，为实现中华民族伟大复兴的中国梦贡献自己的力量。

“恰同学少年，风华正茂；书生意气，挥斥方遒。”让我们铭记这段激昂的历史，怀揣着梦想，在新时代的征程中奋勇前行！

（二）百花齐放

五、研讨发言

(一)例文引领

电视剧《恰同学少年》研讨会发言稿

尊敬的各位领导、同仁们:

大家好!很荣幸能够在这次研讨会上发言,与大家共同探讨《恰同学少年》这部具有深刻教育意义和历史价值的作品。

《恰同学少年》以其独特的视角和生动的叙事,为我们展现了一幅20世纪初中国青年学子积极探索、追求真理的壮丽画卷。这部作品不仅让我们看到了那个时代的风云变幻,更让我们感受到了青年一代的热血与激情、理想与担当。

首先,该剧成功地塑造了一群鲜活而富有个性的人物形象。毛泽东的聪慧、勇敢和坚定,蔡和森的沉稳、博学和内敛,向警予的豪爽、果敢和正义,以及杨昌济、孔昭绶等师长的博学、开明和慈爱,每一个人物都仿佛从历史中走来,栩栩如生地站在我们面前。他们的成长历程、思想碰撞和情感纠葛,让我们深刻地感受到了那个时代青年的精神风貌和价值追求。

其次,作品所展现的教育理念和教育方式值得我们深入思考。在湖南第一师范,学生们不仅接受了传统的知识教育,更注重培养独立思考、实践能力和社会责任感。老师们因材施教,鼓励学生自主探索,引导他们将个人的命运与国家的前途紧密相连。这种教育理念在今天依然具有重要的启示意义,提醒我们教育的目的不仅仅是传授知识,更是培养具有健全人格、创新精神和社会担当的人才。

再次,从历史和文化的角度来看,《恰同学少年》为我们重现了那个特殊时期的社会背景和文化氛围。当时的中国正处于内忧外患、新旧交替的关键时期,传统与现代、保守与进步的思想激烈碰撞。青年学子们在这样的环境中,不断思考、探索,寻求救国救民的道路。他们的努力和奋斗,是中华民族觉醒和崛起的一个重要组成部分,也是我们传承和弘扬的宝贵精神财富。

这部剧对于当代青年也具有重要的激励作用。在当今社会,物质生活日益丰富,但一些青年却陷入了迷茫和浮躁之中。《恰同学少年》让我们看到了前辈们在艰苦环境中依然坚守理想、不懈奋斗的精神。它提醒我们,青春不应在安逸和享乐中虚度,而应在追求真理、实现梦想的道路上挥洒汗水。

此外,从艺术表现形式上,该剧情节紧凑、跌宕起伏,画面精美,音乐动人,为观众带来了一场视觉和听觉的盛宴。它巧妙地将历史事件与人物命运相结合,使观众在欣赏剧情的同时,也能对那段历史有更深刻的理解和认识。

然而，在欣赏这部作品的同时，我们也应该思考如何更好地传承和发扬其中所蕴含的精神。我们可以通过加强教育宣传，将剧中所体现的价值观融入学校教育和社会教育中，引导更多的青年树立正确的人生观和价值观。同时，也可以通过文艺创作等方式，进一步挖掘和展现那个时代的精神内涵，为当代社会提供更多的精神滋养。

总之，《恰同学少年》是一部具有深刻思想内涵和艺术价值的优秀作品。它让我们回顾历史，感悟先辈们的精神力量；也让我们审视当下，思考如何在新时代更好地传承和发扬这种精神。希望我们能够从这部作品中汲取智慧和力量，为实现中华民族伟大复兴的中国梦而努力奋斗！

谢谢大家！

（二）百花齐放

____

____

六、文旅链接

湖南省立第一师范学校旧址：位于湖南省长沙市岳麓区书院路 356 号，是毛泽东等革命先辈早年求学与工作之地，保留了诸多当年的建筑与设施，可实地感受剧中场景。

长沙橘子洲景区：位于湖南省长沙市岳麓区湘江江心，国家 5A 级景区，有毛泽东青年艺术雕塑等景点。位于长沙橘子洲水上工人文化宫的《恰同学少年》青春剧场，有国内首个红色多维沉浸式文旅演出项目。该项目以电视剧《恰同学少年》为创作蓝本，通过“问志、寻志、立志”的成长叙事，运用多媒体技术打造沉浸式体验，让游客与剧中角色“时空对话”。

作业

1. 完成本节“沟通竞秀”练习，将其中自己最满意的文字版和音频版创作内容上传到学习平台。

2. 观赏《恰同学少年》全剧，完成“励志榜样”“观后感”“研讨发言”部分的练习，将其中自己最满意的文字版和音频版创作内容上传到学习平台。

第三节 实事求是得解放

可在学习强国App中搜索“五个一工程”或剧名观看

一、好剧推荐

电视剧《毛泽东》是一部具有重要意义和价值的作品。

这部剧以1893年毛泽东诞生到1949年新中国成立这段波澜壮阔的历史进程为背景。它将真实的历史事件与高超的艺术手法相结合，为全国观众呈现了一部“乡村少年”成长为伟大国家领袖的奋斗史。

该剧的一大特点是以毛泽东同志为第一主角，通过大量生动且重要的故事细节，较为充分地展示了毛泽东的人生思想发展轨迹，让观众能感同身受地理解他在各种环境中所做出的选择。

在艺术呈现上，该剧有出色的镜头调度和意象使用，一些场景的镜头语言充满“电影感”和“诗化”的表达，隐喻丰富，给人留下深刻印象。比如毛泽东出场时，雨中长沙街头的蒙太奇镜头，混乱的街道、横行的军阀、贫苦的百姓与坚定前行的毛泽东形成鲜明对比，充分诠释了“遍地哀鸿满城血，无非一念救苍生”。

在人物塑造方面，该剧把毛主席放在人民中去塑造，将毛泽东还原成一个有血有肉的人。该剧既展现了毛泽东作为领袖的崇高精神风范，如志存高远的爱国情怀、舍家为国的奉献精神、愈挫愈勇的执着、重情重义的真挚以及清正廉洁的自律等；也挖掘出他为人夫、为人父兄的常人情感，塑造了一个敢爱敢恨、有情有义的真心英雄形象。剧中还描写了他与战友同志工作、交往中的亲密无间、诙谐风趣，呈现了他作为一个平常人的真性情，比如他对待马夫老孙的情节，就深刻地揭示了领袖的真性情。

同时，该剧以史实为依据，力求客观真实。在涉及众多历史事件和人物时，主创团队精益求精，对每个史实都作了精细的核对、考证，对历史人物的评价也较为全面、客观。此外，该剧也进行了合理的艺术虚构和想象，增强了作品的艺术魅力。

总之，电视剧《毛泽东》重新发掘了“为人民服务”“人民民主”等蕴含的核心价值，书写了那个时代中国人追求实现“中国梦”的历史进程。它让观众更好地认识、理解和崇敬毛泽东，也帮助人们深入了解中国共产党的发展历程和伟大成就。它不仅具有很高的艺术价值，也具有深刻的历史意义和教育意义。

二、经典表达与沟通

（一）知识完全是集体的完全

1. 沟通背景

在电视剧《毛泽东》第39集中，党的七大马上就要转入选举程序前，大家对犯“左”倾错误的同志很有意见，在酝酿名单的时候，都不同意把王明、博古等列进去。尤其是对王明意见特别大，认为他只参加了一次会议，就借病不去，而且还是中途退场。王明还写了一首讽刺诗，影响很坏。对党的七大，毛泽东十分重视。当时，中国面临着复杂的国内外形势，抗日战争即将取得胜利，但中国的前途和命运仍充满挑战。党的七大还面临着确定党的路线方针政策、选举党的领导机构等重要任务。在这种背景下，毛泽东发表讲话，阐述自己的观点。

2. 沟通竞秀

____

____

3. 沟通经典

会议马上就要转入选举程序了，有很多同志在问我：一、选不选犯过错误的人？二、要不要照顾各个方面？三、中央委员是不是都要选通晓各方面知识的人？

我的看法是，一个人在世界上，哪有不犯错误的道理？我也犯过错误，是不是我也不能选了？六大没有选陈独秀，四中全会也没选李立三，这都是不对的。能团结有错误并且愿意改正错误的同志，那才是真正的团结。

中国革命现在有很多山头啊，这是中国革命的实际，离开这个实际，中国革命就看不见了。我们要消灭的不是山头，而是山头主义、宗派主义。还有啊，任何一个人都不可能通晓各方面的知识，我们所要求的知识完全是集体的完全，而不是个人的完全，只要在某一个方面有专长，并且有学习精神，其他条件都符合的人，可以选进中央委员会，对吧？

4. 沟通实效

在电视剧《毛泽东》第39集中，党的七大马上就要转入选举程序前，毛泽东讲话的主要目的是强调中国要消灭山头主义和宗派主义，追求集体的完全。

他指出人无完人，中国共产党要求的是集体的完全。这一讲话的效果是统一了思想，强调了党的团结和一致性的重要性，为党的七大的成功召开奠定了思想基础。

毛泽东的讲话旨在提醒党员们摒弃山头主义和宗派主义，以党的整体利益为重，团结一致，为实现党的目标而共同奋斗。这种强调团结和集体的思想，有助于增强党的凝聚力和战斗力，使党员们在思想上更加统一，在行动上更加协调一致。

党的七大是中国共产党在民主革命时期召开的一次极其重要的全国代表大会。它确立了毛泽东思想为党的指导思想并写入党章，选举产生了新的中央委员会，使全党在思想上、政治上、组织上达到了空前的统一和团结，为争取抗日战争和新民主主义革命的胜利奠定了坚实的基础。

5. 沟通策略

在电视剧《毛泽东》第 39 集中，党的七大马上就要转入选举程序前，毛泽东讲话的策略主要包括以下几点：

（1）强调团结。毛泽东指出中国要消灭山头主义和宗派主义，强调党的团结和一致性的重要性。他希望党员们摒弃个人主义、山头主义和宗派主义，以党的整体利益为重，团结一致，为实现党的目标而共同奋斗。

（2）实事求是。毛泽东提出人无完人，中国共产党要求的是集体的完全。这体现了他实事求是的态度，认识到每个人都有不足之处，但可以通过集体的智慧和力量来实现党的目标。

（3）高瞻远瞩。毛泽东以长远的眼光看待问题，提醒党员们不要只看到眼前的事物，而要有前瞻性和预见性，能够在事物尚未完全显现时就洞察其发展趋势，并掌握住它，这体现了他的战略领导思维。

（4）以理服人。毛泽东通过分析和讲道理的方式，让党员们明白消灭山头主义和宗派主义的必要性，以及追求集体完全的重要性，使大家能够从思想上接受并认同他的观点。

（5）树立目标。讲话为党的发展指明了方向，让党员们更加明确党的奋斗目标，激励大家为实现这些目标而共同努力。

（6）增强信心。毛泽东的讲话有助于增强党员们的信心和凝聚力，使全党在思想上更加统一，在行动上更加协调一致，为党的七大的胜利召开和党的发展奠定了坚实的思想基础。

（7）举例论证。毛泽东通过一些具体的事例或历史经验来阐述他的观点，使抽象的道理更加具体、生动，易于被党员们理解和接受。

6. 沟通启示

在电视剧《毛泽东》第 39 集中，在党的七大马上就要转入选举程序前，毛泽东讲话带来的启示包括：

（1）强调团结的重要性。毛泽东指出要消灭山头主义和宗派主义，追求集体的完全。这启示我们在团队或组织中，要以集体利益为重，摒弃个人主义和小团体利益，加强团结协作，凝聚力量，以实现共同目标。

（2）保持实事求是的态度。他提出人无完人，中国共产党要求的是集体的完全。这体现了实事求是的精神，提醒我们要客观地看待自己和他人，认识到每个人都有不足之处，通过集体的智慧和努力来实现更完美的结果。

（3）树立高瞻远瞩的战略眼光。毛泽东的讲话具有前瞻性和长远的眼光，提醒人们不能只看眼前，要有预见趋势和把握方向的能力。这启示我们在面对问题和做决策时，要有战略思维，考虑到事物的长远发展和可能产生的影响。

（4）以理服人，善于沟通。讲话通过讲道理的方式，让党员们明白道理，接受观点。这表明有效的沟通和以理服人在领导和团队合作中的重要性。我们在表达自己的观点和想法时，也应通过合理的论证和清晰的表达来使人信服。

（5）重视思想建设和统一。毛泽东的讲话旨在统一党员的思想，增强党的凝聚力和战斗力。这启示我们在任何团体或组织中，都要重视思想建设，确保成员在核心价值观和目标上保持一致，从而能够协调一致地行动。

（6）具有自我批评的精神。讲话中也提到共产党内存在的问题，如自己也犯过错误。这启示我们要有自我批评的意识，不断反思和弥补自身存在的不足，以促进个人和组织的成长与进步。

这些启示在今天仍然具有重要的价值，可以应用于个人的成长、团队的协作以及组织的发展等方面。

（二）“上帝”就是全中国的人民大众

1. 沟通背景

在电视剧《毛泽东》第 39 集中，毛泽东借助“愚公移山”故事发表讲话的背景是：1945 年，中国人民的抗日战争胜利在望，但中国面临着两种命运的抉择。当时美国全力支持蒋介石集团，企图将中国变为其殖民地，而国民党也期望依赖英美援助消灭共产党，实行一党独裁。

在这样的重要关头，为了总结党成立以来 24 年的奋斗经验，纠正党内一部分人存在的疲劳情绪和错误思想，中国共产党于 1945 年 4 月 23 日至 6 月 11 日召开了第七次全国代表大会。大会分析了国内外政治形势，总结了新民主主义革命的经验，阐述了新民主主义基本理论，并制定了党的政治路线，即“放手发动群众，壮大人民力量，在我党的领导下，打败日本侵略者，解放全国人民，建立一个新民主主义的中国”。毛泽东在党的七大闭幕式上以《愚公移山》为题发表讲话，借助“愚公移山”故事，从精神上动员和武装党和人民，为争取抗战的最后胜利、解放全中国奠定思想基础。

2. 沟通竞秀

____

____

3. 沟通经典

中国古代有个寓言，叫作愚公移山。说的是有一位老人住在华北，叫北山愚公。他的家门南面有两座大山挡住了他的出路，一座叫太行山，一座叫王屋山。愚公下决心率领他的儿子们用锄头挖掉这两座大山。有个老头子名叫智叟的看了发笑，说：“你们这样干未免太愚蠢了，你们父子数人要挖掉这样两座大山，那是完全不可能的。”愚公回答说：“我死了以后有我的儿子，儿子死了又有孙子，子子孙孙是无穷无尽的。这两座山虽然很高，却是不会再增高了，挖一点就少一点。有什么挖不平呢？”愚公批驳了智叟的观点，毫不动摇，每天挖山不止。这件事啊感动了上帝，派了两个神仙下凡，把这两座山给搬走了。

现在也有两座压在中国人民头上的大山，一座叫帝国主义，一座叫封建主义。

中国共产党早就下定决心，要挖掉这两座大山，我们一定要坚持下去，一定要不断地工作。我们也会感动上帝的，这个上帝不是别人，就是全中国的人民大众。全中国的人民大众一起起来，和我们一起来挖这两座山，有什么挖不平呢？

中国正在开着两个大会，一个是国民党的六大，一个是共产党的七大。两个大会有着完全不同的目的：一个要消灭共产党和中国的民主势力，把中国引向黑暗；一个要打倒日本帝国主义及其走狗和中国的封建势力，建设一个新民主主义的中国，把中国引向光明。我们坚决相信，中国人民就要在中国共产党的领导下得到完全的胜利，而国民党的反革命路线必然要失败。

4. 沟通实效

在电视剧《毛泽东》第39集中，党的七大会议上，毛泽东借助“愚公移山”的故事发表讲话，起到了鼓舞人心、统一思想、明确目标的效果。

毛泽东通过讲述“愚公移山”的故事，号召全党全国各族人民发扬愚公精神，坚定信念，不怕困难，持之以恒地去完成革命任务，具体来说，这一讲话的效果包括：

（1）鼓舞士气，增强信心。讲话强调了全党和全国人民要树立不怕牺牲、排除万难去争取胜利的坚定信念，让大家相信只要持续奋斗，就能够战胜强大的敌人，取得革命的胜利。中国共产党从成立到七大召开经历了诸多艰难困苦，但仍然坚持奋斗并不断发展壮大。毛泽东以愚公移山的精神激励众人，表达了对党的光明前途充满信心，使大家坚信在中国共产党的领导下，一定能够克服各种困难，实现民族独立和国家富强的目标。

（2）诠释党的路线。讲话明确了党的七大制定的政治路线，要求党员干部在思想和行动上统一到党中央的决策和路线方针上来，在各自的工作岗位上宣传和解释党的路线，加强党的领导，发挥先锋模范作用。

（3）强调群众力量。讲话生动地阐明了中国共产党必须紧紧依靠人民群众。毛泽东将人民群众比作“上帝”，体现了党一贯坚持的群众路线，表明只有充分发动和依靠最广大的人民群众，形成强大的合力，才能推翻帝国主义和封建主义两座大山。正如愚公全家老小团结一致最终感动上帝取得成功一样，全国人民大众团结起来与党一道奋斗，就没有克服不了的困难。

（4）统一思想认识。讲话有助于消除党内存在的一些疲劳情绪和错误思想，使全党在思想上更加统一，认识到当前面临的艰巨任务，激励大家为了共同的目标和美好前景而不懈努力。

毛泽东借助“愚公移山”故事发表的讲话，在当时具有重要的意义，成为激励全党全国人民艰苦奋斗的强大动力，为取得抗战胜利、解放全中国奠定了思想基础。这篇讲话也成了经典，其所蕴含的愚公移山精神在后续的革命、建设和改革进程中不断激励着中国人民。

5. 沟通策略

在电视剧《毛泽东》第 39 集中，党的七大会议上，毛泽东借助“愚公移山”的故事发表讲话，运用了以下策略：

（1）以通俗易懂的故事引发共鸣。“愚公移山”是一个大家熟知的故事，具有朴素而深刻的寓意。通过讲述这个故事，能够让听众更容易理解和接受其中蕴含的道理，使抽象的革命理念变得具体可感。

（2）借古喻今，诠释革命目标。毛泽东将古代愚公移山的精神与当时中国共产党面临的任务相结合。他指出，压在中国人民头上的两座大山——帝国主义和封建主义，就如同愚公面前的太行、王屋二山。以这种形象的比喻，让党员和群众能够清晰地认识到革命的目标和方向。

（3）强调坚定信念和持续奋斗的重要性。故事中的愚公以坚定的决心和不懈的努力去移山，毛泽东借此鼓励全党全国人民要下定决心，不怕牺牲，排除万难，即使面临困难和挑战，也要有持续奋斗、永不放弃的精神。

（4）突出群众的力量。愚公移山不是愚公一人的行动，而是全家老小共同努力，甚至感动了邻居一同参与。毛泽东以此来说明中国共产党必须紧紧依靠人民群众，就像愚公感动上帝一样，只要全国人民大众团结起来，与党一道努力就没有挖不平的山，强调了群众路线的重要性。

（5）鼓舞士气，增强信心。毛泽东通过讲述愚公最终成功移山的结局，鼓舞大家树立起革命必胜的信心。尽管革命的道路充满艰辛，但只要全党全国人民齐心协力，按照党的路线方针持续奋斗，就一定能够实现民族独立和国家富强的目标。

总的来说，毛泽东借助“愚公移山”的故事发表讲话，是一种深入浅出、生动形象且富有感染力的策略，旨在激励全党全国人民在革命道路上坚定信念、团结奋斗，克服困难，去争取最后的胜利。这种策略使得深刻的革命道理更容易被广大党员和群众理解与接受，激发了他们的斗志和积极性。

6. 沟通启示

在电视剧《毛泽东》第39集中，党的七大会议上，毛泽东借助“愚公移山”的故事发表讲话，带来了以下启示：

（1）坚定信念，持之以恒。故事中的愚公面对巨大的困难，没有丝毫动摇，坚信通过子子孙孙的持续努力能够挖平大山。这启示我们在面对生活、工作或社会发展中的各种难题时，要树立坚定的信念，相信自己的目标是可以实现的，并且要有持之以恒、不懈奋斗的精神，不被困难和挫折所打败。

（2）发挥先锋模范作用。讲话强调了党员干部在实现目标过程中的重要性。他们需要以身作则，以自己的决心和行动去感召群众、凝聚人心，带领大家共同努力。在团队或集体中，领导者或先进分子的示范作用能够激发更多人的积极性和创造力。

（3）团结协作，依靠群众。愚公移山不是愚公一人的力量所能完成的，而是需要很多人共同努力。这表明要完成伟大的事业，必须团结一切可以团结的力量，充分发动和依靠广大人民群众。群众是真正的英雄，众人拾柴火焰高，只有团结众人的智慧和力量，才能战胜困难，取得成功。

（4）保持乐观，不怕困难。尽管智叟嘲笑愚公的行为愚蠢，但愚公没有被其影响，仍然保持乐观积极的态度。这提醒我们在困境中要保持乐观的心态，不畏惧困难，勇于面对挑战，相信自己有能力克服困难。

（5）赋予传统故事新的时代内涵。毛泽东将古代寓言与当时的革命任务相结合，使其具有了新的意义和价值。这启示我们要善于从传统文化中汲取智慧和力量，并结合时代需求进行创新和发展，让传统文化在当代发挥更大的作用。

（6）增强信心，勇往直前。毛泽东借助这个故事鼓舞全党和全国人民树立革命必胜的信心。这告诉我们在追求目标的道路上，无论遇到多少艰难险阻，都要对未来充满信心，相信通过努力奋斗能够取得最终的胜利，勇往直前，不断朝着目标迈进。

（7）强调人民的力量。讲话将人民群众比作“上帝”，突出了人民的重要性。这让我们深刻认识到人民是历史的创造者，是推动社会发展的根本力量。在实际工作中，要始终坚持以人民为中心，充分尊重人民的主体地位，为了人民的利益而努力奋斗。

（8）注重思想教育和动员。毛泽东通过讲述这个故事，进行了一次生动而深刻的思想教育和动员。这启示我们在团队或组织中，有效的思想沟通和动员能够统一认识、激发斗志，使大家心往一处想，劲往一处使。

总的来说，毛泽东借助“愚公移山”故事发表的讲话，具有深刻的启示意义，鼓励人们在困难面前坚定信念、团结协作、依靠群众，为了实现目标而努力奋斗。这些启示在当今时代仍然具有重要的价值，可应用于个人成长、团队合作、社会发展等各个方面。

（三）“两个问题”对“两个问题”

1. 沟通背景

在电视剧《毛泽东》第40集中，毛泽东针对国民党中央通讯社记者提问讲话的背景是重庆谈判。

抗日战争胜利后，为了争取和平、民主、团结，毛泽东决定前往重庆与国民党进行谈判。当时，国民党一直声称是中国共产党不愿意前往重庆谈判，并且在前方争抢受降成果。然而，毛泽东等人毅然前往重庆，这一行动有力地回击了国民党的谣言。

民盟等的相关人士居中展开了对于国共双方的调停，然而由于国民党方面对谈判诚意有限，导致谈判困难重重。在电视剧《毛泽东》展现的谈判过程中，毛泽东、周恩来等人参加宴会。在宴会上，毛泽东对着孙中山的画像行礼，戴季陶发难：“怎么？中国共产党主席也拜中国国民党的先总理了？”“不是一家人，倒拜起同一个祖宗来了。”毛泽东从容反驳：“当然要拜！”“中山先生于公，是领导民主革命推翻帝制的领袖，只要是中国人都应该怀念和尊重他老人家；于私，我年轻的时候，也曾在国民党的中央工作过，当时多蒙先生教诲，至今记忆犹新，不敢稍忘。至于说，党派之见，戴先生想必还记得吧，中山先生当年亲自制定的‘联俄、联共、扶助农工’的三大政策，国共那时候就是一家，在中山先生那里又何来什么党派之分呢？”“先生为我中华奋斗一生，留下和平建国之未了遗愿，作为后辈，润之今日能够前来重庆，参与和谈，为我中华和平建国之大业略效绵薄之力，正是继承先生的遗志，完成先生心愿的最好方式！大任在肩，遥思先贤，又岂能不拜中山先生啊？”毛泽东的这番话既表达了自己对于孙中山先生的尊敬，展示了共产党人勇于担当的博大胸怀，又有理有据、令人信服地反驳了戴季陶。

随后，张群以“日本投降之原因”为谜面组织猜谜，请何应钦、张澜、陈布雷、毛泽东依次打一个古代人名，答案不限数，言之成理，多者为胜。毛泽东最后一个回答：“我猜出了四个答案——屈原、苏武、蒋干、共工。”“世界反法西斯战线结成同盟，这是战胜日寇的外因，蒋委员长领导中国抗日，功莫大焉，而我中国共产党在民族统一战线的旗帜下坚持敌后抗战，同样做了大量的工作，功不可没，还有各民主党派、爱国团体和志士仁人也都为抗战做出了不可替代的贡献。所以啊，前三个答案之后还应该加上这第四个——‘共工’”。

见毛泽东风采占尽，国民党中央通讯社记者当即上前自报家门，再度发难：“方才毛先生做了四个答案，我有两个问题，不知是否可以请教毛先生？”“我的第一个问题就是抗战时期，贵党所属的八路军、新四军游而不击，不打侵略者，却专门制造摩擦，扰乱正面的抗战，这些事实都是有目共睹的。在抗战胜利之际，何来‘共工’？还请毛先生回答。”“我的第二个问题就是贵党抗战不出力，当此抗战胜利之际，却违反中央军令，大肆争抢受降，意图扩大割据，这算不算是窃取国民政府血战八年得来的胜利果实呢？”众目睽睽之下，面对咄咄之问，毛泽东轻松作答。

2. 沟通竞秀

____

____

3. 沟通经典

这位记者朋友，我也请教你两个问题好不好啊？你说共产党争夺胜利成果，证据何在？

（华北、华中，那么多日战区都落在了你们的手里，这难道还不是证据吗？）

好，我再请教你第二个问题，那么多日占区为何都落到了共产党的手里啊？

（这主要因为你们离日占区近，所以让你们趁机占了便宜。）

对，你说我们挨得近，这句话说对了！按照常理，不抗日的军队应该离日寇越远越安全嘛，你刚才说八路军、新四军不抗战，现在又说我们离日寇近，这不是自相矛盾吗？

至于说我们游而不击，抗战以来，八路军、新四军始终坚持在敌后抗战的第一线，与日寇近在咫尺，血战不断，以至最多的时候，日寇不得不调出侵华日军的百分之六十和百分之九十以上的伪军来“围剿”我们。

如果说共产党不抗日，日寇怎么会如此劳民伤财，残酷“扫荡”呢？至于说到受降，按照《波茨坦公告》与盟军颁布的受降命令，日军应一律向就近的盟军部队投降，我们也是盟军的一部分，就近接受日军的投降，于情于理又有哪一点是在窃取胜利的成果啊？这是正当的权利！

4. 沟通实效

在电视剧《毛泽东》第 40 集中，毛泽东针对国民党中央通讯社记者提问的讲话，展现出了他的睿智、坚定和自信，达到了以下几个方面的效果：

（1）澄清事实。有力地回应了记者提出的问题，澄清了相关事实，避免了误解和谣言的传播。

（2）展示立场。明确表达了中国共产党对于和平、民主建国的坚定立场，让公众更加清楚地了解共产党的主张。

（3）增强信任。以真诚、坦率的态度与媒体交流，有助于增强人民群众对共产党的信任和支持。

（4）揭露阴谋。巧妙地揭露了国民党当局可能存在的一些阴谋或不良企图，使民众能够更清晰地认识局势。

（5）掌握话语主动权。通过精彩的讲话，在一定程度上掌握了舆论的主动权，引导了公众的关注点和讨论方向。

毛泽东的讲话充分展示了他卓越的领导才能和政治智慧，有助于在复杂的局势中争取更多的支持和理解，为中国共产党在重庆谈判中的立场和行动营造了有利的舆论氛围。

5. 沟通策略

在电视剧《毛泽东》第 40 集中，毛泽东针对国民党中央通讯社记者提问讲话所运用的策略包括：

（1）坦诚回应。毛泽东以坦诚的态度直接回答记者的问题，不回避、不躲闪、展现出真诚和坦荡。

（2）以理服人。用清晰的逻辑和充分的论据来阐述观点，使回答具有说服力，让记者和听众能够从理性上接受和理解。

（3）把握主旨。始终围绕中国共产党的核心主张和目标进行回答，确保讲话不偏离主题，突出重点。

（4）结合实际。将回答与当时的国内实际情况相结合，使观点更具现实依据和可操作性。

（5）强调大局。着眼于国家和民族的整体利益，展现出共产党的大局观和长远眼光。

（6）语言生动。运用生动、形象的语言表达观点，避免过于生硬和晦涩，增加讲话的吸引力和感染力。

（7）引用实例。通过列举具体的实例来支持自己的观点，使回答更具可信度和说服力。

（8）尊重对方。在讲话中对记者的提问表示尊重，营造出良好的交流氛围，有助于更好地传达信息。

这些策略使得毛泽东的讲话能够有效地应对记者的提问，传达中国共产党的立场和主张。

6. 沟通启示

在电视剧《毛泽东》第 40 集中，毛泽东针对国民党中央通讯社记者提问的讲话带来了以下启示：

（1）保持沉着冷静。面对尖锐和复杂的问题要保持冷静的头脑，不被情绪左右，能够清晰、有条理地思考和回应。

（2）坚守原则立场。无论外界如何提问，始终坚守自己和组织的原则立场，不轻易妥协或偏离核心价值观。

（3）善于沟通表达。用清晰、准确且富有感染力的语言表达观点，使对方能够理解和接受，这有助于有效地传达信息，避免误解。

（4）掌握全局信息。对所涉及的问题有全面深入的了解，掌握全局信息，从而能够在回答中展现出高屋建瓴的视野和深度。

（5）尊重与包容。即使面对可能存在偏见的提问者，也要保持尊重和包容的态度，以展现出良好的素养和风度。

（6）突出重点核心。在讲话中能够迅速抓住重点，围绕核心问题展开回答，避免被细枝末节所干扰，使回答更有针对性和有效性。

（7）结合实际情况。回答问题时紧密结合当时的实际情况，使观点更具现实意义和可操作性，增强回答的可信度和说服力。

（8）灵活应变。根据不同的问题和提问情境灵活调整回答的方式和策略，以达到最佳的沟通效果。

这些启示在我们日常的交流、公众表达以及应对各种复杂的问询情境中都具有重要的借鉴意义。

（四）共产党的根基建立在人民群众的心上

1. 沟通背景

在电视剧《毛泽东》第 44 集中，毛泽东撤离延安时讲话的背景是：1947 年 3 月，国民党军在全面进攻解放区战略失败后，集结重兵对陕甘宁解放区实施重点进攻。从全国革命形势来看，蒋介石选择陕甘宁解放区作为重点进攻目标之一，是想攻占延安以摧毁中共的党政军指挥中心，达到“动摇其军心，瓦解其意志，削弱其国际地位”的目的。国民党军集中了 34 个旅约 25 万兵力，其中胡宗南部 15 个旅约 15 万人，他们是蒋介石的嫡系，人员充实，装备精良。而中国共产党领导的西北野战军主力当时仅有 4 个旅约 1 万余人，且装备极差，补给困难，敌我兵力对比悬殊，蒋介石对于攻占延安志在必得。

中共中央和毛泽东一开始希望通过陈谢兵团、刘邓兵团在外围配合，西北野战军在内部防御歼敌，以保卫边区和延安。为此，党中央、毛泽东除在军事上积极部署外，还组织召开边区军民动员大会，鼓舞军心民心，同时急调晋绥军区第二纵队王震部进入陕甘宁解放区，使西北野战军主力达到 6 个旅约 2.5 万余人。

但由于外线配合行动尚未准备就绪，而敌人向陕甘宁解放区快速推进，形势急剧变化。党中央和毛泽东分析认为，固守延安会给解放军造成重大伤亡，且未必能守住。经过慎重考虑，为保存实力、坚持长期战争，决定在必要时主动放弃延安。

对于主动放弃延安，解放区广大军民一开始很不理解，难以接受。毛泽东向乡亲们解释说明。

2. 沟通竞秀

____

____

3. 沟通经典

同志们，老少乡亲们，我知道大家舍不得延安，舍不得我们的家，其实啊，我也一样舍不得。想当年，红军两万五千里长征到延安时，就像个生了场大病的娃娃，是陕北的小米、延河的水使我们恢复了元气。延安的乡亲是共产党的恩人，是红军的再生父母啊，这份恩情我们一辈子也忘不了，也还不完哪。正因为这样，我们才更要撤离延安，为什么这么说呢？因为我们不能拿大家的命去打一场打不赢的仗，老蒋的兵力比我们强大，他盼着我们跟他硬拼，我们不上他这个当！打仗争的是什么？不是那块搬不走挪不动的地盘，而是人。只要我们人在，延安的这些个空窑洞都丢给他蒋介石又能怎么样啊？他还能把延安搬到南京去吗？搬不走嘛。当然了，延安毕竟是党中央的所在地，是全国公认的红色首都。我们放弃延安，会让不少同志心里接受不了啊，甚至会打击那些相信我们、支持我们的朋友和人民的信心，怀疑我们共产党是不是不行了，连老窝都守不住了，但这没有什么关系，因为我们将用事实来回答他们，我们不是蒋介石。对蒋介石来说，南京、上海这些城市，那是他的命根子，但是我们共产党的根基从来就不是建立在哪一个具体城市上的，而是建立在人民群众的心上。

4. 沟通实效

在电视剧《毛泽东》第 44 集中，毛泽东撤离延安时对乡亲们的讲话，起到了安定人心、鼓舞士气、坚定革命信念的重要作用。

毛泽东以他的远见卓识和深邃思想，向乡亲们解释了撤离延安的必要性和战略意义。他强调了“存人失地，人地皆存；存地失人，人地皆失”的道理，让大家明白暂时放弃延安并不是失败，而是为了更好地保存实力、消灭敌人的有生力量，最终实现革命的胜利。

毛泽东的讲话使乡亲们对局势有了更清晰的认识，消除了他们的疑虑和困惑，激发了他们的斗志和信心。讲话让乡亲们认识到共产党的战略决策是明智和正确的，更加坚定地支持共产党的领导，愿意与共产党一起共渡难关。

同时，这也体现了毛泽东等领导人始终与人民群众站在一起，充分考虑人民群众的利益，赢得了人民群众的衷心拥护和支持。这种鱼水深情和紧密联系，为共产党在后续的斗争中提供了坚实的群众基础和力量源泉。

5. 沟通策略

在电视剧《毛泽东》第 44 集中，毛泽东撤离延安时对乡亲们讲话的策略包括：

（1）深入浅出讲道理。用简单易懂的方式向乡亲们解释撤离延安的必要性。他以形象的比喻，说明“存人失地，人地皆存；存地失人，人地皆失”的道理，让大家明白暂时放弃延安是为了更好地保存实力、消灭敌人的有生力量，最终实现革命的胜利。

（2）强调战略意义。使乡亲们认识到撤离延安并非消极退缩，而是一种具有深远战略意义的决策。让大家了解到共产党的战略是经过深思熟虑的，是为了长远的胜利。

（3）稳定人心、鼓舞士气。毛泽东的讲话消除了乡亲们的疑虑和困惑，激发了他们的斗志和信心，使他们更加坚定地支持共产党的领导，愿意与共产党一起共渡难关。

（4）体现与人民群众的紧密联系。讲话中充分考虑人民群众的利益，让乡亲们感受到共产党始终与他们站在一起，赢得了人民群众的衷心拥护和支持。

毛泽东通过这些讲话策略，让乡亲们对局势有了更清晰的认识，也更加紧密地团结在了共产党的周围，为后续的革命斗争奠定了坚实的群众基础。

6. 沟通启示

在电视剧《毛泽东》第 44 集中，毛泽东撤离延安时对乡亲们的讲话带来了以下启示：

（1）高瞻远瞩的战略眼光。毛泽东以长远的视角看待问题，不拘泥于眼前的得失。他解释了撤离延安并非失败，而是为了保存实力、最终赢得革命胜利的战略选择。这启示人们在面对困难和挑战时，要有大局观，不被短期的挫折所困扰，能够从更宏观的角度思考和规划。

（2）保持信心与斗志。他的讲话鼓舞了乡亲们的士气，让大家坚定了革命信念。这提醒人们在困境中要保持积极的心态和顽强的斗志，相信自己的目标和方向，不轻易气馁。

（3）与人民群众紧密联系。毛泽东强调共产党始终与人民群众站在一起，充分考虑人民利益。这表明任何时候都不能脱离群众，要关心群众的需求，赢得群众的支持和拥护，因为人民群众是事业成功的基础和力量源泉。

（4）深入浅出的沟通方式。毛泽东用简单易懂的语言，将深刻的道理传达给乡亲们，使大家能够理解和接受。这提示在与人沟通、传达观点时，要根据受众的特点，采用恰当、易懂的方式，以便更好地让他人理解自己的意图。

（5）理论与实际相结合。毛泽东的决策和讲话基于对马克思主义理论的深刻理解，并与当时的实际情况相结合。这教导人们要善于将所学的理论知识应用到实际工作和生活中，避免空谈理论，注重实践效果。

（6）重视思想教育。通过讲话，毛泽东让乡亲们对局势有了更清晰的认识，消除了疑虑。这凸显了思想教育的重要性，在团队或组织中，要加强思想引导，使成员们在思想上保持统一和坚定。

（7）灵活应变的策略。面对形势的变化，毛泽东能够果断调整策略，做出撤离延安的决定。这提醒人们要有灵活应变的能力，根据实际情况及时改变方法和策略，以适应不断变化的环境。

三、励志榜样

（一）例文引领

电视剧《毛泽东》中的榜样——毛泽东

电视剧《毛泽东》以全景式的视角，展现了伟大领袖毛泽东波澜壮阔的革命历程。这部剧为观众呈现了一个有血有肉、生动鲜活的毛泽东形象，让人们对这位“全民榜样”有了更深入的了解和认识。

剧中的毛泽东，有着坚定的信念和理想。从青少年时期开始，他就立志为国家和人民的命运而奋斗。他心怀天下，忧国忧民，对中国的社会现状有着深刻的认识和思考。面对国家的苦难和人民的疾苦，他没有选择逃避或沉默，而是积极地寻求救国救民的道路。这种对理想的不懈追求和为人民谋福祉的使命感，贯穿了他的一生。

例如，在剧中展现的毛泽东求学立志、辗转全国探索救国道路的历程中，可以看到他不断学习新知识、接触新思想，努力寻找适合中国的发展道路。他深入研究马克思主义，并将其与中国的实际情况相结合，形成了具有中国特色的革命理论。这种对真理的执着追求和勇于创新的精神，使他能够在复杂的局势中找到正确的方向。

毛泽东还具有非凡的智慧和勇气。在面对各种困难和挑战时，他总是能够冷静分析、果断决策。无论是在革命战争年代的战略指挥，还是在政治斗争中的谋略布局，他都展现出了卓越的领导才能。他敢于与强大的敌人作斗争，不畏艰难险阻，带领中国人民取得了一个又一个的胜利。

同时，剧中也描绘了毛泽东的情感世界，使他的形象更加立体和丰满。他与家人、朋友、同志之间的深厚情感，让人感受到他的温情一面。他与杨开慧之间的爱情故事，真挚而动人。杨开慧不仅是他的爱人，更是他革命道路上的坚定支持者和亲密战友。他们相互理解，相互扶持，共同面对生活和革命中的种种困难。这种在艰难环境中依然坚守的爱情，展现了毛泽东重情重义的品质。

此外，毛泽东与人民群众之间的紧密联系也是剧中的一大亮点。他深入基层，了解人民的需求和疾苦，始终把人民的利益放在首位。他相信人民群众的力量，积极发动和组织群众参与革命斗争。他的亲民形象和与人民的深厚感情，赢得了人民的衷心拥护和爱戴。

电视剧《毛泽东》通过丰富的剧情和细腻的刻画，让观众看到了一个既伟大又平凡的毛泽东。他是一位影响了几代人的励志榜样，他的坚定信念、智慧勇气、亲民情怀以及对理想的执着追求，都深深地感染和激励着人们。他的故事告诉我们，只要有远大的理想和为人民服务的决心，就能够克服困难，创造出伟大的事业。在那个动荡的年代，毛泽东以其非凡的魅力和领导力，成为中国人民的精神支柱和希望的象征。他的思想和精神，至今仍然具有重要的价值和启示意义，激励着我们为实现中华民族的伟大复兴而努力奋斗。

（二）百花齐放

____

____

四、观后感

（一）例文引领

观电视剧《毛泽东》有感

在观看完电视剧《毛泽东》之后，我的内心久久不能平静。这部剧以其宏大的叙事、细腻的刻画和深刻的内涵，为我们展现了一代伟人毛泽东波澜壮阔的人生。

这部剧让我深刻感受到了毛泽东的坚定信念和崇高理想。从青年时代的求学探索，到后来投身革命，他始终怀着对国家和人民的深深热爱，立志要改变中国的命运。在那个动荡不安、内忧外患的年代，他没有被困难和挫折所打倒，而是凭借着顽强的意志和坚定的信念不断寻找着适合中国国情的革命道路。他坚信马克思主义能够拯救中国，坚信中国人民能够在党的领导下走向自由和解放。这种信念的力量贯穿了他的一生，也成为中国革命取得胜利的关键。

剧中还展现了毛泽东非凡的智慧和卓越的领导才能。在革命战争中，他高瞻远瞩，制定出一系列精妙的战略战术，带领中国共产党和人民军队在艰苦的条件下取得了一次又一次的胜利。无论是土地革命时期的“农村包围城市，武装夺取政权”的战略，还是抗日战争时期的持久战思想，都充分体现了他对形势的准确判断和对战略的精准把握。同时，在政治斗争中，他也能巧妙地应对各种复杂局面，团结一切可以团结的力量，为实现革命目标而不懈努力。

毛泽东的人民情怀更是令人动容。他始终把人民的利益放在首位，深入群众，了解他们的疾苦和需求。他深知人民是历史的创造者，是推动社会发展的根本力量。因此，他始终依靠人民，发动人民，让人民成为革命和建设的主体。他提出的“为人民服务”的宗旨，不是一句空洞的口号，而是他一生践行的准则。这种深厚的人民情怀，让他赢得了广大人民群众的衷心拥护和爱戴。

此外，电视剧也展现了毛泽东作为普通人的一面。他有着丰富的情感世界，与家人、朋友和同志之间有着深厚的情谊。他对亲人的关爱、对战友的信任，让我们看到了他温情的一面。同时，他也会面临各种困难和抉择，也会有困惑和迷茫，但他始终能够坚守自己的初心和使命，不断前进。

观看这部剧，让我对中国的近现代史有了更深刻的理解。毛泽东所领导的革命和建设事业，是一部充满艰辛和奋斗的历史。正是因为有了像毛泽东这样的一代伟人的不懈努力和无私奉献，才有了我们今天的幸福生活。我们应当铭记历史，珍惜当下，继承和发扬毛泽东等老一辈革命家的精神，为实现中华民族伟大复兴的中国梦而努力奋斗。

同时，这部剧也让我思考了个人在时代中的责任和使命。毛泽东在时代的洪流中，勇敢地担当起了改变国家命运的重任。我们生活在和平繁荣的时代，同样也应该肩负起时代赋予我们的使命，在自己的岗位上努力拼搏，为国家的发展贡献自己的力量。

总之，电视剧《毛泽东》是一部具有深刻教育意义和历史价值的作品。它让我们更加全面、深入地了解了毛泽东这位伟大领袖，也让我们从他的一生中汲取了无尽的智慧和力量。我相信，这部作品将会激励更多的人，为实现中华民族的伟大复兴而不懈努力。

(二)百花齐放

五、研讨发言

（一）例文引领

电视剧《毛泽东》研讨会发言稿

尊敬的各位领导、专家、同仁们：

大家好！很荣幸能够在这次电视剧《毛泽东》的研讨会上发言。

电视剧《毛泽东》无疑是一部具有重大意义和深远影响的作品。它以精湛的艺术手法和深厚的历史底蕴，为我们呈现了一代伟人毛泽东波澜壮阔的革命历程。

这部剧首先在历史还原度上表现出色。它严谨地依据历史事实，通过精心编排的剧情和细腻的人物刻画，将那个时代的风云变幻以及毛泽东在其中所发挥的关键作用展现得淋漓尽致。从毛泽东的青年时代，我们看到了他的求学探索和对国家命运的深刻思考；在革命战争时期，我们目睹了他的英明决策和无畏勇气；在新中国建设阶段，我们感受到了他的高瞻远瞩和坚定信念。这种对历史的尊重和准确呈现，不仅让观众更好地了解了过去，也为我们传承和弘扬革命精神提供了生动的教材。

从艺术表现的角度来看，该剧制作精良，画面精美，场景布置、服装道具等都尽力贴合历史真实，给观众带来了强烈的视觉冲击和沉浸感。演员们的出色表演更是为角色注入了灵魂，特别是对毛泽东的塑造，无论是神态、语言还是动作，都展现出了伟人的风采和魅力，让观众仿佛能够穿越时空，与伟人面对面交流。

在叙事方面，该剧采用了多线并进的方式，既有宏观的历史叙事，展现了时代的大背景和重大历史事件；又有微观的个人叙事，描绘了毛泽东的家庭生活、情感世界和人际交往，使人物形象更加丰满立体，有血有肉。这种叙事方式让观众既能感受到历史的磅礴力量，又能体会到伟人的人性光辉。

此外，电视剧《毛泽东》在传播正能量方面发挥了重要作用。它让我们看到了毛泽东等老一辈革命家为了国家和人民的利益，不惜牺牲一切的奉献精神；看到了他们在艰难险阻面前不屈不挠、勇往直前的奋斗精神；看到了他们坚持真理、实事求是、勇于创新的开拓精神。这些精神在当今时代依然具有重要的价值和意义，能够激励我们在面对困难和挑战时坚定信念，勇往直前。

然而，在肯定这部剧的成就的同时，我们也可以从一些方面进行进一步的思考和探讨。比如，在剧情的节奏把握上，部分情节可能显得过于紧凑，导致一些重要的历史细节未能充分展开；在人物关系的处理上，或许可以更加深入地挖掘毛泽东与其他重要人物之间的思想碰撞和情感交流，以展现更加丰富多元的人物形象。

总的来说，电视剧《毛泽东》是一部值得我们深入研究和学习的优秀作品。它不仅为我们呈现了一段波澜壮阔的历史，更塑造了一位令人敬仰的伟人形象，传递了宝贵的精神力量。我们期待未来能够有更多这样优秀的影视作品问世，为弘扬中华民族的优秀文化和革命精神，为推动社会主义文化繁荣发展做出更大的贡献。

谢谢大家！

（二）百花齐放

____

____

六、文旅链接

毛泽东同志故居：位于湖南省韶山市韶山乡韶山村韶山冲上屋场，是毛泽东出生和早年成长的地方，是重要的红色旅游景点。

杨开慧纪念馆：位于湖南省长沙县开慧镇，有杨开慧故居，馆内陈列了与杨开慧生平事迹相关的文物。

毛主席纪念堂：位于北京天安门广场，是为纪念毛泽东而建造的，供人们瞻仰、缅怀毛主席的遗容。

作业

1. 完成本节“沟通竞秀”练习，将其中自己最满意的文字版和音频版创作内容上传到学习平台。

2. 观赏《毛泽东》全剧，完成“励志榜样”“观后感”“研讨发言”部分的练习，将其中自己最满意的文字版和音频版创作内容上传到学习平台。

第四节　把天下看作老屋

可在学习强国App中搜索“五个一工程”或剧名观看

一、好剧推荐

电视剧《共产党人刘少奇》是一部具有深刻思想内涵与强大艺术感染力的电视剧，它宛如一部流动的史诗，将刘少奇同志的光辉形象与波澜壮阔的革命历程生动地呈现在观众眼前。

剧集以细腻的笔触勾勒出刘少奇在不同历史时期的卓越贡献。从新民主主义革命时期的英勇斗争，到社会主义建设时期的殚精竭虑，他始终站在时代的前列，为党和人民的事业不懈奋斗。刘少奇深入工厂，领导工人罢工，展现出对无产阶级力量的精准把握与卓越领导才能；在白区工作时，他凭借着智慧与勇气，在敌人的眼皮底下巧妙周旋，为保存党的有生力量立下汗马功劳。

剧中对刘少奇的人物塑造饱满而立体。他既是心怀天下、为民族谋复兴的伟大革命家，又是一位温情的丈夫与父亲。面对艰难抉择，他对党的忠诚、对人民的责任始终坚定不移，其高尚品德与家国情怀令人动容。

这部剧的意义不仅在于重现历史，更在于传承精神。它让我们深刻领悟到共产党人的初心与使命，体会到信仰的力量如何支撑着先辈们在荆棘满途的道路上奋勇前行。在实现中华民族伟大复兴的新征程中，我们应以刘少奇同志为楷模，传承红色基因，坚守理想信念，勇于担当作为，为国家的繁荣富强、人民的幸福安康而拼搏不息，让红色的精神火种在新时代绽放出更加耀眼的光芒，永不熄灭，代代相传。

二、经典表达与沟通

（一）只有医国才能医人

1. 沟通背景

在电视剧《共产党人刘少奇》第6集中，刘少奇对家人讲话的背景是：当时的中国处于清朝末年，国家内忧外患，面临着诸多困境和挑战。刘少奇有着救国救民的强烈愿望和坚定信念，他意识到需要寻找更先进的思想和理论来改变国家的命运。

在这样的时代背景下，刘少奇决定出国读书，寻求救国之道。他的家人得知这一决定后，起初集体反对，因为他们希望刘少奇能留在身边，过安稳的生活。然而，刘少奇的六哥刘绍远理解他的心中大志，劝说家人不应阻拦。

刘少奇深知国家的现状，他渴望通过学习苏俄的革命经验和理论，为中国的未来找到出路。他认为只有走出国门，接触更广阔的世界，才能更好地实现自己的理想和抱负，拯救处于水深火热中的国家和人民。

经过六哥的劝说，家人逐渐理解了刘少奇的志向，尽管心中不舍，但还是给予了他支持。刘少奇也借此机会向家人表达了自己的愧疚和决心。最终，刘少奇踏上了出国求学的道路，为实现自己的理想而努力奋斗。

2. 沟通竞秀

3. 沟通经典

我先给娘、哥哥姐姐们鞠个躬吧。慢慢听九满（刘少奇乳名）讲几句。

我们刘氏一族从江西迁徙到湖南，已有四百年了，自曾祖一辈，赤手空拳来到炭子冲，租种地主的田也有八十年了。凭着先人的苦劳苦作，刘家才起了自家的屋，有了自家的田，而对于这个家，我只是个吃饭、用钱、用钱、吃饭的人，我有愧于先人，有愧于爹娘、哥哥、姐姐和嫂嫂。

从九满有记性，就记得六姐瘦瘦的、暖暖的脊背，六姐一直把九满背到了六岁，会放羊了，才把九满放到地上。这里有几多的亲情，九满一分都不曾报答。

四哥，你今天讲了爹希望我做郎中的事。四哥你肯定晓得，孙中山先生就是个郎中，而且是个通晓中医、西医的郎中，但他为什么最后放下了药箱呢？因为孙先生最终晓得了，只有医国才能医人。

（可是，世上有几个孙中山啊？）

是，世上是只有一个孙中山，可是还有谭嗣同，还有蔡锷，还有黄兴、宋教仁、刘道一等等，他们都是医国医民的人，而且还是我们的乡党。他们的故乡也有老屋，屋头也有爹娘，但他们冲出了乡关，把天下看作老屋，把百姓当作爹娘。九满正是希望像他们一样守屋，做他们一样的孝子。

4. 沟通实效

在电视剧《共产党人刘少奇》第 6 集中，刘少奇对家人讲话的效果主要体现在以下几个方面：

（1）他的讲话让家人逐渐理解了他出国读书的决心和背后的救国理想。原本家人集体反对他，七哥甚至气得拍桌子，家庭会议不欢而散，但通过刘少奇的真诚表达，以及六哥对他志向的解释，家人们开始意识到他的追求不仅仅是个人的发展，而是为了国家和更多百姓。

（2）他的话语唤起了家人对他的支持和尊重。尽管心中充满不舍，母亲还是选择了理解和放手，不再阻拦他去追求自己的理想。哥哥们也在送别时给予了他经济上的支持。

（3）刘少奇的讲话展现了他坚定的信念和使命感，使观众更深入地了解了他的人物形象和内心世界，感受到他为了国家和人民，勇于追求真理、不怕困难的精神。

这一情节也为后续刘少奇踏上求学之路、开启革命生涯奠定了基础，同时让观众对那个时代的有志青年为国家命运努力奋斗的精神有了更深刻的认识和感悟。

5. 沟通策略

在电视剧《共产党人刘少奇》第6集中，刘少奇对家人讲话时采取了以下策略：

（1）真诚表达。刘少奇真诚地向家人表达了自己出国读书的决心，让家人感受到他内心的坚定和执着。

（2）阐述理想。他向家人阐述了自己读书是为了救国的伟大理想。通过讲述孙中山等伟人的事迹，表明自己也想像他们一样，把天下看作老屋，把百姓看作爹娘，为了国家和人民去努力奋斗，使家人了解到他的追求不仅仅是个人的发展，而是有着更高尚的目标。

（3）借助六哥。六哥刘绍远理解他的志向，帮忙劝说家人。刘少奇借助六哥的支持，让家人能从不同的角度去理解他的选择。

（4）表达愧疚。刘少奇深知家人对他的期望和不舍，他表达了对家人的愧疚之情，承认自己对于家庭来说是“吃饭、用钱的人”，显示出他对家人的尊重和关心，并非不顾家人感受。

（5）以理服人。他通过讲述国家内忧外患的现状，以及天下读书人都在寻找救国之道的情况，让家人明白他出国读书是为了寻找改变国家命运的方法，有理有据，使家人能够更理性地看待他的决定。

这些策略使得家人逐渐理解并接受了他的决定，尽管心中充满不舍，但还是给予了他支持。同时，也展现了刘少奇坚定的信念、高尚的理想以及对家人的深厚情感。

6. 沟通启示

在电视剧《共产党人刘少奇》第6集中，刘少奇说服家人同意自己出国读书的情节给我们带来了以下启示：

（1）要有坚定的理想信念。刘少奇有着救国救民的坚定信念，他深知国家内忧外患，决心出国寻找救国之道。这种为了国家和人民的利益，坚定追求理想的精神，激励着人们在面对困难和挑战时，不轻易放弃，坚守自己的信念。

（2）争取家人的理解与支持。尽管家人最初反对刘少奇去俄国读书，但通过六哥的劝说，他们逐渐理解了他的志向。这表明在追求理想的道路上，与家人的沟通和相互理解非常重要。同时，也体现了家人在关键时刻给予的支持是个人前进的重要动力。

（3）要拥有放眼天下的胸怀。剧中提到刘少奇以及那些伟人把天下看作老屋，把百姓看作爹娘，这种胸怀天下、以国家和人民为重的格局，提醒人们要有大局观，不局限于个人和小家庭的利益，要为了更广大人民的福祉而努力奋斗。

（4）保持对知识的渴望和追求。刘少奇为了实现救国的目标，不断追求知识，出国学习。这启示我们要保持对知识的渴望，不断学习和提升自己，以更好地应对时代的挑战，为社会的发展做出贡献。

（5）学会感恩与勇担责任。刘少奇对家人心怀愧疚，同时也明白自己肩负的责任。他清楚自己的求学是为了国家和人民，这种感恩之心和责任感促使他勇往直前。这也提醒我们要懂得感恩身边的人，同时意识到自己在社会中的责任，努力实现个人价值与社会价值的统一。

（6）善于借助他人的力量。六哥的理解和支持在刘少奇获得家人认可的过程中起到了重要作用。这表明在生活中，我们要善于借助他人的力量，与他人相互支持、相互帮助，共同实现目标。

（7）勇敢面对困难。刘少奇在赴俄求学的过程中面临诸多困难和挑战，但他没有退缩。这教导我们在追求理想的道路上要有勇气面对困难，不畏艰难险阻，坚定地朝着目标前进。

（二）为了寻条活路

1. 沟通背景

在电视剧《共产党人刘少奇》第 10 集中，军队镇压安源路矿罢工工人时的背景如下：

刘少奇来到安源路矿工人俱乐部后，通过几日的观察，发现了许多问题，比如工人之间充满矛盾，多次发生械斗且有扩大之势。

当时，矿长收到矿局通知，要求训诫李隆郅（李立三）并立即关闭工人俱乐部，否则将使用武力解散。而另一边，旅长李鸿程奉赣西镇守使萧安国的命令，要武力镇压工人罢工运动。

矿区矿长曾试图让副矿长去做工作，避免武力冲突，但煤矿总监工王鸿卿主张镇压。之后，副矿长舒修泰到矿区时被工人们讨要工钱，他的谎言被刘少奇识破。形势愈发严峻，刘少奇决定将罢工时间定在午夜 12 点。

然而，萧安国划定萍乡矿和安源镇为戒严区，李鸿程担任戒严区司令，王鸿卿还悬赏谋刺李隆郅。在李鸿程的兵封锁俱乐部后，罢工代表呼吁工友团结，工人们情绪高涨，与持枪士兵僵持。在这样的背景下，刘少奇为了避免流血冲突维护工人的权益，打算对士兵们晓之以理、动之以情，成功说服他们不再盲目卖命。

2. 沟通竞秀

____

____

3. 沟通经典

士兵兄弟们，士兵兄弟们，大家冷静，听我说，我们都是苦同胞啊——你们出门当兵吃军粮是为了活命，我们工人罢工也是为了活命啊！

（别听他宣传，一看他就不是这里的炭古佬！）

不错，我的确不是这里的矿工，但是我和你们一样，也当过兵。虽然我只当过半年的兵，但是……

（你说你当过兵，在哪里当的兵啊？）

湖南讲武堂，民国六年第一届第一队第一教授班。当初我们班上有几个老兵，我曾经问过他们：你们为什么要出来当兵啊？他们告诉我，是为了寻条活路，为了让家里人吃得好一点，可是结果怎么样？他们十几年，四处辗转，疲于奔命，有的连家都没回过，家里头房倒屋塌他们也没办法去管。

士兵兄弟们，你们当兵的辛苦，但是这些工友们挖煤也同样很辛苦。他们在黑黢黢的矿井里没日没夜地干活，而挣的工钱呢，别说养活家里人了，连自己还要忍饥挨饿的，可是就是这么一点钱，矿里还是能拖就拖。最近三个月，他们连一分钱都没有发过。士兵兄弟们，他们今天罢工，就是为了要讨回本应该属于他们的工钱。他们这样做过分了吗？可是矿方宁愿花钱雇军队来镇压，也不愿意把工钱给工友们吃饭。

我知道。兄弟们是矿上花了两块钱一天请来的。两块钱，为了两块钱杀人，你们下得了手吗？

将心比心，兄弟们，你们应该很清楚，当一个人，他被逼上了绝路，他是什么事情都做得出来的。现在整个安源煤矿有成千上万的工人，而你们来了多少人呢？你们心里头比我们清楚。所以今天一旦枪响，一旦有一个工友倒下去，那便会有成千上万的工友们，他们会站出来，为了他们的兄弟报仇雪恨。到那个时候，士兵兄弟们，无论是你们手里的枪，还是你们长官的命令，都阻止不了工友们的愤怒。这种愤怒，它会化成一团怒火，而这团怒火会吞噬一切。兄弟们，我请你们认真地想一想，你们要不要为了这两块钱，为了你们长官无理的命令，让自己葬身火海？

4. 沟通实效

在电视剧《共产党人刘少奇》第 10 集中，刘少奇对镇压安源路矿罢工工人的士兵的讲话取得了显著的效果。

剧中，安源路矿工人与持枪士兵僵持时，刘少奇跳上椅子，眼里含泪向士兵喊话劝告。他把矿方的所作所为以及双方冲突可能导致的后果一一道来，晓之以理，动之以情。他指出士兵们出门当兵吃军粮和矿区工人罢工一样，都是为了活命，工友们挖煤辛苦却已三个月没领工钱，而矿方却花钱让士兵来镇压工人的合理要求。他还表示安源煤矿有成千上万的工人，一旦枪响，有一个工人倒下，成千上万的工友会为了兄弟报仇雪恨，让士兵们思考是否值得为了两块钱和长官无理的命令而让自己置身险境。

刘少奇有理有据的劝说，成功打动了士兵们，使他们纷纷决定不再盲目卖命。

5. 沟通策略

在电视剧《共产党人刘少奇》第 10 集中，刘少奇对镇压罢工工人的士兵讲话时主要运用了以下策略：

（1）强调共同点。刘少奇指出士兵们出门当兵吃军粮和矿区工人罢工一样，都是为了活命，让士兵们意识到他们与工人之间有相似之处，从而拉近了与士兵的距离。

（2）摆事实讲道理。他向士兵们说明工友们挖煤辛苦却已三个月没领工钱的事实，而矿方却花钱让士兵来镇压工人的合理要求，使士兵们清楚事情的缘由。

（3）分析后果。刘少奇表示安源煤矿有成千上万的工人，一旦枪响，有一个工人倒下，成千上万的工友会为了兄弟报仇雪恨，让士兵们思考这样做可能带来的严重后果，以及是否值得为了两块钱和长官无理的命令而让自己置身险境。

（4）动之以情。讲话时他眼里含泪，以真情实感打动士兵，唤起他们的情感共鸣，使他们更能理解工人的处境和诉求。

通过这些策略，刘少奇成功地打动了士兵们，让他们认识到这场冲突的不合理性，纷纷决定不再盲目卖命。他的讲话既体现了他对工人权益的坚定维护，也展示了他出色的沟通和说服能力。

6. 沟通启示

在电视剧《共产党人刘少奇》第10集中，刘少奇对镇压罢工工人的士兵的讲话带来了以下启示：

（1）同理共情。刘少奇强调士兵们当兵和工人罢工都是为了生存，这种换位思考的方式能够拉近与对方的距离，使对方更容易接受自己的观点。这启示我们在沟通和劝说他人时，要尝试理解对方的立场和需求，寻找双方的共同点，从而建立起情感上的联系。

（2）以理服人。他详细地向士兵们阐述了事情的缘由，包括工人的困境以及矿方的不合理行为，让士兵们清楚地认识到事实真相。这表明在面对问题和冲突时，要有充分的事实依据和合理的逻辑分析，用道理来说服他人，而不是凭借强权或武力。

（3）分析后果。刘少奇指出一旦发生冲突可能导致的严重后果，让士兵们思考自己行为的代价。这提醒我们在做决策或试图影响他人时，要全面地分析可能产生的结果，帮助对方认识到其行为的影响，促使他们做出更明智的选择。

（4）真诚和动情。刘少奇眼里含泪，以真情实感来表达对工人的同情和对和平解决问题的期望。这显示了将真诚的态度和情感投入在人际交往中的重要性，能够增强话语的感染力和影响力。

（5）坚定信念。尽管面对军队的镇压，刘少奇仍然毫不畏惧地为工人争取权益，展现出坚定的信念和勇气。这激励我们在追求正义和真理的道路上，要有坚定的信念和不屈的精神，不轻易被困难和压力所动摇。

（6）关注民生。他关心工人的疾苦，为改善他们的生活状况而努力。这提醒人们要始终关注社会底层人民的生活，为他们的利益发声，推动社会的公平与进步。

总之，刘少奇的讲话体现了他的智慧、勇气和对人民的关怀，对于处理各种人际关系、解决问题都具有重要的借鉴意义。

（三）汉冶萍公司是怎么来的

1. 沟通背景

在电视剧《共产党人刘少奇》第11集中，刘少奇在夜校对工人讲话的背景是：安源路矿的工人们因嫌矿区给的工钱太少而拒不下井，要求继续罢工，和矿长发生了冲突，甚至打了起来。而此前，因要求和日本人拿一样工资，工人中还发生了内部冲突。

刘少奇了解情况后，担心矿方会借此机会开除这些工人。他在夜校课堂上对大家发表讲话，进行引导。

2. 沟通竞秀

____

____

3. 沟通经典

萍乡煤矿是怎么来的？可能有工友会问，这跟我们吃饭挖煤有什么关系吗？那我倒想先问问大家，今天在座的工友，有没有参加过反对“二十一条”游行的？

（我，我，还有我，还有我，还有我，还有我，还有我，我也参加过……）

好，清白了，清白了。不错，看来人数不少嘛。那大家还记不记得，在“二十一条”当中，专门有两条，是讲将中国的汉冶萍公司改为中日合办，中国对公司的产业，甚至是附近的矿山，没有任何的处置权力吗？

（当然记得，“汉冶萍”的“萍”就是我们的萍乡煤矿。）

没错！那么日本人为什么非要抢占我们中国的萍乡煤矿、汉阳铁厂和大冶铁厂呢？在我们的萍乡煤矿里，为什么会有那么多的日本矿师跟日本监工呢？今天就有工友提出，说我们中国人和日本人干的是同样的活，就应该拿同样的工钱，那这种说法对不对呢？要回答大家的这些问题啊，就不得不先讲一讲，汉冶萍公司是怎么来的？我们的萍乡煤矿又是怎么来的？

其实就是几句话，甲午年，日本和我们中国开战，结果，中国被日本的坚船利炮给打败了，而且还败得极惨，这就逼得我们中国不得不想办法发展自己的船和炮，办自己的钢铁厂，发展自己的军工，我们的萍乡煤矿，包括这汉冶萍公司，就是在这种背景底下一点一点地，很艰难地办起来的。由于中国地大物博，这汉冶萍公司很快地不但成为中国最大，还成为整个亚洲最大的钢铁联合工厂。这下，对我们中国一直怀揣着狼子野心的日本坐不住了，它就通过借款的方式一步步地扩大在汉冶萍的股份，有计划、有预谋、有企图地想要夺占整个汉冶萍公司，从而卡住中国钢铁的命脉，卡住中国军工的命脉，妄图亡我中华。而现在我们萍乡煤矿的煤，还有汉阳大冶的铁，基本上是由日本八幡制铁所定价的。实际上，我们已经失去了在市面上选择和竞争的权利。也就是说，一方面我们的产品卖不出去，而另一方面呢，我们的铁只能低价以抵债的方式运往日本。说得再明白一点吧，就算我们现在把整个汉冶萍公司都给它卖了，也无法满足工友们之前所提出的每个人都涨几十倍甚至几百倍工钱的这个要求。

那么这种情况下，我们应该怎么办呢？而且，根据“二十一条”的混账条款，这汉冶萍我们就算是要卖，也只能卖给日本人。所以，各位工友，我们现在是既要斗争，又不能一下子就把这汉冶萍给斗死，把它白白地让给我们的死敌——日本人，那我们是不是就应该讲究一下斗争的方式跟方法呢？我们是不是应该讲究一下斗争每一步的时机跟分寸呢？

（刘先生，你这样讲，我好像听明白了，你是不是说，挖煤的时候要看清楚各方面的情况，不能一味蛮挖，否则搞不好把整个巷道都给挖冒顶了。）

他的这个比喻啊，比我说的好多了。

4. 沟通实效

在电视剧《共产党人刘少奇》第 11 集中，刘少奇在夜校对工人的讲话取得了良好的效果。

他给大家讲解了汉冶萍公司和萍乡煤矿的由来，指出中国在甲午年间被日本的坚船利炮打败后，才被迫创办自己的煤矿和铁厂以发展军工，汉冶萍公司由此诞生。后来日本通过借款方式扩大在汉冶萍的股份，企图掐住中国煤矿和军工的命脉。而当时汉冶萍煤矿的煤和汉阳大冶的铁基本由日本八幡制铁所定价，他们已经失去了在市面上选择和竞争的权利。

刘少奇借此让工友们明白，即使把整个汉冶萍公司卖掉，也无法满足涨几十倍工资的要求，因为根据“二十一条”的规定，汉冶萍公司只能卖给日本人。他提议大家当前既要斗争，又不能一下让公司倒下白白地让给日本人，要讲究斗争的方式、方法、时机和分寸。

刘少奇的讲话使工友们开阔了思路，让他们认识到问题的复杂性，明白了不能单纯地要求和日本人拿一样的工资，而是要从更长远的角度去考虑和解决问题。这也体现了刘少奇深入分析问题、把握关键的领导能力和实事求是的工作作风。

这样的情节展现了刘少奇作为工人运动领导者的智慧和策略，他能够引导工人从大局出发，理性地对待自身的诉求，同时也为后续的工人运动指明了方向。

5. 沟通策略

在电视剧《共产党人刘少奇》第 11 集中，工人因要求和日本人拿一样的工资而发生内部冲突，刘少奇在夜校对工人讲话时，主要采用了以下策略：

（1）以史为鉴。他通过讲述汉冶萍公司和萍乡煤矿的历史由来，让工人们清晰地认识到企业发展背后的复杂国际关系和历史背景，引发工人对当前局势的深入思考。

（2）实事求是。刘少奇客观地分析了企业的现状，指出汉冶萍公司在市场上的被动地位，以及与日本企业的不对等关系，使工人们明白单纯追求与日本人一样的工资在现实条件下难以实现。

（3）引导理性。他没有直接否定工人要求涨工资的诉求，而是引导工人认识到冲动和盲目行动可能带来的后果，强调要讲究斗争的方式、方法、时机和分寸，培养工人理性思考和行动的能力。

（4）展望未来。刘少奇在讲话中为工人指明了方向，让他们看到长远的目标，鼓励他们在当前困境中保持斗争的信念和决心，为未来争取更好的条件打下基础。

6. 沟通启示

在电视剧《共产党人刘少奇》第 11 集中，刘少奇在夜校对工人的讲话带来了以下启示：

（1）要了解历史和现实背景。刘少奇通过讲述汉冶萍公司和萍乡煤矿的历史由来，让工人们清楚认识到企业与日本之间的复杂关系以及当前面临的实际困境，这有助于工人们更全面地看待问题，避免盲目冲动。

（2）实事求是、理性分析。他客观地分析了企业在市场中的被动地位，使工人明白大幅涨工资的不现实性，引导大家理性对待自身诉求，根据实际情况制定合理的斗争策略。

（3）注重方式方法和把握分寸。刘少奇强调斗争要讲究方式、方法、时机和分寸，不能一味蛮干。这启示人们在面对问题和挑战时，要善于思考、灵活应对，选择合适的解决途径，以达到更好的效果。

（4）要有长远眼光和大局意识。他让工人们认识到不能只看眼前利益，而要从更长远的角度考虑企业的发展和国家的利益，在斗争的同时避免让企业倒下，被日本人占据，要有整体和全局的观念。

（5）善于引导和教育群众。刘少奇以深入浅出的方式讲解道理，使复杂的问题变得易于理解，从而统一了工人的思想，为后续的行动指明了方向。这表明有效的沟通和教育能够激发群众的积极性和主动性，增强团队的凝聚力和战斗力。

这些启示在今天仍然具有重要的价值，无论是在工作中处理问题、团队协作，还是在社会生活中追求目标、解决矛盾，都可以从中汲取智慧和经验。它提醒人们要了解历史与现实，保持理性和冷静，注重方法和策略，树立大局观念，并善于引导和团结他人。

（四）共同的家长

1. 沟通背景

在电视剧《共产党人刘少奇》第40集中，即将去延安的刘少奇在中共中央华中局第一次扩大会议上作告别讲话的背景是：

1942年初，抗日战争处于相持阶段，局势依然严峻。华中地区面临着日伪军的扫荡和国民党顽固派的反共活动等挑战。在这样的形势下，中共中央华中局需要对过去的工作进行总结，明确今后的工作方针和战略部署，以巩固和发展华中抗日根据地。

刘少奇接到毛泽东电报，让他回延安参加党的七大。随后，1942年2月，刘少奇在苏北的小村庄召开了中共中央华中局第一次扩大会议。

在这次会议上，刘少奇对抗战以来中共中央华中局的各项工作做了认真总结。他指出了在党的建设、军事斗争、群众工作等方面取得的成绩和存在的问题，并提出了党和新四军今后工作的方针和具体战略部署。

部署结束后，陈毅军长情不自禁地透露了刘少奇不久就要去延安的信息，并引用李白的诗歌“天下伤心处，劳劳送客亭。春风知别苦，不遣柳条青”来表达依依不舍的情感。与会同志深受感染，深情邀请刘少奇再讲几句。

2. 沟通竞秀

____

____

3. 沟通经典

谢谢！谢谢陈军长！谢谢同志们！其实，和大家的心情一样，接到中央的电报以后，我这个心里头也是满满的不舍！三年喽，这三年里头，我们是一起打鬼子，一起搞根据地，这华中，它就是我们共同的家！既然同志们让我再讲两句，那我就讲两句。

首先，我想先问问同志们，就是我们为什么要在一起打鬼子、一起搞根据地、一起搞政权呢？这是为什么呢？那是因为在我们华中的这个大家庭里，有一位我们共同的家长，一位我们时时刻刻都不能忘记的家长。那么，这位家长，他又是谁呢？他就是那些宁可自己不吃不喝也要把粮食给省下来，来喂养我们新四军的华中百姓。今天在座的都是各根据地党跟军队的负责同志，我只有一个要求，请大家一定要记住，我们共产党不是从天上掉下来的，而是从群众中产生的，是人民的儿子，人民给了我们信任，我们就绝不能辜负他们！人民给了我们权力，我们就要很好地负起这个责任！

一个共产党人，不论他在什么岗位当了多大的官，不论他在什么时候，什么地方，都必须要时刻关心群众的疾苦，为了群众的每一个实际利益，哪怕是最小的利益而奋斗！

4. 沟通实效

在电视剧《共产党人刘少奇》第 40 集中，即将去延安的刘少奇在中共中央华中局第一次扩大会议上的告别讲话产生了以下重要效果：

（1）统一思想、凝聚共识。刘少奇清晰地阐述了党的路线方针和战略部署，使与会者对党的目标和任务有了更为明确和一致的认识，消除了思想分歧，让大家能够齐心协力地开展工作。

（2）鼓舞士气、激发斗志。他以坚定的信念和对革命前景的乐观展望，极大地鼓舞了同志们的士气，让大家充满信心地面对未来的挑战，以更加饱满的热情投入到革命事业中。

（3）提供指导、明确方向。讲话对中共中央华中局的工作进行了全面总结和深入分析，并提出了具体的工作方针和战略部署，为后续的工作提供了清晰的思路和行动指南。

（4）强调了党的宗旨和责任。他强调共产党是从群众中产生的，是人民的儿子，要对人民负责，关心群众疾苦，为了群众的利益而奋斗。这进一步强化了党员干部为人民服务的意识。

（5）增强了党组织的团结和凝聚力。刘少奇的讲话让同志们感受到了组织的温暖和力量，促进了党内同志之间的团结协作，使大家更加紧密地团结在一起，形成强大的战斗集体。

（6）在思想上留下了深刻的印记。他的话语让同志们对党的事业有了更深刻的理解和认识，这种思想上的触动将在今后的工作中持续发挥作用，激励着大家为实现党的目标而不懈努力。

总的来说，刘少奇的这次告别讲话对华中地区的革命工作产生了深远而积极的影响，为华中抗日根据地的巩固和发展、夺取华中抗日斗争的胜利奠定了坚实的基础。

5. 沟通策略

在电视剧《共产党人刘少奇》第 40 集中，刘少奇的告别讲话运用了以下策略：

（1）回顾与总结。刘少奇首先对中共中央华中局过往的工作进行了全面而系统的回顾和总结。通过梳理取得的成绩和面临的挑战，让与会者清晰地了解到工作的进展和存在的问题，为后续的讲话奠定了基础。

（2）实事求是。讲话内容基于客观实际，不回避问题和困难，以真实的情况分析形势，让大家对当前的局面有清醒的认识。

（3）强调团结。突出团结的重要性，强调党内同志要紧密团结在一起，共同应对困难和挑战，形成强大的合力。

（4）明确方向。为未来的工作指明了清晰的方向，提出具体的目标和任务，使大家明白下一步该往何处去、做什么。

（5）鼓舞激励。以坚定的信念和积极的态度鼓舞同志们的士气，激发大家的斗志，让大家相信在党的领导下能够克服困难，取得胜利。

（6）以身作则。刘少奇在讲话中以自身的行动和决心为榜样，展示了共产党人的担当和奉献精神，激励大家效仿。

（7）联系群众。强调党与群众的紧密联系，提醒大家要依靠群众、为了群众，使工作始终围绕着人民的利益展开。

6. 沟通启示

在电视剧《共产党人刘少奇》第 40 集中，刘少奇的告别讲话给我们带来了以下启示：

（1）坚定信仰和强化使命感。刘少奇始终怀着对共产主义事业的坚定信仰和为人民谋幸福的强烈使命感。这启示我们在生活和工作中，要坚守自己的信念，明确自己的使命，为了更崇高的目标而努力奋斗。

（2）发扬实事求是的工作作风。他的讲话基于对实际情况的深入了解和准确判断，强调从实际出发解决问题。这提醒我们在面对各种情况时，要注重调查研究，掌握真实情况，以实事求是的态度制定策略和行动方案。

（3）重视团结与协作。刘少奇强调党内同志要团结，只有团结一心，才能形成强大的力量。这让我们明白在团队合作中，要摒弃个人私利，以共同的目标为导向，促进团队的和谐与协作。

（4）不断学习与进步。刘少奇对工作的总结和对未来的规划，展现了他不断学习和思考的精神。这激励我们要保持学习的热情，不断提升自己的能力和素质，以适应时代的发展和变化。

（5）密切联系群众。他强调党与群众的紧密联系。群众路线是党的根本工作路线，这教导我们今后在工作中要时刻关注人民群众的需求，倾听他们的声音，将工作的出发点和落脚点放在为人民服务上。

（6）乐观面对困难。尽管面临诸多挑战，但刘少奇始终保持乐观积极的态度，相信困难是可以克服的。这告诉我们在遇到困难时，要保持乐观的心态，勇敢地迎接挑战，坚定地相信未来会更好。

（7）注重传承与发展。刘少奇对党的事业的传承和发展的重视，让我们意识到要继承和发扬先辈们的优良传统，同时要在新的时代背景下不断创新和发展，为党的事业注入新的活力。

三、励志榜样

（一）例文引领

电视剧《共产党人刘少奇》中的榜样——刘少奇

在电视剧《共产党人刘少奇》中，刘少奇同志的形象鲜明而生动，他以坚定的信仰、卓越的智慧和无私的奉献精神，成为人们心中当之无愧的榜样。

刘少奇出生于湖南宁乡的一个农民家庭，自幼目睹了社会的不公和人民的疾苦，这在他心中种下了为人民谋幸福、为民族谋复兴的种子。在剧中，我们看到了他早年投身革命的坚定决心，不畏艰难险阻，始终坚守着自己的理想和信念。

他是一位杰出的政治家，具有高瞻远瞩的战略眼光和卓越的领导才能。在复杂多变的政治环境中，刘少奇总能冷静分析局势，把握关键，为党的事业指明正确的方向。他参与制定了一系列重要的方针政策，为新中国的建设和发展奠定了坚实的基础。他强调实事求是，注重调查研究，深入基层，了解人民的真实需求，这种务实的工作作风为广大党员干部树立了榜样。

刘少奇也是一位伟大的思想家。他深入研究马克思主义理论，并结合中国的实际情况进行创新和发展。他的著作和思想为中国共产党的理论建设做出了重要贡献，为中国特色社会主义的发展提供了重要的理论支撑。

在经济建设方面，刘少奇展现出了非凡的智慧和勇气。他积极探索适合中国国情的经济发展道路，提出了许多具有前瞻性和建设性的观点。他重视农业的基础地位，强调要调动农民的积极性，推动农业的现代化发展。同时，他也关注工业的发展，主张合理调整经济结构，促进国民经济的协调发展。

在个人品质方面，刘少奇更是令人敬仰。他一生廉洁奉公，严于律己，始终保持着艰苦朴素的生活作风。他心中装着人民，时刻牵挂着人民的冷暖安危。即使在面对困难和挫折时，他也从不退缩，始终保持着坚定的信念和顽强的意志。

电视剧通过一个个生动的情节，让我们看到了刘少奇同志作为一位共产党人的光辉形象。他的一生，是为党和人民事业不懈奋斗的一生，是为中华民族独立、富强而英勇献身的一生。

他的故事激励着我们，要坚定信仰，不忘初心，牢记使命。在新时代，我们要以刘少奇同志为榜样，发扬他的精神，为实现中华民族伟大复兴的中国梦而努力奋斗。我们要学习他实事求是、勇于创新的精神，在今后走向工作岗位后，不断探索，寻求突破；学习他一心为民、无私奉献的品质，全心全意为人民服务；学习他的坚定信念、顽强意志，在面对困难和挑战时，勇往直前，永不放弃。

刘少奇同志，他的精神将永远激励着我们前行，为实现中华民族的伟大复兴而不懈努力！

（二）百花齐放

____

____

四、观后感

（一）例文引领

《共产党人刘少奇》观后感

在观看完电视剧《共产党人刘少奇》后，我的内心久久不能平静，这部剧以其深刻的历史内涵、生动的人物刻画和感人至深的情节，为我们展现了刘少奇同志波澜壮阔的一生，让我对这位伟大的共产党人充满了敬意和感慨。

这部剧开篇便将我们带回到那个动荡不安、内忧外患的年代。刘少奇同志出生于湖南宁乡的一个农民家庭，自幼目睹了底层人民的苦难，这使他早早立下了拯救民族、造福人民的远大志向。剧中，他投身革命的坚定决心令人动容，无论是在白色恐怖笼罩下的危险时刻，还是在艰苦卓绝的战争岁月，他从未有过丝毫的退缩和动摇。

刘少奇同志不仅有着坚定的革命意志，更有着卓越的政治智慧和领导才能。他在党的建设、军队指挥、土地改革等诸多领域都展现出了非凡的洞察力和决策力。他深知中国革命的复杂性和特殊性，始终坚持从实际出发，实事求是地制定方针政策。在面对党内的分歧和错误倾向时，他敢于坚持真理，勇于纠正错误，为党的事业不断指明正确的方向。

电视剧中，刘少奇同志深入基层、关心群众的场景给我留下了深刻的印象。他亲自走进田间地头，与农民亲切交谈，了解他们的疾苦和需求。他强调“没有调查就没有发言权”，这种务实的工作作风让我深刻体会到，共产党人的初心和使命就是为人民谋幸福，为民族谋复兴。他始终把人民的利益放在首位，一心一意为人民服务，这种深厚的人民情怀让我深受感动。

同时，刘少奇同志的个人品质也令人钦佩。他一生清正廉洁，严于律己，对待工作兢兢业业，对待同志和蔼可亲。在面对困难和挫折时，他始终保持着乐观积极的态度，以顽强的毅力和坚定的信念克服重重难关。他的家庭生活也展现出了他作为一个普通人的温情一面，他与妻子王光美相濡以沫，相互支持，共同为革命事业奋斗。

这部剧还让我深刻感受到了革命先辈们为了新中国的成立和建设付出的巨大牺牲。他们抛头颅、洒热血，历经无数艰难险阻，才换来了我们今天的幸福生活。我们应当倍加珍惜这来之不易的和平与繁荣，继承和发扬老一辈共产党人的优良传统和精神品质。

观看完《共产党人刘少奇》，我更加明确了自己的责任和使命。作为新时代的青年，我们要以刘少奇同志为榜样，坚定理想信念，不忘初心，牢记使命。在学习和工作中，要勇于担当，积极进取，不断提高自身的能力和素质，为实现中华民族伟大复兴的中国梦贡献自己的力量。

总之，电视剧《共产党人刘少奇》是一部具有深刻教育意义的作品。它让我们更加深入地了解了刘少奇同志的光辉事迹和伟大精神，激励着我们在新时代不断前进，为实现中华民族的伟大复兴而努力奋斗。

（二）百花齐放

五、研讨发言

（一）例文引领

电视剧《共产党人刘少奇》研讨会发言稿

尊敬的各位领导、专家、同仁们：

大家好！很荣幸能够在这次研讨会上发言，与大家共同探讨电视剧《共产党人刘少奇》。

这部电视剧以其宏大的叙事、细腻的刻画和深刻的内涵，为我们展现了刘少奇同志光辉而伟大的一生。它不仅仅是一部影视作品，更是一部生动的党史教材，一次对革命精神的深情礼赞。

从历史的还原度来看，该剧做到了忠实与创新的有机结合。它以刘少奇同志的革命历程为主线，从他的青少年时代，到投身革命，再到为新中国的建设事业殚精竭虑，每一个阶段都展现得翔实而准确。通过一个个具体的历史事件和细节，我们看到了那个时代的风云变幻，感受到了刘少奇同志在历史洪流中的坚定选择和无畏担当。同时，在尊重历史的基础上，该剧通过巧妙的情节设置和人物塑造，使历史变得鲜活生动，让观众能够更加直观地理解那段波澜壮阔的岁月。

在人物塑造方面，《共产党人刘少奇》无疑是成功的。刘少奇同志的形象被刻画得丰满立体、有血有肉。他不仅是一位伟大的政治家、军事家，更是一位有着深厚情感和坚定信念的普通人。剧中展现了他面对困难时的坚毅，面对挫折时的不屈，面对家人时的温情。这种多维度的塑造，让我们看到了一个真实可信、可亲可敬的刘少奇，让我们能够更加深入地走进他的内心世界，理解他的理想追求和精神境界。

该剧的艺术表现力也值得称赞。从画面的构图到色彩的运用，从演员的表演到台词的打磨，每一个环节都精益求精。特别是演员们精彩的演绎，他们用精湛的演技赋予了角色灵魂，让观众能够感同身受地体验到刘少奇同志以及其他革命先辈们的情感起伏和心路历程。

从教育意义的角度来看，这部剧具有重要的价值。它让我们，尤其是年轻一代，更加深入地了解了党的历史，了解了刘少奇同志等老一辈革命家为了国家和人民所做出的巨大牺牲和卓越贡献。它激发了我们的爱国热情，让我们更加珍惜今天来之不易的和平与繁荣。同时，刘少奇同志的崇高品质和革命精神，也为我们树立了榜样，激励着我们在新时代不忘初心，牢记使命，为实现中华民族伟大复兴的中国梦而努力奋斗。

然而，在肯定这部剧的同时，我们也可以思考如何进一步提升此类题材作品的影响力。比如，可以在宣传推广方面加大力度，让更多的观众能够接触到这样优秀的作品；在创作上，可以进一步挖掘历史的深度和广度，展现更多不为人知的故事和细节；还可以加强与观众的互动，通过线上线下的活动，让观众更加深入地参与到对作品的讨论和思考中来。

总之，电视剧《共产党人刘少奇》是一部思想性、艺术性、观赏性俱佳的优秀作品。它让我们铭记历史，缅怀先烈，同时也为未来的创作提供了有益的借鉴和启示。相信在今后，会有更多这样优秀的作品涌现，为传承红色基因、弘扬革命精神发挥更加重要的作用。

谢谢大家！

（二）百花齐放

____

____

六、文旅链接

刘少奇故居：位于湖南省宁乡市花明楼镇炭子冲，是刘少奇出生及度过童年和少年时代的地方。故居复原了刘少奇在此生活时的场景，展现了他早年的生活环境与成长背景。

刘少奇同志纪念馆：位于湖南省宁乡市花明楼镇，陈列了与刘少奇生平事迹相关的大量文物资料，系统地展示了刘少奇为中国革命和建设事业殚精竭虑、呕心沥血的一生，让人们能更全面、深入地了解刘少奇的思想与贡献。

安源路矿工人运动纪念馆：位于江西省萍乡市安源区安源镇，刘少奇曾在此领导了安源路矿工人大罢工。纪念馆全面记录了安源路矿工人运动的历史过程和重大意义，通过丰富的史料和实物，生动再现了毛泽东、刘少奇等老一辈革命家在安源的革命实践活动。

作业

1. 完成本节“沟通竞秀”练习，将其中自己最满意的文字版和音频版创作内容上传到学习平台。

2. 观赏《共产党人刘少奇》全剧，完成“励志榜样”“观后感”“研讨发言”部分的练习，将其中自己最满意的文字版和音频版创作内容上传到学习平台。

第二章 追梦路上的经典表达与沟通

第一节　青春最美的颜色

可在学习强国App中搜索“五个一工程”或剧名观看

一、好剧推荐

电视剧《最美的青春》是一部充满正能量、感人至深的年代剧。这部剧以其独特的魅力展现了一段激情燃烧的岁月，为观众描绘了一幅壮丽的青春画卷。

这部剧具有诸多亮点：

其一，它以塞罕坝三代人艰苦奋斗的历程为主线，深刻探讨了人与自然的关系，将绿色发展观融入故事之中，没有说教，却能让观众深刻感受到一代人的青春激情，为主旋律题材剧提供了新的创作思路。其主题不仅仅是关于环境的保护与改造，更是对人类坚韧意志和无私奉献精神的赞美。

其二，虽然演员多数是新人，但他们感情真挚、表演朴实，成功塑造了一个个鲜明生动的人物形象，令人惊叹。

其三，剧中的音乐和画面唯美动人，三首插曲美到极致，沙漠、落日等摄影画面美不胜收，给人以视觉和听觉的双重享受。

其四，化妆造型真实还原历史，让观众仿佛穿越回那个特定的年代。

其五，剧情紧凑不拖沓，36集的篇幅完整呈现了塞罕坝从荒漠到绿洲的巨变，以及剧中人物的成长与坚守。

在《最美的青春》中，我们看到了冯程、覃雪梅等一群年轻人，为了还塞罕坝一片绿洲，在梦想与现实、放弃与前行中挣扎。他们顽强不屈，执着前行，攻克了一个又一个难关，用青春书写了绿色传奇，用一生践行着荒漠里的绿色守望者誓言。他们的故事带给观众的不仅是感动，更是灵魂上的净化与启迪。

这部剧不比时尚比质朴，不比明星比真诚，不比斤斤计较比以德报怨，是现实主义创作精神的胜利，堪称一部高峰之作。

该剧的主题蕴含着对理想的执着追求、对祖国大地的深情热爱以及对集体力量的坚信不疑。它向我们展示了在艰苦环境中，青春的价值在于奉献和拼搏，在于为了更伟大的目标而舍弃个人的安逸。这种主题的呈现具有强烈的时代意义和教育价值，激励着当代年轻人在面对困难和挑战时，坚守初心，勇往直前。

它是新中国的青春之歌，能够找回电视剧的尊严，适合各个年龄段的观众观看。无论是想了解那段艰苦奋斗的历史，还是想感受青春的激情与梦想，《最美的青春》都不容错过。让我们一起走进这部剧，领略那段最美的青春岁月！

二、经典表达与沟通

（一）塞罕坝招聘演说

1. 沟通背景

在电视剧《最美的青春》第 4 集中，于正来在招聘会上讲话的背景是：国家为了减少京津冀地区的风沙危害，指定由林业部和河北省在承德境内高原荒漠塞罕坝上建立机械林场，需要招聘一批林业相关专业的大学生前往塞罕坝参与造林工作。

当时的塞罕坝条件极为艰苦，环境恶劣，风沙肆虐。于正来深知这一情况，他希望能招聘到真正有理想、有热情、能吃苦，愿意为塞罕坝的绿化事业奉献青春的人才。他走上主席台，在招聘会上发表讲话。

2. 沟通竞秀

____

____

3. 沟通经典

同学们好！我是承德地区林业局的局长于正来，我们那儿啊正在筹备在围场的塞罕坝地区建立一个大林场，需要人才，尤其是你们这些大学生啊，越多越好。在座的同学们都跟我走，我都非常欢迎啊。

刚才听了全国林业同行们的介绍，我认为啊他们的条件真的是不错啊，可是我们那儿的条件更好啊。围场坝上啊，同学们，那是封建社会皇上打猎的地方，能不好吗？当地呀流传了一句顺口溜，说是“棒打狍子瓢舀鱼，野鸡飞到饭锅里”，参天大树，遍地野花，这一不留神哪，梅花鹿会撞开你家的大门，蒙古族的姑娘漂亮，满族的小伙结实啊，不管是男同学还是女同学，只要你们去了，那就都不想走了。

同学们，我说的是两百年前，由于近一百年来的环境破坏啊，浑善达克和科尔沁沙地的南侵，围场坝上变成了高原荒漠，地表沙化严重啊。缺吃少房，偏远闭塞，一年就刮一场风，从正月初一刮到腊月三十。

（老于啊，你可是来招人的，不是来诉苦的，别回头没人到你那儿报名，别怪部里没给你组织啊。）

我知道是来招人的，可我作为一个党员干部，我不能骗同学们！

同学们，我们那儿啊就是经常刮大风啊，海拔一千多（米），冬天最低的温度可以达到零下四十度左右，年均积雪七个多月，无霜期最短的一年只有二十七天，我说的都是真的，可是我们为什么要在那里建林场呢？因为刮进北京的沙尘暴就是从我们那里长驱直入的，只有建成林场，恢复植被，稳固水土，才能拦住大风狂沙，保卫首都，保卫毛主席！

4. 沟通实效

在电视剧《最美的青春》第 4 集中，于正来在招聘会上的讲话，起到了鼓舞和动员学生们投身塞罕坝建设的作用。

于正来作为林业局领导，他的讲话让学生们对塞罕坝建设的重要性和意义有了更深刻的认识。他向学生们介绍了塞罕坝的情况，强调了那里艰苦的环境以及造林工作的紧迫性和挑战性。

他的讲话也展现出了对学生们的期望和信任，激发了学生们的责任感和使命感。其中一些学生，如覃雪梅，本身就有着坚定的信念和奉献精神，听到于正来的讲话后，更加坚定了前往塞罕坝磨炼自己、为祖国绿化事业做贡献的决心；而像武延生这样的学生，可能出于各种原因，如追求覃雪梅等，也一同前往了坝上。

于正来宽怀大度、真诚朴实的形象，以及他对塞罕坝事业的热情和执着，在一定程度上增强了学生们对这项工作的认同感。他的讲话为剧情的发展奠定了基础，推动了学生们前往塞罕坝，开启了他们在那里的青春奋斗故事。

不同学生对于正来讲话的具体反应可能有所不同，但总体来说，他的讲话对于吸引和动员这批大学生参与到塞空坝的建设中起到了积极的效果。

5. 沟通策略

在电视剧《最美的青春》第 4 集中，于正来在招聘会上讲话的策略主要包括以下几点：

（1）坦诚真实。他没有过分粉饰塞罕坝的情况，而是如实地向学生们介绍了那里极其恶劣的自然环境，包括“一年只刮一场风，从大年初一刮到腊月三十”，让学生们对即将面临的困难有清晰的认知。

（2）以史动人。先描绘了 200 年前塞罕坝“林高草密、瓢鱼逐鹿”的美好景象，引发学生们的兴趣和向往，再通过今昔对比，让大家更深刻地感受到塞罕坝的变迁以及如今建设任务的紧迫性和重要性。

（3）展现期望与信任。讲话中表达了对学生们的期望和信任，这有助于激发学生们的责任感和使命感，使他们相信自己有能力在艰苦的环境中做出成绩。

（4）结合时代背景。他深知当时大学生将毛主席、党和国家的号召作为理想追求，利用这一点，鼓励学生们积极投身到祖国需要的地方去，为塞罕坝的建设贡献力量。

于正来的讲话方式既体现了他的真诚，也考验着大学生们的决心和意志。他把希望、理想和艰苦挑战同时展现在学生面前，吸引了真正有理想、有抱负的学生，让他们愿意前往塞罕坝磨炼自己、为祖国的绿化事业做贡献。

6. 沟通启示

在电视剧《最美的青春》第 4 集中，于正来在招聘会上的讲话带来了以下启示：

（1）坦诚与真实具有强大的力量。于正来没有隐瞒塞罕坝地区恶劣的自然环境，如实相告，这种坦诚反而更能赢得他人的信任和尊重。在现实生活中，无论是招聘、合作还是人际交往，真诚都是建立好关系的基础。

（2）描绘愿景激发热情。他先描绘了塞罕坝曾经的美好景象，让学生们对其未来的建设充满期待和憧憬，从而激发了他们内心的热情和动力。这启示我们在面对困难或挑战时，要善于展示目标的吸引力，让人们看到努力后的成果和意义。

（3）结合时代背景与目标。于正来深知当时大学生的理想追求，将塞罕坝的建设与国家的需要相结合，鼓励学生投身其中。这提醒我们在做任何事情时，都应考虑时代背景和大环境，将个人目标与社会需求相统一，使努力更具价值和方向。

（4）展现勇气与担当。尽管知道如实描述可能会让一些人望而却步，但于正来依然选择坦诚相告，这体现了他的勇气和担当。在工作和生活中，我们也需要有勇气面对现实，承担起自己的责任。

（5）全面呈现机遇与挑战。他把希望、理想和艰苦挑战同时摆在学生面前，让他们对未来有全面的认识。这教导我们在做决策或引导他人时，要提供全面的信息，让人们在充分了解的基础上做出选择，这样他们在面对困难时也能有更充分的准备。

（6）重视精神力量。讲话中透露出的为了国家和事业的奉献精神，具有强大的感染力。这表明精神力量的重要性，它可以激励人们克服困难，坚持不懈地追求目标。

总的来说，于正来的讲话启示我们在与人沟通、引导团队或追求目标时，要真诚坦率，善于描绘愿景，结合时代背景，展现勇气担当，全面呈现情况，并重视精神的激励作用。这些启示对于个人的职业发展、团队的建设以及社会的进步都具有积极的借鉴意义。

（二）是失败者，又是胜利者

1. 沟通背景

在电视剧《最美的青春》第 19 集中，冯程在塞罕坝林场成立大会上讲话的背景是：国家决定在塞罕坝建设机械林场，大规模的植树造林工程即将在塞罕坝启动。于正来成为新机械林场的一把手，他发表演讲，鼓励大家共同攻克难关。在先遣队上坝之前，冯程一个人在坝上坚守了三年，基于此，于正来邀请冯程上台进行演讲，冯程没有提前准备发言稿，他决定跟大家伙说说自己的掏心窝子的话。

2. 沟通竞秀

____

____

3. 沟通经典

各位领导，同志们，我是个失败者——我曾经极度绝望，觉得青春被一个虚妄的目标给浪费了。我曾经想过逃走，逃离这个毫无希望的地方。我跟先遣队的所有队员们曾经在大雪封山时险些被饿死。那个时候，我甚至连活下去的勇气都丧失了。

但我也是一个胜利者——因为我战胜了孤独，战胜了内心的怯懦，战胜了自私、自负、个人主义等很多缺点。是先遣队这个集体给了我力量，是比我更年轻的大学生们昂扬的斗志，让我在精神上又重新地振作了起来。

今天我站在这里，我想告诉大家，我们现在已经有了一个更大的集体，那我们一定能战胜更大的困难。

塞罕坝能种活树，能种活参天大树！

塞罕坝的西部有一颗落叶松，那就是活标本啊。大家有时间可以去看一看！

4. 沟通实效

在电视剧《最美的青春》第 19 集中，冯程的讲话情真意切、效果显著。

他没有准备发言稿，而是说出了自己的心里话。他坦诚地表示自己既是失败者也是胜利者。他承认自己没能种活树，曾觉得青春被浪费，这是他作为失败者的一面；但他也强调在塞罕坝种树的过程中，战胜了孤独，以及自私、自负、个人主义等诸多缺点，并在低沉中重新振作，这是他身为胜利者的体现。

冯程的讲话还提到了塞罕坝西部那棵埋葬了他父亲的落叶松，这棵树给予了他无数种树的信念。他真情实感的流露引起了大家的共鸣，尤其是在塞罕坝上同甘共苦的大学生和先遣队员们被他的话语打动，眼含热泪为他鼓掌。

他的讲话没有空洞的口号，而是实实在在地讲述了自己在塞罕坝的经历和成长，让人们看到了他的坚持与改变，也让大家对塞罕坝林场的建设充满了信心和决心。这种真诚的表达，展现了那个时代年轻人的淳朴和对理想的执着追求，同时也激励着更多的人投身到林场建设的事业中。

5. 沟通策略

在电视剧《最美的青春》第 19 集中，冯程在塞罕坝机械林场成立大会上的讲话主要采用了以下策略：

（1）坦诚示弱。他毫不避讳地承认自己作为先遣队一员，在种树过程中的失败经历，比如没能种活树，曾经感到青春被浪费。这种坦诚的态度迅速拉近了与听众的距离，让大家感受到他的真诚和实在。

（2）以情动人。通过讲述自己在塞罕坝的亲身经历，包括战胜孤独、克服自身缺点的过程，以及那棵与父亲相关的落叶松给予他的信念，将个人情感融入其中，引发了听众的情感共鸣。

（3）强调成长与转变。冯程不仅分享了过去的挫折，更着重强调了在困境中的成长和自我超越，让人们看到了希望和可能性，从而激发了大家面对困难的勇气和信心。

（4）语言朴实无华。他没有使用华丽的辞藻和激昂的口号，而是用简单、平实、接地气的语言，讲述自己的故事和内心感受，使讲话更具亲和力和可信度，更容易被听众接受和认同。

6. 沟通启示

在电视剧《最美的青春》第 19 集中，冯程的讲话带来了以下启示：

（1）坦诚面对挫折与失败是成长的关键。冯程毫不掩饰过去种树未成功的经历，这启示我们在生活中要勇于正视自己的不足和失败，将其视为进步的基石。

（2）坚持和信念的力量无比强大。尽管遭遇重重困难，冯程因对塞空坝绿化的坚定信念而从未放弃，这提醒我们在追求目标时，要保持坚定的信念，持之以恒地努力。

（3）个人的成长与转变具有激励作用。冯程讲述自己在塞罕坝的成长历程，从失败到振作，这种自我超越能鼓舞他人在困境中积极求变。

（4）真情实感最能打动人心。冯程朴实而真诚的讲话，让大家产生共鸣，这表明在交流和表达中，真诚是连接人与人心灵的桥梁。

（5）传承和铭记历史能赋予我们前行的动力。冯程提到与父亲相关的落叶松，这象征着对过去的铭记和传承，启示我们要珍惜历史经验，从中汲取力量，为未来的发展注入动力。

总的来说，冯程的讲话让我们明白，无论面对怎样的艰难险阻，只要心怀信念、真诚待人，勇于面对并不断成长，就能为实现理想而不懈奋斗。

（三）场长道歉

1. 沟通背景

在电视剧《最美的青春》第 20 集中，于正来围绕覃雪梅的检讨发表讲话的背景是这样的：

覃雪梅知道武延生未经她同意就泄露了她的身世——林业部副部长覃秋丰是覃雪梅的父亲，她感到震惊又愤怒，在食堂当众打翻了武延生给她打的饭，并怒责他不许再干涉自己的工作。之后，武延生虽向覃雪梅道歉，但覃雪梅表示自己不是官迷，也再次警告他自己不会离开林场。

覃雪梅通过广播向林场职工道歉，因为她的调离，为一线工作带来了失误，导致早上忘记吃降压药的李场长从设备上摔下骨折。张曼玲主动找于正来承担责任，认为是自己没学好技术导致李场长受伤，赵天山也赶来说是自己这个大队长没当好才出了事。于正来和曲和没有责怪他们。

于正来对覃雪梅的态度感到欣慰，把她邀请到家里吃饭并试探她。覃雪梅的表现让于正来十分赞赏，认为她是巾帼英雄，林场有这样的年轻人一定能有一番作为。

第二天，于正来召集林场所有员工，当着众人的面发表讲话。

2. 沟通竞秀

____

____

3. 沟通经典

出工前啊，我先说几句啊，昨天覃雪梅在广播站念的检讨，大伙都听见了吧？

（于场长，我私自使用了广播站，我检讨！）

私自使用广播站，用得好！昨天，我和曲场长都听了覃雪梅的检讨，我们两个一致认为，这不光是一份检讨，还是一份战前动员。对于我们林场来说啊，植树期就是一场大战。覃雪梅同志动员大家在十天之内把所有的苗子都种下去。这期限比我们场里原定的计划提前了七天，这和李场长的意见不谋而合。既要保证质量，又要提前工期，同志们有没有信心？

（有！）

好，昨天，我听覃雪梅念检讨啊，我这心里很惭愧。昨天覃雪梅同志没到生产一线去，不是她的错。是我在不了解情况的前提下批评了她，我的态度很恶劣，让她受了委屈。可是，覃雪梅同志在她的检讨里一个字都没提，反倒是对我们的造林工作提出了好的建议，鼓舞了士气，这个心胸值得我们大家学习。现在我就当着全厂职工的面，给覃雪梅同志赔礼道歉！

同志们，昨天，我送李场长去了医院，初步诊断是骨折，恐怕要休息些日子了。李场长是技术副厂长，他不能工作了，那技术上总得有人负责呀。所以呀，我跟曲场长决定，任命覃雪梅同志为技术科长，全面代理李场长的工作，大家欢迎！

同志们，抓紧生产，散会！

4. 沟通实效

在电视剧《最美的青春》第 20 集中，于正来围绕覃雪梅的检讨发表了讲话，取得了以下效果：

首先，他的讲话显示了对覃雪梅的认可和尊重。于正来当众向覃雪梅道歉，为自己之前对她的误解表示歉意并深深鞠躬，这放下了领导的架子，让覃雪梅非常感动，也让其他员工看到了领导的公正和谦逊。

其次，这一讲话提升了覃雪梅的积极性。于正来宣布经过领导决定，由覃雪梅担任技术科长一职，这种对她能力的肯定和赋予重任，激励着覃雪梅更加投入地为林场工作。

再次，讲话也增强了林场员工的凝聚力。于正来的行为和言语，让大家感受到林场领导对年轻人的重视和支持，鼓舞了全体员工的士气，使大家更加团结一致地为林场的发展努力。

最后，这一情节也展现了林场领导善于发现和培养人才的一面。于正来通过覃雪梅的检讨以及对她日常表现的观察，看到了她的优秀品质和工作能力，从而给予她合适的职位和机会，为林场的未来发展储备了力量。

于正来的讲话整体上营造了一种积极向上、公正公平的工作氛围，有助于林场各项工作的顺利开展。同时，也进一步刻画了于正来作为林场领导的形象，他的宽宏、公正以及对年轻人的培养和重视，都给观众留下了深刻的印象。

5. 沟通策略

在电视剧《最美的青春》第 20 集中，于正来围绕覃雪梅的检讨发表讲话时运用了以下策略：

（1）先抑后扬。于正来先指出覃雪梅所犯错误的严重性，强调纪律的重要性，营造了一种严肃的氛围。随后话锋一转，对覃雪梅勇于承认错误和积极改正的态度给予肯定和赞扬，形成鲜明的对比，使讲话更具张力。

（2）以理服人。他详细阐述了覃雪梅所犯错误对林场工作可能带来的影响，让大家明白纪律和规范的重要性。同时，也理性地分析了覃雪梅检讨中的真诚和对工作的热情，让大家能够理解和接受对她的处理决定。

（3）情感融入。于正来在讲话中表达了对覃雪梅的关心和对年轻人成长的期待，使整个讲话既有原则性又有人情味，更容易被大家接受和认同。

（4）树立榜样。通过对覃雪梅的处理和讲话，于正来为林场的所有员工树立了一个知错能改、积极进取的榜样，引导大家在今后的工作中更加严谨认真。

（5）激励鼓舞。讲话的最后，于正来对全体员工提出了期望和鼓励，激发了大家的工作积极性和责任感，将覃雪梅的事件转化为推动林场工作的动力。

6. 沟通启示

在电视剧《最美的青春》第 20 集中，于正来围绕覃雪梅的检讨发表讲话带来了以下启示：

（1）管理要有原则性与灵活性的平衡。于正来强调纪律的重要性，同时也能根据覃雪梅的态度和实际情况做出合理调整，这启示我们在管理中既要坚守原则，又要根据具体情况灵活处理，不能一刀切。

（2）沟通要注重方式方法。于正来的讲话先严肃指出问题，再给予肯定和鼓励，这种有层次、有重点的沟通方式能让被批评者更好地接受，也让其他人更清楚领导的意图，这提示我们在与人交流时要讲究策略，以达到更好的效果。

（3）对待错误要有包容和引导的态度。覃雪梅犯了错，但于正来没有一味指责，而是给予她改正的机会，并通过此事激励其他人，这告诉我们在面对他人的错误时，应以包容的心态引导其认识并改正错误，将错误转化为成长的契机。

（4）领导要善于发现和肯定员工的优点。于正来能看到覃雪梅检讨中的真诚和积极的态度，并给予肯定和提拔，这启示领导者要善于挖掘员工的闪光点，激发员工的潜力，促进团队的发展。

（5）团队建设需要公正与关爱并重。于正来的处理方式既体现了公正，又充满了对员工的关爱，这让团队成员感受到公平的同时，也能感受到温暖，从而增强团队的凝聚力和向心力。

（四）把心和根都扎在了塞罕坝的人

1. 沟通背景

在电视剧《最美的青春》第 27 集中，覃雪梅作为劳模代表在母校演讲的背景是：塞罕坝机械林场的建设取得了一定成果，覃雪梅等劳模受到邀请回到母校进行演讲。然而，覃雪梅上台之后才发现自己准备好的演讲稿不见了，于是她抛开演讲稿，决定说出心里话。

2. 沟通竞秀

____

____

3. 沟通经典

对不起啊，同学们，我……我把发言稿弄丢了。不过没关系，发言稿虽然是我认真准备的，但是难免程式化，不够生动。我想即兴地发言也许会更有意义。

刚才老师介绍说我是第一批上塞罕坝的大学生，其实这不完全准确，因为在我们之前还有一个人，他也是林业大学毕业，比我们早三年上坝，一个人在塞罕坝度过了三个春夏秋冬。那个时候的塞罕坝不但没有建设大型林场的基础条件，甚至连人类生存的基本条件都没有。

要说立下汗马功劳，我就更不敢当了。我虽然是学育苗专业的，但是在塞罕坝的第一个苗圃是这个人建设的，我曾经拔光了他的次等苗，可是后来我发现在高寒、高海拔地区，有些次等苗的生存能力更强。虽然我是技术科长，但是第一个大胆提出全光育苗的人，也是他。本来他是最有资格代表塞罕坝参加这次劳模报告团的，但是由于种种原因，他没能来，可是站在这里的我，此时脑海里能想到的都是他——一个真正把心和根都扎在了塞罕坝的人，他叫冯程。

（他是你男朋友吧？）

现在还不是，但如果有机会，我愿意永远和他工作、战斗在一起。我们一起上坝的几名大学生都说我最坚决，但其实最初我只是在跟冯程较劲，初见他时，邋邋遢遢，根本不像一个大学生、懂技术的人。

噢，对了，他是学木材加工专业的，我们曾经笑话他只会伐木，不会种树，但是在绝境面前，每一次带给我们希望的都是他，他睿智、冷静、坚强、坚韧。他曾经从野狼的口中救下过我的性命，却不肯说出真相；他在大雪封山时，一个人冒着生命危险去蹚路，却不让大家知道；他主张的全光育苗，让林场自主育苗成为现实，却没有人把功劳记在他的头上，他也从来都不争。他曾经对我说，能留在塞罕坝植树造林是他最大的幸福。说这句话时，他的目光中流露的是真挚，让人感动的真挚！我一直都想知道，到底是什么样的精神支撑着他？我也曾多次问过他，可他从来都没有正面回答过我，幸好，我还记得他念过的一句诗："为什么我的眼里常含泪水，因为我对这土地爱得深沉……"

塞罕坝有许多像冯程这样的人，他们爱祖国爱得深沉，爱塞罕坝这片土地爱得深沉！那里现在虽然还是一片高原荒漠，但是我相信，只要有这群人在，美丽的高岭，一定会重现人间！未来的塞罕坝一定是一片美丽的绿色！

谢谢我的母校！谢谢老师、同学们！

4. 沟通实效

在电视剧《最美的青春》第 27 集中，全国林业劳动模范报告会上，覃雪梅在母校的演讲非常成功，打动了在场的所有人。

覃雪梅上台后发现演讲稿不见了，于是抛开讲稿，说出了自己的心里话。她表示在自己心中，真正的劳模是没有来到现场的冯程，冯程一个人在坝上坚守了三年，是他的精神感染了自己。她相信，塞罕坝会因为有无数个像冯程这样坚守的人，重新变回美丽的高岭，这里也必将成为一片绿色的高地。

覃雪梅极具感染力和说服力的演讲引起了大家的强烈共鸣，覃秋丰第一个起立为她鼓掌，场内所有人也都自觉起立鼓掌致意。而武延生坐在台下，听着覃雪梅对冯程的盛赞，以及她当着所有人的面说出愿意和冯程工作一辈子的话，心中对冯程充满了怨恨。

覃雪梅的演讲没有空洞的口号，而是真情实感的流露，让大家看到了她对冯程的崇拜以及对塞罕坝事业的热爱和坚定信念，也让人们对塞空坝的建设者们有了更深的认识和敬意。

5. 沟通策略

在电视剧《最美的青春》第 27 集中，劳模代表覃雪梅在母校演讲时运用了以下策略：

（1）真诚坦率。她发现演讲稿丢失后，没有惊慌失措，而是决定说出心里话。这种真诚的态度让听众感受到她的真实和质朴，容易引起共鸣。

（2）突出主题。覃雪梅明确地将冯程作为演讲内容的核心，通过讲述冯程在坝上独自坚守的事迹，以及他对自己的影响，突出了塞罕坝建设者的精神和奉献，使演讲主题鲜明。

（3）以情动人。她毫不掩饰地表达了对冯程的崇拜和愿意与他工作一辈子的情感，充满感情的话语能够触动听众的内心，让大家更深刻地体会到塞罕坝建设者们的伟大。

（4）结合自身经历。覃雪梅分享了自己在塞罕坝的亲身经历和感悟，使演讲更具说服力和感染力。她让听众了解到塞罕坝的真实情况以及建设者们所面临的困难和挑战，同时也展现了他们的坚持和信念。

（5）激励与展望。覃雪梅坚信塞罕坝会因为有无数像冯程这样的坚守者而重新变回美丽的高岭，成为一片绿色的高地。她的这种积极展望传递出一种激励人心的力量，鼓舞着听众为了美好未来而努力奋斗。

（6）对比手法。通过今昔对比，强调了塞罕坝的变化，凸显出建设者们的努力成果，让听众更直观地感受到他们的付出所带来的巨大改变。

（7）语言质朴自然。没有使用华丽的辞藻或空洞的口号，而是用平实、真挚的语言进行演讲，使听众更容易理解和接受她所表达的内容。

6. 沟通启示

在电视剧《最美的青春》第 27 集中，覃雪梅在母校的演讲带来了以下启示：

（1）真诚具有强大的力量。覃雪梅抛开演讲稿，真诚地讲述自己的内心感受。这启示我们在交流和表达中，真诚往往最能打动人心，胜过华丽的辞藻和精心的准备。

（2）重视榜样的引领作用。她着重讲述冯程的事迹，凸显了榜样的重要性。这启示我们在生活和工作中，榜样的力量能够激励我们不断前进，为我们树立目标和方向。

（3）坚守与奉献能创造巨大的价值。覃雪梅的演讲传递了塞罕坝建设者们坚守和奉献的精神，让我们明白为了理想和有意义的事业，付出和坚持是值得的，这种精神能够创造巨大的价值。

（4）要有面对困难的勇气。塞罕坝建设过程充满艰辛，覃雪梅的经历告诉我们，在面对困难和挑战时，要有勇气和决心去克服，不能退缩和放弃。

（5）热爱自己从事事业。她的话语中洋溢着对塞罕坝建设事业的热爱。这启示我们找到自己热爱的事业，并全身心地投入其中，才能获得真正的满足和成就。

（6）传递正能量。覃雪梅的演讲充满积极向上的力量，激励着母校的师生。这启示我们在生活中，要积极传递正能量，影响和鼓舞身边的人。

总的来说，覃雪梅的演讲激励我们要真诚待人，以榜样为力量，坚守信念，热爱事业，并勇敢面对困难，为社会传递正能量。

三、励志榜样

（一）例文引领

电视剧《最美的青春》中的榜样——冯程

在电视剧《最美的青春》中，冯程是一个令人钦佩和敬仰的角色。

冯程是一个有故土情怀、倔强执拗的大学生。他率先上塞罕坝，成为拓荒先行者。他的青春充满了奋斗与奉献，他的故事展现了那个时代年轻人的热血、坚持和理想。

冯程来塞罕坝的目的并不简单。他的父亲葬在这里，当他踏上这片土地时，便感到了一种踏实和心定，他认定这里就是他的故乡。他怀揣着让这片土地重现"松涛林海，让梅花鹿回来，让小鸟儿回来"的憧憬，手中一直拿着的那幅百年前塞罕坝的画，便是他内心深处对这片土地的热爱与期待的象征。

起初的冯程意气风发，为了保护遣送兴凯湖劳动教养的女朋友唐琦，他来到了荒芜的塞罕坝。然而女友的离去让他备受打击，但他依然选择留在坝上种树，并发誓不种活树不下坝。在这个过程中，他经历了无数的困难与挫折。一个人在坝上的日子里，他遭遇了各种危险和挑战。虽然剧中没有详细演绎他所经历的种种艰辛，但从后续大学生们遇到的事情可以推测，他都曾一一经历过。他要面对狼的威胁，要在冰封雪埋、口粮供给不足的情况下生存，吃地羊（鼠类）果腹，也在这个过程中积累了许多宝贵的经验。

"野人"时期的冯程，性格有些急躁和执拗。他屡屡受挫，对新来的大学生们出言不逊，因此不太受人待见，被视为失败者。经历了无数次希望与绝望交织的日夜，他的精神状态或许确实如他人所说的出现了一些问题。他曾为了能继续留在坝上种树，而放下骄傲向女大学生请求原谅。他对覃雪梅的实验室感兴趣，却在参观后嘴硬地说不过如此，然后又偷偷跑去观察，这让人觉得他既可爱又好笑。他虽然骄傲，但看事情却很透彻，也很有自己的主意。为了帮舅舅找回媳妇，他跑到病人家里拉手风琴拉哀乐，结果被未来舅妈拿彩礼钱砸，这显示出他的聪明中又带着点傻气。

然而，冯程的性格在慢慢发生转变。在老于强硬命令他下坝治病后，为了继续种树，他选择跳车，甚至被曲和说成是拿寻死威胁领导。但实际上，他只是因为无法继续种树而觉得生命失去了价值。他开始放低姿态去道歉、恳求，这是他的一大转变。面对大学生们的不理解和冤枉，他逐渐学会了忍耐和承受委屈。他曾让大学生回坝下躲冬，却被覃雪梅指责是遇到狼就逃跑的人，没资格让他们做逃兵，那时他无语又无奈的神情令人印象深刻。从曾经性子刚烈，到后来能够平静谦和地接受只给他五十棵苗子的现实，他的棱角被一点点磨平，但个性依然存在，只是变得更加容易想开了。

当得知唐琦的死讯后，他万念俱灰，跑到埋父亲的树下给自己挖坑，他觉得自己爱的母亲和唐琦都已离去，养的树也一棵都没活，生活失去了意义。但当有人要砍掉塞罕坝唯一的那棵树时，他又立刻冲上去制止，就这样，寻死的念头暂时消散了。

冯程对塞罕坝的爱是发自内心且深入骨髓的，这种爱是一种本能。他的坚持和奉献精神令人动容，他的故事激励着身边的人。他用自己的实际行动，诠释了什么是真正的热爱与执着。在他的带领下，越来越多的人投身到塞罕坝的造林事业中。他与其他造林人一起，同甘共苦，共同面对各种困难和挑战。他们在极其恶劣的自然环境中，战风沙、斗严寒，经过几十年的不懈努力，终于让荒漠变成了绿洲。

冯程这个角色展现了那个时代年轻人的高尚品质和伟大精神。他的故事告诉我们，只有拥有坚定的信念、顽强的毅力和无私的奉献精神，才能够战胜一切困难，创造出伟大的奇迹。他不仅是剧中其他角色的榜样，也成为观众心中的榜样，激励着我们在追求梦想的道路上勇往直前，不畏艰难，为了更美好的未来而努力奋斗！

电视剧《最美的青春》中的榜样——覃雪梅

在电视剧《最美的青春》中，覃雪梅是一个令人钦佩和喜爱的角色，她身上展现出了许多优秀的品质，是很多人心目中的榜样。

覃雪梅是一位有理想、有抱负的知识青年。她怀揣着对林业事业的热爱和对祖国绿化事业的责任感，毅然投身到塞罕坝的艰苦环境中。她毕业于东北林学院，拥有扎实的专业知识和理论基础，渴望将自己所学应用到实际中，为改变塞罕坝的荒漠面貌贡献力量。

覃雪梅坚韧不拔，面对塞罕坝恶劣的自然条件和种种困难，她从未退缩。无论是漫天的风沙，还是严寒的冬季，她都能咬牙坚持。在最初植树屡次失败的情况下，她没有气馁，而是与同伴们一起不断尝试、探索新的方法，寻找适合在塞罕坝生长的树种。她的坚持和努力，体现了她内心的强大和对目标的执着追求。

她勤奋好学，在实践中不断积累经验。尽管有着专业知识，但她明白实际操作和理论之间的差距。她积极向有经验的人请教，如冯程等，不断学习和改进自己的植树方法。她善于观察和总结，通过对树木生长环境的仔细研究，逐渐掌握了在塞罕坝种树的要领。

覃雪梅独立自主，有着强烈的自我意识和追求。她不依赖他人，努力凭借自己的能力在塞罕坝站稳脚跟。她在工作中展现出了出色的领导才能和团队协作精神，能够与其他造林人共同奋斗，为了实现共同的目标而努力。

覃雪梅也是一个感情真挚的人。她与冯程之间的爱情，经历了时间的考验和各种磨难。他们在工作中相互理解、相互支持，共同的理想和目标让他们的心越来越近。她对待感情认真且坚定，不被外界的因素所干扰。

覃雪梅还具有宽广的胸怀和善良的品质。她对待同事友善、真诚，能够理解和包容他人的不足。在与其他角色的相处中，她总是以积极的态度去面对矛盾和问题，努力化解分歧，维护团队的和谐与团结。

同时，覃雪梅的成长历程也令人感动。她从一个初出茅庐的大学生，逐渐成长为能够独当一面的林业工作者。在这个过程中，她经历了无数的挫折和困难，但这些经历也让她变得更加成熟和坚强。

覃雪梅的形象给观众带来了很多正能量。她让人们看到了年轻人的朝气与活力，以及为了理想而奋斗的精神。她的故事激励着人们在面对困难时要保持乐观和坚定的信念，勇往直前，不懈努力。她的专业素养和对事业的热爱，也提醒着人们要不断学习和进取，将自己的才能奉献给社会，为实现更美好的未来贡献自己的力量。

覃雪梅不仅仅是剧中的榜样，也成为剧外许多观众学习的榜样，她的精神将一直鼓舞着人们追求自己的梦想，不畏艰难，为了更美好的明天而努力拼搏。

在覃雪梅的身上，我们看到了那个时代年轻人的热血与激情，以及他们为了祖国的建设和发展无私奉献的高尚品质。她的故事告诉我们，只要有坚定的信念和不懈的努力，就能够在艰苦的环境中绽放出最美的青春之花。

（二）百花齐放

四、观后感

（一）例文引领

最美的青春铸就不朽的辉煌

《最美的青春》是一部感人至深、令人热血沸腾的电视剧，它以其真实的历史背景、鲜活的人物形象和动人的故事情节，深深触动了我的心灵。

这部剧讲述了20世纪60年代，以冯程、覃雪梅为代表的来自全国18个省、市林业大中专院校的毕业生，与承德围场林业干部职工组成开荒队伍，积极响应祖国号召，在塞罕坝创造出一片林海奇迹的故事。

剧中的人物形象鲜明而生动，他们每个人都有着自己独特的性格和梦想。冯程，作为最早扎根塞罕坝的先驱者，他孤独却坚定，凭借着对这片土地的热爱和对绿色梦想的执着，坚守在恶劣的环境中。覃雪梅等大学生，充满朝气与理想，他们放弃了城市的舒适生活，投身到艰苦的造林事业中，用知识和青春书写着壮丽的篇章。他们在面对困难和挫折时，从未退缩，始终保持着乐观和坚韧的精神。

塞罕坝的环境极其恶劣，漫天的风沙、严寒的气候、贫瘠的土地，这些都给造林工作带来了巨大的挑战。然而，正是在这样的艰难困苦中，这群年轻人展现出了非凡的勇气和毅力。他们一次次尝试，一次次失败，却又一次次重新站起来，继续前行。他们的坚持和努力，让我深刻体会到了“艰苦创业、无私奉献、开拓创新、科学求实、爱岗敬业”的塞罕坝精神。

剧中令人动容的不仅仅是他们为了绿化事业付出的艰辛努力，还有他们之间真挚的情感。在共同的理想和目标下，他们相互扶持、相互鼓励，结下了深厚的友谊和爱情。这种情感在艰苦的环境中显得尤为珍贵，也让我感受到了人性的美好与温暖。

《最美的青春》让我对青春和奉献有了更深的理解。青春不应该只是享受和放纵，更应该是奋斗和奉献。剧中的主人公们把自己最美好的青春年华奉献给了祖国的绿化事业，他们用汗水和鲜血浇灌出了一片绿洲，这种无私的奉献精神令人敬佩。他们的青春因为奉献而变得更加璀璨，更加有意义。

同时，这部剧也让我对环境保护有了更深刻的认识。塞罕坝曾经的荒漠景象让人心痛，而如今的绿洲则是无数人努力的结果。这让我明白，我们每个人都应该肩负起保护环境的责任，从身边的小事做起，为创造一个更美好的世界贡献自己的力量。

回顾整部剧，它不仅仅是一部电视剧，更是一部充满正能量的励志篇章。它激励着我们在面对困难时要勇往直前，在追求梦想的道路上要坚定不移。它让我们相信，只要我们怀揣着理想，付出努力，就能够创造出属于自己的辉煌，就像塞罕坝的那群年轻人一样，用最美的青春，铸就不朽的辉煌。

总之，《最美的青春》是一部值得反复品味的佳作，它让我在感动中汲取力量，在思考中不断成长。我相信，它也会激励更多的人去勇敢地追求梦想，为实现中华民族伟大复兴的中国梦贡献自己的力量。

（二）百花齐放

五、研讨发言

（一）例文引领

电视剧《最美的青春》研讨会发言稿

尊敬的各位领导、嘉宾：

大家好！很荣幸能够在这次电视剧《最美的青春》研讨会上发言。

《最美的青春》以其独特的视角和深刻的内涵，为观众展现了一段激情燃烧的岁月，塑造了一群有血有肉、为了理想和信念而不懈奋斗的人物形象，成为一部具有重要意义和价值的作品。

这部剧成功地再现了特定历史时期的社会风貌和时代精神。20 世纪 60 年代，国家面临着严峻的环境挑战，塞罕坝的荒漠亟待治理。电视剧通过真实的场景还原、细腻的剧情铺陈，让我们仿佛穿越回那个艰苦却充满希望的年代。它让我们看到了国家在发展过程中所面临的困难，以及人们为了改变困境所付出的巨大努力。这种对历史的尊重和再现，使观众能够更深刻地理解那个时代的背景和人们的选择。

在人物塑造方面，《最美的青春》堪称典范，冯程、覃雪梅等主人公形象鲜明，各具特点。冯程的坚韧和执着，覃雪梅的聪慧和勇敢，他们身上所展现出的对理想的追求、对事业的热爱以及面对困难时的不屈不挠，都深深地打动了观众。这些人物并非高大全的形象，他们有自己的缺点和不足，但正是这些缺点让他们更加真实、可信。他们在塞罕坝的艰苦环境中不断成长、不断进步，这种成长历程让观众产生了强烈的共鸣。

该剧所传达的精神价值是其最为宝贵的财富。塞罕坝精神在剧中得到了充分的体现，那就是“艰苦创业、无私奉献、开拓创新、科学求实、爱岗敬业”。这种精神在当下依然具有重要的现实意义。在当今社会，我们面临着各种各样的挑战和困难，需要这种精神来激励我们勇往直前。它让我们明白，只有坚定的信念和不懈的努力，才能够战胜一切困难，实现自己的价值。

此外，《最美的青春》在艺术表现上也有诸多亮点。画面优美，塞罕坝的自然风光在剧中得到了精彩的呈现，让观众感受到了大自然的壮美和神奇。音乐也恰到好处，烘托了剧情的氛围，增强了观众的情感共鸣。同时，剧中的情节紧凑，跌宕起伏，充满了悬念和张力，让观众始终保持着高度的关注和兴趣。

从教育意义上来看，这部剧对于青少年具有重要的启示作用。它让年轻一代了解到前辈们的奋斗历程，懂得珍惜今天来之不易的幸福生活。同时，也激励着年轻人树立远大的理想和抱负，为实现中华民族伟大复兴的中国梦贡献自己的力量。

当然，这部剧也并非完美无缺。在剧情的发展过程中，某些情节的转折可能略显突兀，部分人物的刻画还可以更加深入和细腻。但总体而言，这些不足之处并不能掩盖其巨大的成就和价值。

总之，电视剧《最美的青春》是一部思想性、艺术性和观赏性俱佳的优秀作品。它不仅为观众带来了视觉和听觉上的享受，更让我们在心灵上受到了一次深刻的洗礼。相信这部剧将会在电视剧发展史上留下浓墨重彩的一笔，也希望未来能够有更多这样优秀的作品问世，为我们的文化事业增添光彩。

（二）百花齐放

六、文旅链接

塞罕坝机械林场：位于河北省承德市围场满族蒙古族自治县北，是电视剧《最美的青春》的主要取景地之一。如今，这里已成为集观光、游玩、食宿于一体的打卡地，有漂流、滑草等娱乐项目，还有鸳鸯亭、爱情桥、影视小镇等拍照地点。

内蒙古乌丹玉龙沙湖：位于内蒙古赤峰市翁牛特旗乌丹镇东北。《最美的青春》剧组曾在此实地拍摄。

塞罕坝精神培训基地：这里与塞罕坝精神紧密相连，可以深入了解塞罕坝人艰苦创业的历程和塞罕坝精神的内涵。

作业

1. 完成本节“沟通竞秀”练习，将其中自己最满意的文字版和音频版创作内容上传到学习平台。

2. 观赏《最美的青春》全剧，完成“励志榜样”“观后感”“研讨发言”部分的练习，将其中自己最满意的文字版和音频版创作内容上传到学习平台。

第二节　我们战斗在戈壁滩上

可在学习强国App中搜索“五个一工程”或剧名观看

一、好剧推荐

电视剧《国家命运》是一部气势恢宏、震撼人心的史诗巨作，它以“两弹一星”的研制为主线，生动展现了新中国成立初期那段波澜壮阔、艰苦卓绝的奋斗历程。

从题材与主题来看，这部剧聚焦于国家重大战略工程“两弹一星”，意义非凡。它让我们深刻认识到“两弹一星”事业对国家命运的关键影响，在当时内忧外患的艰难处境下，这是中国挺起脊梁、维护国家安全、提升国际地位的重要基石。该剧通过对这段历史的呈现，诠释了国家利益高于一切的深刻内涵，以及老一辈科学家、革命家为了实现强国梦而无私奉献、舍生忘死的伟大精神。

在剧情内容方面，该剧全面而细致地展现了“两弹一星”从决策到研制成功的全过程。从高层领导的高瞻远瞩、果断决策，到科学家们的毅然回国、潜心钻研，再到无数普通建设者们的默默付出、全力拼搏，每一个情节都扣人心弦。我们能看到钱学森、邓稼先等科学家们克服重重困难，在简陋的条件下凭借着惊人的智慧和顽强的毅力攻克一个个技术难关；能感受到他们为了国家和民族的利益，甘愿隐姓埋名、奉献青春乃至生命的高尚情怀。同时，剧中也真实反映了当时国家面临的各种困难与挑战，如经济困难、技术封锁、国际压力等，使观众更加深刻地体会到“两弹一星”成就的来之不易。

在艺术表现上，《国家命运》有着独特的魅力。它的叙事节奏张弛有度，既有紧张激烈的科研攻关、试验场景，又有细腻动人的人物情感刻画，让观众能够全方位地感受到那个时代人们的激情与热血、理想与信念。剧中的场景还原度极高，无论是简陋的实验室、荒芜的戈壁滩，还是热火朝天的建设工地，都仿佛把观众带回到了那个激情燃烧的岁月。演员们的精彩演绎更是为该剧增色不少，他们生动地塑造了一个个鲜活的人物形象，将老一辈科学家、革命家的风采展现得淋漓尽致。

这部剧具有极其重要的现实意义。它让我们铭记历史，珍惜当下，激励着我们在新时代继续传承和弘扬“两弹一星”精神，不畏艰难险阻，勇于创新突破，为实现中华民族伟大复兴的中国梦而努力奋斗。它是一部对青少年进行爱国主义教育和励志教育的生动教材，能够让年轻一代深刻了解先辈们的奋斗历程，激发他们的爱国热情和民族自豪感。同时，也为我们提供了宝贵的精神滋养，让我们在面对各种困难和挑战时，始终保持坚定的信念和不屈的精神。

总之，《国家命运》是一部不可多得的优秀电视剧，它以其深刻的主题、精彩的剧情、出色的艺术表现，成为一部能够铭刻在观众心中的经典之作，值得我们每一个人去观看、去品味、去感悟。

二、经典表达与沟通

（一）穷国办大事靠的是一股气

1. 沟通背景

在电视剧《国家命运》第 2 集中，宋任穷部长参加找矿石劳动间隙讲话的背景主要有以下几点：

（1）国际形势的压力。抗美援朝战争爆发后，美国政府公开对中国进行核威胁，新中国的最高层清醒地意识到，要打破美国的核威胁，就必须拥有自己的核武器。在这样的国际形势下，发展核武器对于维护国家的安全和稳定至关重要。

（2）国家发展的需求。当时中国正处于创业的艰苦时期，经济基础薄弱、技术条件落后，但为了实现国家的长远发展和民族的振兴，必须克服困难，大力推进包括核武器在内的重要科技项目的研发。

（3）人才短缺的困境。对于“两弹”工程来说最大的难题还不是资金，而是缺乏科技人才。在这种情况下，如何吸引和调配人才成为了关键问题，这也凸显了第二机械工业部工作的紧迫性和重要性。

在这样的复杂背景下，宋任穷担任第二机械工业部部长，肩负着领导和组织核武器研发的重任。他的讲话既要体现对现实困难的清醒认识，也要表达克服困难的决心和信心，旨在激励大家为了国家的命运而努力奋斗，强调在艰苦条件下要依靠精神力量和团结协作来实现目标。

2. 沟通竞秀

____

____

3. 沟通经典

我这个人，名字不好，“穷”！刚解放，在南京当军管会副主任，说我是个“穷”主任；后来到云南当省委书记，云南的老百姓也不高兴。我走了以后，谢富治来接替我，云南的老百姓高兴得了不得，说“穷”的走了，“富”的来了！

同志们，有我这个“穷”部长，大家还得吃苦受穷啊，不过，我们吃苦受穷不是为自己。毛主席说了，我们找的矿石是决定命运的，这个命运就是国家的命运、民族的命运，也是我们子孙后代的命运！

老百姓有句话，叫作“有钱钱吃亏，没钱呢人吃亏”。我们的国家穷啊，穷国办大事，靠的就是一种精神，一股气，只要这股气在，任何困难也难不倒我们！

4. 沟通实效

在电视剧《国家命运》第 2 集中，宋任穷部长的讲话具有以下显著效果：

（1）激发使命感。通过强调国家的“穷”以及自己被调侃为“穷主任”“穷部长”，让听众深刻认识到国家当时面临的艰难处境。同时，将寻找矿石与国家命运、民族命运和子孙后代命运紧密联系起来，极大地激发了众人的使命感和责任感，使大家明白自己所从事的工作对于国家的重大意义，从而更加坚定地投入到为国家奋斗的事业中。

（2）鼓舞士气。在国家贫穷的背景下，宋任穷部长指出穷国办大事靠的是一种精神和一股气。这种话语鼓舞了士气，让人们在面对困难时不畏惧、不退缩，坚信只要保持这种精神和气魄，就能够克服任何困难。它给予了大家信心和力量，激励着众人在艰苦的条件下奋勇前行。

（3）凝聚人心。讲话中强调吃苦受穷不是为了自己，而是为了国家和人民，这种无私奉献的精神能够凝聚人心，使不同岗位的人都能感受到自己与国家命运的紧密联系，从而团结在一起，共同为实现国家的目标而努力。

总之，宋任穷部长的讲话在电视剧中起到了重要的推动作用，为后续剧情中众人克服重重困难、为国家命运拼搏奠定了坚实的思想基础。

5. 沟通策略

在电视剧《国家命运》第 2 集中，宋任穷部长的讲话运用了以下策略：

（1）自我调侃以拉近关系。宋任穷部长以幽默的方式调侃自己名字带来的“穷”，如说自己是“穷主任”“穷部长”。这种自我调侃能够迅速拉近与听众的距离，使大家感到亲切，放下心理防备，更容易接受他接下来要说的话。

（2）使用对比引发思考。宋任穷部长提到自己离开云南后谢富治来接替，老百姓认为“穷的走了，富的来了”，通过这样的对比，引发大家对“穷”与“富”的思考，进而为引出后面关于国家贫穷现状以及如何改变命运的讨论做铺垫。

（3）强调国家命运与个人责任。宋任穷部长明确指出寻找的矿石决定着国家、民族和子孙后代的命运，将个人的工作与宏大的国家命运紧密相连，让大家认识到自己所承担的重大责任，从而激发大家的使命感和奋斗精神。

（4）引用俗语增强说服力。“有钱钱吃亏，没钱呢人吃亏。”宋任穷部长通过引用老百姓的俗语，使讲话更加接地气，更容易被听众理解和接受。同时，也进一步强调了国家贫穷的现实，为后面强调穷国办大事的精神做了铺垫。

（5）突出精神力量鼓舞士气。宋任穷部长强调穷国办大事靠的是一种精神和一股气，只要这股气在，任何困难都难不倒我们。这种突出精神力量的方式能够鼓舞士气，让大家在面对困难时坚定信心，勇往直前。

6. 沟通启示

宋任穷部长在电视剧《国家命运》第 2 集中的讲话带给我们以下启示：

（1）正视困难，保持乐观。宋任穷部长以自我调侃的方式面对“穷”的现状，这启示我们在面对困难时不要畏惧或逃避，而是要以积极乐观的心态去正视它。国家在刚解放时一穷二白，但这批新中国建设者们并没有被困难吓倒，而是勇敢地去迎接挑战。

（2）牢记使命，无私奉献。宋任穷部长强调大家吃苦受穷不是为了自己，而是为了国家、民族和子孙后代的命运。这提醒我们要时刻牢记自己的使命和责任，将个人利益置于国家利益之后，无私奉献，为实现国家的繁荣富强而努力奋斗。

（3）重视精神力量。“穷国办大事，靠的就是一种精神，一股气”，这句话深刻地揭示了精神力量的重要性。在困境中，坚定的信念、顽强的意志和不屈不挠的精神能够支撑我们战胜各种困难。无论国家处于何种艰难境地，只要精神不倒，就有希望和动力去克服一切。

（4）脚踏实地，务实进取。宋任穷部长提到寻找决定国家命运的矿石，这体现了一种脚踏实地、务实进取的工作态度。我们不能仅仅停留在口号上，而要通过实际行动，从具体的工作做起，为国家的发展贡献自己的力量。

（5）团结一心，共同奋斗。国家的建设需要全体人民的共同努力。宋任穷的讲话激励着每一个人团结一心，共同为国家的命运而拼搏。只有大家齐心协力，才能在穷国的基础上办成大事，实现国家的伟大复兴。

（二）要抓住困难带给我们的机遇

1. 沟通背景

在电视剧《国家命运》第7集中，周恩来主持召开高级军事会议发表讲话的背景如下：

（1）国际形势变化。随着国际局势的演变，中苏在意识形态等方面的分歧逐渐加大。苏联出于自身利益考虑，决定停止对中国的援助，撤走专家并撕毁协定。

（2）国际国内形势对中国产生了巨大的影响。苏联的这一行为给中国的经济建设和国防事业带来了巨大影响。许多正在进行的重大项目被迫中断，技术难题亟待解决。中国面临着巨大的困难和挑战。

（3）国际国内形势激发了中国自主发展决心。然而，这一困境也促使中国坚定了独立自主、自力更生的发展道路。中国必须依靠自己的力量，克服重重困难，实现国家的发展和建设。在这种背景下，周恩来在高级军事会议上发表了讲话，鼓励大家抓住困难带来的机遇，奋发图强，摆脱对外部的依赖，实现国家的自主发展。

2. 沟通竞秀

____

____

3. 沟通经典

专家不走，协定不毁，我们可能会发展得好一些，快一些，但有可能就有了依靠。他们走了，协定毁了，给我们造成了巨大的损失，但是我们，我们也扔掉了拐棍，不再受制于人，不再被牵着鼻子走！

同志们，我们要抓住目前的困难带给我们的机遇啊！

4. 沟通实效

在电视剧《国家命运》第 7 集中，周恩来在会议上的简短讲话具有重大而深远的效果：

（1）从精神鼓舞层面来看，这段话极大地振奋了人心。面对苏联撤走专家和撕毁协定带来的巨大困境，周总理的讲话让同志们认识到困难中蕴含着机遇，激发了大家的斗志和使命感，坚定了独立自主、自力更生攻克难关的决心。

（2）从战略引导层面，明确了前进的方向。周总理强调要抓住困难带来的机遇，使大家不再沉浸于损失的悲痛中，而是积极思考如何在困境中突围，为国家的发展寻找新的路径。"不再受制于人，不被牵着鼻子走"的话语，为国家未来的发展战略定下了基调，即坚持独立自主的发展道路，依靠自身力量实现国家的强大。

（3）从凝聚力量层面，周总理的讲话将高级军事会议的参与者们紧密团结在一起。在巨大的困难面前，统一了思想，让大家齐心协力为国家命运而奋斗，为克服困难、实现国家的发展目标共同努力。

5. 沟通策略

在电视剧《国家命运》第 7 集中，周恩来总理的讲话体现了以下策略：

（1）正视困难，稳定军心。周恩来总理明确指出当时遭受的巨大损失，毫不回避问题，让大家对严峻形势有清晰认识，避免因情况突变而陷入混乱和恐慌，起到稳定军心的作用。

（2）激发斗志，强调自立。周恩来总理强调虽然困难重重，但扔掉"拐棍"后，不再受制于人、不再被牵着鼻子走，激发大家的斗志和民族自尊心，鼓励大家依靠自身力量克服困难，坚定独立自主发展的信念。

（3）把握机遇，积极进取。周恩来总理号召同志们抓住困难带来的机遇，将困境转化为前进的动力。这体现了一种积极乐观的态度和前瞻性思维，引导大家在危机中寻找发展的突破口，化被动为主动。

6. 沟通启示

在电视剧《国家命运》第 7 集中，周恩来总理的讲话带来以下启示：

（1）认识到独立自主的重要性。苏联专家的离开和协定的撕毁，虽然带来巨大损失，但也让我们深刻认识到独立自主的关键意义。依靠他人虽可能在短期内获得发展，但从长远看，只有掌握核心技术和实现自主发展，才能真正站稳脚跟，不被他人牵制。这提醒我们在国家建设和发展中，不能过度依赖外部力量，必须坚定地走自主创新之路，培养自身的研发能力和核心竞争力。

（2）困难中蕴含机遇。面临困境时不应只看到损失，更要善于发现其中的机遇。苏联的撤资撤人看似是灾难，却也促使我们扔掉“拐棍”，激发自身的潜力和创造力。在现实中，我们也应学会在困难面前保持积极的心态，将挑战转化为发展的动力。通过自主研发和创新，突破技术瓶颈，实现跨越式发展。

（3）坚定信念与团结协作。在艰难时刻，周恩来总理的讲话鼓舞人心，体现了坚定的信念和对未来的信心。这启示我们在面对困难时，要保持坚定的信念，相信通过努力可以克服困难。同时，国家命运的转变需要全体人民的团结协作，各部门、各领域应齐心协力，共同为实现国家的发展目标而努力。

（4）居安思危。此次事件提醒我们在和平发展时期也要居安思危，不能对外部支持产生过度依赖。要不断加强自身实力建设，提高应对各种风险和挑战的能力。只有时刻保持警惕，做好充分的准备，才能在危机来临时从容应对。

（三）让科学家们高高兴兴地搞科研

1. 沟通背景

在电视剧《国家命运》第14集中，东风二号首次试射失败后，聂荣臻对科学家们发表讲话的背景：

东风二号首次试射失败后，聂荣臻元帅召集众人发表讲话。此次失败暴露出科研过程中存在对型号摸得不透、技术把控不够严谨等问题。在当时的背景下，我国导弹研发处于起步阶段，经验不足，面临着巨大的技术挑战和压力。

部队原来实际的首长分工责任制在科研单位面临困境，因为一些干部是从部队调派来的，不懂技术，若技术问题也少数服从多数可能会导致严重后果。为了让科学家们能更好地进行科研工作，聂荣臻元帅准备强调要处理好科研单位中政治工作和科学研究的关系，落实技术责任制，设立型号总设计师制度，让技术人员在技术问题上有决定权，以确保科研工作能够更加科学、高效地进行。

2. 沟通竞秀

3. 沟通经典

通过这次失败看啊，我们必须要一个型号一个型号地摸清楚、摸透彻，绝不能有一点凑合，否则的话，即使你这次偶然地成功了，以后也要出大问题。东风二号的试射，我们没有达到理想的目的，但是不要泄气，天底下没有一个科学家是通过一次实验就完全成功的，都要经过反复地试验，才能达到理想的效果。一个好的科学家呀，要具备成功和失败两方面的经验，所以呢，我在听到这个消息以后，我并不感觉到惊讶，相反的呢，我觉得这是一件好事。如果要是每次都成功，那我心里倒不踏实了。我就会想，会不会是我们的成果它不扎实啊。

…………

今天呀，把大家请来呀，不是来探讨失败的原因的，而是要寻找一个我们成功的途径。下面我先说说啊，在科研单位，政治工作和科学研究之间的关系。在部队呢，实行的是在党委统一领导下的首长分工责任制，遇到问题党委讨论，少数服从多数，可是这个方法在科研单位可能行不通啊，因为党委成员大多数都是从部队调上来的，他不懂技术啊，技术问题要是也少数服从多数，那就要出大问题了。苏贵山同志，你还记得不记得，你刚到导弹研究院当政委的时候，我怎么跟你说的吗？

（您说要让科学家们心情舒畅，心里没疙瘩，高高兴兴地搞科研。）

对！其实就是这么简单，这就是在科研机构，在科研单位，政治工作和科学研究之间的关系。所以我们的党委成员、我们的行政干部在科学研究中，只起保障作用，不起决定性的作用。因此我建议呀，要落实技术责任制，技术人员不能只有责任没有权利，技术问题要由技术人员说了算，不要事事都请示行政领导。各级呀，要尽快地建立起技术指挥线，行政领导不要过多地干预技术工作，以免瞎指挥。导弹研究院在技术方面，要由学森同志当家。

…………

我还有一个建议啊，要设立型号总设计师制度，每一个型号都要设总设计师，分系统设主管设计师。

4. 沟通实效

在电视剧《国家命运》第 14 集中，东风二号首次试射失败后，聂荣臻对科学家们发表这段讲话的效果：

（1）鼓舞士气。①面对东风二号试射失败，聂荣臻强调失败是正常现象，没有一个科学家一次实验就完全成功，让科学家们不要泄气。这给处于挫折中的科研团队带来了极大的鼓舞，使他们能够迅速从失败的沮丧中走出来，重拾信心投入后续的研究工作。②表示对失败不惊讶且认为是好事，缓解了团队因失败而产生的巨大压力，让大家以更平和的心态看待挫折，为后续的探索和尝试奠定了积极的心理基础。

（2）明确方向。①提出寻找成功途径而非单纯探讨失败原因，为团队指明了下一步的行动方向，避免大家陷入对失败的过度纠结，将注意力集中到如何实现成功上。②明确在科研单位政治工作与科学研究的关系，落实技术责任制，让技术人员在技术问题上有决定权，建立技术指挥线，避免行政领导瞎指挥。这为科研工作的开展提供了清晰的制度保障和行动指南，使科研工作能够更加高效、有序地进行。③设立型号总设计师制度，为每个型号设立总设计师和分系统主管设计师，进一步明确了技术管理架构，有利于提高技术决策的专业性和科学性，提升科研工作的效率和质量。

（3）稳定军心。①强调让科学家心情舒畅搞科研，体现了对科研人员的关心和尊重，使他们感受到自己在科研工作中的重要地位和价值，增强了团队的凝聚力和向心力。②明确技术人员的权利和责任，让科研人员对自己的工作有更明确的预期和掌控感，有助于稳定军心，激发他们的工作积极性和创造力。

5. 沟通策略

在电视剧《国家命运》第 14 集中，东风二号首次试射失败后，聂荣臻对科学家们发表讲话的策略：

（1）理性分析与鼓励结合。①对失败进行理性剖析，指出必须把每个型号摸清楚、摸透彻，不能凑合，强调失败的必然性和价值。让科学家们认识到失败是通往成功的必经之路，从而以更客观的态度看待此次挫折。②鼓励科学家不要泄气，以天下没有科学家一次实验就成功为例，增强他们的信心，使他们在面对失败时不至于一蹶不振。

（2）明确方向与解决问题并行。①召集大家不是探讨失败原因，而是寻找成功途径，为团队指明了努力的方向，避免陷入对失败的消极情绪中。②针对科研单位的特点，明确政治工作与科学研究的关系，指出部队的首长分工责任制在科研单位不适用，提出落实技术责任制，让技术人员说了算，建立技术指挥线，避免行政领导瞎指挥等具体措施，切实解决了可能影响科研工作的问题。

（3）以人为本，尊重专业。①回忆对苏贵山同志的嘱托，强调让科学家心情舒畅搞科研，体现了对科研人员的关心和尊重，营造了良好的科研氛围。②确立导弹研究院在技术方面由钱学森当家，设立型号总设计师制度，充分尊重专业人才的意见和能力，给予他们足够的权力和责任，为科研工作的顺利开展提供了有力保障。

6. 沟通启示

在电视剧《国家命运》第 14 集中，东风二号首次试射失败后，聂荣臻对科学家们发表讲话的启示：

（1）对待失败的正确态度。①认识到失败是成功之母。失败并非终点，而是通往成功的必经之路。正如聂荣臻所说，没有一个科学家能一次实验就完全成功，反复试验才能达到理想效果。这提醒我们在面对失败时，不应气馁，而要以积极的心态从中吸取教训，不断改进和完善。②不惧怕失败，甚至将其视为好事。如果每次都轻易成功，可能会让人对成果的扎实性产生怀疑。适当的失败可以暴露问题，促使我们更加深入地研究和探索，从而为最终的成功打下坚实的基础。

（2）科研管理的智慧。①明确政治工作与科学研究的关系。在科研单位，政治工作应服务于科学研究，党委成员和行政干部主要起保障作用，而不是对技术问题进行决策。这强调了尊重专业知识和技术人员的重要性，避免因不懂技术而进行瞎指挥。②落实技术责任制。给予技术人员应有的权利，让他们在技术问题上有决定权，能够充分发挥其专业优势。同时，明确技术人员的责任，促使他们更加认真地对待工作，提高科研质量。③建立技术指挥线。避免行政领导过多干预技术工作，确保技术决策的专业性和科学性。这有助于提高科研效率，减少因不当干预而产生的错误和浪费。④设立型号总设计师制度。明确每个型号的总设计师和分系统主管设计师，使技术管理更加规范化和专业化。这有利于提高技术决策的效率和质量，确保各个环节的协调配合。

（3）对现代科研的借鉴意义。①营造良好的科研氛围。让科学家心情舒畅地搞科研，消除他们的顾虑和压力，激发他们的创造力和积极性。这需要在管理上注重人文关怀，为科研人员提供良好的工作环境和条件。②尊重专业知识和人才。在科研领域，专业知识和技术能力是关键。应充分信任和尊重技术人员的意见和决策，为他们提供发挥才能的平台。③建立科学合理的管理机制。根据科研单位的特点，制定适合的管理模式和制度，确保科研工作的高效有序进行。同时，要不断完善和优化管理机制，以适应不断变化的科研需求。④注重团队协作和分工明确。设立总设计师制度等措施，体现了团队协作和分工明确的重要性。在现代科研中，各专业领域的人员应密切配合，共同攻克难题，实现科研目标。

（四）小事情赢得大信任

1. 沟通背景

在电视剧《国家命运》第16集中，聂荣臻发表讲话的背景如下：

（1）东风二号导弹研发接连失败。当时我国正处于导弹研发的关键阶段，东风二号导弹作为自主研发的重要项目，承载着国家的期望。然而，导弹发射接连失败，这对刚刚起步的中国导弹事业无疑是一次重创，科研人员面临巨大压力，士气也受到一定打击。

（2）“大跃进”的不良影响。当时国内正在进行“大跃进”运动，到处“放卫星”，这种环境给“两弹一星”的科研人员带来了巨大的压力。在这样的氛围下，科研工作容易受到急于求成等不良思想的干扰，这可能也是东风二号导弹初期研发失败的原因之一。

（3）有人主张深挖主要责任人的政治责任。在失败的局面下，北京导弹研究院讨论会上出现了主张深挖主要责任人政治责任的声音。这种观点可能出于对失败的焦虑和对责任的追究心理，但如果过度强调政治责任的追究，可能会进一步打击科研人员的积极性，甚至影响到整个导弹研发事业的推进。

（4）聂荣臻对科研工作的深刻理解和对科研人员的关怀。聂荣臻元帅是“两弹一星”研发工作的总指挥，他深知科研工作的复杂性和高风险性，也理解科研人员的艰辛付出。他明白失败是科研过程中难以避免的一部分，此时更需要的是鼓励和支持，而不是简单地追究责任。他希望通过自己的讲话，稳定科研队伍，引导大家正确看待失败，鼓励大家继续努力攻克难关。

2. 沟通竞秀

____

____

3. 沟通经典

同志们，我们先不着急做结论，我先给大家讲一桩小事情。你们导弹研究院刚建院的时候，任新民和庄逢甘两个专家，他们是第一个来报到的。那时候，宿舍还没有盖好。他们就找了两张铺板，在办公室睡觉，也没有食堂，他们就自己做饭，用煤油炉子，每天煮面条。我让秘书给他们安排到旅馆去。可是他们说，把我们调来是为了工作的，怎么能住旅馆呢？我们住在办公室很好，晚上很安静，有利于我们科学研究。我们动员了好几次，他们还是没有住到旅馆去。

我听到这件事以后，我很感动啊，同志们，我一直记在心里。

同志们，咱们大家想一想，这么好的科学家我们不相信，我们相信谁啊？

4. 沟通实效

在电视剧《国家命运》第16集中，针对东风二号导弹初期研发接连失败以及有人主张深挖主要责任人政治责任的情况，聂荣臻发表讲话起到了至关重要的作用：

（1）激励士气。讲话对导弹研究院的全体人员起到了极大的激励作用。以任新民和庄逢甘两位专家的事迹为例，展现了科学家们无私奉献、艰苦奋斗的精神风貌，让其他科研工作者感受到榜样的力量，激发他们以更高的热情和更大的决心投入到国家的导弹事业中。

（2）增强凝聚力。讲话强调了科学家们为了工作不畏艰苦的态度，使大家认识到他们共同的目标和使命，从而增强了整个团队的凝聚力。在艰苦的条件下，这种凝聚力能够让大家团结一心，克服各种困难。

（3）树立信任。通过讲述自己对两位专家的感动以及发出“这么好的科学家我们不相信，我们相信谁啊”的感慨，明确表达了对科学家们的信任和尊重。这种信任能够让科学家们感受到自己的价值和被认可，进一步激发他们的创造力和责任感。

（4）弘扬精神。这段讲话弘扬了科学家们的奉献精神、敬业精神和爱国精神。不仅对剧中的人物产生了影响，也能让观众深刻体会到那个时代科学家们的伟大情怀，激发观众的爱国热情和对科学事业的崇敬之情。

5. 沟通策略

在电视剧《国家命运》第16集中，聂荣臻在面对有人主张深挖主要责任人政治责任这一情况时，发表讲话所采取的策略主要包括以下几点：

（1）以事动人。通过讲述任新民和庄逢甘两位专家刚到导弹研究院报到时艰苦却又坚守岗位的具体事例，以真实发生的小事情引发大家的情感共鸣。这种以实际事例为支撑的方式，比单纯的说教更具说服力和感染力，让听众能够直观地感受到科学家们的奉献精神和敬业态度。

（2）情感渲染。聂荣臻表达了自己听到这件事后的感动之情——“我很感动啊，同志们，我一直记在心里”，将自己的情感真实地传达给听众，拉近了与大家的距离，使大家更容易接受他的观点。同时，这种情感渲染也进一步激发了听众对科学家们的敬佩之情。

（3）设问引导。“同志们，咱们大家想一想，这么好的科学家我们不相信，我们相信谁啊？”通过设问的方式，引导大家进行思考，让大家在思考中得出答案，从而更加深刻地认识到应该相信和依靠这些优秀的科学家。这种引导式的讲话策略能够激发听众的主动性和参与感，使他们更加深入地思考问题。

（4）树立榜样。以任新民和庄逢甘为榜样，向大家展示了科学家们的高尚品质和为国家事业无私奉献的精神。通过树立榜样，激励大家向他们学习，为国家的导弹事业共同努力。同时，也为整个团队树立了正确的价值观和行为导向。

6. 沟通启示

在电视剧《国家命运》第 16 集中，聂荣臻发表的讲话带来了以下重要启示：

（1）要有奉献精神。任新民和庄逢甘两位专家在艰苦的条件下，毫无怨言地为国家导弹事业奉献自己。他们的行为启示我们，在面对困难和挑战时，要有无私奉献的精神，将个人利益置于国家和集体利益之后，为了实现更大的目标而努力奋斗。

（2）对事业执着追求。两位专家坚持住在办公室，认为那里安静，有利于科学研究，展现出对事业的执着追求。这提醒我们无论从事何种工作，都应保持对事业的热爱和专注，不断追求卓越，以高度的责任感和敬业精神投入到工作中。

（3）树立正确的价值观。任新民和庄逢甘两位专家拒绝住旅馆而选择艰苦的办公环境，体现了一种正确的价值观。这启示我们在生活和工作中，要树立正确的价值取向，不贪图安逸和享受，以实际行动践行自己的信仰和追求。

（4）信任与尊重人才。聂荣臻对两位专家的事迹深感感动，并强调“这么好的科学家我们不相信，我们相信谁啊”，这表明了对人才的信任和尊重。在当今社会，我们也应重视人才，给予他们充分的信任和支持，为他们创造良好的发展环境，激发他们的创新活力和创造力。

（5）发挥榜样的引领作用。两位专家成为众人的榜样，激励着更多的人为国家事业贡献力量。这提醒我们要善于发现和树立榜样，以榜样的力量引领社会风尚，推动各项事业不断向前发展。

三、励志榜样

（一）例文引领

电视剧《国家命运》中的榜样——聂荣臻

在电视剧《国家命运》中，聂荣臻元帅是一位令人敬仰的榜样，他为我国的“两弹一星”事业做出了卓越贡献，展现出了非凡的领导才能、坚定的信念和无私的奉献精神。

聂荣臻元帅具有卓越的领导智慧和组织能力，在“两弹一星”工程启动初期，面临着诸多困难，其中最大的难题之一就是缺乏科技人才。他积极运筹帷幄，为了给导弹工程调配人才专门召集会议，向各大学要人。当遇到一些大学不肯放人的情况时，他想尽办法协调解决，甚至在周恩来的亲自过问下，才得以顺利推进人才调配工作。

他深知人才是推动“两弹一星”事业的关键，以自身卓越的领导能力，将各方人才凝聚在一起，为工程的顺利开展奠定了坚实基础。

聂荣臻元帅拥有坚定的信念和使命感。“两弹一星”工程对于当时的中国来说，是一项具有重大战略意义的任务，关乎国家的安全和未来。聂荣臻元帅深刻认识到这一点，他毅然挑起了这副重担，挂帅“两弹一星”工程，无论遇到多大的困难和挑战，都从未动摇过决心。在苏联专家撤离、中苏关系破裂，我国面临着技术封锁和巨大经济压力的艰难时刻，他坚定地表示“搞‘两弹’，就要自力更生发愤图强”，并立下军令状：“搞不出‘两弹’，我聂荣臻死不瞑目！”这种坚定的信念和使命感，成为推动“两弹一星”工程不断前进的强大动力。

他还具备对科技工作者的关怀与爱护之心。他理解科技工作者们所面临的巨大压力和困难，总是尽力为他们创造良好的工作条件和生活环境。例如，当他得知有些单位对科技工作者的生活照顾不够时，会及时予以批评和纠正。他尊重每一位科技工作者的意见和建议，鼓励他们大胆创新、勇于探索。在科研工作遇到困难和挫折时，他总是给予他们坚定的支持和鼓励，让他们感受到温暖和力量。这种对科技工作者的关怀与爱护，激发了他们的工作热情和创造力，为“两弹一星”工程的成功注入了强大的动力。

电视剧通过一个个具体的情节和事件生动地展现了聂荣臻元帅的这些优秀品质和伟大精神。比如，在导弹发射试验时，他不顾自己的病情，亲自前往酒泉发射基地，在现场坐镇指挥，给了科研人员和战士们极大的鼓舞。在核试验基地，他关心每一位工作人员的生活和安全，亲自到地下控制室看望留下来执行危险任务的七勇士。这些情节都让观众深刻感受到了聂荣臻元帅的人格魅力和伟大情怀。

总之，在电视剧《国家命运》中，聂荣臻元帅以其卓越的领导才能、坚定的信念、无私的奉献精神和对科技工作者的关怀爱护，成为人们心目中的榜样。他的事迹和精神激励着一代又一代的中国人，为了国家的繁荣富强和民族的伟大复兴而不懈奋斗。他是我国“两弹一星”事业的重要功臣，是中华民族的英雄，他的名字和功绩将永载史册，被人们永远铭记和敬仰。

(二)百花齐放

四、观后感

（一）例文引领

《国家命运》观后感

《国家命运》这部电视剧以其宏大的叙事和细腻的情感刻画，将那段为了实现“两弹一星”伟大工程而艰苦奋斗的历史画卷徐徐展现在我们眼前。观看过后，我的内心久久不能平静，被那个时代的精神和力量深深震撼。

剧中所展现的那段历史，是新中国成立初期，面临着严峻的国际形势和国内困境，国家毅然决定发展“两弹一星”事业，以捍卫国家安全和提升国际地位。在这个过程中，无数的科学家、军人、工人和普通民众团结一心，无私奉献，为了共同的目标而不懈努力。

科学家们的奉献精神令人动容。钱学森、邓稼先等一批杰出的科学家，放弃了国外优越的条件，冲破重重阻力，毅然回到祖国。他们隐姓埋名，在艰苦的环境中，凭借着对科学的执着追求和对国家的无限忠诚，日夜奋战在科研一线。他们面临着技术封锁、设备短缺、生活艰苦等诸多困难，但从未有过丝毫退缩。邓稼先为了获取一手实验数据，不顾核辐射的危险亲自深入实验现场；钱学森在艰苦的条件下凭借着深厚的学术功底和创新思维，为导弹和航天事业的发展指明了方向。他们的付出和牺牲，不仅为“两弹一星”事业的成功奠定了基础，更为后人树立了光辉的榜样。

军人和工人们的拼搏精神同样令人敬佩。在茫茫戈壁滩上，他们风餐露宿，克服了恶劣的自然环境和艰苦的生活条件，为了工程的顺利进行，付出了巨大的努力。他们在建设基地、运输物资、保障后勤等方面发挥了重要作用，用自己的双手和汗水，铸就了“两弹一星”的辉煌。

而广大普通民众的支持和参与，也让我感受到了人民的力量。在那个物资匮乏的年代，全国人民齐心协力，为“两弹一星”事业贡献着自己的一份力量。有人捐出了家中的物资，有人主动参与到工程建设中，他们虽然平凡，但他们的热情和奉献精神汇聚成了一股强大的力量，推动着国家命运的车轮不断前进。

这部剧让我深刻体会到了“国家命运”这四个字的沉重分量。“两弹一星”的成功，不仅仅是一项科技成就，更是国家实力的象征，是中华民族挺起脊梁的重要标志。它让我们在国际舞台上拥有了话语权，让世界对中国刮目相看。

同时，它也让我明白了，一个国家的发展和强大，离不开每一个人的努力和奉献。在今天，我们虽然生活在和平与繁荣的环境中，但依然需要传承和发扬“两弹一星”精神。在面对困难和挑战时，我们要有坚定的信念和不屈的精神，勇于创新，敢于拼搏，为实现中华民族伟大复兴的中国梦贡献自己的力量。

《国家命运》是一部值得我们反复品味和思考的佳作。它让我们铭记历史，珍惜当下，激励着我们在新时代的征程中，不忘初心，砥砺前行。让我们以先辈们为榜样，为了国家的繁荣昌盛，为了民族的伟大复兴，努力奋斗，书写属于我们这一代人的辉煌篇章。

（二）百花齐放

____

____

五、研讨发言

（一）例文引领

电视剧《国家命运》研讨会发言稿

尊敬的各位领导、专家、同仁们：

大家好！很荣幸能够在这次研讨会上发言，与大家共同探讨电视剧《国家命运》所带来的深刻启示和重大意义。

《国家命运》这部剧以其恢宏的叙事、真实的历史再现和感人至深的人物刻画，为我们展现了新中国在极其艰难的条件下，毅然决然地踏上“两弹一星”研制这一伟大征程的壮丽篇章。它不仅是一部艺术作品，更是一部生动的历史教材，让我们对那段激情燃烧的岁月有了更深刻的认识和理解。

首先，这部剧让我们深刻感受到了国家意志的坚定和强大。在当时，新中国面临着来自外部的重重压力和威胁，国家安全受到严重挑战。然而，党和国家领导人以高瞻远瞩的战略眼光和果敢决绝的勇气，下定决心要打破核垄断，发展自己的尖端科技。这种为了国家利益、民族尊严，不惜一切代价的决心和意志，令人动容。它让我们明白，一个国家的发展和崛起，必须要有坚定的信念和不屈的精神作为支撑。

其次，剧中所展现的科学家们的奉献精神和爱国情怀，是对我们灵魂的一次洗礼。钱学森、邓稼先等一大批科学家，放弃国外优越的条件，冲破重重阻力，义无反顾地回到祖国。他们隐姓埋名，在艰苦的环境中默默耕耘，将个人的荣辱得失置之度外，只为了实现国家的科技自强。他们的事迹告诉我们，真正的爱国不是空洞的口号，而是实实在在的行动，是为了国家的繁荣富强不惜牺牲个人利益的无私奉献。

再次，《国家命运》也让我们看到了团结协作的力量。“两弹一星”工程是一个极其复杂的系统工程，涉及众多领域和部门。从科研人员到部队官兵，从工人到农民，全国上下齐心协力，共同为这一伟大事业贡献力量。这种团结一心、众志成城的精神，是我们战胜一切困难的法宝。在今天，当我们面对复杂多变的国际形势和艰巨繁重的改革发展任务时，更需要弘扬这种团结协作的精神，凝聚起全社会的智慧和力量，共同推动国家的发展进步。

同时，这部剧对于我们当代年轻人也具有重要的教育意义。它让我们了解到先辈们的艰辛付出，让我们懂得珍惜今天来之不易的和平环境和发展机遇。它激励着我们要继承和发扬“两弹一星”精神，勇于担当时代赋予我们的责任和使命，在各自的岗位上努力拼搏，为实现中华民族伟大复兴的中国梦贡献自己的力量。

此外，从艺术创作的角度来看，《国家命运》也为我们树立了一个典范。它以严谨的态度还原历史，以细腻的手法刻画人物，以精彩的剧情吸引观众。它让历史变得鲜活，让人物变得丰满，让观众在欣赏的过程中不仅得到了娱乐，更受到了教育和启发。这种寓教于乐的艺术创作方式，值得我们在今后的影视创作中学习和借鉴。

总之，电视剧《国家命运》是一部具有重要历史价值和现实意义的优秀作品。它让我们铭记历史，缅怀先烈，同时也激励着我们在新时代不断开拓创新，奋勇前进。我们应当以这部剧为契机，进一步加强对“两弹一星”精神的宣传和传承，让这种伟大的精神在新时代焕发出更加璀璨的光芒，为实现中华民族伟大复兴的中国梦提供强大的精神动力。

谢谢大家！

（二）百花齐放

____

____

六、文旅链接

酒泉卫星发射中心：中国创建最早、规模最大的综合型导弹、卫星发射中心，也是剧中重要场景的拍摄地之一。这里见证了我国众多航天发射任务的圆满成功。游客可以参观发射塔架、航天员公寓等，了解我国航天事业的发展历程。

中国核试验基地：位于新疆马兰，我国进行核武器试验的重要场所，电视剧曾在此取景。基地展示了我国核试验的历史背景、试验过程和科研人员的艰苦付出，让人们感受到“两弹一星”事业的伟大与艰辛。

两弹城：位于四川梓潼，是原九院（中国工程物理研究院）院部旧址。作为我国继青海之后第二个核武器研制基地的总部，这里保留了大量的科研生产设施以及邓稼先、王淦昌等科学家的旧居，生动展现了当年科研人员的工作和生活场景，具有重要的历史文化价值。

作业

1. 完成本节“沟通竞秀”练习，将其中自己最满意的文字版和音频版创作内容上传到学习平台。

2. 观赏《国家命运》全剧，完成“励志榜样”“观后感”“研讨发言”部分的练习，将其中自己最满意的文字版和音频版创作内容上传到学习平台。

第三节　向海洋深处驶去

可在网络上搜索剧名观看

一、好剧推荐

电视剧《沧海》是一部展现中国海军波澜壮阔发展历程的史诗巨作。

这部剧具有多方面的魅力。首先，它以小见大，通过对四个海军家庭、两代军人的细致刻画，折射出中国海军从 1949 年到 2009 年这 60 年的发展进程。前半部分生动呈现了老一辈革命军人在海军建设初期的心理与生命历程，后半部分则着重描绘了年轻一代海军战士在现代科技洗礼下建设新海军的励志故事，两代人的经历浓缩了新中国海军的发展变迁，极易触动观众内心。

其次，场面宏大震撼。剧中的大型海战场面众多且都是实景拍摄，甚至出现了核潜艇，为观众呈现出规模宏大的场景。海军方面还派出了多种舰艇协助拍摄，真炮、真弹、真舰齐上阵，数千名海军战士直接参与，让观众仿佛身临其境，感受海军战斗的激烈与壮阔。

再次，该剧高度还原历史。剧中的人物和事件大多有真实原型，如一开始惨烈的金马海战（金门登陆战），坚定了解放军建立海军的决心，之后的黑石礁战役（东山八六海战）等，这些真实的历史战役和英雄人物，让观众深刻铭记那段峥嵘岁月。

同时，《沧海》有着浓厚的人文关怀。它毫不吝啬地赞扬了为新中国及新中国海军捐躯洒血的战士们，无论是李山魁这样从红军时代就征战沙场，一直惦记海军建设到生命临终的老战士，还是王山魁、马建成、卢信泉等在新中国建设中默默奉献的"螺丝钉"式人物，都在剧中得以被承认和赞美，这份人文关怀超越了以往同类题材作品。

此外，剧中人物形象鲜明且饱满。有类似李云龙般性格，钢筋铁骨、直爽冲动却让人喜爱的王山魁；有从美国回来，个性鲜明、自信霸气，为海军建设做出巨大贡献的博士马建成；还有在精神和知识上引导新一代海军成长的导师角色等。他们在剧中的故事和情感纠葛，展现了军人的铁骨柔情与奉献精神。

总之，《沧海》是一部兼具历史厚重感、宏大场面、真实还原、人文情怀与精彩人物的优秀电视剧，它不仅能让观众了解中国海军的发展历史，更能感受到海军战士们的爱国情怀、英勇无畏和牺牲精神，是一部不容错过的经典之作。

二、经典表达与沟通

（一）不要认为穿上蓝军装就是海军了

1. 沟通背景

在电视剧《沧海》第 4 集中，卢信泉政委对王山魁讲话的背景如下：

（1）王山魁的经历与性格。王山魁原是独立师红六团三营营长，在"金门海战"中，战友李山魁牺牲，他为纪念李山魁而改名为王山魁。抗美援朝胜利后，王山魁调入海军。他性格直率、为人勇猛，对海战有着强烈的渴望和决心，急于为牺牲的战友报仇，同时也在努力学习和掌握海军作战技能。

（2）海战失败的经过。王山魁在迅速掌握舰艇作战技能时，得知以洪伯为首的渔民出海遭到敌军军舰袭击伤亡惨重，洪伯更是握着他的手死去。悲愤之下，王山魁当即下令出海作战。在海面上，1166 艇与敌军一艘驱逐舰狭路相逢，展开激战。但王山魁很快意识到双方实力相差悬殊，不能硬拼，于是下令撤出战斗返航。

（3）王山魁与卢信泉的关系。卢信泉是独立师政委，与王山魁有着深厚的战友情谊，并且十分了解王山魁的性格和经历。卢信泉关心王山魁的成长与发展，在工作上给予他支持和引导，同时也会在王山魁犯错时及时指出并批评。

基于以上背景，当王山魁海战失败后，卢信泉对他进行讲话，一方面是要指出他此次行动的错误和问题，另一方面也是希望他能从中吸取教训，在日后的海军生涯中更加成熟和稳重地应对各种情况，为建设强大的海军贡献力量。

2. 沟通竞秀

____

____

3. 沟通经典

打！打！打！你怎么打？拿什么打？我不想报仇？我不想出去痛痛快快地干它一仗？光你看了血就眼红了？你知道今天你遇见的是什么舰吗？它的吨位是你的十五倍，它的射程是你的五倍，射速是你的三倍。同志啊，你用脑子算一算，你还没有接近他，你要吃多少炮弹？你有多大的机会可以开炮？我说过多少次了，不畏强敌，勇于出战，你这是在送死，在葬送我的家业。

我跟你说过多少次了，海战和陆战有天壤之别，它的海流、气候、战舰的吨位、炮弹的速度、阵型的排列，这里面有很多不可抗拒的客观因素，这是一门大学问。

你不要认为你穿上这身蓝军装就是海军了！

疯子，我知道你作战勇敢，我调你来也就是看中了你这一点，可是我们不能做无谓的牺牲！我跟朱铁林说好了，你来认他为老师，好好学一下海战的战略战术。

还有，这一个月之内，你不许上艇出海，给我好好在家待着。

4. 沟通实效

在电视剧《沧海》第4集中，卢信泉政委对王山魁海战失败后的讲话起到了以下几个方面的效果：

（1）情绪安抚与引导。王山魁因海战失败而心情郁闷，卢信泉的批评让他认识到自身的错误和不足，但也可能使他情绪更加低落。不过，卢信泉作为政委，其批评也是一种引导，帮助王山魁正确看待失败，避免他陷入过度的自我否定或沮丧之中，引导他将注意力从失败的情绪转移到对问题的反思和解决上。

（2）纪律强调与规范。一个月内不准王山魁上舰的处罚，强调了部队的纪律性。这让王山魁明白，在军队中必须遵守规则和纪律，即使是他这样有激情和冲劲的干部也不能违反规定擅自行动。这种纪律的强调有助于规范王山魁的行为，也为他在日后的工作中树立了纪律意识的重要标杆，避免他再因冲动而做出错误的决策。

（3）思考与成长推动。这次经历以及卢信泉的讲话，会促使王山魁进行深刻的反思。他会思考海战失败的原因，包括敌我实力的差距、自身指挥和决策的问题等。这种反思会推动他在后续的学习和训练中更加努力，不断提升自己的海战技能和指挥能力，也会让他在制订作战计划和策略时更加谨慎、周全，考虑各种因素和可能出现的情况，从而实现个人的成长与进步。

5. 沟通策略

在电视剧《沧海》第 4 集中，卢信泉政委对王山魁海战失败后的讲话采取了以下策略：

（1）严肃批评与纪律强调。卢信泉对王山魁进行了严厉批评，明确指出他擅自下令出海作战且在战斗中未充分考虑敌我实力差距、指挥决策不够明智等问题。这种严肃的批评让王山魁认识到自己行为的错误和后果的严重性，同时强调了军队纪律的重要性，即使王山魁有作战热情，也不能违反规定擅自行动，一个月内不准上舰的处罚就是对纪律的强力维护，让王山魁明白在军队中必须遵守规则。

（2）引导反思与成长。卢信泉的批评并非只是指责，还带有引导王山魁反思的意图。通过指出问题，促使王山魁去思考海战失败的原因，包括对作战形势的误判、自身指挥能力的不足等方面。这将推动王山魁在后续的学习和训练中更加努力，不断提升自己的海战技能和指挥能力，实现个人的成长与进步，也为他在未来制订作战计划和策略时提供了宝贵的经验教训，使其更加谨慎、周全地考虑各种因素和可能出现的情况。

6. 沟通启示

在电视剧《沧海》第 4 集中，王山魁海战失败后，卢信泉政委对王山魁的讲话带来了以下启示：

（1）纪律的坚守至关重要。即使面对战斗的紧急情况，也不能违反纪律擅自行动。这启示我们在任何组织或团队中，都需要明确并严格遵守规则和纪律，以保障整体的秩序和效率。

（2）正确对待失败。失败不可怕，但要从失败中吸取教训。这提醒我们在遭遇挫折时，不应沉浸于消极情绪，而应积极反思，找到问题所在，为未来的成功积累经验。

（3）批评与引导相结合。卢信泉政委在批评王山魁的同时，也给予了他改进的方向和期望，让他明白批评是为了帮助成长。这启示我们在教育和管理他人时，要做到既指出错误，又提供改进的路径和鼓励。

（4）领导的责任与担当。作为领导，在下属犯错时，不仅要批评，更要引导其认识错误、改正错误，帮助下属成长，从而提升整个团队的实力。

（5）保持冷静和理智。在面对不利局面和下属的失误时，领导者要保持冷静，客观分析，避免情绪化的处理方式，以做出更明智的决策和指导。

同时启示我们在批评中既维护纪律又引导他人成长，可以参考以下几个要点：

（1）保持客观公正。基于事实进行批评，避免个人情绪和偏见的影响。清晰、准确地指出对方具体的错误行为和违反纪律的情况，让被批评者清楚了解问题所在。

（2）强调纪律的重要性。解释清楚为什么纪律是必须遵守的，以及违反纪律对团队、组织或个人造成的负面影响。使被批评者明白纪律不是为了限制，而是为了保障整体的秩序和发展。

（3）给予具体的改进建议。在指出问题后，提供明确、可行的改进方向和方法，帮助被批评者知道如何改正错误，让他们感到批评是为了帮助他们成长，而不是单纯的指责。

（4）表达信任和期望。传达对被批评者的信任，表明相信他们有能力改正错误并且在未来做得更好。给予积极的期望，能够激发被批评者的动力和决心。

（5）倾听对方的解释。给予被批评者表达自己观点和进行解释的机会，也许他们有特殊的情况或者未被考虑到的因素。这有助于增进理解，使批评更加全面和准确。

（6）选择适当的场合和时机。尽量避免在公开场合进行过于严厉的批评，以免伤害被批评者的自尊。选择一个相对私密、平和的环境，让对方能够更放松地接受批评。

（7）以鼓励结尾。在批评结束时，给予一定的鼓励和支持，让被批评者感受到虽然犯了错误，但仍有机会和希望去改进和成长。

总之，批评应该是建设性的，旨在在解决问题维护纪律的同时，帮助被批评者实现个人的成长和进步。

（二）长波台的约定

1. 沟通背景

在电视剧《沧海》第 12 集中，王山魁劝马建成参加长波台建设讲话的背景主要有以下几点：

（1）国家战略需求。当时新中国面临着严峻的国际形势，海军建设对于国家的安全和发展至关重要。长波台是海军通信的关键设施，自主建设长波台是增强海军实力、实现国防现代化的重要举措。在毛主席和周总理的直接关心下，中央军委召开紧急会议，决定独立自主完成长波台工程的建设。

（2）技术困难与人才短缺。苏联撤走专家，带走了大量技术资料，这使得长波台建设面临技术上的巨大困难，几乎是从零开始。而马建成作为留洋双料博士，是难得的技术人才，他的专业知识和能力对于长波台建设至关重要。

（3）个人情况与顾虑。马建成有自己的顾虑，他以女儿无人照看为由拒绝王山魁的邀请。此外，建设长波台责任重大，任务艰巨，存在诸多不确定性和挑战，马建成对此有所担忧。

王山魁深知长波台建设的重要性和紧迫性，也了解马建成的能力与价值，因此他努力劝说马建成参加长波台建设，想使其同意担任中国“09 工程”总工程师和中国核潜艇长波台工程总指挥，为长波台建设贡献力量。

2. 沟通竞秀

____

____

3. 沟通经典

马工，本来我是想好了，我是准备帮着你干，干不干你都得干，但是刚才听了你的话，我觉得你的担心是有道理的。这件事情啊，成败功过，前后左右，我都想过，我现在可以告诉你的是，老子是死活要干，我一定要干！至于你，你怎么决定，我都支持你！

他叫李山魁，我们是一个村的，一块出来当的兵。这是当时一个记者给我们两个拍的照片，我们俩人手一张，就是为了到了阴曹地府也能相互认识，你看看。金马岛战役你知道吗？那次战役啊，谁都知道是一场恶战，去了就有可能回不来，但是没有一个人退缩，为什么？因为军人没有退路，军人只要接到了命令，哪怕是死个万八千次，那也只有两个字：服从。我要不是因为当时发高烧住院，咱们俩也不会认识，山魁兄弟临走的时候，把吃饭的碗和筷子都留下了，他还留下一句话：留下种子好建军。

马工啊，你不知道吧，我不叫王山魁，我叫王本利。那次战役之后，我就把名字改了。我是我们红六团三营仅有的两个幸存者，我不能忘了死去的战友和兄弟。留下种子好建军，也好，既然现在长波台有危险，那你就留下吧，以后万一我们失败了，也好有个经验和教训你们汲取，但是我希望在条件成熟的时候，你还是要接着干！我听说，主席和总理为这事急得都快睡不着觉了。那我看，我们就是死了，也要让他们老人家睡着觉啊！

4. 沟通实效

在电视剧《沧海》第 12 集中，王山魁劝马建成参加长波台建设的讲话取得了良好效果，成功说服马建成加入长波台建设队伍中，主要体现在以下方面：

（1）打动马建成，使其转变态度。王山魁通过推心置腹的交流表达了对马建成的尊重以及对建设长波台这项任务的坚定决心，让马建成感受到了自己的价值和责任。例如，王山魁带马建成去看李山魁的墓，这一行为对马建成触动很大，使他开始重新审视自己的选择。

（2）消除马建成的顾虑。王山魁了解到马建成以女儿无人照看为由拒绝后，主动提出由自己的妻子许锦云照看小马玉，解决了马建成的后顾之忧，为他能够全身心投入长波台建设创造了条件。

（3）激发马建成的使命感和斗志。王山魁的劝说让马建成意识到长波台建设对于国家海军建设的重要性，以及在这个困难时期他们肩负的历史使命。马建成最终同意去完成这个艰巨且看似几乎不可实现的任务，并被任命为中国“09 工程”总工程师和中国核潜艇长波台工程总指挥，以极大的热情和专业精神投入到工作中。

（4）为长波台建设奠定关键基础。马建成的加入为长波台建设带来了关键的技术支持和专业指导。他提出要先拿出总图，有了总图才能有总的施工方案，随后便进入艰苦的工作状态，推动了长波台建设的有序开展。

总之，王山魁的讲话效果显著，不仅成功争取到马建成这位重要的技术人才，也为长波台建设的顺利推进迈出了关键的一步，对整个海军建设事业的发展产生了积极而深远的影响。

5. 沟通策略

在电视剧《沧海》第 12 集中，王山魁劝马建成参加长波台建设的讲话主要运用了动之以情、晓之以理、消除生活顾虑的策略，具体表现为以下几点：

（1）理解与尊重。王山魁对马建成表示尊重他的选择，没有强行逼迫，而是以一种平等的姿态与他交流，让马建成感受到被理解和尊重，如王山魁说“我知道你有自己的想法和难处，我尊重你的选择”，这使马建成更容易放下抵触情绪，倾听王山魁的话。

（2）友情与信任。王山魁带马建成去看李山魁的墓，通过这种方式向马建成表明他们之间有着深厚的战友情谊，以及自己对他的信任。李山魁是他们共同的战友，这一行为触动了马建成的内心，唤起了他的情感共鸣，也让他感受到王山魁是真的把他当作可以信赖的朋友，希望他能一起为国家的海军事业努力。

（3）强调国家需求。王山魁向马建成阐述了长波台建设对于国家海军建设的重要性。当时国家面临着严峻的国际形势，海军的发展至关重要，而长波台是海军通信的关键设施，自主建设长波台是增强海军实力、实现国防现代化的必要举措。王山魁让马建成明白，参与长波台建设是为国家做贡献的重要机会，能够实现个人的价值。

（4）分析困难与挑战。王山魁也清楚地指出建设长波台面临的困难，如苏联撤走专家、技术资料缺失等，但同时强调不能因为困难就退缩，而是要迎难而上。他以军人的视角举例，说军人在打仗前也不知道自己会不会胜利，但还是要上，以此激励马建成要有克服困难的勇气，让马建成认识到虽然任务艰巨，但只要大家齐心协力，就有成功的可能。

（5）解决后顾之忧。了解到马建成以女儿无人照看为由拒绝后，王山魁主动提出由自己的妻子许锦云来照看小马玉，这一实际行动解决了马建成的后顾之忧，让他没有了家庭方面的顾虑，能够全身心地投入到长波台建设工作中。

6. 沟通启示

在电视剧《沧海》第 12 集中，王山魁劝马建成参加长波台建设的讲话带来了以下启示：

（1）沟通方式的重要性。

①以情动人。王山魁在劝说过程中，充分表达了对马建成的理解与尊重，如他知道马建成的顾虑后，没有强行逼迫，而是说尊重他的选择，这种态度让马建成感受到被平等对待，有助于打开沟通的大门。同时，王山魁带马建成去看李山魁的墓，利用战友情来触动马建成，引发情感共鸣，使马建成更易接受他的观点。这启示我们在与人沟通时，要真诚地表达情感，关注对方的情感需求，通过情感连接来增强彼此的信任和理解。

②以理服人。王山魁向马建成清晰地阐述了长波台建设对于国家海军的重要意义，以及面临的困难与挑战。他让马建成明白建设长波台是国家发展的迫切需要，参与其中能够实现个人价值，同时也不回避困难，强调要迎难而上。这提醒我们在劝说他人或进行沟通时，要讲道理、摆事实，用清晰的逻辑和充分的理由来支持自己的观点，使对方能够理性地思考问题。

（2）解决实际问题的关键作用。了解到马建成以女儿无人照看为由拒绝后，王山魁主动提出由自己的妻子来照顾小马玉，切实解决了马建成的后顾之忧。这表明在沟通中，不仅要关注对方的思想和情感，还要积极主动地去解决实际问题。只有当对方的现实困难得到解决后，他们才能够更安心、更专注地投入到所期望的事情中。这启示我们在工作和生活中，要善于发现问题并采取实际行动去解决，为他人提供实际的支持和帮助，以促进事情的顺利进展。

（3）激发使命感和责任感。王山魁通过强调长波台建设对国家的重要性，成功激发了马建成的使命感和责任感。马建成意识到自己的专业能力能够为国家的海军建设做出巨大贡献，从而放下个人的犹豫，投身到这项艰巨的任务中。这提示我们在引导他人时，可以通过强调事情的意义和价值，唤醒对方内心的使命感和责任感，让他们认识到自己所从事的工作或承担的任务对于集体、社会或国家的重要性，从而激发他们的积极性和主动性，使其更有动力去克服困难、实现目标。

（4）坚持与信念的力量。王山魁在面对困难和挑战时，展现出坚定的信念和不退缩的精神。他的这种态度也影响了马建成，让马建成看到了坚持的力量。尽管建设长波台困难重重，但王山魁坚信只要努力就能够成功，这种信念具有感染力。这告诉我们在追求目标的过程中，要保持坚定的信念和坚持不懈的精神，相信自己的能力和努力能够克服困难，实现理想。同时，我们的信念和坚持也能够影响他人，带动周围的人一起为共同的目标而奋斗。

（5）尊重人才与发挥其优势。王山魁深知马建成的专业能力和价值，所以力邀他参加长波台建设，并在过程中充分尊重他的意见和专业判断。这体现了对人才的重视和尊重，以及懂得如何发挥人才的优势。在任何团队或组织中，人才都是宝贵的资源，我们要善于发现人才、尊重人才，为他们提供合适的平台和机会，让他们能够充分发挥自己的才能，为实现共同的目标贡献力量。

（三）任何一种方案都存在问题

1. 沟通背景

在电视剧《沧海》第32集中，卢信泉政委讲话的背景主要是对马建成所长的“海军舰艇指挥系统电子合成仪项目”进行论证的会议。此时，海军的发展面临重大决策，专家们围绕“海军舰艇指挥系统电子合成仪项目”进行讨论和分析，存在不同的意见。卢信泉作为老军人、老海军，虽已离休但心系海军发展，对专家们过于谨慎怕担责任的态度感到担忧，于是慷慨激昂发表讲话，来激励大家在海军发展中勇于进取，不要因害怕失败和承担责任而裹足不前。

2. 沟通竞秀

3. 沟通经典

我是三三年年底参加革命的，已经离休了，本来没资格参加这个会，可是作为一个老军人，一个老海军，我很想旁听一下，所以就过来了。

马所长的报告我已经听了，过去也看过；各位专家的意见，我也听到了。我不是专家，也不懂得什么很多的专业里的东西，我只是想把我心里一直绕来绕去的东西吐出来，不吐不快。

一杆红缨枪，有没有可能把枪头掉了？一把大砍刀，有没有可能刀把折了呢？边区造的手榴弹经常炸不响，它的威力还不如一块石头大；我们的步枪有哑火的时候，我们的大炮有卡壳的时候……有这么多容易出现的问题，那么，我们是不是就不革命了？董存瑞举起炸药包的时候，如果他在想：那么这个炸药包，如果是爆炸不了怎么办？谁来负这个责任？兵工厂，还是他的爆破组？那么这一仗还能打吗？

刚才那位专家，谈到了王司令指挥的那次海战，他说这是一次成功的战例，那么，我要问问王司令："在打这仗之前，你有没有想过失败？有没有想过一旦失败了，这个责任谁来负？"我想过，我是提心吊胆、度时为年！怕失败怎么办？这一仗就不打了吗？

在我军的历史上，包括辽沈、淮海、平津在内的战役，都存在着胜利和失败的两种可能性，如果因为怕失败而不争取胜利，那么还能有现在的新中国吗？扯淡！

当然了，我们做任何工作都要有个周密的思考，把困难想足、讲透，把出现的问题和有可能出现的问题，都摆在桌面上，这是对的。不光是老马的方案，任何一种方案都存在着问题。如果我们怕停电，就不去发明灯泡；如果怕哑火，我们就不去制造枪支；如果怕炸药包炸不了，我们就不去炸敌人的碉堡；如果怕承担责任，我们就瞻前顾后、畏缩不前，这才真正是对海军、对人民、对党的事业、对国家不负责任！如果专家们在今天这个论证会上的发言，真的成了未来中国海军发展方向理论的主宰的话，那我卢信泉也会和马建成一样去呐喊：中国海军兵败太平洋的日子不远了！

4. 沟通实效

卢信泉政委的这段讲话在电视剧《沧海》第 32 集中产生了强烈的效果：

（1）从情感层面来说，他以自身参加革命的经历和对历史的回顾，激发了在场众人的爱国情怀和使命感。他的话语充满激情与力量，唤起了大家对革命先辈们无畏精神的敬仰，使人们内心的热血被重新点燃。

（2）从理性层面来看，他有力地反驳了那些因害怕失败和承担责任而过于谨慎的观点。通过列举红缨枪、大砍刀、边区手榴弹以及董存瑞炸碉堡等例子，清晰地阐明了不能因可能出现的问题就放弃前进的道理。同时，他对重大战役胜利与失败可能性的分析，也让大家认识到海军发展中必须勇敢面对风险，敢于争取胜利。

（3）在会议氛围上，他的讲话打破了之前存在的沉闷和保守的氛围，引发了大家的深刻反思。促使众人重新审视“海军舰艇指挥系统电子合成仪项目”发展方案，思考在面对困难和风险时应有的态度和行动，为后续的讨论和决策注入了新的活力和方向。

5. 沟通策略

在电视剧《沧海》第32集中，卢信泉政委的讲话运用了以下策略：

（1）以亲身经历开场，建立可信度。卢信泉首先表明自己是“三三年年底参加革命的，已经离休”，强调自己老军人、老海军的身份。这一开场使他在发言中具有较高的可信度，让听众更容易接受他接下来的观点。因为他有着丰富的革命经历，见证了中国从艰难困苦中一路走来，他的话语更具分量和说服力。

（2）运用类比手法，深入浅出。他用“一杆红缨枪，有没有可能把枪头掉了？一把大砍刀，有没有可能刀把折了呢？边区造的手榴弹经常炸不响”等一系列类比，将复杂的海军发展问题与大家熟悉的革命战争中的武器问题联系起来。这种类比手法使抽象的问题变得具体易懂，让听众能够更直观地理解他所表达的核心观点，即不能因为可能出现的问题就放弃前进和努力。

（3）引用历史事件，强化观点。卢信泉提到董存瑞举炸药包、三大战役以及王司令指挥的海战等历史事件。通过这些具有重大意义的历史事件，他强调了在面对困难和风险时，勇敢担当、不畏失败的重要性。历史事件的引用不仅丰富了讲话内容，还为他的观点提供了有力的支撑，使听众更容易产生共鸣和认同感。

（4）先破后立，辩证阐述。卢信泉先指出海军发展方案中存在问题是正常的，就像任何一种方案都有问题一样。他批评了因害怕失败和承担责任而瞻前顾后的态度，这是“破”。接着，他强调做任何工作要有周密思考，把困难和问题摆在桌面上是对的，但不能因此而畏缩不前，这是“立”。这种先破后立的辩证阐述方式，使他的观点更加全面、客观，也更容易被听众接受。

（5）以强烈呼吁结尾，激发情感。最后，卢信泉以强烈的呼吁“如果专家们在今天这个论证会上的发言，真的成了未来中国海军发展方向理论的主宰的话，那我卢信泉也会和马建成一样去呐喊：中国海军兵败太平洋的日子不远了！”结尾这句话充满了危机感和紧迫感，激发了听众的情感，促使他们认真思考海军发展的方向和责任。

6. 沟通启示

在电视剧《沧海》第32集中，卢信泉政委的这段讲话带来了以下深刻启示：

（1）勇于担当，不畏困难。卢信泉以革命战争中的武器问题和董存瑞举炸药包等事例，提醒人们不能因为可能出现的问题就退缩不前。在现实生活中，无论是个人的发展还是国家的建设，都必然会面临各种困难和挑战。我们不能因为害怕失败或承担责任而不敢行动，要有勇于担当的精神，敢于直面问题，积极寻找解决办法。

（2）正确看待风险与机遇。就像历史上的重大战役都存在胜利和失败的两种可能性一样，任何事情都有风险。但不能因为害怕风险就放弃争取机遇。在海军发展中，面对各种方案的不确定性，不能因噎废食。在生活中，我们也应该学会正确评估风险，勇敢地抓住机遇，为实现自己的目标和国家的发展而努力拼搏。

（3）坚持实事求是与积极进取相结合。卢信泉强调做任何工作要有周密的思考，把困难想足、讲透，把问题摆在桌面上，这体现了实事求是的态度。但同时，他也坚决反对因害怕承担责任而瞻前顾后、畏缩不前。这启示我们在面对问题时，既要保持冷静客观，充分认识到困难和风险，又要保持积极进取的心态勇于尝试和创新，不断推动事业的发展。

（4）传承革命精神，为国家和人民负责。卢信泉作为老军人、老海军，以自己的革命经历和对历史的回顾，传达了对海军、对人民、对党的事业、对国家的高度责任感。这种革命精神是我们宝贵的财富，应该传承下去。在新时代，我们要以高度的责任感和使命感，为国家的繁荣富强和人民的幸福生活贡献自己的力量。

（四）“蒙”也可能是成功之母

1. 沟通背景

在电视剧《沧海》第36集中，马建成与王山魁围绕王海军对话沟通的背景是：

（1）军事技术变革的浪潮。随着时代的发展，军事技术不断进步，计算机技术在军事领域的应用日益广泛。剧中，马建成一直致力于探索如何用计算机模拟雷达和声控系统，以实现两者的兼容，提升军队的作战能力。王海军等人进行的模拟声呐电磁波程序的尝试，正是在这一背景下展开的，虽然程序未成功，却引发了对新军事技术可能性的思考。

（2）王海军的行为引发争议。王海军以其“诡诈”的思路进行军事探索，虽然惹出了不少麻烦，但也带来了意外的结果。他搞的模拟声呐电磁波程序产生的电磁波造成了极大混乱，这一行为让王山魁等领导感到困惑和不满，同时也引发了关于这种行为是否具有价值的争论。

（3）过往海战经验的影响。王山魁当年指挥的海战胜利，成为此次对话的重要背景因素。那场海战的胜利方式给他们带来了启示，让他们思考在新的军事形势下如何借鉴过往经验，创新作战策略。“天下大乱可以达到天下大治”的观点，正是从那场海战中得到的启发，也成为讨论王海军行为的一个重要参照。

（4）军事战略调整的需求。面对不断变化的国际军事局势，军队需要不断调整战略，寻找更有效的作战方式。马建成提出从破坏角度入手，利用奇特电磁波欺骗敌人雷达、建立虚拟航行编队等想法，正是在这种需求下产生的。他认为建设和破坏是对立统一的，通过逆向思维，从破坏敌人的角度出发可以更好地实现军事目标。

（5）人物性格与理念的冲突。马建成作为一介书生，思维较为创新，敢于突破传统；而王山魁则相对保守，更注重实际效果和传统的建设思路。

2. 沟通竞秀

3. 沟通经典

老王，王司令，王山魁同志，如果你不愿意称他（王海军）为人才，那就是鬼才——兵者，诡诈也。我马建成一介书生，这一辈子没骗过谁，这么诡诈的思路，我就想不出来。

（你说了半天，我一句都没听懂，什么人才、鬼才？诡诈，他小子要不是诡诈，能给老子惹出这么多祸来吗？你知道一台电脑多少钱？）

我说他（王海军）了不起，就了不起在诡诈上。一台电脑算什么？跟他们的发现相比，那简直是小巫见大巫。有句话怎么说来着？对了，“舍不得孩子套不住狼”。老王，海军他们自己搞的那套模拟声呐电磁波的程序虽然没有成功，但是，他们编制的程序所产生的电磁波却造成了极大的混乱。好啊，这简直是太好了！

（你的意思说他们搞破坏，还好？好你个头！我看你呀，你跟那小子一样疯。）

有句话你没听说过吗？“天下大乱可以达到天下大治。”你还记得当年你指挥的那场海战，你是靠什么取胜的？

（乱，天下大乱。你不是说吗，天下大乱可以达到天下大治嘛。这个乱，既然可以乱了我们，也可以乱了敌人啊，是不是？）

聪明！这说明啊，这司令没白当！

（去你的吧。）

我过去一直在想，如何用计算机来模拟雷达和声控系统，追求两者的兼容。可老王你想，如果有巨大的系统，能够发出奇特的电磁波，这个电磁波如果能够欺骗敌人的雷达，造成敌人的错觉，从而吸引和牵制敌人的行动，配合主要方面作战。如果我们再搞一个虚拟的航行编队，用虚拟的电子方式，取代实际的诱饵和佯攻编队，这可是一个事半功倍的好事，其威力甚至可以超过一支舰队！

（照你这么说，他们搞破坏捣乱还有功了？）

没错！这最起码让我们打开了思路！我这个人就是太老实了——这老实人什么都想着建设、建设，单从建设这一思路入手，往往是一棵树上吊死。你说我们为什么就不能逆向思维，从破坏的角度入手？老王，你想想，打仗不是破坏是什么？对自己的系统建立了防御，就是对敌人的摧毁和破坏。建设和破坏，本身就是对立统一的两个方面，它们有着自己内在的联系。你再想想，他们能搞瘫痪自己的电脑，难道就不能搞瘫痪敌人的电脑吗？搞瘫痪自己的电脑是个错误，如果有朝一日，他们搞瘫痪敌人的指挥系统，那可是不战而屈人之兵啊！功莫大焉，善莫大焉呐！

（不管怎么说，即便是有功劳，那也是蒙的。）

没错，这也许是蒙的。那，你敢说你当年指挥的那场海战不是蒙的吗？你蒙对了，你就是胜利者！成功的经验往往是在“蒙”的基础上产生的，失败是成功之母，“蒙”有可能是失败之母，也可能是成功之母！

4. 沟通实效

在电视剧《沧海》第36集中，马建成与王山魁围绕王海军的对话展现出以下效果：

（1）思想碰撞。两人围绕王海军的行为以及军事策略展开激烈讨论，体现了不同思维方式的碰撞。马建成强调王海军的“诡诈”带来的启发，从破坏的角度思考军事策略，而王山魁则更倾向于传统的建设思维，对破坏性行为持怀疑态度。

（2）拓展思路。马建成的观点为军事策略提供了新的思考方向，他提出利用奇特电磁波欺骗敌人雷达、建立虚拟航行编队等想法，打破了常规的建设思维，开拓了作战思路。

（3）反思与成长。对话中还涉及对过去经验的反思，马建成认为老实人往往只从建设思路入手容易陷入困境，而成功的经验可能源于“蒙”，这促使双方对战争策略进行更深入的思考，为未来的军事行动提供了成长的空间。

5. 沟通策略

在电视剧《沧海》第36集中，马建成与王山魁围绕王海军的沟通采取的策略主要有以下几点：

（1）以理服人。马建成在阐述自己观点时，运用了逻辑推理和引用名言警句的方式。例如，他提到“兵者，诡诈也”“舍不得孩子套不住狼”“天下大乱可以达到天下大治”等，通过这些话语来支撑自己对王海军行为的评价以及提出从破坏角度思考军事策略的合理性。同时，他详细分析了利用奇特电磁波欺骗敌人雷达、建立虚拟航行编队等想法的可行性和优势，从军事战略的角度进行理性分析，有利于说服王山魁。

（2）对比论证。马建成将王海军搞的程序与一台电脑的价值进行对比，强调他们的发现意义重大。又将从建设角度和破坏角度思考军事策略进行对比，指出只从建设思路入手的局限性，凸显逆向思维从破坏角度入手的必要性。通过对比，使自己的观点更加鲜明，更具说服力。

（3）结合实例。马建成以王山魁当年指挥的海战为例，说明“蒙”也可能带来胜利，成功的经验往往源于各种不确定因素。同时，他还提到如果能搞瘫痪敌人的指挥系统，就如同当年王山魁的胜利一样，具有重大意义。通过结合实际例子，让王山魁更容易理解和接受自己的观点。

（4）承认不足。当王山魁质疑王海军的行为是蒙的时，马建成并没有否认，而是承认这可能是蒙的。这种坦诚的态度使他的观点更具可信度，也让王山魁更容易接受他后续关于“蒙”可能是成功之母的论述。

（5）情感共鸣。马建成在对话中多次对王山魁的司令身份表示认可，如“聪明！这说明啊，这司令没白当！”这种表达在一定程度上拉近了与王山魁的距离，增加了情感共鸣，使王山魁更愿意听取他的意见。

6. 沟通启示

在电视剧《沧海》第36集中，马建成与王山魁的对话给我们带来以下启示：

（1）重视创新思维的重要性。马建成对王海军“诡诈”思路的认可，以及提出从破坏角度思考军事策略，体现了创新思维的价值。在面对复杂的问题和挑战时，不能局限于传统的思维模式，要敢于突破常规，从不同的角度去思考解决方案。就像马建成从建设思维转向破坏思维，为军事策略打开了新的思路，这种创新思维在各个领域都至关重要，可以推动技术进步、解决难题和实现突破。

（2）发挥逆向思维的力量。马建成强调逆向思维，从破坏的角度入手去思考军事策略。这启示我们在解决问题时，可以尝试逆向思考，打破常规的思维定式。有时候，从相反的方向去思考问题，可能会发现新的解决方案。逆向思维能够帮助我们摆脱固有观念的束缚，开拓更广阔的思维空间，从而找到更有效的方法。

（3）正确看待失败与“蒙”。对话中提到成功的经验可能源于“蒙”，失败是成功之母，“蒙”也可能是失败之母或成功之母。这告诉我们要正确看待失败和不确定性。失败并不可怕，关键是要从失败中吸取教训，不断尝试和探索。同时，对于那些看似偶然的成功或“蒙”对的情况，也不能轻视，要善于总结经验，将其转化为可复制的成功模式。

（4）多角度思考问题。马建成与王山魁的对话涉及人才评价、军事策略、思维方式等多个方面。这提醒我们在面对问题时，要从多个角度进行思考，综合考虑各种因素。不同的人可能有不同的观点和看法，通过交流和讨论，可以拓宽自己的视野，丰富自己的思维，从而更好地解决问题。

（5）认识事物的两面性。建设与破坏被马建成视为对立统一的两个方面，它们有着内在的联系。这让我们认识到事物往往具有两面性，不能片面地看待问题。在实际生活中，我们要学会辩证地分析事物，既要看到事物的积极一面，也要看到其消极一面，充分发挥事物的优势，同时尽量减少其负面影响。这样才能更全面、客观地认识世界，做出更明智的决策。

三、励志榜样

（一）例文引领

电视剧《沧海》中的榜样——王山魁

在电视剧《沧海》中，王山魁是一位极具魅力和影响力的人物，他以其独特的个性、坚定的信念和卓越的领导才能，成为众多观众心中的榜样。

王山魁的人生经历充满了传奇色彩。他本是独立师红六团三营营长王本利，在一场惨烈的跨海登陆作战中，战友李山魁牺牲，先遣部队全军覆没，他为了纪念李山魁更名“王山魁”。这一经历让他深刻认识到建立强大海军的重要性，从此他的命运便与中国海军的发展紧密相连。抗美援朝胜利后，王山魁毅然申请加入海军，开启了他在海军领域的奋斗征程。

王山魁有着鲜明而独特的性格特点。他勇猛无畏，在战场上冲锋陷阵，毫不退缩。无论是面对强大的敌人，还是艰难的作战环境，他都能勇往直前，展现出非凡的勇气和决心。他脾气火爆，性格直率，说话做事从不拐弯抹角，常常是想到什么就说什么，做什么。这种直率的性格有时会让他与人产生冲突和矛盾，但也正是这种真实和纯粹，让他赢得了身边人的尊重和信任。同时，他又极具责任心和使命感，对海军事业充满了热爱和执着。他把自己的全部精力都投入到海军的建设和发展中，为了实现中国海军的强大，不惜付出一切代价。

在领导才能方面，王山魁表现得尤为出色。他具有卓越的战略眼光和军事素养，能够准确地把握战争局势和军事发展的方向。他善于思考，勇于创新，在海军建设中不断提出新的理念和方法。例如，他潜心钻研对抗千吨级战舰的“刺刀战”，并成功地以几艘护卫艇和鱼雷艇击沉敌人的千吨级战舰，为战友一雪前耻。他还注重培养和选拔人才，能够发现身边人的优点和潜力，并给予他们充分的信任和支持。在他的带领下，海军队伍不断壮大，战斗力不断提升。

王山魁与身边人的关系也展现了他的人格魅力。他与妻子许锦云的感情深厚，虽然在儿子王海军的教育和职业选择上存在分歧，但他们始终相互理解、相互支持。他与政委卢信泉是亲密的战友和搭档，两人在工作中相互配合，共同为海军的发展出谋划策。他与马建成之间既有矛盾冲突，又有相互理解和尊重。尽管马建成最初对王山魁的一些做法嗤之以鼻，但在长期的合作中，他们逐渐建立起了深厚的友谊，共同为长波台工程等重要项目的建设而努力。

王山魁的成长历程也是他不断自我超越的过程。他从一个陆军军官转变为海军副司令员，面临着诸多的挑战和困难。但他没有退缩，而是通过不断学习和实践，逐渐适应了新的角色和环境。他在失败中吸取教训，在成功中总结经验，不断地提升自己的能力和素质。例如，在长波台工程试验接连失败，马建成承担不住压力而当逃兵的情况下，王山魁没有放弃，而是与卢信泉一起力劝马建成回归，并共同努力解决问题，最终成功完成了长波台的研制。

王山魁的故事激励着无数观众。他让我们看到了一个普通人如何通过自己的努力和奋斗，成为一名杰出的领导者；他让我们看到了坚持信念、勇往直前的力量；他让我们看到了在困难和挫折面前，永不放弃的精神。他是中国海军发展历程中的一座丰碑，是那个时代无数奋斗者的代表，他的形象将永远铭刻在观众的心中，成为我们追求梦想、实现人生价值的榜样和动力。无论是在战火纷飞的年代，还是在和平发展的时期，王山魁的精神都具有重要的现实意义，值得我们去学习和传承。

（二）百花齐放

四、观后感

(一)例文引领

观《沧海》有感

《沧海》这部电视剧以其恢宏的气势、深刻的内涵和动人的情感，为我们展现了中国海军波澜壮阔的发展历程，观后令人心潮澎湃，感慨万千。

该剧通过讲述四个海军家庭、两代军人的故事，生动而真实地描绘了中国海军从初创时期的艰难探索到现代化建设的辉煌成就。它不仅仅是一部军事题材的作品，更是一部关于理想、信念、奉献与传承的史诗。

剧中的人物形象鲜明而丰满，给我留下了深刻的印象。王山魁，这位性格直爽、英勇无畏的海军将领，从一个陆军战士转型为海军指挥官，他在面对困难和挑战时的坚定决心和果断决策，展现了军人的担当和勇气。马建成，这位从美国归来的博士，凭借着自己的专业知识和创新精神，为中国海军的现代化建设立下了汗马功劳。他的执着和坚持，让人敬佩不已。还有李山魁等老一辈军人，他们为了海军事业默默奉献，甚至付出了生命的代价，他们的牺牲精神令人动容。

《沧海》让我深刻感受到了中国海军发展的艰辛与不易。在新中国成立初期，我国海军力量薄弱，装备落后，但海军将士们凭借着顽强的意志和不屈的精神，不断探索、创新，逐步实现了从无到有、从弱到强的跨越。剧中那些艰苦的训练场景、激烈的海战画面，让我仿佛置身其中，真切地体会到了海军战士们所经历的磨难和考验。他们在艰苦的条件下，依然坚守岗位，为了保卫祖国的海疆，不惜牺牲一切，这种爱国情怀和奉献精神让我深受感动。

同时，这部剧也展现了海军家庭的默默付出，军人们在前线拼搏，他们的家属在后方默默支持，承受着离别之苦和生活的压力。这种家庭与事业的抉择，个人与国家的关系，让我对军人及其家属的付出有了更深刻的理解和敬意。

此外，《沧海》还让我思考了关于传承的意义。老一辈海军战士用鲜血和汗水为后人铺平了道路，新一代海军战士则在继承前辈精神的基础上，不断开拓创新，推动着中国海军向更高的目标迈进。这种传承不仅是技术和经验的传递，更是精神和信念的延续。

观看完《沧海》，我为中国海军的强大而自豪，也为那些为海军事业奉献一生的人们而感动。这部剧让我明白，国家的强大离不开每一个人的努力和奉献，而我们也应该在自己的岗位上，发扬这种拼搏精神，为实现中华民族的伟大复兴贡献自己的力量。它不仅仅是一部电视剧，更是一堂生动的爱国主义教育课，激励着我们不忘初心，砥砺前行，为祖国的繁荣昌盛而努力奋斗。

（二）百花齐放

___

___

五、研讨发言

（一）例文引领

电视剧《沧海》研讨会发言稿

尊敬的各位领导、专家、同仁们：

大家好！非常荣幸能够在此次研讨会上，与诸位一同探讨电视剧《沧海》这部具有深刻内涵和重要价值的作品。

《沧海》以波澜壮阔的叙事方式，展现了中国海军从弱到强的发展历程，为观众呈现了一幅充满激情与热血的历史画卷。

该剧在主题表达上具有深远的意义。它不仅仅是一部讲述海军故事的影视作品，更是对中国海军精神的一种崇高致敬。通过剧中人物的奋斗与拼搏，我们深刻感受到了海军将士们为了国家的海洋权益，为了实现强国强军的梦想，所付出的巨大努力和牺牲。这种爱国主义情怀和强烈的使命感贯穿始终，激励着每一位观众，让我们对国家的海洋事业有了更深刻的认识和关注。

在人物塑造方面，《沧海》做得极为出色。剧中的每一个角色都个性鲜明、血肉丰满。无论是王山魁的果敢坚毅、马建成的智慧执着，还是卢信泉的沉稳大气，都给观众留下了深刻的印象。他们在面对困难和挑战时，展现出的坚定信念和不屈不挠的精神，令人敬佩。这些人物形象的成功塑造，让我们仿佛置身于那个激情燃烧的岁月，与他们一同经历喜怒哀乐，一同成长。

剧情的设置也是该剧的一大亮点。《沧海》巧妙地将历史事件与人物命运紧密交织，使整个故事跌宕起伏、扣人心弦。从海军初创时期的艰辛探索，到现代化建设中的科技突破，每一个阶段都充满了挑战和机遇。同时，剧中还融入了人物之间复杂的情感纠葛，使得剧情更加丰富多元，富有层次感。这种既有宏大叙事，又有细腻情感的表现手法，极大地增强了作品的感染力和吸引力。

此外，该剧的制作精良也是值得称赞的。无论是逼真的海战场景，还是精致的服装道具，都展现了制作团队的用心和专业。画面的质感、音效的配合，都为观众营造了一种身临其境的观影体验，让我们更加真切地感受到了海军生活的紧张与刺激。

从现实意义的角度来看，《沧海》为我们传递了许多宝贵的精神财富。它让我们明白，国家的强大离不开国防力量的支撑，而国防事业的发展需要一代又一代人的不懈努力。同时，剧中人物所展现出的团结协作、勇于创新的精神，也对我们在工作和生活中具有重要的启示作用。

当然，《沧海》也并非十全十美。在一些情节的处理上，可能存在些许仓促之处，导致部分剧情的转折略显生硬。另外，对于一些海军专业知识的呈现，或许可以更加深入浅出，以便让普通观众能够更好地理解。

但总体而言，电视剧《沧海》无疑是一部成功的作品。它以其深刻的主题、精彩的剧情、出色的人物塑造和精良的制作，成为一部具有代表性的海军题材电视剧。它不仅让我们回顾了历史，更让我们对未来充满了期待，相信中国海军必将在新时代继续乘风破浪，驶向更加辉煌的明天。

谢谢大家！

（二）百花齐放

____

____

六、文旅链接

大连：电视剧《沧海》曾在大连等地取景拍摄。大连有众多与海洋、海军相关的景点，比如老虎滩海洋公园有各种海洋生物展示及表演，还有以海洋为主题的游乐设施；星海广场是亚洲较大的城市广场之一，可在此欣赏海景，感受海滨城市的魅力；此外，还有棒棰岛海滨浴场等风光旖旎的景区，能体验大海的魅力，感受剧中海军的生活背景。

中国人民解放军海军博物馆：位于山东省青岛市，是中国唯一一座全面反映中国海军发展的军事博物馆。馆内收藏了大量的海军历史文物、装备等，通过参观可以深入了解中国海军从无到有、从弱到强的发展历程，与电视剧《沧海》所展现的海军发展主题相呼应，能让观众更直观地感受剧中的历史背景和海军文化。

厦门胡里山炮台：位于福建省厦门市。在剧中金门海战等情节中，海防炮台等场景是重要元素。厦门胡里山炮台是洋务运动的产物，这里有“世界现存十九世纪制造的最大、完整保存在炮台原址的后膛海岸炮”等历史遗迹。参观此地，可以联想到剧中的战争场景，感受当时海防的重要性以及海军作战的历史背景。

作业

1. 完成本节“沟通竞秀”练习，将其中自己最满意的文字版和音频版创作内容上传到学习平台。

2. 观赏《沧海》全剧，完成“励志榜样”“观后感”“研讨发言”部分的练习，将其中自己最满意的文字版和音频版创作内容上传到学习平台。

第四节　永远盛开的海棠

可在学习强国App中搜索“五个一工程”或剧名观看

一、好剧推荐

电视剧《海棠依旧》是一部具有深刻思想内涵和艺术价值的重大革命历史题材电视剧，它以独特的视角和细腻的笔触，展现了周恩来总理近27年的工作与生活，为我们呈现了一位伟大领袖的光辉形象和崇高精神。

从题材与内容上看，该剧以1949年到1976年为历史背景，以周总理的工作和家庭生活为线索，多方位、多角度、多层次地展现了周总理为党、为人民、为国家的事业呕心沥血、鞠躬尽瘁的历程。它真实还原了诸多重大历史事件，如开国大典、抗美援朝、万隆会议等，让我们看到周总理在事关国家民族命运的关键时刻的担当精神和非凡智慧。同时，剧中也有对周总理生活细节的刻画，比如他与邓颖超的相濡以沫、对亲属的严格要求等，使周总理的形象更加立体、丰满，充满了人性的温暖。

在艺术表现方面，《海棠依旧》独具匠心。它的叙事风格沉稳大气，娓娓道来，于平淡之中见真情，在平凡之中见真知，让观众能够真正走进周总理的内心世界。剧中的场景布置、道具服装都十分考究，精准地还原了那个时代的风貌。而且，该剧以海棠花为审美意象，反复出现，海棠花的质朴大方、艳丽团结，既蕴含着“人民总理人民爱，人民的总理爱人民”的深刻意境，又象征着周总理高洁的灵魂和伟大人格，为作品增添了浓厚的诗意与情感色彩。

演员们的精彩演绎也是该剧的一大亮点。主演们凭借着精湛的演技，生动地诠释了角色。孙维民饰演的周恩来总理，无论是形态、神态还是语言、动作，都展现出了周总理的气质与风范，让我们仿佛看到了周总理本人。唐国强、黄薇、卢奇等一大批表演艺术家和优秀演员的参与，也为剧集增色不少。

这部剧具有深远的现实意义。它让我们深刻感受到周恩来总理坚定不移、矢志不渝的理想信念，一心为民、鞠躬尽瘁的公仆精神，实事求是、严谨细致的优良作风，艰苦朴素、廉洁奉公的高尚品格。在当今时代，它激励着我们不忘初心，牢记使命，以周总理为榜样，为实现中华民族伟大复兴的中国梦而不懈奋斗。

总之，《海棠依旧》是一部思想性、艺术性、观赏性高度统一的优秀作品，它如同一部穿透历史的心灵诗篇，烛照现实的人格咏叹，值得我们每一个人去品味、去感悟、去学习。它让我们铭记历史，缅怀伟人，汲取力量，不断前行。

二、经典表达与沟通

（一）周总理拿到的群众来信

1. 沟通背景

在电视剧《海棠依旧》第 11 集中，围绕群众来信反映坐公交难的问题，周恩来与身边工作人员谈话的背景主要有以下几个方面：

（1）新中国建设初期的发展状况。①基础设施薄弱。新中国成立后，百废待兴，各项基础设施建设都处于起步阶段。交通基础设施的建设相对滞后，公交系统的车辆数量不足、线路规划不合理等问题较为突出。当时国家的经济实力有限，在短时间内难以迅速改善公交状况，这就导致了群众出行困难的问题日益凸显。②城市发展需求增加。随着城市的不断发展，人口逐渐增多，人们的出行需求也在不断增加。城市规模的扩大和人口的流动，使得原有的公交运力难以满足群众的日常出行需求，坐公交难成了一个普遍存在的问题。

（2）周恩来对民生问题的高度关注。①一贯的工作作风。周恩来总理一直以来都非常关心人民群众的生活，始终把人民的利益放在首位。他经常深入基层，了解群众的疾苦和需求，对于群众反映的问题都会认真对待并积极解决。这种对民生问题的高度关注，是他与身边工作人员谈论坐公交难问题的重要背景。②对群众来信的重视。在当时的通信条件下，群众来信是反映问题的重要途径之一。周恩来总理非常重视群众的来信，把它作为了解民情、听取民意的重要渠道。当收到群众反映坐公交难的来信时，他自然会将其作为一个重要问题来对待，并与身边工作人员进行讨论，以寻求解决办法。

（3）政府部门工作的不断推进与完善。①对公共服务的重视。新中国成立后，政府部门逐渐认识到公共服务对于国家建设和人民生活的重要性，开始加大对公共服务领域的投入和管理。公交作为城市公共交通的重要组成部分，也受到了政府的关注。在这种背景下，周恩来总理与身边工作人员讨论坐公交难的问题，也是为了推动政府部门更好地解决这一问题，提高公共服务水平。②工作作风的转变。新中国成立后，政府部门的工作作风也在不断转变，更加注重为人民服务，强调干部要深入群众、了解群众需求。周恩来总理与身边工作人员的谈话，也是对这种工作作风的一种体现和推动，希望通过解决坐公交难的问题，让干部们更加深刻地认识到为人民服务的重要性。

2. 沟通竞秀

____

____

3. 沟通经典

这是我在传达室的信袋里拿到的一封信。传达室的赵师傅说，像这样的信件最近很多，都让你们取走了。你们认为，这件事不需要向我报告，是吗？

（总理，您最近太忙了，我觉得……）

你觉得什么？

（总理，不是贺轩的责任，是我，是我。）

你们怎么了？你们认为跟我的时间久了，就可以做我的主了？老百姓反映公共汽车上拥挤，上下班浪费太多的时间，不应该请有关部门解决吗？你们觉得老百姓的时间不需要珍惜，只有我、你们的时间才是宝贵的？马上都跟我出去，东城、西城主要的公交线路都要乘坐一遍，自己付车费，回来，写报告交给我。

4. 沟通实效

在《海棠依旧》第 11 集中，周恩来就群众来信反映的坐公交难问题与身边工作人员的谈话产生了多方面的积极效果：

（1）从群众角度来看，体现了党和国家领导人对百姓日常生活的真切关怀。让群众感受到自己的声音被听到、被重视，增强了群众对党的信任和对国家的信心。

（2）从领导示范作用角度看，周总理的做法为各级干部树立了榜样。表明领导干部应时刻关注民生问题，积极为人民群众解决实际困难，促进了干部作风的转变和工作责任感的提升。

（3）从政策推动角度看，可以促使相关部门重视公共交通问题，加大对公共交通的投入和改善力度，为后续解决类似民生问题奠定了基础。

5. 沟通策略

在《海棠依旧》第 11 集中，周恩来围绕群众来信反映的坐公交难问题与身边工作人员的谈话展现出以下策略：

（1）高度重视。周恩来对群众来信反映的问题立即给予高度关注，表明他始终把人民的诉求放在心上。这向工作人员传达了一个重要信息，即群众的每一个问题都不容忽视，必须认真对待。

（2）深入了解。他深入一线调查，详细询问工作人员关于公交问题的具体情况。通过这种方式，周恩来全面了解问题的本质和范围，以便更好地找到解决办法。

（3）强调群众立场。周恩来不断强调群众的困难和需求，让工作人员深刻认识到解决公交问题的紧迫性和重要性。他提醒工作人员，政府的工作就是为人民服务，要时刻关注群众的生活。

（4）引导思考。周恩来不直接给出解决方案，而是调查之后，借助表扬庞先军的建议引导工作人员自己去思考问题，激发工作人员的主动性和创造力。

（5）以身作则。周恩来以自己的行动为工作人员树立榜样。他亲自深入基层，了解群众的实际情况，这种身体力行的做法激励着工作人员要切实为人民办实事。

总之，周恩来在与身边工作人员的谈话中，通过高度重视、深入了解、强调群众立场、引导思考和以身作则等策略，有效地推动了问题的解决，展现了他心系人民、务实高效的领导风范。

6. 沟通启示

在电视剧《海棠依旧》第 11 集中，围绕群众来信反映的坐公交难问题，周恩来与身边工作人员的谈话带来了多方面的启示：

（1）重视群众诉求。①群众的事无小事。无论问题大小，只要是关系到群众切身利益的，都应该得到高度重视。坐公交对于普通百姓来说是日常出行的重要方式，公交难行直接影响到群众的生活质量和工作效率，所以必须认真对待。这提醒各级领导干部和工作人员要始终把人民群众的需求放在心上，不能忽视任何看似微小的问题。②要保持对群众诉求的敏感性。周恩来能及时关注到群众来信反映的问题，这表明领导干部应时刻关注群众的声音，主动去发现和解决问题，而不是坐等问题找上门。只有这样，才能真正做到想群众之所想，急群众之所急。

（2）深入调查研究。①了解问题要全面深入。周恩来在得知坐公交难的问题后，没有急于下结论或提出解决方案，而是深入一线调查，了解公交的线路设置、车辆数量、运营时间等具体情况。这启示我们在解决问题之前，必须进行充分的调查研究，掌握全面准确的信息，以便更好地分析问题的本质和根源。②要亲自体验和感受。剧中周恩来让警卫员去乘坐一天公交车，深入体察民情，这种做法强调了领导干部不能仅仅坐在办公室里听汇报、看文件，还要亲自走到群众中去，亲身体验群众所面临的困难和问题，这样才能更深刻地理解群众的感受，制定出更符合实际的解决方案。

（3）强调责任担当。①对工作中的失误要勇于承担责任。剧中警卫员擅自截获群众来信，周恩来对他们的行为进行了严厉批评，并让他们认识到自己的错误。这提醒领导干部和工作人员要对自己的工作负责，对于工作中的失误和不当行为，不能推诿扯皮，要敢于承担责任，及时改正。②要以解决问题为导向。周恩来让警卫员写检讨自省，不仅是为了让他们认识到错误，更是为了让他们思考如何解决问题。这表明在面对问题时，我们不能仅仅停留在反思和自责上，更要积极主动地去寻找解决问题的方法，把解决问题作为工作的最终目标。

（4）培养干部作风。①要树立正确的工作态度。周恩来对身边工作人员的要求，体现了严谨认真、一丝不苟的工作态度。这启示我们在工作中要保持高度的敬业精神，认真对待每一项任务，不能敷衍塞责、得过且过。②要注重干部的教育和培养。通过这次事件，周恩来对警卫员进行了教育，让他们在实践中得到了锻炼和成长。这说明领导干部要重视对下属的教育和培养，引导他们树立正确的价值观和工作作风，提高他们的工作能力和水平。

（5）坚持人民至上。①人民的利益高于一切。周恩来始终把人民的利益放在首位，把解决群众的困难作为工作的重中之重。这是党的根本宗旨的具体体现，也是每一位领导干部应该坚守的原则。无论在什么情况下，都要始终坚持人民至上，把人民群众的满意度作为衡量工作的标准。②要不断为人民谋幸福。解决坐公交难的问题，看似是一件小事，但对于群众来说却是关系到他们生活幸福的大事。这提醒广大领导干部要不断努力，为人民群众创造更好的生活条件，让人民群众有更多的获得感、幸福感和安全感。

（二）中国代表团是来求团结而不是来吵架的

1. 沟通背景

在电视剧《海棠依旧》第13集中，周恩来在万隆会议上发表讲话的背景主要有以下几个方面：

（1）国际政治格局的变化。①亚非拉民族独立运动兴起。第二次世界大战结束后，亚非拉地区争取国家独立和民族解放的斗争蓬勃发展，许多前殖民地国家相继赢得独立。到20世纪50年代中期，亚非两大洲已涌现出30多个独立国家。这为亚非国家独立自主地召开大型国际会议创造了条件，万隆会议正是亚非国家觉醒和团结的体现。②冷战局势的影响。二战后美苏之间冷战对峙局势加剧，严重威胁着亚非国家的独立与安全。亚非地区成为世界各种矛盾和冲突集中的地区。许多亚非民族主义国家从维护民族独立和国家主权出发，坚持执行和平、中立和不结盟政策，拒绝参加侵略性军事集团，反对在自己国家领土上建立外国军事基地，并希望与中国等社会主义国家建立和发展友好关系。

（2）会议的发起和筹备。印度、印度尼西亚、缅甸、锡兰（斯里兰卡）、巴基斯坦五国发起召开亚非会议的倡议。1954年4月，南亚五国总理在科伦坡召开会议讨论了印尼总理提出的“举行一次更广泛的亚非国家会议的可能性”的倡议。1954年12月底，南亚五国总理在印尼茂物举行会议，决定联合发起召开亚非会议，邀请包括中国在内的25个亚非国家和地区参加，并定于1955年4月在万隆举行。

（3）中国的积极参与。①中国的国际地位提升。中华人民共和国的诞生推动了非洲、拉丁美洲人民的解放运动的发展，中国在国际舞台上的影响力逐渐增强。中国政府自始至终对亚非会议持积极支持态度，希望通过这次会议扩大世界和平统一战线，促进民族独立运动，并为建立和加强我国同亚非国家的关系创造条件。②面临的挑战和困难。美国为了阻止亚非会议的召开，把矛头首先对准新中国，捏造中国要“夺取亚非世界领导权”等谣言，极力挑拨中国与亚非国家的关系，人为地制造对中国的恐惧和疑虑。此外，参加万隆会议的29个国家和地区中，只有6个国家与中国建交，多数国家对中国并不了解，个别与会国家还对中国抱有敌意。

（4）会议的主题和目标。万隆会议主要讨论保卫和平、争取民族独立和发展民族经济等各国共同关心的问题，旨在促进亚非国家之间的经济文化交流，并共同抵制美国与苏联的殖民主义和新殖民主义活动。

在这样复杂的背景下，周恩来总理率领中国代表团参加万隆会议，面临着诸多挑战和困难，但周恩来总理以卓越的外交智慧和坚定的立场，提出了“求同存异”的方针，为会议的成功做出了重要贡献。

2. 沟通竞秀

3. 沟通经典

主席，各位代表先生：

举世瞩目的亚非会议已经开始，中华人民共和国代表团能同与会的各国代表团一起在这个会议上讨论我们亚非国家的共同问题，感到非常高兴！我们能够在这里会晤，首先要感谢缅甸、锡兰、印度、印度尼西亚和巴基斯坦五个发起国家的倡议和努力！我们还应当感谢这次会议的主人——印度尼西亚共和国政府为会议做出了很好的安排！

主席，各位代表先生，我的主要发言现在印发给大家了，在听到了许多代表团团长的一些发言之后，我愿意补充说几句话。

我们中国代表团是来求团结而不是来吵架的！我们共产党人从不讳言我们相信共产主义和认为社会主义制度是好的，但是，在这个会议上用不着来宣传个人的思想意识和各国的政治制度。虽然这种不同在我们中间显然是存在的。中国代表团是来求同而不是来立异的。在我们中间有无求同的基础呢？有的！那就是亚非绝大多数国家和人民自近代以来都曾经受过并且现在仍在受着殖民主义所造成的灾难和痛苦，这是我们大家都承认的。从解除殖民主义痛苦和灾难中找共同基础，我们就很容易互相了解和尊重，互相同情和支持，而不是互相疑虑和恐惧，互相排斥和对立。这就是为什么我们同意五国总理茂物会议所宣布的关于亚非会议的四项目的，而不另提建议。中国人民选择和拥护自己的政府，中国有宗教信仰自由，中国绝无颠覆邻邦政府的意图，相反的，中国正在受着美国政府公言不讳地进行颠覆活动的害处，大家如果不信，可亲自或派人到中国去看，我们是容许不知真相的人怀疑的。中国俗语说：“百闻不如一见。”我们欢迎所有到会的各国代表到中国去参观！你们什么时候去都可以！我们没有竹幕，倒是别人要在我们之间释放烟幕，十六万万亚非人民期待着我们会议成功！全世界愿意和平的国家和人民期待着我们的会议能为扩大和平区域和建立集体和平有所贡献！让我们亚非国家团结起来，为亚非会议的成功努力吧！

4. 沟通实效

在电视剧《海棠依旧》第 13 集中，周恩来在万隆会议上发表的讲话取得了极其积极的效果，主要体现在以下几个方面：

（1）扭转会议局势。①驱散阴霾。会议初期，一些国家代表的发言偏离了会议主题，大谈意识形态，甚至对共产主义进行攻击，使得会议气氛紧张，面临分裂的危险。周恩来的讲话犹如一盏明灯，驱散了笼罩在会议上的阴霾。他强调“中国代表团是来求团结而不是来吵架的”，让与会代表们的情绪迅速稳定下来，将会议的方向重新拉回到求同存异、共同探讨亚非国家发展的轨道上。②平息风波。比如锡兰总理在会议上提出反对共产主义的“新殖民主义问题”并点到中国的名字，引发了一场风波。周恩来以高超的外交智慧和冷静的态度，一方面立即起身声明保留发表意见的权利，另一方面在第二天的会议上巧妙地化解了这一矛盾，强调中国代表团不准备参与意识形态的讨论，并且告知大家已在会外同锡兰总理交换了意见，避免了会议的进一步冲突。

（2）赢得广泛认可与尊重。①吸引全场关注。周恩来不卑不亢、合情合理的讲话像一块巨大的磁铁，吸引住了全场所有人的注意力。他以坚定的立场、诚恳的态度和卓越的口才，展现了中国领导人的风范和智慧，让各国代表对中国代表团有了全新的认识和理解。②获得众多赞誉。周恩来的发言得到了许多国家代表的高度认可和赞誉。印度总理尼赫鲁说这是一个很好的演说；缅甸总理吴努说这是对“抨击中国的人一个很好的答复”。西方通讯社也不得不承认周恩来的极大成功，法新社评价“周恩来是会议中最受欢迎的人物，他的语调、温和的演说，以及他提供的保证，使得与他交谈的人为之倾倒，消除了疑惑”。

（3）推动会议取得积极成果。①明确会议方向。周恩来提出的“求同存异”方针为会议提供了明确的指导原则，让不同社会制度、不同文化背景的国家能够放下分歧，寻找共同利益和合作基础。在这一方针的指引下，会议得以顺利进行，各国代表开始积极探讨亚非国家的共同问题和合作方向。②促进合作共识。万隆会议最终通过了《关于促进世界和平和合作的宣言》，涵盖了与会国在经济合作、文化合作、人权和自决、附属地人民问题等多个方面所达成的共识。这为亚非国家之间的进一步合作奠定了基础，也为后来亚非国家的团结互助和共同发展开辟了道路。

（4）提升中国的国际影响力。①展示中国形象。周恩来在万隆会议上的精彩表现，向世界展示了新中国的和平外交政策和积极参与国际事务的态度，让亚非国家乃至全世界看到了一个自信、开放、包容的中国。这有助于打破西方国家对中国的封锁和孤立，为中国赢得了更多的国际支持和认可。②拓展外交空间。万隆会议之后，有11个亚非国家与新中国建立了外交关系，新中国的国际形象和影响力进一步提升，外交空间得到了极大的拓展。中国与亚非国家的友好合作关系也进入了一个新的发展阶段。

5. 沟通策略

在电视剧《海棠依旧》第 13 集中，周恩来在万隆会议上发表讲话的策略主要包括以下几点：

（1）坚持原则、灵活应变。①坚定立场。中国代表团参加万隆会议的总方针是争取扩大世界和平统一战线，促进民族独立运动，为建立和加强同亚非国家的关系创造条件。周恩来始终坚定地维护国家的主权、独立和尊严，坚守和平共处五项原则等中国外交的基本原则。例如，面对会议上一些别有用心的言论和对中国的无端指责，周恩来没有丝毫退让，坚定地表明中国的立场和态度。②灵活调整发言方式。会议开始时出现了针对中国的不和谐声音，周恩来临时决定把原来准备的发言稿作为书面稿印发，利用短暂的午休时间写出了补充发言稿。这种灵活应变的做法，使他能够根据会议的实际情况及时调整讲话策略，更好地应对复杂的局面。

（2）求同存异、凝聚共识。①寻找共同基础。周恩来指出，亚非绝大多数国家和人民自近代以来都曾受过且仍在受着殖民主义所造成的灾难和痛苦，这是大家共同的经历和感受，也是求同的基础。他强调从解除殖民主义痛苦和灾难中去寻找共同基础，能够让各国更容易互相了解、尊重、同情和支持，而不是互相疑虑、恐惧、排斥和对立。②尊重差异。周恩来明确表示，中国共产党人相信共产主义和认为社会主义制度是好的，但在这个会议上不用来宣传个人的思想意识和各国的政治制度，充分尊重各国的政治制度和意识形态的差异。这种求同存异的理念，为不同国家之间的交流与合作搭建了桥梁，有助于打破隔阂，凝聚共识。

（3）以情动人、真诚友善。①表达诚意。周恩来在发言中表达了中国对亚非国家的友好情谊和合作的诚意。他表示中国代表团是来求团结的，欢迎各国代表到中国去参观，让大家亲自了解中国的真实情况，消除对中国的误解和疑虑。②展现风度。周恩来在会议上始终保持着优雅的风度和坚定的态度，以从容不迫、自信大方的形象展现了中国领导人的风范。他的发言有理有据、情真意切，不仅赢得了亚非国家代表的尊重和认可，也为中国在国际舞台上树立了良好的形象。

总的来说，周恩来在万隆会议上的讲话策略是基于对国际形势的准确把握和对亚非国家的深入了解，以求同存异的理念为核心，通过坚持原则、灵活应变、以情动人等方式，成功地打破了外交僵局，为中国与亚非国家的友好交往奠定了基础，也为万隆会议的成功做出了重要贡献。

6. 沟通启示

在电视剧《海棠依旧》第13集中，周恩来在万隆会议上发表讲话带来的启示如下：

（1）坚持原则与灵活应变相结合。①坚持原则。在国际交往中，必须坚守国家的核心利益和基本立场。中国代表团参加万隆会议，始终坚定地维护国家的独立、主权和领土完整，坚守和平共处五项原则等外交基本准则。这启示我们在面对各种复杂的国际局势和外交场合时，不能轻易放弃自己的原则和底线，要以坚定的信念和态度去维护国家的尊严和利益。②灵活应变。万隆会议上，面对会议中出现的突发情况和一些国家的不友好言论，周恩来总理没有按照原计划宣读预先准备的发言稿，而是根据实际情况临时起草补充发言，以灵活的方式应对挑战，巧妙地化解了矛盾。这提醒我们在坚持原则的基础上，要具备灵活应变的能力，根据不同的情况和问题，及时调整策略和方法，以更好地实现目标。

（2）求同存异，尊重多样性。①求同。万隆会议上，亚非各国虽然在意识形态、社会制度、文化传统等方面存在差异，但都有着共同的历史遭遇和发展需求，即都曾遭受过殖民主义的压迫，都渴望实现民族独立和国家发展。周恩来总理准确地把握了这一共同点，提出“求同存异”的方针，强调各国应在共同利益的基础上加强团结与合作。这启示我们在国际交往中，要善于寻找和扩大共同利益，以共同利益为纽带，促进国家间的合作与交流。②存异。尊重各国的差异和多样性是构建和谐世界的重要基础。万隆会议上，周恩来总理明确表示，中国尊重其他国家的政治制度、意识形态和文化传统，不将自己的观点和制度强加于人。这告诉我们在与其他国家交往时，要以包容的心态去理解和接纳不同国家的差异，避免因差异而产生对立和冲突，通过相互尊重、平等对话、实现共同发展。

（3）以和平、合作的方式解决争端。①倡导和平。万隆会议的召开正值冷战时期，国际局势紧张。周恩来总理在会议上强调，中国代表团是来求团结的，不是来吵架的，呼吁各国摒弃战争和冲突，通过和平的方式解决争端。这启示我们在处理国际事务和国家间的矛盾时，要始终坚持和平的理念，以和平的方式解决问题，避免使用武力或其他极端手段，为世界的和平与发展贡献力量。②加强合作。万隆会议为亚非国家之间的合作提供了重要的平台，各国通过交流与合作，共同探讨了民族独立和国家发展的道路。这表明合作是实现共同发展的必由之路。在当今全球化的时代，各国之间的联系日益紧密，我们应积极加强与其他国家的合作，共同应对全球性问题，推动构建人类命运共同体。

（4）发挥外交智慧和领导才能。①外交智慧。周恩来总理在万隆会议上展现出了卓越的外交智慧，他以高超的语言表达能力、敏锐的洞察力和灵活的应对策略，成功地化解了会议中的危机，赢得了各国代表的尊重和赞誉。这启示我们在外交工作中，要不断提升自己的外交智慧和能力，善于运用外交手段和策略，巧妙地处理各种复杂的外交问题。②领导才能。周恩来总理作为中国代表团的领导人，在万隆会议中发挥了重要的领导作用。他不仅在会议上发表了具有影响力的讲话，还积极组织和协调中国代表团与其他国家代表团的交流与合作。这提醒我们在团队合作和国际交往中，要具备良好的领导才能，能够带领团队应对挑战，实现共同的目标。

（5）坚定的信念和无畏的勇气。①坚定的信念。周恩来总理对中国的发展道路和未来充满信心，坚信社会主义制度的优越性。在万隆会议上，他坚定地宣传中国的立场和观点，为中国的发展争取了更多的国际支持。这启示我们要坚定对国家的信念，对国家的发展道路和未来充满信心，不断为实现国家的繁荣富强而努力奋斗。②无畏的勇气。在前往万隆会议的途中，中国代表团遭遇了“克什米尔公主”号事件等重重困难和危险，但周恩来总理不畏艰险，毅然决定前往参会。这种无畏的勇气展示了中国领导人的担当和责任。这告诉我们在面对困难和挑战时要具备无畏的勇气，敢于迎难而上，为实现自己的目标和理想不懈努力。

（三）翻修房子与工作作风

1. 沟通背景

在电视剧《海棠依旧》第 18 集中，围绕修老家房子一事，周恩来与周同宇谈话的背景主要有以下几方面：

（1）地方政府的提议。淮安县委提出要把周恩来的祖屋重新修缮一下。当时新中国成立后，地方政府可能出于对周恩来总理的敬重以及对革命先辈故居的重视，有这样的想法和提议。

（2）周同宇的想法。周同宇作为周恩来的弟弟，得知老家要修房子，便想专程回趟老家帮着修缮。这可能是出于对家乡、对祖屋的一种朴素情感，也可能觉得这是一件理所当然的事情。

（3）周恩来的身份和原则。周恩来是国家总理，他一直秉持着严格的自我要求和廉洁奉公的原则。他深知自己的身份特殊，任何行为都可能被放大和解读，因此对于老家修房子这样的事情格外谨慎。

（4）时代背景的影响。当时新中国处于建设初期，国家的资源和资金都需要用于经济建设和人民生活的改善。周恩来不希望因为自己的私人事务而耗费公共资源，也希望以身作则，为广大干部和群众树立榜样。

2. 沟通竞秀

____

____

3. 沟通经典

（周同宇：淮安县委来人捎话说，咱驸马巷的房子实在太破旧了，需要翻修一下，我想回去给他们送点费用，也想回去看一看，走之前看看哥哥还有什么嘱咐？）

周恩来：老家的房子不是还住着几户人家吗？怎么翻修啊？

（周同宇：县委的同志说，他们这几天就搬走了。）

周恩来：为了翻修我们的房子，就让人家搬了，同宇，你觉得合适吗？

（周同宇：这有什么不合适的，驸马巷的房子是我们的私产，他们都住了这么多年，我们连一分钱房租都没有收过，现在要翻修房子，请他们临时搬走，哥要是觉得不合适，将来再把他们请回来，总不能看着房子要倒了都不修一下吧。哥，你放心，请人的工钱，装修的材料钱，我一分钱都不会少他们的。我已经从互助会把钱借出来了。）

周恩来：去把钱还给互助会，房子不能修。

（周同宇：怎么不能修了，哥？）

周恩来：对，不能修，你也不许回去。快回去上班。

（周同宇：哥，这样不好吧？不能因为我是你弟弟，就老家不让回，房子破了不许修。我们都有老的那一天，你不是也说，总不能一辈子住西花厅，谁都有不中用的时候，我们现在不能常聚，将来回老家再聚。）

周恩来：对呀，但现在不是修房子的时候，也不是你回去的时候。

（周同宇：那什么时候可以回去？什么时候可以修房子？）

周恩来：哪天，我不做总理了。

（周同宇：房子早塌了。）

周恩来：塌了，将来我们可以回去盖，也用不着盖那么大的，够我们住就可以了。上次尔辉来，介绍了老家的情况，那里还有很多像我们家一样破旧的房子都还没有翻修，为什么县委主动要修我们的房子？他们这种思想非常可怕。看似是一栋房子，但反映出来的是他们的工作作风。他们是在为人民服务吗？他们心里还会装着我们的百姓吗？你如果回去了，也翻修了房子，这就是在滋长他们的错误思想，他们会离人民越来越远。

（周同宇：哥，你高瞻远瞩，我没有你这个觉悟，但是你一直不让我回老家，我就是想不通。从新中国成立到现在，八、九年了，那里埋着咱妈，上炷香，磕个头怎么就不行？）

周恩来：只要我们心里想着，不上香，不磕头，妈也知道儿子想她，牵挂她。你回去，可能有人不知道吗？知道了，他们会像对待普通人一样对待你吗？同宇，你不要总想着自己是普通人。

（周同宇：我连普通人还不如。）

周恩来：对！至少你对自己的要求要更严格，你既要做好普通人，还要做好我的弟弟。好了，我要去开会了，这件事，你如果还想不通，慢慢想，但有一个事实是改变不了的，我们是亲兄弟，你想不要我这个哥哥，也没办法。

4. 沟通实效

在电视剧《海棠依旧》第 18 集中，围绕修老家房子一事，周恩来与周同宇的谈话起到了很好的效果：

起初，淮安县委提出要把周恩来的祖屋重新修缮一下，周同宇便想专程回趟老家帮着修缮。周恩来得知后，让周同宇将修房子的钱还给县总会，并直接道明只要自己一日是总理，便不准修缮祖屋，不许回老家。周恩来指出若周同宇回去，必会受到淮安县委特殊待遇，而这是资产阶级旧思想，不能放纵。

后来，淮安县委听到周恩来的批评后，专程送来了检讨，并开始修缮那里经济基础差的老房子。周同宇得知此消息后，也终于认识到了自己的错误，兴冲冲地将这消息告诉了周恩来，周恩来很是欣慰。这一系列的情节展现出周恩来严格的自我要求和廉洁的家风，也通过与周同宇的谈话让周同宇理解并认同了他的做法。

5. 沟通策略

在电视剧《海棠依旧》第 18 集中，围绕修老家房子一事，周恩来与周同宇谈话的策略主要有以下几点：

（1）晓之以理。①明确原则立场。周恩来向周同宇严肃地指出，只要自己一日是总理，便不准修缮祖屋。他强调这是一个原则性的问题，不能因为是自己的老家就搞特殊化。通过这种坚定的表态，让周同宇清楚地认识到这件事的严肃性和不可违背性。②剖析问题本质。周恩来向周同宇解释，如果他回去修房子，必然会受到淮安县委的特殊待遇，而这是资产阶级旧思想的体现，是不能被放纵的。他将修房子这件事上升到思想层面的高度，让周同宇理解其背后的深层次意义，明白这种行为可能带来的不良影响。

（2）动之以情。①以自身为榜样。周恩来以身作则，用自己的行为和态度为周同宇树立榜样。他始终坚守廉洁自律的原则，不谋私利，不搞特殊化，希望周同宇能够理解并效仿他的做法。这种以身作则的方式，能够让周同宇更深刻地感受到周恩来的坚定信念和高尚品质，从而更容易接受他的观点。②强调对人民的责任。周恩来一直将人民的利益放在首位，他向周同宇强调，作为国家领导人，他的职责是为人民服务，而不是为自己和家人谋取私利。修房子这件事可能会引起人民的不满和质疑，损害党和政府的形象，因此必须坚决反对。通过这种方式，周恩来让周同宇明白，他们应该时刻牢记自己的责任和使命，不能因为个人的事情而影响到国家和人民的利益。

（3）引导反思。①引发思考。周恩来的谈话并非一味地批评和指责，而是引导周同宇进行反思。他让周同宇思考修房子这件事的合理性和必要性，以及可能带来的后果。这种引导反思的方式，能够让周同宇自己去思考问题，从而更深刻地认识到自己的错误。②鼓励正确认识。周恩来鼓励周同宇树立正确的价值观和思想观念，摒弃错误的想法和行为。他希望周同宇能够理解他的良苦用心，支持他的工作，共同为国家的发展和人民的幸福努力奋斗。

6. 沟通启示

在电视剧《海棠依旧》第 18 集中，围绕修老家房子这件事，周恩来与周同宇的谈话带来了诸多启示：

（1）廉洁自律与公私分明的重要性。作为国家领导人，周恩来以身作则，坚决反对利用职务之便为自己或家人谋取特殊待遇。他明确表示只要自己一日是总理，便不准修缮祖屋。这启示我们无论身处何种职位，都应始终保持廉洁自律的品质，不滥用权力，不将公共资源用于私人事务。在工作和生活中，要清晰地划分公私界限，做到公私分明，坚决抵制以权谋私的行为。

（2）摒弃特权思想与保持谦逊态度。周恩来指出若周同宇回淮安老家，必然会受到县委的特殊待遇，而这是资产阶级旧思想，不能放纵。这提醒我们要摒弃特权思想，不能因为自己的身份、地位或与有权势之人的关系，就期望获得特殊的关照或优待。无论取得多大的成就，都应保持谦逊的态度，平等地对待每一个人，以平常心看待自己的地位和荣誉。

（3）坚守原则与大局意识。周恩来坚守自己的原则，不因亲情而违背原则。他明白修房子一事虽小，但关系到党风廉政建设和国家的形象。这启示我们在面对各种诱惑和人情世故时要坚定地坚守自己的原则，不轻易妥协。同时，要有大局意识，从国家和人民的利益出发，考虑问题、做出决策，不能因个人的私利或小团体的利益而损害国家和集体的利益。

（4）良好家风的传承与建设。周恩来对亲属的严格要求，体现了他对良好家风的重视和传承。他希望通过自己的言传身教，让家人明白什么是正确的价值观和行为准则。这提醒我们，家庭是人生的第一所学校，良好的家风对个人的成长和社会的和谐发展至关重要。我们应当注重家风的建设，培养家庭成员的道德素养和责任感，让良好的家风代代相传。

（5）对错误思想的警惕与批判。剧中周恩来对周同宇的批评，实际上是对错误思想的批判。他及时纠正了周同宇的错误观念，让他认识到自己的想法是不正确的。这启示我们要时刻保持警惕，对错误的思想和行为要有清醒的认识，并敢于进行批判和纠正。只有不断地反思和自我完善，才能保持正确的方向，不断进步。

（四）做事情可以，但是一分钱也不允许多拿

1. 沟通背景

在电视剧《海棠依旧》第22集中，围绕周同宇退休返聘一事，周恩来与曾山谈话的背景主要有以下几点：

（1）周同宇的个人情况。①健康问题。周同宇患有胃溃疡等疾病，医生建议他进行手术，这使他的身体状况无法再像以前一样承担高强度的工作，因此面临提前退休的情况。②工作表现。周同宇在工作时一直勤勤恳恳，虽然每月都有请病假，但工作效率较高，给领导和同事留下了较好的印象。

（2）单位的考虑。曾山作为领导，看到了周同宇的工作能力和价值，考虑到他的家庭可能需要经济支持，同时也出于对他工作的认可，所以想让周同宇退休后仍来内务部工作，以便给他一定的补贴。

（3）周恩来的身份和原则。周恩来是国家重要领导人，一直秉持着公正、廉洁的原则，坚决反对利用自己的关系为亲属谋取特殊待遇。对于周同宇退休返聘这件事，他认为不能因为自己的关系而给周同宇例外，必须按照规定和原则来处理。

总的来说，这一事件反映了周恩来严格要求自己和亲属，不搞特殊化的高尚品质，也体现了当时领导干部在工作中面临的一些实际情况和决策考量。

2. 沟通竞秀

3. 沟通经典

曾山：总理，我心里不舒服，我想跟你敞开一下思想。

周恩来：看看看，我刚要表扬你，你就要让我生气，不要讲了，你做得对！

曾山：我觉得我对不起同宇，跟您没关系啊。我现在比您了解同宇。同宇自从进了内务部，他一直勤勤恳恳地工作，什么好事都退到最后，经常带病坚持工作，他们领导要提拔他，他坚决反对。而且人家还说："不是因为我是周恩来的弟弟才这样，他是他，我是我啊，我尽量做得最好！"总理，你说说，这样一位优秀的科长，我让他退休了，我……

周恩来：是不是他每个月都要休病假，是不是出勤率最低呢？

曾山：人吃五谷杂粮谁还不生个病啊。要不这样吧，同宇虽然退休了，我们再把他请回来，让他做些不定点儿的零散工作，他的技术很不错，我们也很需要他，这样在他退休工资的基础上再补贴一些，当然不是发全工资啊，要不心里真过意不去！

周恩来：你这是胡闹。你们内务部有这个先例吗？就算有周同宇也不可以，你们需要他做一些事情，他身体好的时候可以去，但是一分钱也不允许多拿。你快回去吧。你这是为私事在影响工作，不过，你对同宇的评价，我会转达给他，他一定很高兴，他非常单纯，听了你的话，他的病会好许多。

曾山：是啊，我就怕他一退休，心情不好，反而影响身体。那样，太对不起您了！

周恩来：没有那么复杂，这个问题，同宇早表过态。放心吧，曾山同志。曾山同志，你可是当年的一名虎将啊，毛主席都称赞你们曾家是满门英烈，怎么解放了，变得婆婆妈妈了。这件事，不许再想了。再想，我处分你。

曾山：是，总理！

4. 沟通实效

在电视剧《海棠依旧》第22集中，围绕周同宇退休返聘一事，周恩来与曾山的谈话起到了以下效果：

（1）明确了原则立场。周恩来通过与曾山的谈话，再次明确了自己不搞特殊化、一切按规定办事的坚定原则立场。他坚决反对因为自己的关系而给弟弟周同宇特殊待遇，这种态度向曾山以及周围的人清晰地传达了作为国家领导人应有的公正、廉洁的行为准则，起到了以身作则的示范作用。

（2）纠正了工作方向。曾山原本出于对周同宇工作能力的认可以及对其家庭经济状况的考虑，想让周同宇退休后返聘以获得补贴。但经过周恩来的严肃批评和明确表态，曾山认识到了这种做法的不妥之处，及时纠正了可能出现的错误工作决策，避免了因特殊关照而可能引发的不良影响。

（3）维护了政府形象。周恩来的这一行为维护了政府部门的良好形象和公信力。在当时的历史背景下，政府的廉洁奉公、按章办事对于稳定社会秩序、增强人民对政府的信任具有极其重要的意义。周恩来以自己的实际行动向人民展示了政府工作人员应有的作风和态度，为政府树立了正面的榜样。

（4）对家人起到了教育作用。这一事件对周同宇以及周家的其他亲属也起到了教育作用。让他们更加深刻地认识到周恩来对家人的严格要求以及对原则的坚守，从而在今后的工作和生活中更加自觉地遵守规定，不谋求特殊待遇。

5. 沟通策略

在电视剧《海棠依旧》第 22 集中，围绕周同宇退休返聘的事，周恩来与曾山谈话时主要采取了以下策略：

（1）坚持原则，立场坚定。周恩来明确表示不能因为周同宇是自己的弟弟，就给予特殊照顾。当曾山提出想让周同宇退休后仍回内务部工作以获得补贴时，周恩来立刻严词拒绝，强调必须按照规定办事，不能搞特殊化。他深知自己作为国家领导人，一举一动都备受关注，必须以身作则，维护公平公正的原则。

（2）晓之以理，以理服人。周恩来向曾山解释为什么不能这样做，他强调国家的制度和规定是为了保障公平和公正，不能因为个人关系而随意打破。如果给周同宇开了这个先例，那么其他人可能也会有类似的要求，这样会破坏制度的严肃性和权威性。通过讲道理的方式，让曾山理解并认同他的观点。

（3）强调纪律，警示他人。周恩来借此机会向曾山强调纪律的重要性，不仅是针对周同宇的事情，也是对所有干部的要求。他希望曾山以及其他干部都能牢记全心全意为人民服务的宗旨，严格遵守纪律，不利用职权为自己或他人谋取私利。这既是对曾山的一种警示，也是对整个干部队伍的一种教育。

（4）关心同志，体现关怀。虽然周恩来坚决反对给周同宇特殊待遇，但他也关心周同宇的生活状况。他向曾山了解周同宇在工作中的表现和身体情况，在坚持原则的前提下，也希望能够在合理的范围内给予周同宇一定的关心和帮助。这体现了他既坚持原则又不失对同志的关怀。

6. 沟通启示

在电视剧《海棠依旧》第 22 集中，周恩来与曾山关于周同宇退休返聘的谈话，带来了以下几方面启示：

（1）坚持原则，不搞特殊化。周恩来作为国家领导人，始终坚守原则底线，坚决反对利用自己的身份和地位为亲属谋取特殊待遇。这启示人们在工作和生活中，无论身处何种位置、面对何种情况，都应将原则放在首位，不能因个人关系或其他因素而违背公平公正的原则。只有这样，才能维护社会的公平正义，赢得他人的尊重和信任。

在现实社会中，领导干部更应以身作则，不搞特殊化，严格要求自己和身边的人，为群众树立良好的榜样，营造风清气正的社会环境。

（2）公私分明，正确处理公与私的关系。周恩来在处理周同宇的问题上，清晰地将公事与私事划分开来。他明白周同宇是一名普通的工作人员，不能因为是自己的弟弟就给予特殊照顾。这提醒人们要正确看待和处理公与私的关系，不能将个人情感、家庭关系等私人因素带入到工作中，影响工作的公正性和客观性。

当个人利益与集体利益、国家利益发生冲突时，应毫不犹豫地以集体利益和国家利益为重，做到先公后私、大公无私。

（3）尊重制度，按规定办事。对于周同宇的退休返聘，周恩来强调要按照规定和制度来处理，即使内务部可能有返聘的先例，但也不能破例为周同宇开绿灯。这体现了对制度的尊重和维护，制度是保障社会正常运转和公平竞争的重要基础。在日常工作和生活中，每个人都应自觉遵守规章制度，不随意突破制度的界限。同时，对于违反制度的行为要坚决抵制，维护制度的权威性和严肃性。

（4）关注干部的工作表现和能力。曾山对周同宇的工作表现给予了肯定，认为他工作勤勤恳恳、效率高，这是他考虑返聘周同宇的原因之一。这启示人们在评价和任用干部时，要注重其工作表现和能力，以实际工作成果作为重要的评价标准。对于那些工作认真、能力突出的干部，应给予适当的肯定和奖励，激发他们的工作积极性和创造力，为国家和社会的发展贡献更多的力量。

（5）廉洁自律，保持清正廉洁的作风。周恩来的行为体现了他的廉洁自律，他不仅自己做到清正廉洁，还严格要求身边的人。这对于广大干部来说是一种重要的警示，提醒他们要时刻保持廉洁自律的意识，自觉抵制各种诱惑，做到廉洁奉公、清正廉洁。廉洁自律是干部的基本要求，也是维护党和政府形象的重要保障。只有干部队伍保持清正廉洁的作风，才能赢得人民群众的信任和支持，推动国家的长治久安和发展。

三、励志榜样

（一）例文引领

电视剧《海棠依旧》中的榜样——周恩来

在电视剧《海棠依旧》中，周恩来总理无疑是最闪耀的主角，他的形象光辉而伟大，令人敬仰与爱戴，他是真正值得我们崇拜与追寻的榜样。

该剧从多个方面展现出了周恩来总理的非凡魅力与伟大品质。在工作上，他殚精竭虑、事无巨细。筹备开国大典时，总理事必躬亲，亲自交代飞行员的任务、记者采访的位置、相机的位置摆放等所有细节，为了确保万无一失，每天都忙碌到深夜。他还身兼国务院总理、中央军事委员会副主席、外交部部长等多职，工作量巨大，但他始终以高度的责任感和使命感，兢兢业业地为国家和人民付出。

在外交方面，周总理展现出了卓越的智慧和风范。例如在出席万隆会议时，尽管危机四伏，敌特分子处处搞破坏和暗杀，试图阻止他参加，但他毅然前往。为了新中国在国际地位上有更大的影响和更好的交往，他不畏艰险，凭借着坚定的信念和高超的外交技巧，在会议上提出了“求同存异”的方针，为新中国赢得了国际声誉和广泛的认可，让世界看到了中国的风采与力量。

周总理心怀人民，始终把人民的疾苦放在心上。河北邢台发生地震，他第一时间赶赴灾区现场，披着斗篷，眼里含着泪，鼓励大家振作起来，而自己却已经一天一夜没有吃过东西。他关心人民的生活，无论是节日里工人能否吃上饺子，还是抗洪前线、地震现场，只要哪里有灾情，哪里群众有困难，他就会及时出现在哪里，真正做到了与人民同呼吸、共命运。

在对待身边的人时，周总理尽显深情与关怀。他与邓颖超的伉俪情深令人感动，他们在海棠树下吟《海棠》的场景，象征着他们永恒的爱情。同时，他对亲属要求严格却又饱含深情，八婶母从老家赶到北京看望他，他端出一碗馄饨充满歉意地让八婶母尝尝，只因40年前的一句承诺；但他又不徇私情，对弟弟、侄子、侄女的工作和生活安排，都体现了他的公正与廉洁，这些看似家长里短的情节，成为“家风家教”的生动教材。

在个人品质方面，周总理廉洁奉公、朴素节俭。剧中多次展现了他戴袖套的场景，那双袖套是八婶母临终前缝制的，他一直戴着，这不仅是对亲人的纪念，更体现了他的廉洁与俭朴。他一生都在为国家和人民无私奉献，真正做到了“鞠躬尽瘁，死而后已”。

即使在生命的最后时光里，周总理仍是不知疲倦地工作。他把办公桌搬到病床上，在病房里不停地工作，接见外宾，想用最后的时间多做一点事。他对国家和人民的事业执着到了令人动容的地步，他的这种精神激励着身边的每一个人。

电视剧《海棠依旧》通过一个个生动的情节和细节，为我们塑造了一个有血有肉、立体丰满的周恩来形象。他不仅仅是一位伟大的领袖，更是一位充满人性光辉、温暖而亲切的人。他的奉献精神、高尚品德、卓越智慧以及对人民的深情，都成为我们心中永恒的榜样，激励着我们在各自的人生道路上，为了国家的繁荣、人民的幸福，努力拼搏、无私奉献，让“海棠依旧”的精神永远传承下去。他是我们当之无愧的榜样，值得我们永远怀念和学习。

（二）百花齐放

____

____

四、观后感

（一）例文引领

电视剧《海棠依旧》观后感

《海棠依旧》这部电视剧如同一幅细腻而宏大的历史画卷，将周恩来总理的工作与生活娓娓道来，让我沉浸在那段波澜壮阔的岁月中，内心深受触动。

该剧以独特的视角和深情的笔触，展现了周总理为国家和人民日夜操劳、鞠躬尽瘁的伟大形象。剧中的每一个场景、每一个细节都仿佛将我带回到了那个特殊的年代，让我亲身感受到了周总理的人格魅力和崇高精神。

周总理对待工作的认真负责和无私奉献令人动容。他时刻将国家和人民的利益放在首位，无论是处理国内的经济建设、政治改革，还是应对国际上的复杂局势，他都展现出了卓越的智慧和坚定的决心。他为了国家的繁荣富强，不辞辛劳地工作，常常废寝忘食，通宵达旦。他那专注的神情、缜密的思维以及果断的决策，无不体现出他对国家和人民的深情厚爱。这种无私的奉献精神，让我深刻体会到了什么是真正的公仆意识，什么是为人民服务的真谛。

同时，周总理在家庭生活中展现出的温情与关爱也让人感动不已。他与邓颖超同志相濡以沫的爱情，在艰难岁月中的相互扶持和理解，让人看到了爱情最美好的模样。他们之间的信件往来，充满了关怀与牵挂，这种真挚的情感在动荡的年代显得尤为珍贵。而周总理对亲属的严格要求，不搞特殊化，也体现了他作为一个共产党人的廉洁自律和高尚品德。

此外，剧中还通过许多细节展现了周总理的人格魅力。他对待下属的关心和爱护，对待朋友的真诚和友善，对待敌人的宽容和大度，都让人由衷地敬佩。他总是以理服人，以情动人，用自己的言行感染着身边的每一个人。他的微笑、他的忧虑、他的沉思，都深深地印刻在我的脑海中，让我对这位伟人有了更加立体、更加鲜活的认识。

《海棠依旧》让我深刻地认识到，周总理不仅仅是一位伟大的领袖，更是一位有血有肉、有情有义的普通人。他用自己的一生诠释了什么是忠诚、什么是担当、什么是奉献。他的精神如同璀璨的星辰，照亮了我们前行的道路。

在当今时代，我们虽然生活在和平与繁荣之中，但周总理的精神依然具有重要的现实意义。我们应当学习他的爱国情怀，将个人的命运与国家的命运紧密相连，为实现中华民族伟大复兴的中国梦贡献自己的力量；学习他的敬业精神，对待工作认真负责，精益求精，在自己的岗位上发光发热；学习他的高尚品德，廉洁奉公，诚实守信，关爱他人，营造一个和谐美好的社会环境。

海棠依旧，周总理的精神永远绽放。这部电视剧让我铭记历史，缅怀伟人，更让我在未来的人生道路上有了明确的方向和坚定的信念。我相信，只要我们传承和发扬周总理的精神，中华民族的伟大复兴必将实现，海棠花将永远盛开在祖国的大地上。

（二）百花齐放

____

____

五、研讨发言

（一）例文引领

电视剧《海棠依旧》研讨会发言稿

尊敬的各位领导、专家、同仁们：

大家好！很荣幸能够在这次研讨会上发言，与大家共同探讨电视剧《海棠依旧》

这部具有深刻意义和广泛影响力的作品。

《海棠依旧》以独特的视角和细腻的笔触，展现了周恩来总理的伟大人格和崇高品质，为观众呈现了一段波澜壮阔又感人至深的历史画卷。

这部剧在人物塑造上堪称经典。周恩来总理的形象被刻画得栩栩如生，他的智慧、勇气、担当和无私奉献的精神，透过荧幕深深地触动着我们的心灵。剧中不仅展现了周总理在政治舞台上的纵横捭阖，更描绘了他在生活中的平易近人和对人民的深情厚谊。每一个表情、每一个动作、每一句台词，都仿佛让我们看到了那个真实而亲切的周总理，让我们对这位伟人有了更加全面、深入的了解。

在剧情叙事方面，《海棠依旧》巧妙地将重大历史事件与周总理的个人生活紧密结合。从新中国成立初期的百废待兴，到国际舞台上的风云变幻，再到国内建设的艰难探索，每一个情节都紧扣时代脉搏，展现了那个特殊时期的艰辛与挑战。同时，剧中也不乏温馨感人的家庭场景，让我们看到周总理作为普通人的一面，他的夫妻情、父子情、兄弟情，使他的形象更加丰满、立体。

该剧的艺术表现手法也值得称赞。精美的画面、精心设计的场景、贴合时代的服装道具，都为观众营造出了强烈的代入感。背景音乐的运用更是恰到好处，激昂时振奋人心，舒缓时触动情怀，有效地烘托了剧情的氛围。

此外，《海棠依旧》还具有重要的现实意义。它让我们回顾历史，铭记那些为国家和人民付出的先辈们，激发我们的爱国热情和责任感。在当今社会，我们面临着各种机遇和挑战，周总理的精神为我们提供了强大的动力和指引。他的一心为公、勤奋工作、严于律己、关爱人民的品质，永远值得我们学习和传承。

同时，这部剧也为影视创作提供了宝贵的经验。它告诉我们，好的作品不仅要有精彩的剧情和出色的表演，更要有深刻的思想内涵和文化底蕴。只有这样，才能真正打动观众，引发共鸣。

然而，《海棠依旧》也并非完美无缺。在一些情节的处理上，或许可以更加紧凑和流畅，以增强剧情的节奏感。对于部分年轻观众来说，可能需要更多的现代元素和传播方式来吸引他们的关注。

总之，电视剧《海棠依旧》是一部思想性、艺术性和观赏性俱佳的优秀作品。它让我们重温了那段难忘的历史，感受到了伟人的魅力，也为我们的影视创作树立了榜样。希望未来能有更多这样的佳作问世，传承红色基因，弘扬民族精神。

谢谢大家！

（二）百花齐放

____

____

六、文旅链接

淮安周恩来故居：位于江苏省淮安市，是周恩来总理出生和童年生活的地方。这里保存了大量与周总理相关的历史文物和资料，展示了他的成长历程和家庭背景，让人们能更深入地了解周总理的早期生活以及他所受到的家庭教育和文化熏陶，感受他从小就树立的为中华之崛起而读书的伟大志向。

周恩来邓颖超纪念馆：该馆坐落于天津市，馆内丰富的展品和详实的史料，全面展现了周恩来与邓颖超为中国革命、建设和发展所做出的卓越贡献，以及他们二人携手走过的半个世纪的风雨历程和伟大爱情，使人们能从多个角度深入了解两位杰出人物的光辉一生，体会他们的崇高精神品质和人格魅力。

作业

1. 完成本节“沟通竞秀”练习，将其中自己最满意的文字版和音频版创作内容上传到学习平台。

2. 观赏《海棠依旧》全剧，完成“励志榜样”“观后感”“研讨发言”部分的练习，将其中自己最满意的文字版和音频版创作内容上传到学习平台。

第三章 筑梦路上的经典表达与沟通

第一节　中兴伟业步康庄

可在学习强国App中搜索“五个一工程”或剧名观看

一、好剧推荐

电视剧《历史转折中的邓小平》，是一部镌刻时代印记的经典之作，一部波澜壮阔的时代史诗，讲述了一段改变中国命运的传奇历程！

《历史转折中的邓小平》带您穿越回风云变幻的历史节点，1976 年至 1984 年，中国面临何去何从的重大历史关头，邓小平，这位伟大的领袖，以钢铁般的意志和高瞻远瞩的智慧，力挽狂澜。

剧中，不仅有宏大的历史叙事，更有细腻的人物情感。邓小平既是坚定的改革者，又是温情的家人。每一个场景都仿佛历史的回声，每一个画面都传递着奋斗的力量。

沉浸在这部剧里，你将触摸到那段波澜壮阔的历史，领悟伟人的担当与奉献，汲取前行的勇气和动力。快来一起走进《历史转折中的邓小平》，开启一场震撼心灵的历史之旅。

二、经典表达与沟通

（一）搞现代化必须从科技教育入手

1. 沟通背景

在电视剧《历史转折中的邓小平》第 6 集中，邓小平在与科技专家们座谈会上的讲话沟通的背景主要有以下几方面：

（1）国家科技人才队伍状况堪忧。①“文化大革命”期间，一些知识分子被打为“反革命”，遭到错误批判，科研工作基本停滞，科技人才队伍被严重削弱。像陈景润这样的科研人员，只能秘密地搞科研，科研环境极其恶劣。②十年内乱导致教育体系受到严重破坏，人才培养出现断层，年轻的科研力量难以得到有效补充，中国科技事业面临着青黄不接的局面。

（2）国家建设对科技人才需求迫切。当时中国百废待兴，要实现现代化建设，科技是关键。无论是国防建设、工业发展还是农业现代化等各个领域，都迫切需要科技人才的支持和科技力量的推动。然而，当时的科技人才状况远远无法满足国家建设的需求。

（3）思想认识存在分歧。党内对于如何对待知识分子还存在一些迂腐的思想和错误的认识。一部分人对启用在“文革”中受到迫害的知识分子存在疑虑，甚至将其视为对“文革”案子的翻案，对邓小平重用知识分子的举措不理解、不支持。

（4）教育和科研体系亟待恢复。之前的混乱局面使得教育和科研体系陷入混乱，招生制度被破坏，高校不敢正常录取学生，科研工作无法正常开展。例如，1973 年曾恢复过文化考试，但第二年又因错误思想的干扰而取消。

在这样的背景下，邓小平深刻认识到科技和人才对于国家发展的重要性，所以召开座谈会与科技专家们沟通，希望听取他们的意见和建议，推动科技和教育事业的恢复与发展。这些举措为中国后来的科技进步和经济发展奠定了重要基础。

2. 沟通竞秀

3. 沟通经典

大家这几年都吃了苦了，我代表党中央给大家道歉了！（鞠躬）请大家来开会啊没有别的意思，就是想听听大家的意见。这个事情呢从一句话说起——我们现在是二十世纪，我们这个世纪啊还有二十三年，也就是说，我们国家实现四个现代化，实现赶超世界先进水平的任务，这个任务啊究竟从何入手？前段时间，我没有工作，一个人呐胡思乱想，我也找了一些同志谈了一下想法，就是我们国家要搞现代化，必须从科技教育入手，如果不从科技教育入手啊，那超越就等于是一句空话。那今天的题目是什么啊？就是在科技上我们如何做得更好，做得更快。在教育方面，如何能符合四个现代化的要求和赶超的要求，包括学制、教材教员的来源、办学的方针、具体的措施，想征求一下在座同志的意见。

（对科技专家们抱拳拱手）我知道我们大家还有很多顾虑，但是同志们呐，你们也知道，国家现在的局面呐太危急了，我们落后别的国家太多了，如果我们再要不奋起直追，亡党亡国不是不可能。“四人帮”污蔑我们知识分子是臭老九，是为资产阶级服务的，但是我清楚，我们中国知识分子啊是最识大体、最顾大局的。在艰难时刻，在国家面对危机的时候，我们中国知识分子就有挺身而出、不计较个人得失的优良传统。

这次中央分工，我主动请缨，来分管科技教育。这是外行领导内行了，因为我是个外行嘛，领导你们这些内行。这个方毅同志啊跟我一起搞，他主要是管具体工作，我的任务啊就是放点空炮，助点威风。我想大家可以放开来说，我们这个地方啊没有“棍子公司”，我们要消灭“棍子”。有三个公司嘛，“帽子公司”，“棍子公司”，再加上一个“鞋子公司”，我们都给它去掉。在座的我们都是朋友相聚，放松一些，像回到家一样，要不拘礼仪，不拘小节，都可以。

我们有些老同志啊年纪大了，穿着皮鞋来参加开会啊，时间长了脚会不舒服，所以我说，这个鞋子啊可以脱掉，解放出来，大家畅所欲言地谈，大家不反对吧！

苏老，我记得你是1902年出生的，比我大两岁，是老哥了，外国人称你啊是中国的数学之王，怎么样，带个头。

4. 沟通实效

在电视剧《历史转折中的邓小平》第6集中，邓小平在与科技专家们座谈会上的讲话沟通取得了非常好的效果，主要体现在以下几个方面：

（1）化解顾虑，增强信心。当时知识分子在经历了“文革”的冲击后内心存在诸多顾虑和不安，对自身的前途以及国家科技事业的发展感到迷茫。邓小平在座谈会上亲切地与大家交流，表达了对知识分子的尊重和重视，让专家学者们感受到了党和国家对他们的认可与关怀，极大地化解了他们心中的顾虑，增强了他们对国家科技事业未来发展的信心。

（2）广开言路，收集建议。邓小平鼓励大家畅所欲言，不要有任何顾忌，大胆地对教育事业的规划提出建议。这使得专家们能够放下思想包袱，积极发言，为国家科技和教育事业的发展建言献策。比如，老教授苏步青一针见血地指出中国当时最需要的就是年轻的学者，这为国家培养新一代科技人才提供了重要思路。

（3）平反冤情，凝聚人心。对于在“文革”中受到冤屈的科学家，邓小平当场为他们平反，这一举措不仅为这些科学家正了名，也让其他知识分子看到了党拨乱反正的决心和勇气，进一步凝聚了广大知识分子的心，让他们能够更加坚定地投身到国家的科技事业建设中。

（4）树立榜样，引领风气。邓小平亲自与科技专家们座谈交流，为各级领导干部树立了尊重知识、尊重人才的榜样，引领了全社会重视科技、重视教育的良好风气，为国家科技和教育事业的发展营造了良好的氛围。

总之，邓小平在与科技专家们座谈会上的讲话沟通，为国家科技和教育事业的拨乱反正、恢复发展奠定了坚实的基础，对推动中国历史的转折起到了极其重要的作用。

5. 沟通策略

在电视剧《历史转折中的邓小平》第 6 集中，邓小平在与科技专家们座谈会上的讲话沟通策略主要有以下几点：

（1）真诚关心，拉近距离。①邓小平出席科教座谈会，用亲切的态度和专家学者们交流，让他们感受到被尊重和重视。这种身体力行的方式，迅速拉近了与专家们的距离，使他们能够放下顾虑和紧张情绪，为后续的沟通交流营造了良好的氛围。②关心专家们的生活状况和工作环境，对他们在过去所受的苦难表示理解和同情。例如，提到让专家去扫厕所是不合理的，强调要为他们创造良好的科研环境，让他们能够专心致志地搞研究。

（2）鼓励畅言，消除顾虑。①明确鼓励专家们畅所欲言，不要有任何顾忌。让他们知道在这个座谈会上，可以自由地表达自己的观点和想法，无论是对当前科教现状的看法，还是对未来科教事业发展的建议，都可以毫无保留地说出来。②通过这种鼓励，打消了专家们因过去的政治环境而可能存在的不敢言、怕说错的顾虑，激发了他们参与讨论的积极性和主动性，使得座谈会能够真正收集到专家们的真实想法和宝贵意见。

（3）认真倾听，积极回应。①邓小平在座谈会上认真倾听每一位专家的发言，表现出对他们的尊重和对他们所讲内容的关注。这种认真倾听的态度，让专家们感受到自己的意见被重视，进一步增强了他们的参与感和表达欲望。②对于专家们提出的观点和建议，邓小平积极回应，或给予肯定，或提出自己的看法和疑问，与专家们进行深入探讨。例如，当有专家指出中国现在最需要年轻的学者时，邓小平认真听取并高度重视这一观点。

（4）树立信心，展望未来。①向专家们传达国家对科教事业的重视和支持，让他们看到国家对科教领域的关注和投入将会不断增加，从而树立起他们对科教事业未来发展的信心。强调知识和人才对于国家建设的重要性，让专家们认识到自己所从事的工作具有重大的意义和价值。②对科教事业的发展进行展望，提出一些前瞻性的想法和规划，为专家们指明了方向，激发了他们的奋斗热情和创新精神。比如，在座谈会上探讨如何培养年轻的科研人才，为中国科教事业的长远发展打下基础。

总之，邓小平在与科技专家们的座谈会上，通过真诚关心、鼓励畅言、认真倾听、积极回应、树立信心等沟通策略，成功地与专家们进行了深入交流，为推动中国科教事业的发展奠定了基础。

6. 沟通启示

在电视剧《历史转折中的邓小平》第6集中，邓小平在与科技专家们座谈会上的讲话沟通带来了多方面的启示：

（1）重视知识和人才的价值。①树立正确的人才观。这一时期，知识分子曾被错误地对待和贬低，但邓小平坚定地认为知识分子是国家建设的重要力量，他们的知识和才能对国家的发展至关重要。这启示我们在任何时候都要尊重知识、尊重人才，摒弃对知识分子的偏见和错误认识，为他们创造良好的发展环境，让他们能够充分发挥自己的才能。只有这样，国家才能不断培养和吸引优秀的人才，推动科技、文化、经济等各方面的进步。②加大对教育和科研的投入。当时国家的科研和教育事业受到严重破坏，邓小平深刻认识到教育是培养人才的基础，科研是推动国家发展的重要动力。这提醒我们要高度重视教育和科研工作，不断加大对教育和科研的投入，提高教育质量和科研水平，培养更多高素质的人才，为国家的长远发展提供坚实的人才支撑和智力支持。

（2）坚持实事求是，敢于突破传统观念。①以实际情况为出发点。邓小平在座谈会上认真听取了科技专家们的意见和建议，了解了当时科研和教育领域的实际情况，根据实际情况制定政策和措施。这告诉我们在工作中要坚持实事求是，深入实际，了解实际情况，以实际情况为出发点制定政策和措施，避免脱离实际的空想和盲目决策。只有这样，才能制定出符合实际、切实可行的政策和措施，推动工作的顺利开展。②勇于打破思想束缚。在当时的历史背景下，“左”的思想仍然存在，对很多问题的认识存在僵化和教条的现象。邓小平敢于突破传统观念，提出恢复高考等重要举措，为国家的发展带来了新的机遇。这启示我们在工作中要勇于打破思想束缚，敢于创新，以开放的心态和创新的思维去解决问题，推动事业的发展。

（3）善于倾听和沟通，凝聚共识。①倾听不同意见。邓小平在座谈会上认真倾听了科技专家们的发言，尊重他们的意见和建议，与他们进行了深入沟通和交流。这体现了他善于倾听的领导风范。在工作中，我们也应该学会倾听不同的意见和建议，尊重他人的观点和想法，从中汲取有益的信息和经验，拓宽自己的思路和视野。通过倾听不同意见，能够更好地了解问题的本质和各方面的情况，为做出正确的决策提供依据。②凝聚共识推动发展。邓小平通过与科技专家们的沟通和交流，逐渐凝聚了大家的共识，为推动国家的科技和教育事业发展奠定了基础。这提醒我们在工作中要注重沟通和交流，通过沟通和交流来凝聚共识，形成合力。只有大家心往一处想，劲往一处使，才能更好地推动工作的开展，实现共同的目标。

（4）坚定的信念和使命感。①坚定的信念。邓小平在经历了多次挫折和困难后，仍然坚定地为国家的发展和人民的幸福而努力奋斗。在与科技专家们的座谈会上，他展现出了坚定的信念和决心，要改变国家的落后面貌，推动国家的现代化建设。这启示我们在工作中要有坚定的信念和理想，无论遇到多大的困难和挫折，都要始终保持坚定的信念和决心，不为困难所动摇，不为挫折所屈服，坚持不懈地为实现自己的目标而努力奋斗。②强烈的使命感。邓小平深知自己肩负着国家和人民的重托，他以高度的使命感和责任感，积极推动国家的发展和进步。这提醒我们在工作中要树立强烈的使命感和责任感，认识到自己所从事的工作的重要性和意义，以高度的责任感和使命感去对待工作，认真履行自己的职责，为国家的发展和人民的幸福贡献自己的力量。

（二）“逃港”与“养鸭子”

1. 沟通背景

在电视剧《历史转折中的邓小平》第 15 集中，围绕“逃港”与“养鸭子”的问题，邓小平在广州谈话的背景主要有以下几方面：

（1）国内经济发展的困境与农村问题突出。①农村经济发展滞后。当时中国农村普遍贫困，农民生活艰苦。以广东为例，农业生产方式落后，农民收入水平极低，很多地区还在搞形式主义，没有真正落实有利于农村经济发展的政策，这严重制约了农村的发展。②思想僵化限制生产。长期以来受“左”的思想影响，农村存在各种不合理的政策限制。像对养鸭子数量的限制，“三只鸭子是社会主义，四只鸭子是资本主义”这种荒谬的观念盛行，严重束缚了农民的生产积极性，反映出当时人们思想的僵化和对经济发展的错误理解。

（2）“逃港”问题严峻。广东与香港相邻，当时出现了一些人员“逃港”的现象。一河之隔，香港经济相对繁荣，而内地尤其是广东地区经济落后，巨大的经济差距导致许多人不惜冒险前往香港寻求更好的生活。这不仅是人口流动的问题，更反映出内地在经济发展、政策制定等方面存在严重不足，对国家的稳定和形象产生了负面影响。

（3）国家发展战略的转变需求。①“文化大革命”结束后反思。“文化大革命”

已经结束，国家开始重新审视过去的发展道路。邓小平深刻认识到，必须摆脱过去以阶级斗争为纲的错误路线，转向以经济建设为中心。对农村问题的关注和对“逃港”现象的思考，都是在这种大背景下对国家发展战略转变的探索。②实现现代化的迫切需要。中国要实现“四个现代化”，但当时各行各业问题严重，经济基础薄弱。要推动现代化建设，就必须解决农村等基层的经济问题，提高人民的生活水平，而广东作为改革开放的前沿地区，具有重要的示范和探索意义。

（4）思想解放的呼声日益高涨。当时社会上对于真理标准问题的大讨论正在进行，人们开始反思过去的思想观念和行为方式，对“两个凡是”的错误方针提出质疑，思想解放的潮流逐渐兴起。邓小平在广州的谈话也是对这一潮流的呼应，强调要实事求是，从实际出发，打破思想束缚，为国家的发展寻找新的道路。

总之，邓小平在广州的谈话是基于当时中国面临的一系列经济、社会和思想问题的，旨在推动国家的改革和发展，为中国的现代化建设指明方向。这一系列谈话和思考对后来中国的改革开放政策产生了重要的影响。

2. 沟通竞秀

____

____

3. 沟通经典

我们现在农村搞了很多东西呀，都是在搞形式主义，使我们的农民生活得很苦，也很穷。

我先说一个“逃港”问题。现在大家都在说，“逃港”是个大问题，但是我们得自己想一想，为什么会出现“逃港”啊？我到实地去看了，确实问题很严峻。老百姓呢他会对比，一河之隔啊那边是香港，这个差距太大了，如果说我们的政策对了，老百姓家里面富裕了，他还会往外跑吗？如果说这一边他工作一天呢赚七十块钱，不像现在赚七角钱啊，他还会丢掉家里老人不管，丢掉自己的娃娃不管，到外面讨生活吗？所以我说，是我们的政策出问题了，不能怪老百姓啊，应该怪我们。

我给大家讲一件事，这件事情呢，是我到农村去转了，我亲身感受的。我到了一个农村妇女家，因为广州农村嘛，都养鸭子，我问他，我说你家里养几只鸭子啊？她说三只，她说只能养三只，我说为什么呀？“养四只鸭子啊就是资本主义了。”

怎么会发生这种荒谬的事情？这个事情呢确确实实值得我们反思。我们都是干革命几十年，我们大家想一想，干了几十年的革命了，到底为了什么？如果说，我们革命了几十年，我们至今农村还是这样穷，我们的农民还是这么苦？这种革命呢还有什么进步意义？实事求是地说，这种革命是失败了，还是胜利了？我们每一个革命者都要好好地想一想，不承认失败啊，怎么知道前进。最起码，这种现象可以说明，我们的革命有问题。所以我在想，鸭子虽小，事情很大，反映的问题啊很深刻。这种问题啊要引起我们每一个革命者，每一个同志，好好地想一想，这不是糊涂不糊涂啊，这是个大是大非的问题。

不只广东一个省，我看，全国农村普遍存在这个问题。

4. 沟通实效

在电视剧《历史转折中的邓小平》第15集中，邓小平在广州围绕“逃港”与“养鸭子”问题的谈话产生了多方面的重要效果：

（1）思想层面。①破除思想禁锢。对广东干部群众的思想产生了巨大冲击，让大家开始反思过去的政策和观念。长期以来，“左”的思想严重束缚了人们的思维，而邓小平的谈话以生动的事例指出了这种思想的荒谬性，使人们认识到必须打破思想束缚，以实事求是的态度看待问题。这为后续的思想解放运动在广东乃至全国的深入开展起到了推动作用，为改革开放的思想基础奠定了重要的基石。②引发对社会主义本质的思考。通过养鸭子这种看似微小的事情，引发了人们对于什么是社会主义的深入思考。过去简单地将养几只鸭子与资本主义、社会主义挂钩的做法是错误的，这让人们意识到社会主义应该是让人民过上幸福生活，应该以发展生产力、提高人民生活水平为根本目标，从而促使干部群众重新审视社会主义的发展道路和方向。

（2）政策层面。①推动农村政策调整。谈话之后，广东开始对农村政策进行反思和调整。类似限制农民养鸭子数量等不合理的规定逐步被废除，农村经济政策逐渐向有利于农民生产积极性发挥、有利于农村经济发展的方向转变。这为广东农村经济的快速发展创造了条件，也为全国农村改革提供了借鉴和启示。②关注“逃港”问题的解决。“逃港”问题一直是广东面临的严峻挑战，邓小平的谈话让广东干部深刻认识到“逃港”问题的根源在于内地与香港的经济差距以及内地政策的不合理。这促使广东在政策制定上更加注重经济发展，积极探索吸引外资、发展经济的道路，以减少“逃港”现象的发生。同时，也推动了中央对沿海地区经济发展的重视，为后来的经济特区建设等政策的出台埋下了伏笔。

（3）实践层面。①激发干部群众的积极性。邓小平的谈话让广东的干部群众看到了中央领导对实际问题的关注和解决问题的决心，极大地激发了他们的积极性和主动性。干部们开始敢于尝试新的政策和做法，群众也更加积极地参与到经济建设中来。

例如，在农村地区，农民开始大胆地发展多种经营，积极探索致富的道路。②为改革开放的先行先试提供动力。广东作为改革开放的前沿地区，邓小平的谈话为其先行先试提供了强大的动力。广东干部群众在思想解放的基础上，积极探索适合本地发展的道路，为全国的改革开放积累了宝贵的经验。后续广东在经济体制改革、对外开放等方面取得的一系列成就，都与邓小平的这次谈话有着密切的关系。

5. 沟通策略

在电视剧《历史转折中的邓小平》第15集中，邓小平在广州围绕“逃港”与“养鸭子”问题的谈话，展现出了以下策略：

（1）以实例切入，引发思考。①养鸭子的例子。邓小平讲述了在农村看到的养鸭子的具体事例，农户明明准备了足够喂养很多只鸭子的饲料，却只敢养三只鸭子，因为养四只鸭子就被认为是资本主义。通过这个生动且贴近农民生活的实例，让干部们直观地感受到政策的不合理性以及思想僵化所带来的问题。这种以小见大的方式，使干部们能够迅速理解问题的本质，引发他们对过去政策的反思。②“逃港”的现象。邓小平实地考察了“逃港”的情况，用大量人员“逃港”这一严峻的现实问题，让干部们深刻认识到当前政策所导致的不良后果。以具体的事例为切入点，更能触动干部们的神经，使他们意识到问题的紧迫性和严重性，为后续的深入讨论奠定基础。

（2）强调问题根源，引导正确认识。①分析“逃港”问题根源。邓小平指出“逃港”问题的出现，不是老百姓的问题，而是政策出了问题。他让干部们思考，一河之隔，香港与内地的经济差距巨大，老百姓自然会选择去生活条件更好的地方。这使干部们认识到，不能一味地将“逃港”现象归结为个别人员的行为问题，而要从政策和经济发展的角度去寻找根源。②反思养鸭子背后的政策导向。对于养鸭子的问题，邓小平强调这看似是一个小问题，但反映出的是大是大非的问题。过去将养鸭子的数量与资本主义、社会主义简单挂钩的做法是错误的，这种错误的政策导向导致了农民不敢放开手脚发展生产。通过对这两个问题根源的分析，引导干部们树立正确的认识，即政策必须符合实际情况，要以发展经济、提高人民生活水平为目标。

（3）鼓励畅所欲言，营造讨论氛围。①允许干部表达观点。在谈话过程中，邓小平鼓励广东省委的干部们发表自己的看法和意见。他提出问题后，并没有急于给出答案，而是给干部们思考和表达的机会。这种做法有助于调动干部们的积极性，让他们参与到问题的讨论中来，形成良好互动氛围。②倡导实事求是。邓小平强调要实事求是，不要害怕讲真话。这为干部们营造了一个宽松的言论环境，让他们能够放下思想包袱，敢于对过去的政策和做法提出质疑，从而推动思想的解放和观念的转变。

（4）高瞻远瞩，提出改革方向。①明确改革的必要性。邓小平通过对“逃港”与“养鸭子”问题的分析，明确指出当前的政策已经不适应国家的发展需要，必须进行改革。他让干部们认识到，革命几十年不能让老百姓过上好日子，这样的革命是有问题的，必须要进行政策调整，推动经济的发展。②强调思想解放的重要性。邓小平提出要实现国家的发展，必须解放思想，打破思想僵化的束缚。他以这两个问题为契机，引导干部们认识到思想解放对于改革的重要性，只有思想解放了，才能制定出符合实际的政策，推动国家的现代化建设。

6. 沟通启示

在电视剧《历史转折中的邓小平》第 15 集中，围绕“逃港”与“养鸭子”的问题，邓小平在广州的谈话带来了诸多启示：

（1）思想理念方面。①解放思想的紧迫性。“养鸭子”事件凸显出当时思想的僵化与教条，人们因害怕被批判而不敢突破不合理的政策限制。这启示我们必须不断解放思想，打破旧有观念的束缚，以适应不断变化的社会发展需求。只有思想解放了，才能敢于探索新的发展道路和模式，推动社会的进步。例如，改革开放初期，深圳等地正是因为敢于突破传统观念，大胆尝试新的经济发展模式，才取得了举世瞩目的成就。②实事求是的重要性。无论是对“逃港”问题的分析，还是对“养鸭子”现象的探讨，邓小平都强调要从实际情况出发，实事求是地看待和解决问题。这告诉我们，在制定政策、解决问题时，不能脱离实际，不能被教条主义和形式主义所束缚，要以客观事实为依据，这样才能制定出符合人民利益、推动社会发展的正确政策。

（2）经济发展方面。①正确认识经济规律。“逃港”问题的背后是内地与香港经济发展水平的巨大差距，这反映出当时内地经济发展政策存在不足，没有充分认识和遵循经济发展的规律。这启示我们要深入研究经济规律，按照经济规律办事，不断调整和完善经济政策，以促进经济的快速发展。比如，在市场经济条件下，要充分发挥市场在资源配置中的决定性作用，同时更好地发挥政府的宏观调控作用。②鼓励多种经营与创新。“养鸭子”事件中对养鸭数量的限制，阻碍了农民的生产积极性和农村经济的发展。这提醒我们要鼓励多种经营和创新，为经济发展提供更多的活力和动力。在农村地区，要积极推动农业产业化、规模化经营，发展特色农业、乡村旅游等多种产业，拓宽农民的增收渠道；在城市，要鼓励创新创业，培育新的经济增长点。

（3）政策制定与执行方面。①政策要符合人民利益。“逃港”现象反映出当时的政策没有让人民过上更好的生活，导致一些群众选择离开。这启示我们政策的制定和执行必须以人民的利益为出发点和落脚点，要让人民群众在政策中得到实惠。只有这样，政策才能得到人民的支持和拥护，才能顺利实施。比如，近年来我国实施的脱贫攻坚、乡村振兴等战略，都是为了提高人民的生活水平，得到了广大人民群众的积极响应和支持。②政策要具有灵活性和适应性。“养鸭子”事件中死板的政策规定与实际情况严重不符，说明政策需要具有一定的灵活性和适应性，能够根据不同地区、不同情况进行调整和完善。在经济社会发展过程中，会遇到各种各样的新情况、新问题，政策必须与时俱进，不断适应变化的形势，才能更好地推动经济社会的发展。

（4）干部作风方面。①干部要深入基层。邓小平亲自到农村考察，了解基层的实际情况，这体现了干部深入基层的重要性。干部只有深入基层，才能真正了解人民群众的需求和困难，才能制定出符合实际的政策。如今，各级干部仍然需要经常深入基层开展调查研究，倾听人民群众的呼声，为人民群众解决实际问题。②干部要勇于担当。邓小平在谈话中敢于直面问题，批评当时政策的不合理之处，这体现了他的担当精神。干部在工作中要勇于担当，敢于发现问题、解决问题，不能回避矛盾和困难。只有这样，才能推动各项工作的顺利开展，为国家的发展贡献力量。

（三）劳动模范的困惑

1. 沟通背景

在电视剧《历史转折中的邓小平》第 19 集中，围绕更换新设备，邓小平与鞍钢英雄炉牛炉长等人谈话沟通的背景主要有以下几方面：

（1）国内钢铁工业现状落后。当时中国的钢铁工业整体技术水平和设备状况较为陈旧落后。鞍钢作为中国重要的钢铁生产基地，其设备经过长期使用，老化严重，生产效率低下，难以满足国家经济建设日益增长的需求。这种落后的状况不仅影响了钢铁产量和质量，也制约了国家工业体系的发展和现代化进程。

（2）鞍钢发生爆炸事故。邓小平考察鞍钢时，鞍钢发生了爆炸事故，很多老工人都受了重伤。这一事故凸显出旧设备存在的安全隐患问题，也让邓小平深刻认识到设备更新换代的紧迫性。

（3）国家经济建设的迫切需求。在历史转折时期，国家开始将工作重点逐步转移到经济建设上来。钢铁是工业的基础，对于国家的基础设施建设、机械制造等众多领域都具有极其重要的意义。要推动国家经济的快速发展，就必须提高钢铁的产量和质量，而这离不开先进的设备和技术。

（4）国际环境带来的机遇。当时西方国家愿意和中国发展关系，这为中国引进先进的钢铁生产技术和设备提供了可能。邓小平敏锐地意识到，中国应该抓住这个机遇，通过引进国外的先进技术和设备，提升中国钢铁工业的水平。

基于以上背景，邓小平下决心一定要更换设备，引进先进技术，进行技术革命，这对于推动中国钢铁工业的发展以及整个国家的经济建设具有极其重要的意义。

2. 沟通竞秀

____

____

3. 沟通经典

邓小平：三位工友的谈话，我很感动。我们国家有像你们这样的优秀工人呢，是很自豪的。你们的材料我看了，不简单——日单产、年终产，都创纪录，而且在座的都是劳动模范，你们给鞍钢做出了贡献，鞍钢给国家做出了贡献。国家是要感谢你们的。

牛炉长：邓副主席，还是你了解我们工人呐！

邓小平：今天呢，我要给大家说这么几句话，大家听一听，看能不能说得通。鞍钢啊，它是我们国家重要的钢铁生产基地，它承担着非常重的生产任务，所以鞍钢的生产情况啊，它直接牵扯到全国，这其中的厉害，我想大家一定知道，但是大家肯定比我还要清楚的是，我们鞍钢的设备啊，整体上是落后了。我们那个高炉啊，是多大年纪的？我看了一下，这里面就是你牛炉长年纪大，难道你说，你能比那个高炉的年纪还要大吗？更不要说这些娃娃了啊，因为它这些高炉，它是日伪时期留下来的，多少年了，落后了呀！消耗大、成本高、产量低，而且经常出事故，这是不是事实啊？

牛炉长：邓副主席，您说的这些都是事实，但是设备旧，我们完全可以维修嘛，而且我们能够保证完成任务，从来没误过功啊。

邓小平：没有误过功，一来啊，是那个标准低，二来嘛，就是我们这些工人不分白天黑夜，加班加点，甚至于把家里的事抛弃了，全心全意投入到生产，这个样子干出来的呀。

牛炉长：那是我们心甘情愿。

邓小平：牛炉长，这不是心不心甘情愿的问题，是应不应该的问题。当然了，我相信这些旧设备在各位工友手里面是能得到很好的维护，但是它能不能生产出我们国家现在急需的特种钢、优质钢啊？它能不能达到我们国家现代化建设的要求啊？更不要说能达到国际上对特种钢、优质钢的要求了。这位小工友刚才说了，这个炉子经常出事故，大家想过没有？就是因为这样的高炉啊，我们很多工友受了伤，甚至于丢了性命。如果说不改变这样的现象会是什么样子？对国家来说，是要误了大事啊。我今天带来了一部影片，时间不长，就这么半个小时。我想请大家看一看，因为它呀也是讲钢铁生产的。大家看一看，好不好？

众人：好！

4. 沟通实效

在电视剧《历史转折中的邓小平》第 19 集中，邓小平与鞍钢英雄炉牛炉长等人谈话沟通取得了良好的效果，主要体现在以下几个方面：

（1）思想转变方面。①增强了对技术革新的认同感。通过沟通，鞍钢的工人们开始认识到更换新设备、进行技术革命的必要性和紧迫性。之前，工人们可能对旧有生产方式存在一定的惯性思维和依赖，但邓小平的谈话让他们意识到，在时代发展的大背景下，老设备、旧技术已经无法满足国家建设的需求，只有积极引进新设备、新技术，才能让鞍钢乃至整个中国的钢铁产业有更好的发展。这种思想上的转变为后续鞍钢的技术革新奠定了基础。②打破了保守观念的束缚。对于一些工人来说，更换新设备可能意味着他们要重新学习和适应，甚至可能会面临一些工作岗位的调整，因此存在一定的抵触情绪。邓小平的谈话让他们明白，不能因循守旧，要敢于突破传统观念的束缚，积极拥抱技术进步带来的变革。这使得工人们逐渐放下了思想包袱，开始以更开放的心态去接受和支持技术革新。

（2）行动推动方面。①激发了工人的积极性和主动性。邓小平对鞍钢发展的重视和对工人们的关心，让工人们感受到了国家领导人对他们的期望和信任。这种信任和期望转化为了工人们的工作动力，激发了他们的积极性和主动性。工人们纷纷表示愿意为鞍钢的技术革新贡献自己的力量，积极参与到新设备的引进和安装、新技术的学习和应用等工作中。②为鞍钢的改革发展明确了方向。邓小平在与工人们的谈话中，不仅强调了技术革新的重要性，还为鞍钢的改革发展指明了方向。他指出，鞍钢要抓住机遇，积极引进国外先进的技术和设备，提高生产效率和产品质量，增强中国钢铁产业的国际竞争力，这为鞍钢的未来发展提供了明确的目标和思路，使得鞍钢的改革发展能够更加有序地进行。

（3）对国家工业发展的影响方面。①起到了示范引领作用。鞍钢作为中国重要的钢铁企业，其改革发展具有重要的示范引领作用。邓小平与鞍钢工人的谈话沟通，以及鞍钢后续的技术革新举措，为其他企业提供了借鉴和参考。其他企业看到鞍钢在技术革新方面取得的成效后，也纷纷开始加大对技术创新的投入，推动了整个国家工业的技术进步和发展。②坚定了国家推进工业现代化的决心。通过与鞍钢工人的沟通，邓小平更加深入地了解了中国工业发展的现状和问题，也更加坚定了国家推进工业现代化的决心。这为国家制定相关的政策和措施提供了依据，促进了国家对工业领域的投入和支持，加快了中国工业现代化的进程。

5. 沟通策略

在电视剧《历史转折中的邓小平》第 19 集中，邓小平在与鞍钢英雄炉牛炉长等人谈话沟通时，主要采取了以下策略：

（1）以事实为依据，强调问题的严重性。邓小平目睹了鞍钢发生的爆炸事故，很多老工人因此受了重伤。他以此为切入点，让大家切实感受到旧设备存在的严重安全隐患以及对工人生命安全的威胁。通过这种方式，大家更容易理解更换新设备的紧迫性和必要性。

（2）肯定工人的贡献，拉近与工人的距离。邓小平对鞍钢工人一直以来的辛勤付出和贡献给予了高度的肯定和赞扬。这让牛炉长等工人感受到自己的价值和努力得到了认可，从而在情感上更容易接受邓小平所提出的更换新设备的想法，也为后续的沟通打下了良好的基础。

（3）阐述技术革命的重要性和长远意义。邓小平向工人们解释，更换新设备、进行技术革命不仅是为了解决当前的生产问题和安全隐患，更是关系到国家未来的发展。他强调只有通过技术进步，提高生产效率和质量，才能让国家变得更加强大，让人民的生活得到改善。这种从国家发展的大局出发的阐述，让工人们认识到更换新设备的重要性不仅仅局限于鞍钢，而是对整个国家都具有深远的意义。

（4）鼓励工人提出疑问和想法，进行平等交流。在谈话过程中，邓小平鼓励牛炉长等人提出自己的疑问和想法，认真倾听他们的意见和担忧。这种平等交流的方式，让工人们感受到自己是被尊重的，也使得他们更愿意敞开心扉，与邓小平进行深入的沟通。对于工人们提出的问题，邓小平耐心地进行解答，消除了他们的顾虑。

（5）坚定改革的决心，传递信心。邓小平在谈话中坚定地表达了自己更换新设备、进行技术革命的决心。他的坚定态度让工人们感受到了国家对于改革的重视和推动改革的力量，从而增强了工人们对未来的信心。同时，他也鼓励工人们要积极支持和参与到改革中来，共同为国家的发展贡献力量。

6. 沟通启示

在电视剧《历史转折中的邓小平》第 19 集中，邓小平与鞍钢英雄炉牛炉长等人围绕更换新设备的谈话沟通，带来了以下启示：

（1）解放思想的重要性。①突破传统观念束缚。当时中国的工业发展面临着诸多困境，设备陈旧、技术落后等问题严重制约着生产效率和质量的提升。邓小平与牛炉长等人的沟通，让人们认识到不能一直因循守旧，必须突破传统观念的束缚，大胆地去接受新事物、新技术。只有这样，才能推动中国工业的快速发展，这也为后来的改革开放奠定了思想基础。②以发展的眼光看问题。谈话中强调不能仅仅局限于眼前的困难和问题，而要以长远的、发展的眼光看待工业发展。更换新设备在短期内可能会面临资金、技术、人员等方面的挑战，但从长远来看，这是提高生产效率、提升产品质量、增强国家工业实力的必然选择。这启示人们在面对变革时，要勇于突破固有思维，积极地去探索和尝试新的发展路径。

（2）科技是第一生产力。①对技术进步的追求。鞍钢的生产事故暴露出设备老化等问题，这让邓小平深刻认识到技术进步对于工业发展的重要性。与牛炉长等人的谈话进一步凸显了引进先进技术、更换新设备的紧迫性。这启示我们在国家的建设和发展过程中，必须高度重视科技的力量，不断加大对科技研发的投入，提高自主创新能力，以科技的进步推动经济的发展。②培养科技人才。要实现技术的进步，离不开高素质的科技人才。在沟通中，可能会涉及对技术人才培养的讨论，这提醒我们要重视教育，培养大量的专业技术人才，为国家的科技发展提供坚实的人才支撑。只有拥有了一支高素质的科技人才队伍，才能更好地推动科技的进步和创新。

（3）实践是检验真理的唯一标准。①基于实际情况做决策。邓小平深入鞍钢考察，了解到实际生产中存在的问题，基于这些实际情况提出更换新设备的决策。这体现了实践是检验真理的唯一标准。一切决策都应该基于实际情况，通过实践来验证其正确性。在工作中，我们不能仅凭理论或经验来做判断，而要深入实际，了解真实情况，这样才能做出科学、合理的决策。②勇于尝试和探索。更换新设备是一次大胆的尝试和探索，在当时的历史背景下，面临着诸多的不确定性和风险。但邓小平坚定地推动这一举措，体现了勇于尝试和探索的精神。这启示我们在面对新的挑战和机遇时，要敢于迈出第一步，通过实践不断地总结经验、改进方法，以实现更好的发展。

（4）领导干部的担当与责任。①为人民谋福祉的使命感。邓小平始终把人民的利益放在首位，他决心更换鞍钢的设备，是为了提高生产效率，改善工人的工作条件，为国家的经济发展和人民的幸福生活创造更好的条件。这体现了领导干部应有的担当和为人民谋福祉的使命感。作为领导干部，要时刻牢记自己的职责和使命，把人民的利益放在心上，为人民群众办实事、解难题。②坚定的信念和决策力。在推动更换新设备的过程中，可能会遇到各种阻力和困难，但邓小平坚定信念，果断决策，展现出了强大的决策力和执行力。这启示领导干部在工作中要具备坚定的信念和强大的决策力，敢于面对困难和挑战，坚定不移地推动各项工作的开展。

（四）黄猫黑猫捉到老鼠就是好猫

1. 沟通背景

在电视剧《历史转折中的邓小平》第 38 集中，邓小平与刘金锁等人在黄山上谈话沟通的背景主要有以下几方面：

（1）改革开放的探索阶段。当时中国正处于历史转折时期，改革开放的大幕刚刚拉开，国家在积极探索经济发展的新道路。此前已经进行了一些初步的改革尝试，如恢复高考等，为进一步的改革奠定了基础。

（2）农村改革的推进。农村是中国改革的重要突破口，一些地方已经开始尝试实行"大包干"等新的农村经济体制改革措施。刘金锁所在的地方就是农村改革的实践地之一，他对"大包干"的情况有着亲身经历和深刻理解。邓小平一直关注农村问题，希望通过与基层干部和群众的交流，了解农村改革的实际情况，为进一步推动农村改革提供指导。

（3）对经济发展的思考。中国经济在经历了长期的停滞和困难后，迫切需要找到新的发展路径。邓小平意识到，要提高人民的生活水平，必须大力发展经济。他希望通过与刘金锁等人的交流，探讨如何因地制宜地发展经济，增加人民的收入。

（4）思想解放的氛围。经过真理标准问题大讨论等思想解放运动，人们的思想逐渐活跃起来，敢于探索和尝试新的事物。这种思想解放的氛围为邓小平与刘金锁等人的交流提供了良好的环境，使他们能够畅所欲言，共同探讨国家的发展问题。

总的来说，邓小平与刘金锁等人在黄山上的谈话沟通，是在改革开放的大背景下，对中国农村改革和经济发展的一次深入探讨，对于推动中国的改革进程具有重要的意义。

2. 沟通竞秀

____

____

3. 沟通经典

邓小平："庄稼地里出口粮"，群众说话简单，但是，他把那个问题啊说得很深刻，也说得很有道理。还有你们那个知青，要有雄心壮志，我相信，中国的未来啊要靠你们！所以说，家庭经济啊是我们经济的细胞。如何调动家庭经济的积极性呢，很可能就是我们最需要探索的农村改革的一条出路。刘金锁同志，“大包干”，我知道了，有什么困难？

刘金锁：我们没什么困难。

万里：唉，刘金锁，叫你搞“包干到户”，你怕不怕？

刘金锁：怕！

邓小平：不怕！怎么想就怎么说。

刘金锁：邓副主席，我们心里没底。报纸上说，要坚决纠正包产到户的错误做法。

邓小平：你们这种顾虑啊是正常的。我知道在六十年代，安徽啊就搞了包产到户，后来被批判了。有些干部啊受到了伤害，还打击了一部分群众的积极性。老实说，我当时是同意搞包产到户的。那个时候，我说过这么一句话，叫“黄猫黑猫，捉到老鼠就是好猫”。其实这句话，是打仗的时候啊，我们的刘帅说的，就是刘伯承元帅，是四川的一句话。我觉得这句话很有道理。万里同志，你知道吗？

万里：知道，现在是邓公的一句名言，妇孺皆知啊！

邓小平：那个时候啊，是三年的困难时期，我说这句话的意思是要恢复生产！在生产关系上不能完全地是一种固定不变的形式，哪种形式啊能够调动群众的积极性就采取哪种形式，哪种形式群众喜欢就采取哪种形式。这句话，我不收回，我仍然坚持我这个观点。

万里：金锁，建红，你们听懂小平同志的话了吗？在农村还要调整基层的生产关系，要承认各式各样的形式。你们的粮食产量说明了问题，不要怕，大胆地干，不要受舆论的干扰！

邓小平：有人说，我邓小平搞改革开放是要在中国发展资本主义，就像昨天我看见的那个标语啊——“走资派还在走”。我可以明确地说，这是一种误解。我十六岁就跑到法国去勤工俭学，就是要去向资本主义学习的。是我看到了资本主义不可克服的局限，我选择了社会主义，只有社会主义才能救中国，只有改革开放才能发展中国，这是我深刻的体会。哪怕是一万年，中国也不能走资本主义道路，我们搞的现代化是中国式的现代化，也就是说，要让包括八亿农民在内的绝大多数人过上富裕的好日子，这个老百姓过不上好日子，你再好听的理论，没有用。我读书不多，我就知道这么一条，相信毛主席说的四个字：实事求是！

4. 沟通实效

在电视剧《历史转折中的邓小平》第38集中，邓小平与刘金锁等人在黄山上的谈话沟通取得了非常好的效果，主要体现在以下几个方面：

（1）对刘金锁的鼓舞与坚定信念。刘金锁汇报了“大包干”的情况，邓小平对其表示支持。当时报纸上有很多文章批评“包产到户”，这让刘金锁有所顾虑，甚至感到害怕。邓小平安慰他，指出不论方法如何，只要能达到最终目的且过程合理就行，即“黄猫黑猫，捉到老鼠就是好猫”。这让刘金锁认识到自己所做之事的正确性和可行性，坚定了他继续推行包产到户的信心，为农村改革的进一步推进注入了强大动力。

（2）思想解放的推动。邓小平的谈话不仅仅是对刘金锁等个别干部群众的指导，更是一种思想上的引领。在当时的历史背景下，这种开放的、创新的发展思路对于打破传统观念的束缚，推动思想解放具有重要的示范作用，让人们认识到可以通过多种途径和方式来发展经济，提高人民生活水平，为全国其他地区的发展提供了有益的借鉴。

总之，邓小平与刘金锁等人在黄山上的谈话沟通，对于农村改革的推进、思想解放的推动都起到了积极的、深远的影响，是一次具有重要意义的交流。

5. 沟通策略

在电视剧《历史转折中的邓小平》第 38 集中，邓小平与刘金锁等人在黄山上谈话沟通的策略主要有以下几点：

（1）鼓励与肯定。刘金锁汇报“大包干”的情况后，邓小平对其做法表示肯定和支持，这给予了刘金锁极大的鼓励，让他感受到自己的实践探索是有价值的。这种肯定对于刘金锁这样在基层积极探索改革道路的人来说，是一种强大的精神支持，有助于坚定他们继续走下去的信心。

（2）理解与安抚。当刘金锁表示对“包产到户”存在害怕的情绪，因为报纸上有很多批评的文章时，邓小平表示理解他的顾虑。这体现了邓小平能够站在基层干部的角度去思考问题，理解他们所面临的压力和困境，通过这种理解和安抚，拉近了与刘金锁等人的距离，让他们能够更加放松地与自己交流。

（3）以理服人。邓小平提出“黄猫黑猫，捉到老鼠就是好猫”的理论，强调不论方法如何，只要能达到最终让人民过上好日子的目的，过程合理，就是可行的。用这种通俗易懂且富有哲理的话语，让刘金锁等人明白改革的本质和目标，使他们能够从更宏观的角度去理解和认识“大包干”等改革举措的意义，从而消除内心的疑虑和困惑。

（4）以身作则。邓小平还以自己搞改革开放面临诸多非议为例，表明自己知道所走的道路是正确的，没有走资本主义道路，所以能够坚持下去。通过自身的经历来激励刘金锁等人，让他们明白在改革的道路上会遇到困难和阻力，但只要坚定信念，坚持正确的方向，就能够克服困难，取得成功。

（5）启发引导。在谈话中，邓小平不仅仅是简单地给出观点和意见，更是通过提问、引导等方式，启发刘金锁等人自己去思考问题。例如，询问刘金锁对于未来的发展有什么想法和计划，引导他去深入思考如何进一步推动农村的改革和发展，培养他们的自主思考能力和创新精神。

6. 沟通启示

在电视剧《历史转折中的邓小平》第38集中，邓小平与刘金锁等人在黄山上的谈话沟通具有多方面的启示：

（1）关于改革的勇气与坚定信念。①面对争议要坚定前行。刘金锁汇报“大包干”情况时，提到了对报纸上批评“包产到户”的担忧。邓小平鼓励他不要害怕。这体现出在改革的进程中，必然会面临诸多争议和反对的声音，但只要认定了方向是正确的，就要坚定地走下去。这启示人们在推动改革创新时，不能因为外界的质疑和批评就轻易放弃，要有坚定的信念和勇气去突破传统观念的束缚，为实现目标不懈努力。②领导者要以身作则。邓小平自己搞改革开放也面临着很多非议，但他知道自己所走的道路是正确的，所以能坚持下去。这对于各级领导干部是一种示范，启示在推动改革发展的过程中，领导干部要敢于担当，以坚定的信念和实际行动为群众树立榜样，带领大家克服困难，不断前进。

（2）对发展道路的探索与实事求是精神。①以实践检验方法的正确性。邓小平提出“黄猫黑猫，捉到老鼠就是好猫”，强调了不论方法如何，只要能达到让人民过上好日子的最终目的，过程合理，就是可行的。这启示人们在探索发展道路时，要坚持实事求是，从实际出发，以实践作为检验真理的唯一标准，不盲目遵循教条主义，根据实际情况灵活选择适合的发展方式。②尊重基层的实践探索。“大包干”是基层农民的实践探索，邓小平对刘金锁等人的做法给予了支持。这表明要尊重人民群众的首创精神，基层群众在实践中积累的经验和创新是推动社会发展的重要力量，各级政府和领导干部应该善于发现、总结和推广基层的成功经验，为经济社会的发展提供动力。

（3）发展要广开门路。邓小平鼓励大家解放思想，开动机器，广开门路，增加收入。这意味着在经济发展过程中，不能局限于传统的思维模式和发展方式，要积极开拓思路，探索多种途径和方式来促进经济增长，不断提高人民的生活水平。

三、励志榜样

（一）例文引领

电视剧《历史转折中的邓小平》中的榜样——邓小平

电视剧《历史转折中的邓小平》中，邓小平同志无疑是一位令人敬仰的伟大榜样。

从政治智慧与担当方面来看，邓小平同志展现出了卓越的领导才能和坚定的信念。在粉碎“四人帮”后，中国面临着向何处去的重大历史抉择，邓小平同志以其敏锐的政治洞察力，意识到必须进行拨乱反正，将国家的工作重点转移到经济建设上来。面对“两个凡是”的错误方针，他勇敢地站出来，坚定地主张要实事求是，解放思想，为真理标准问题大讨论提供了强大的支持。这种敢于挑战旧观念、旧思想的勇气，体现了他对国家命运的高度责任感和担当精神。例如，剧中他与党内同志的交流、讨论，以及在各种会议上的发言，都充分展现了他为推动国家正确发展方向所付出的努力。

在推动国家发展的具体举措上，邓小平同志的高瞻远瞩令人钦佩。他大力推动恢复高考，这一举措为国家培养了大量的优秀人才，为中国的现代化建设奠定了坚实的基础。剧中那些渴望知识、渴望改变命运的年轻人，在得知高考恢复后的兴奋与努力，以及最终通过高考改变人生的情节，都生动地体现了这一举措的重大意义。同时，他积极推动对外开放，主张学习西方的先进技术和管理经验，为中国的经济发展注入了新的活力。无论是他对日本、美国等国家的访问，还是积极引进外资、建立经济特区等行动，都展现了他的开放胸怀和对国家发展的长远规划。

在对待人民的态度上，邓小平同志更是充满了深情与关怀。他关心知青的返城就业问题，专门召开会议解决这一关乎众多年轻人前途的大事。在农村调研时，他深入了解农民的生活状况，对“大包干”等农村改革举措给予了坚定的支持，让农民能够吃饱饭、过上好日子。剧中他与普通百姓的交流场景，如在黄山与游客的互动，询问大家的住宿、吃饭问题等，都体现了他始终把人民的利益放在首位，心系人民的伟大情怀。

在外交领域，邓小平同志以其坚定的立场和出色的外交智慧，维护了国家的尊严和利益。在与英国首相撒切尔夫人就香港问题的谈判中，他坚定地表示中国收回香港的立场不会改变，并且提出了“一国两制”的伟大构想，为香港的顺利回归奠定了基础。剧中这一场景的呈现，让我们看到了邓小平同志在外交场合的坚定与自信，以及他为国家领土完整所付出的努力。

总的来说，电视剧《历史转折中的邓小平》通过一个个生动的情节和场景，展现了邓小平同志的伟大人格魅力、卓越的政治智慧和坚定的信念。他是中国改革开放的总设计师，是带领中国人民走向富强的伟大领袖，更是值得我们永远敬仰和学习的榜样。他的精神和贡献将永远铭刻在中国历史的长河中，激励着一代又一代的中国人为实现中华民族的伟大复兴而不懈奋斗。

（二）百花齐放

____

____

四、观后感

（一）例文引领

观《历史转折中的邓小平》有感

《历史转折中的邓小平》以宏大的历史视角和细腻的人物刻画，生动地展现了中国在转折时期波澜壮阔的历史与邓小平同志的卓越领导。这部电视剧仿佛是一幅宏伟的历史画卷，将我们带回到那个充满挑战与机遇的特殊年代。

当时，中国面临着何去何从的重大抉择。邓小平以其坚定的信念、非凡的勇气和卓越的领导才能，站在了历史的前沿，为中国的未来指明了方向。剧中，我们看到他在困境中挺身而出，以巨大的政治智慧和勇气，推动了一系列重大改革。

邓小平对教育的重视令人动容。在经历了十年内乱后，教育事业遭受重创。他果断决策，恢复高考，为无数怀揣梦想的年轻人打开了希望之门。这一举措不仅改变了一代人的命运，更为国家的发展储备了大量的人才。剧中那些为了参加高考而努力拼搏的年轻人，他们的热情和渴望，让我们深刻感受到教育对于一个国家的重要性。邓小平深知，只有培养出高素质的人才，国家才能真正实现现代化。

经济改革是这部剧的又一重要主题。邓小平大胆地提出了改革开放的战略决策，将中国经济从封闭落后的状态中解放出来。他积极推动农村改革，实行家庭联产承包责任制，让农民的生产积极性得到了极大的提高。同时，他大力支持特区建设，引进外资，为中国经济的腾飞奠定了坚实的基础。在这个过程中，他面临着来自各方的压力和质疑，但他始终坚定信念，不为所动。他的那句“杀出一条血路来”，充分体现了他的决心和勇气。

剧中还展现了邓小平在外交领域的卓越才能。他以高超的外交智慧和务实的态度，为中国赢得了国际社会的尊重和支持。他与外国领导人的交往，展现了他的大气、睿智和自信。他积极推动中美关系正常化，为中国的现代化建设创造了良好的外部环境。

邓小平同志的人格魅力也是这部剧的一大亮点。他平易近人，关心百姓疾苦。他深入基层，了解人民的需求和愿望。他的那句“我是中国人民的儿子，我深情地爱着我的祖国和人民”，让人感受到他对国家和人民的深厚感情。他在困难面前从不退缩，始终保持着乐观积极的态度。他的坚定信念、务实作风和无私奉献精神，深深地感染着每一个人。

回顾历史，我们感慨万千。《历史转折中的邓小平》让我们更加深刻地认识到邓小平同志对中国的巨大贡献。他在中国历史的转折关头，以其非凡的领导才能和坚定的信念，带领中国人民走上了改革开放的道路，实现了国家的繁荣富强。

在当今时代，我们依然需要学习邓小平同志的精神。我们要坚定信念，勇于担当，为实现中华民族伟大复兴的中国梦而努力奋斗。我们要以务实的态度，积极推动各项改革，不断创新，为国家的发展注入新的活力。我们要始终牢记为人民服务的宗旨，关心百姓疾苦，为人民谋幸福。

总之，《历史转折中的邓小平》是一部具有深刻历史意义和现实价值的电视剧。它让我们更加深入地了解了中国的历史，也让我们更加坚定了对国家未来的信心。让我们以邓小平同志为榜样，在新时代的征程中，书写更加辉煌的篇章。

（二）百花齐放

五、研讨发言

（一）例文引领

电视剧《历史转折中的邓小平》研讨会发言稿

尊敬的各位领导、专家学者们：

大家好！今天，非常荣幸能够在这里参加电视剧《历史转折中的邓小平》研讨会。这部剧以宏大的历史视角和细腻的人物刻画，生动地展现了邓小平同志在历史转折时期的卓越领导和伟大贡献。

该剧开篇便将我们带回到了那个特殊的历史时期——1976年，“四人帮”被粉碎，中国面临着何去何从的重大历史抉择。邓小平同志以其坚定的政治信念、非凡的政治勇气和卓越的领导才能，站在了历史的潮头。

剧中，我们看到邓小平同志在艰难的处境下毅然决然地推动思想解放。他强调“实践是检验真理的唯一标准”，为中国的改革开放奠定了思想基础。他以巨大的魄力和勇气，领导中国人民摆脱了长期以来的思想束缚，开启了一个崭新的时代。

在经济建设方面，邓小平同志高瞻远瞩，提出了改革开放的伟大战略。他积极推动农村改革，实行家庭联产承包责任制，让广大农民摆脱了贫困，走上了富裕之路。同时，他大力支持特区建设，深圳、珠海等经济特区的崛起，成为中国改革开放的亮丽名片。剧中那些热火朝天的建设场景，让我们深刻感受到了邓小平同志对中国经济发展的巨大推动作用。

教育方面，邓小平同志深知人才的重要性。他果断恢复高考，为国家培养了大批优秀人才。剧中，那些渴望知识、渴望改变命运的年轻人，在高考的战场上拼搏奋斗，他们的故事让我们看到了邓小平同志对教育事业的高度重视和对国家未来的殷切期望。

外交领域，邓小平同志以其灵活的外交策略和坚定的国家立场，为中国赢得了国际尊重。他提出“一国两制”的伟大构想，成功解决了香港、澳门问题，为实现祖国统一大业迈出了坚实的步伐。

这部剧不仅展现了邓小平同志的伟大功绩，还刻画了他作为一个普通人的情感世界。他对家人的关爱、对人民的深情，让我们看到了一个有血有肉的伟人形象。他在困难面前不屈不挠，在挫折面前勇往直前，他的精神激励着我们每一个人。

《历史转折中的邓小平》是一部具有深刻历史意义和现实价值的电视剧。它让我们更加深入地了解了那个波澜壮阔的历史时期，更加深刻地认识了邓小平同志的伟大贡献。在当前，我们正处于实现中华民族伟大复兴的关键时期，我们要以邓小平同志为榜样，坚定理想信念，勇于担当作为，为实现国家富强、民族振兴、人民幸福而努力奋斗。

最后，我想说，这部剧是一部值得我们反复品味和学习的经典之作。它将激励着我们一代又一代的中国人，在历史的长河中不断前行，为创造更加美好的未来而努力拼搏。

谢谢大家！

（二）百花齐放

____

____

六、文旅链接

东莞茶山牛过蓢村：该村为该剧的取景地之一，是独具岭南特色的历史古村落。村内有始建于1890年的麦日桃故居，保留着清代岭南祠堂建筑风格，还有大面积的古树群和竹林，荣获“广东省古村落”“广东省历史文化名村”“中国景观村落”等美誉。游客可在此感受岭南生态古村落的韵味。

邓小平故居：位于四川省广安市协兴镇牌坊村，是邓小平出生和少年时期生活的地方。故居为典型的川东民居三合院，陈列着大量实物、图片和文字资料，展现了他的成长历程和生平事迹。

深圳莲花山公园：深圳是中国改革开放的前沿阵地，剧中诸多决策和事件与之相关。莲花山公园山顶广场有邓小平铜像，游客在此可俯瞰深圳市区繁华景象，感受改革开放带来的变化，体会邓小平对深圳及中国改革开放的贡献。

安徽黄山：剧中邓小平提出要利用黄山资源提高人民收入。黄山为著名的旅游胜地，其壮丽的自然风光和丰富的文化底蕴吸引着众多游客。游客可以登山览胜，欣赏奇松、怪石、云海、温泉等“黄山四绝”，感受大自然的鬼斧神工，也能体会到当年邓小平对发展旅游经济的高瞻远瞩。

作业

1. 完成本节“沟通竞秀”练习，将其中自己最满意的文字版和音频版创作内容上传到学习平台。

2. 观赏《历史转折中的邓小平》全剧，完成“励志榜样”“观后感”“研讨发言”部分的练习，将其中自己最满意的文字版和音频版创作内容上传到学习平台。

第二节　乡村结与城市情

可在学习强国App中搜索“五个一工程”或剧名观看

一、好剧推荐

电视剧《黄土高天》是一部展现中国农村改革历程的史诗巨作，能够带你领略中国农村改革开放四十年的沧桑巨变与辉煌成就。

该剧以黄土高原的农村——丰源村为背景，围绕秦学安、赵秀娟、张天顺、张守信、秦田、秦奋等三代农民和农村干部的故事展开。他们在时代的浪潮中，勇立潮头，敢为人先。

秦学安，一位朴实坚毅的农民代表，凭借着对土地的热爱和对美好生活的向往，积极探索农村改革之路。从率先实行“大包干”到发展现代农业，他始终走在前列。剧中人物形象鲜明，有坚守传统的老一辈农民，也有怀揣梦想的新一代青年。他们的冲突与融合，展现了农村发展中的传承与创新。

《黄土高天》的剧情跌宕起伏，既有农民们在土地上辛勤耕耘的场景，又有他们面对困难时的不屈不挠。它真实地反映了农村改革中的机遇与挑战，让观众深刻感受到中国农民的伟大力量。同时，该剧的画面精美，展现了黄土高原的壮丽风光和浓郁的地域文化。

这部剧不仅是一部农村题材的电视剧，更是一部记录中国改革开放历史的生动教材。它让我们看到了中国农村从贫困走向富裕，从传统走向现代的艰辛历程。快来一起观看《黄土高天》，感受那片黄土地上的激情与奋斗，领略中国农村的沧桑巨变。

二、经典表达与沟通

（一）今天咱分地那是有党给咱撑着腰

1. 沟通背景

在电视剧《黄土高天》第6集中，围绕分地，秦有粮与村里乡亲们沟通的背景主要有以下几方面：

（1）政策背景。中央政策开始出现变化，对于落后困难地区允许搞“包产到户”。这是一个重要的契机，让一直被土地集体经营所束缚、吃不饱饭的农民看到了新的希望，也为秦有粮提出分地的想法提供了政策依据。

（2）村子的发展困境。丰源村长期以来在集体经营模式下，农民的生产积极性不高。当时，地是集体的，干多干少都一样，导致出现有人在劳动时偷懒、出工不出力的现象，农业生产效率低下。村民们一直过着吃不饱、穿不暖的生活，即使大家辛勤劳作也难以解决温饱问题，生活十分困苦，迫切需要改变现状。

（3）其他地区的示范效应。秦学安曾到过安徽小岗村，看到那里实行分地后庄稼丰收，农民生活得到改善。小岗村的成功经验对丰源村的村民产生了一定的影响，让大家意识到分地可能是解决丰源村问题的有效途径。

（4）村里的人员结构变化和人心所向。村主任张天顺等老一辈干部对分地存在顾虑，他们担心分地会带来一系列问题，比如人心散了、遇到天灾人祸难以应对等。但年轻一代如秦学安等积极主张分地，并且得到了不少村民的支持。随着观念的冲突和争论，村里的人员结构和人心所向面临着重新的调整和选择。

在这样的背景下，秦有粮站出来与乡亲们沟通分地的事情。他以自己的亲身经历和对土地、对农民的深刻理解，说服大家支持分地。他的话让乡亲们认识到分地的必要性和紧迫性，也为丰源村后续的分地行动奠定了基础。

2. 沟通竞秀

____

____

3. 沟通经典

秦有粮：我这些年没咋说话，不是因为我有啥毛病，是因为没啥可说的。再说说了又能咋？但是今天我想说几句，咱丰源这么多年在天顺的带领下，渡过了一次又一次的难关，也获得了一次一次的荣誉和好处，他没少为咱丰源操心，你们大家都看到了，这个家不好当啊，咱给天顺鼓个掌！可是大家想一想，这些年咱这个力没少出，汗没少淌，还吃不饱肚子，为啥？我看这关键还是地。地是啥？地是咱农民的命嘛！在座的上了年纪的兴许还记得，1962 年那场旱灾呀，渠坝垮了，水没了。眼看着庄稼苗都旱死在地上了，那人呢，说肚子疼、腿疼的，躲在阴凉底下睡大觉的，那为啥呢？反正地是集体的，大家一起种嘛，种多种少都是个这。所以就你看我我看你，你学我、我学他的，这么个种地能把地种好吗？能不挨饿吗？那我再问你们，那咱农民真的就这么懒吗？真的就不会种地吗？

众乡亲：会呀，咋不会种地嘞？

秦有粮：所以我说，要想今后不挨饿，把咱农民种庄稼的好把式都能发挥出来，这地得分哪！这以前说商鞅变法被车裂了，为啥？那是没有秦孝公给他撑腰。可是今天不同啊，今天咱分地那是有党给咱撑着腰呢！怕啥！

4. 沟通实效

在电视剧《黄土高天》第6集中，秦有粮与村里乡亲们沟通分地的事宜，取得了非常好的效果，具体体现在以下几个方面：

（1）思想转变方面。在秦有粮沟通之前，村里的百姓对于是否分地存在犹豫和迷茫。一方面，他们看到了中央政策允许“包产到户”，知道这可能是改变贫困现状的机会；另一方面，又受到村里一些干部“打感情牌”和恐吓的影响，担心分地后会出现人心散了、遇到天灾人祸难以应对等问题。而秦有粮一番掏心窝子的话，让乡亲们开始重新思考分地的意义。他指出集体干的时候存在出工不出力、有人偷懒睡觉等现象，这都是因为地是集体的，干多干少都一样，而农民其实都是种地的好手，只是被集体的模式束缚了手脚。这番话让乡亲们意识到分地能够激发大家的积极性，从思想上对分地有了新的认识和理解。

（2）舆论导向方面。秦有粮在村里是有一定威望的人，他曾经因分地坐过牢的经历也让他的话更有分量。他站出来支持分地，并且有理有据地分析分地的好处，给那些原本摇摆不定的乡亲们吃了一颗定心丸。他的言论在村里形成了一种积极的舆论导向，让更多的人开始倾向于分地。之前大家可能不敢公开表达自己的想法，但秦有粮的发言让大家有了勇气，纷纷开始讨论分地的可行性，使得分地的呼声在村里逐渐高涨。

（3）投票结果方面。在村全体会议的投票环节，同意分地的人占了大多数。这直接体现了秦有粮沟通的效果，他成功地说服了大部分乡亲们支持分地，为丰源大队分地的决策奠定了坚实的群众基础。也正是因为有了大多数人的支持，分地的举措才能够顺利推进，为村子后续的发展带来了新的机遇。

（4）生产积极性方面。秦有粮的沟通不仅在当下取得了明显的效果，从长远来看，也极大地激发了乡亲们的生产积极性。分地之后，大家都把全身的力气放在了自己的地里，到了年尾，丰源的粮食产量创了多年的新高，老百姓们不仅吃饱了肚子，家家户户还吃上了白面馍馍。这充分证明了秦有粮推动分地的正确性，也让乡亲们更加坚定了分地的信心。

5. 沟通策略

在电视剧《黄土高天》第6集中，秦有粮围绕分地与村里乡亲们沟通时，主要采取了以下策略：

（1）以亲身经历引发共鸣。秦有粮讲述了当年天灾时集体上工的情况，那时候大家偷奸耍滑，存在有人头疼、脚疼、躲在阴凉里睡大觉等现象。他以这些大家都经历过的事情作为切入点，能够迅速让乡亲们回想起集体劳作时的种种问题，从而引发共鸣，让大家意识到集体经营模式下存在的弊端。

（2）强调土地的重要性。秦有粮明确指出“地是农民的命”，土地对于农民来说是至关重要的。通过强调土地的重要性，他让乡亲们更加关注土地的归属和利用方式。既然土地如此重要，那么当前集体经营下农民种地积极性不高、粮食产量低、生活贫困的现状就必须改变，而分地则是改变这种现状的有效途径。

（3）对比分析激发思考。他将集体经营时大家出工不出力的状态与农民本身都是种地好手的事实进行对比，让乡亲们思考为什么在集体模式下大家的积极性没有发挥出来，而分地之后大家能够把种地的好把式都发挥出来，从而提高粮食产量，改善生活。这种对比分析能够让乡亲们清晰地看到分地的好处，激发他们对分地的思考和认同。

（4）借助政策支持增强说服力。当时中央文件已经明确表示，对于落后困难地区可以搞包产到户。秦有粮抓住这一政策支持，告诉乡亲们分地是有党给撑着腰的，不用担心。这让乡亲们在心理上有了更强的安全感，也增强了他的言论的说服力。

（5）情感引导消除顾虑。在沟通中，秦有粮还注重情感引导。他理解乡亲们对于分地可能存在的顾虑，比如担心人心散了、遇到天灾人祸难以应对等。他通过讲述大家对过上好日子的渴望，以及分地是为了让家人吃饱穿暖，让乡亲们从情感上更容易接受分地的想法，消除他们的顾虑。

6. 沟通启示

在电视剧《黄土高天》第6集中，秦有粮围绕分地与村里乡亲们的沟通带来了以下启示：

（1）沟通要基于实际经历和感受。秦有粮以自己和乡亲们曾经在集体劳作时的经历为依据，比如说到天灾时集体上工，有人偷奸耍滑、躲在阴凉里睡大觉等现象，这些都是大家共同经历过的，所以能让乡亲们感同身受。这启示我们在沟通时，要从实际出发，用真实的案例和经历来支撑自己的观点，这样更容易引起对方的共鸣和认同。

（2）强调事物的本质和核心价值。秦有粮明确指出“地是农民的命”，强调了土地对于农民的重要性。抓住事物的本质和核心价值进行阐述，能够让人们更深刻地理解问题的关键所在。在沟通中，我们也应该善于抓住核心要点，让对方清楚地认识到事情的重要性和意义，从而更好地引导对方的思考和决策。

（3）善于对比分析，突出优势与变化。他将集体经营时出工不出力的情况与农民本身是种地好手的事实进行对比，让乡亲们看到分地前后的差异。通过对比分析，可以更清晰地展示出不同选择的优缺点，使人们能够更直观地认识到改变的必要性和好处。在沟通工作中，合理运用对比的方法，能够增强观点的说服力。

（4）借助政策支持增强话语可信度。当时中央文件明确表示落后困难地区可以搞“包产到户”，秦有粮抓住这一政策支持，告诉乡亲们分地是有党给撑着腰的，让大家放心。这提醒我们在沟通时，要及时了解相关的政策法规，将其作为有力的依据，增强自己言论的可信度和权威性。

（5）关注群众的利益和需求。秦有粮的沟通核心是为了让乡亲们过上好日子，不再挨饿。他深知农民最关心的就是吃饱穿暖，所以围绕着如何提高粮食产量、改善生活来展开沟通。这启示我们在与他人沟通时，要站在对方的角度，关注他们的利益和需求，以解决实际问题为出发点，这样才能更好地达成沟通的目的。

（6）打破传统观念需要勇气和担当。秦有粮在村里是有一定威望的人，但他站出来支持分地也面临着一定的压力和挑战，毕竟分地是对传统集体经营模式的一种突破。他的行为展现了敢于打破传统观念的勇气和担当。在现实生活中，我们也会遇到需要打破传统、推动变革的情况，这就需要我们有勇气去面对困难和质疑，积极地推动事情的发展。

（二）事不试咋知道不行

1. 沟通背景

在电视剧《黄土高天》第 17 集中，围绕开办中药厂，秦学安与其父秦有粮沟通的背景如下：

（1）秦学安的经历与想法。秦学安此前在村里带头种植药材取得了成功，并且挣到了钱，这让他看到了中药材产业的发展潜力。他在安徽看到了当地开办的中药厂，意识到开办中药厂是一条能够带领乡亲们致富的道路，于是萌生了在丰源村开办中药厂的想法。他认为办厂和种植药材有相通之处，既然种植药材可行，那么办厂加工药材也能够成功。

（2）村里的发展现状。丰源村已经有不少村民跟着秦学安种植药材，药材种植有了一定的规模。但是存在一些问题，比如药材的储存和销售，如果有了自己的中药厂，就可以解决这些问题，提高药材的附加值，让村民们获得更多的收益。

（3）秦有粮的观念。秦有粮作为老一辈的农民，有着传统的观念，认为农民就应该踏踏实实种地，侍弄好土地和庄稼，对于秦学安开办中药厂这种比较“超前”的想法不太理解和支持。

（4）张天顺的态度影响。村支书张天顺对秦学安开办中药厂的事情也有所顾虑，他担心如果大家都去搞药材加工，没人种粮食，会影响到交给国家和集体的公粮。这种态度也在一定程度上影响了秦有粮的看法。

在这样的背景下，秦学安与秦有粮进行了沟通，试图说服父亲支持自己开办中药厂。

2. 沟通竞秀

____

____

3. 沟通经典

秦有粮：我要再不问，怕是这厂都开起来了。

秦学安：没有嘛，我想跟天顺叔商量好了再跟你说嘛。

秦有粮：你看，娃，虽说种下的药材丰收了，但是这口气没缓过来呀，开啥厂？

秦学安：大，那现在是这事推着咱往前走呢吗？我想趁大家伙啊种药材这心气儿高，把厂子开起来，挣钱这事咱一步踏对点了，步步才能跟得上嘛。

秦有粮：话对着哩，可是，娃你要明白，你是啥人，你是农民，农民是干啥的？你看，古字里头这个“农”字咋写着呢，那上头一个“曲”，下头一个“日月星辰”的“辰”字，啥意思？那就是说咱农民要看着日月星辰，在地里头踏踏实实地种庄稼。

秦学安：你这么说我不同意嘛。

秦有粮：咋？

秦学安：咋农民就只能种庄稼，那全世界以前都是农民嘛，那就只能种庄稼，那城里人哪儿来的吗？工人哪儿来的？那还有商人呢？都是农民，农民就不能干别的，只能种地，那那样的话，那这世界咋往前走吗？

秦有粮：那也是走嘛，那也没让你跑。一口能吃成胖子吗？你跑下试试，摔跟头呢！你今天把苗苗种下去，明天能收吗？那是春天种，秋天收嘛，这是啥？这是自然规律，自然规律能破吗？开厂，能的。

秦学安：自然规律我能不懂吗？大，你这就是想让我在这框框了打转，你就不愿意让我迈出这一步嘛。

秦有粮：那我问你，这开厂要钱要人要地，你咋整？去年你种药差点把你困死，忘了？

秦学安：那结果呢？你咋不看结果呢？那种药是不是挣着钱了？你得看结果嘛。干一件新的事啊，它一定会有难，但你不能认为有难咱就不走嘛，那上山的路难不难？你不上山，你不上山咋能找着天麻嘛？以前没干过的事不能干，那我问你啊，大，“家庭联产承包责任制”，这以前有吗？咱丰源以前大面积地种植过中草药吗？那现在是不是丰收了？那啥事你不试咋知道不行嘛？

赵秀娟：大，你就让他干吧，你要是让他干了，他这眉头也舒展了，脸上也有笑脸了，不让他干，他那脸不知道成天抽抽成啥样呢？

秦有粮：噢，好，能成。是这，为了娃的这个笑脸嘛，你们干去，但是以后你的事情我再不管了啊。

秦学安：那不行。我开这药厂啊，我还得请你当生产顾问呢。

秦有粮：啥？

秦学安：生产顾问嘛，那我给你说，我这个厂子是中药材初加工厂，干啥呢？就是原材料拿来，咱们筛选，那个烘干、蒸馏，反正这些技术村子里就你会嘛！你去啊，我给你工资开得高高的。

秦有粮：工资开得高高的还不是咱家的钱。

秦学安：那，大，我是让你这手艺不失传，我开这厂子就等于给你是开门招徒弟嘛。

秦有粮：徒弟那么好招吗？一时半会的能学会？

秦学安：你儿子又不傻，咋能学不会吗？大，你要给我当这生产顾问，我就能开这厂子。你要不帮着我，这厂子我还不一定能开呢。

秦有粮：我咋听着你这个话，你开不开厂子跟我有啥责任？

秦学安：责任大了嘛！

秦有粮：咋？

秦学安：那你要不去我咋开吗？

秦有粮：不成，咱家还有地呢，我还是老老实实地下地。

赵秀娟：大，地里的活有我呢，你们俩一个当厂长，一个当顾问，咱们这厂一定能红火地开起来！

秦学安：就是嘛！咋样嘛？

秦有粮：你们这个厂子要是红火了，是不是可以考虑把我的这个药筐筐子，这些都给我换个新的行吗？

4. 沟通实效

在电视剧《黄土高天》第 17 集中，秦学安与其父秦有粮沟通的效果如下：

（1）秦学安方面。①坚定了办厂信念。秦学安在与父亲沟通前，就对开办中药厂有着强烈的想法，通过与父亲的交流，他更加坚定了自己的信念，明确了要继续推进办厂的计划。他将自己看到的安徽办厂的情况、农村联产承包责任制的成功等例子讲给父亲听，在阐述的过程中也进一步梳理了自己的思路，对办厂的可行性和必要性有了更深刻的认识。②获得了一定的支持。秦学安成功说服了父亲，虽然过程中秦有粮有诸多顾虑，但最终还是松了口。秦学安提出邀请父亲当工厂的生产顾问，这不仅是对父亲能力的认可，也为自己办厂争取到了一个有经验的帮手。有了父亲的支持，秦学安在后续办厂的过程中能减少来自家庭内部的阻力，更加放开手脚去筹备。

（2）秦有粮方面。①观念上有所转变。秦有粮作为老一辈的农民，原本坚持认为农民就应该踏实种地，侍弄好庄稼。但在秦学安的劝说下，他开始理解儿子的想法，认识到时代在变化，不能一直守着老观念。虽然他可能还不完全认同办厂的做法，但至少不再强烈反对，这是他观念上的一个重要转变。②感受到儿子的成长。秦学安在与父亲沟通的过程中，展现出了自己的主见、远见和对家乡发展的责任感。秦有粮看到了儿子的成长和变化，意识到儿子不再是那个只知道种地的毛头小子，而是有想法、有能力去带领乡亲们致富的人。这让秦有粮对儿子多了一份信任和认可，也为后续支持儿子的工作奠定了基础。

5. 沟通策略

在电视剧《黄土高天》第 17 集中，秦学安围绕开办中药厂，与父亲秦有粮沟通时主要采取了以下策略：

（1）举例论证。秦学安以农村联产承包责任制为例，向父亲说明新事物、新做法一开始可能不被理解，但最终能带来好的结果。他提到以前大家想都不敢想的家庭承包责任制，现在已经让大家的生活有了很大的改善，以此来类比开办中药厂这件事，向父亲传达“凡事要走到前面去”的观点，让父亲明白不能因循守旧，要敢于尝试新的发展道路。

（2）成果展示。秦学安向父亲强调之前种植药材已经获得了丰收，并且挣到了钱，这证明了自己在农业发展上的决策是正确的。通过展示已有的成果，让父亲看到自己的能力和决策的可行性，从而增加父亲对开办中药厂的信心。

（3）情感攻势。秦学安提出邀请父亲做中药厂的生产顾问，这不仅是对父亲在药材加工方面能力的认可，也是一种情感上的“拉拢”。他表示父亲在这方面经验丰富，是最合适的人选，让父亲感受到自己的价值和被需要，以此来获得父亲的支持。秦学安还以开玩笑的方式说“这可是在给您招徒弟呢”，这种轻松的话语氛围能够缓解与父亲沟通时的紧张气氛，让父亲更容易接受他的想法。

（4）理念阐述。秦学安向父亲认真解释开办中药厂的原因和意义。他看到了药材种植后在保存和销售方面存在的问题，开办中药厂可以解决这些问题，不仅能让村民们的劳动成果得到更好的保障，还能带动村里的经济发展，让乡亲们过上更好的生活。他向父亲表明自己开办中药厂不是为了个人私利，而是为了整个村子的发展，这种为大家谋福利的理念表达更容易打动父亲。

6. 沟通启示

在电视剧《黄土高天》第 17 集中，秦学安围绕开办中药厂与父亲秦有粮的沟通带来了以下启示：

（1）沟通方式方面的启示。①善于举例，以理服人。秦学安以农村联产承包责任制为例，向父亲说明新事物一开始不被理解，但最终能带来好结果。在沟通中，恰当的举例能够将抽象的理念具象化，让对方更容易理解和接受自己的观点。这启示我们在与长辈或观念较为传统的人沟通时，可以多引用他们经历过的、熟悉的事例，增强观点的说服力。②情感连接，拉近距离。秦学安邀请父亲做中药厂的生产顾问，让父亲感受到自己的价值和被需要，这种情感上的“拉拢”能够缓解可能存在的对立情绪。在沟通中，关注对方的情感需求，找到彼此的情感连接点，可以使沟通更加顺畅，也更容易达成共识。③营造氛围，轻松沟通。秦学安以开玩笑的方式说“这可是在给您招徒弟呢”，营造了轻松的话语氛围。在严肃的话题讨论中，适当的幽默和轻松的氛围能够缓解紧张情绪，让对方更愿意倾听和参与讨论，避免沟通陷入僵局。

（2）观念认知方面的启示。①与时俱进，勇于创新。秦有粮最初认为农民就该踏实种地，对开办中药厂不认可，但秦学安看到了时代的变化和新的发展机遇。这提醒我们不能故步自封，要不断学习、了解新的事物和发展趋势，勇于尝试和创新，才能跟上时代的步伐。②用发展的眼光看问题。秦学安向父亲解释开办中药厂不仅是为了当下的利益，更是为了村子的长远发展。这启示我们在做决策和沟通时，要具备长远的眼光，不能只看眼前的利益，要考虑到事情的长远影响和发展潜力。

（3）家庭关系与事业发展方面的启示。①家庭支持的重要性。秦学安争取到了父亲的支持，这为他开办中药厂减少了家庭内部的阻力。在事业发展中，家庭的支持是非常重要的，能够给予我们精神上的鼓励和实际的帮助。因此，要重视与家人的沟通和交流，争取家人的理解和支持。②事业传承与经验结合。秦学安认可父亲在药材加工方面的经验，邀请他做生产顾问，将老一辈的经验与新的发展理念相结合。这表明在事业发展中，要善于挖掘和利用长辈的经验和智慧，同时结合新的技术和理念，实现更好的发展。

（三）中国人真正的底色

1. 沟通背景

在电视剧《黄土高天》第 27 集中，方黎明书记与秦奋沟通的背景主要有以下几个方面：

（1）秦奋的个人背景与经历。①留学归来的高学历人才。秦奋是从荷兰留学归来的经济学博士，有着丰富的知识储备和广阔的国际视野。他回到家乡丰源村后，看到土地荒废、产业陈旧、村庄空心化等问题，一直在思考如何改变家乡的现状，对家乡的发展有着自己的想法和抱负。②家庭的影响。秦奋的父亲秦学安是丰源村的重要人物，为村子的发展做出了很多贡献。秦奋从小受到父亲的影响，对家乡有着深厚的感情，也希望能够为家乡的发展出一份力。

（2）丰源村的发展现状。①传统产业面临困境。丰源村之前的产业主要以农业和秦学安带领发展起来的药材厂等为主，但随着时间的推移，这些产业逐渐面临着一些问题，比如市场竞争加剧、产品附加值不高、环境污染等。例如，张守信的水泥厂曾对柳家窑的土质产生了污染，这使得村子的产业发展需要寻找新的方向。②村庄发展的需求。丰源村的年轻人大量外出，村庄出现了空心化的现象，村里缺乏新的产业和项目来吸引年轻人回流，带动村庄的发展。村子需要新的发展思路和项目来实现经济的增长和村民生活水平的提高。

（3）方书记的角色与目标。①作为领导干部的责任。方书记是当地的领导干部，她肩负着推动地方经济发展、改善民生的重要责任。她一直在寻找适合当地发展的新项目和新产业，希望能够带领村民走上致富的道路。②对光伏项目的关注。方书记提出了光伏项目，她认为这个项目具有很大的发展潜力，能够为丰源村带来新的经济增长点。她希望能够在丰源村推广光伏项目，因此需要与村里的年轻人，尤其是像秦奋这样有知识、有想法的年轻人进行沟通，争取他们的支持和参与。

（4）时代背景的推动。①国家政策的支持。当时国家对于农村的发展越来越重视，出台了一系列支持农村产业发展、鼓励创新创业的政策。在这样的政策背景下，方书记和秦奋都看到了农村发展的新机遇，希望能够抓住机遇，推动丰源村的发展。②科技发展的趋势。随着科技的不断进步，光伏等新能源技术逐渐成熟，应用范围也越来越广泛。光伏项目具有环保、可持续等优点，符合国家的发展战略和时代的发展趋势，因此成了方书记和秦奋关注的焦点。

2. 沟通竞秀

3. 沟通经典

方书记：秦奋，你的工作定下来了吗？

秦奋：定下来了，在蒂尔堡大学的经济研究中心。

方书记：蒂尔堡，好家伙，我这更说不出口了。那我也得说呀。如果我想邀请你留下来，你希望有什么样的条件呢？

秦奋：留下来？

方书记：对。

秦奋：我没想过这个问题，方书记，你怎么会让我留下来啊？

方书记：英雄所见略同嘛，因为我们在光伏项目上有共同的认识啊！另外，还因为你们是金水人呀！你看，你们两个人的名字啊，一个秦田，一个秦奋。当初你们的父亲给你们起名字的时候用意很明显——秦田，一块田；秦奋，一块大田。也许金水这块田不够你们施展，太小了，但是且不说田的小大，这是一块生你们养你们的田，对吧？没说错吧？

秦奋：没说错，方书记，但我的工作真的已经定下来了。

方书记：不着急下结论，我有充分的耐心等着你考虑。另外你刚才问到的那个光伏项目，我愿意把资料给你看看，虽然你学的是经济学，但是你（在）对荷兰的农场（经营）上还是挺有经验的，我很希望能听到你的宝贵意见。

秦奋：谢谢方书记，我一定尽力。

…………

方书记：一会儿有一个回乡创业青年植树造林的活动，我就想起你来了，想拉着你一起参加呢。

秦奋：啊，我也去，方书记，我是回来探亲的，也没什么回乡创业计划。

方书记：来，你尝尝。我特意调的。

秦奋：摩可纳！金水还能喝到荷兰的摩可纳？

方书记：现在网络物流发展得这么快，在中国什么买不到，我在欧洲最喜欢这个口味。

秦奋：你也在欧洲待过？

方书记：不过，比你早多了，十多年前在德国。

秦奋：那您，您怎么后来回来做了……

方书记：做了县委书记，是吧？我不知道你有没有这个感受，越是出国越觉得祖国好。

秦奋：是。

方书记：我那个时候出国读书，正好赶上“中国威胁论”甚嚣尘上的时候，什么环境污染啊，资源消耗啊，好像所有世界发展问题都是中国导致的。

秦奋：方书记，我觉得您说的特别对，我回国前还跟同学们在饭桌上争论这个问题呢。

方书记：我那时候跟你一样年轻气盛，听不得任何人说咱们祖国不好，我就跟他们打赌，我说中国将来一定会弯道超车，发展得一定会比他们更好。我那个时候就下定决心，一定要回来，做出点样子给他们看看。

秦奋：其实，我在国外的时候也经常能听到一些关于中国这样那样的言论，但是每次我觉得，我不知道别人怎么样，我自己是：如果是我听到了，我反而心里面会更热爱这个国家。

方书记：热爱祖国是好的，但不能总是远远地看着，要把祖国放在心里呀！

秦奋：方书记，我就是有一点不太明白，您怎么就看上我了？我才刚刚毕业，也没什么社会实践的经验，我……

方书记：你可是经济学博士啊，你太谦虚了吧，咱们金水什么时候出过留洋海外的博士生啊？而且我听说，你从本科到博士用了短短七年时间，这可是超级学霸的速度啊。金水现在太需要这样的人才了，特别是像光伏项目这种高科技项目，太需要像你这样眼光开阔、思维领先的年轻人！

秦奋：方书记，您这么说得我压力越来越大。

方书记：我是不想眼睁睁看着金凤凰飞走啊。

秦奋：其实我回来这些日子，我感觉咱们金水这一两年的发展还是非常不错的，我觉得可能多一个我少一个我也没什么太大差别吧。

方书记：其实你说的不对，金水还是有金水的问题的。虽然这几年发展得确实不错，但是距离全国的县域经济前列还是有很大差距的。这些年金水的乡镇企业都遇到了发展瓶颈。所以，如果你要是考虑留下来的话，从很多方面都可以尝试。无论是从宏观上帮助金水来进行发展规划，还是具体落实的那个新项目的执行，交给你这样的人，我都会特别放心！比如说像光伏项目，你来看，这就是我们马上要开展的光伏农业项目，你看。

秦奋：方书记，我对这个项目真的很感兴趣。

方书记：是吧？

秦奋：但就是，就是我爸的态度特别坚决，这土地的事吧，他要不点头，真的很难落实下去，我就是特别担心……

方书记：你的顾虑我能够理解，但是经过这段时间的了解啊，我觉得你爸对光伏农业本身并不反对，他的心结在于土地流转，当然这一代人对土地都是有情结的，但是我相信你能做好他的工作。

秦奋：方书记，我特别冒昧地问您一下，为什么这个光伏项目一定要放在我们丰源呢？

方书记：这个问题问得好。因为你爸。

秦奋：我爸？

方书记：对！这些年受到进城务工潮的影响，很多农村的基层党组织出现了各种各样的问题，有些村里的党员，平均年龄都超过了五十岁，有的党员长期没有组织生活，而丰源村不一样，因为有你爸的努力，丰源村的基层党组织凝聚力非常强，在群众中的影响也特别好，所以县里把这样的项目交给你爸才能够放心呀。

秦奋：明白了，但是，方书记，真的特别不好意思，我在荷兰的工作真的已经确定下来了，而且蒂尔堡经济研究中心也确实是我一直想去的，还有我女朋友也在荷兰。

方书记：这件事情不着急决定，你再考虑考虑，好吧？如果你愿意留下来的话我非常欢迎。当然，如果你执意要走的话，我去送你。

秦奋：方书记，真的特别特别谢谢您。那我回去再考虑考虑呗。

方书记：好。但是一会儿的植树活动你得参加呀，要不然我这县委书记太没面子了。

秦奋：嗯，一定！

方书记：咱们走。

…………

秦奋：方书记这些所有来植树的都是回乡创业的？

方书记：对啊。那句话怎么说来的，二十一世纪最需要的是什么呀？人才！所以，我一来咱们县，解决的第一项问题就是人才问题。我倒不是说老同志不好，但是像咱们传统大县，不把你们这些朝气蓬勃的年轻人引进来，不把先进思想先进科技引进来，怎么能够改变现在落后的状况呢？对吧？

秦奋：是。

方书记：所以，我也是没办法，为了这些人才，我都快跑断腿了。北京、上海、深圳、广州，我真是没少跑，但凡是从咱们金水出去的，我都去跟人家谈，能回来的基本上都回来了。你看，对，那个穿灰衣服的，他是在北京做自媒体的，现在在县里做宣传工作。

秦奋：厉害！

方书记：还有这几个人，他们是在深圳做生物科技的，现在在咱们园区办了一家公司，还挺好的。哎呀，我就是没把你这个博士引进来，有点惭愧，在你们父子俩面前，我真是败绩连连哪！

秦奋：方书记，您，您别这么说。

方书记：对！我给你们介绍介绍吧，你们年轻人好沟通。来来来！

秦奋：待会儿吧，方书记，我怎么感觉都逃不出你的“五指山”了呢！

方书记：真的假的，要是真这样太好了。来，我给你看。你看，这一片黄土地，就像要连着天了一样，多壮观！这才是我们中国人真正的底色，不管是北京上海那些大城市有多么大的翻天覆地的变化，生活在这片黄土地的人们，他们的生活没有变化，我们的国家也不算是真的进步。“国家兴亡，匹夫有责！”

4. 沟通实效

在电视剧《黄土高天》第 27 集中，方黎明书记与秦奋沟通的效果如下：

（1）思想上的触动。①激发了秦奋对家乡建设的进一步思考。方书记向秦奋介绍了光伏项目以及一些回乡的高科技人才为家乡做贡献的事例，这让秦奋开始重新审视自己对于家乡发展的想法。在此之前，秦奋虽然有改变家乡的想法，但比较模糊。方书记的话为他提供了新的思路和方向，让他意识到家乡的发展有更多的可能性，也让他更加深入地思考如何利用自己的知识和能力为家乡做贡献。②引发了秦奋内心的矛盾与挣扎。方书记希望秦奋留下来参与家乡建设，但秦奋已经得到了自己最想去的经济研究中心的工作，并且在荷兰还有女朋友。方书记的邀请与他原本的计划产生了冲突，使他陷入了两难的境地，内心开始纠结是选择留在城市追求个人的发展，还是回到家乡为家乡的发展贡献力量。

（2）情感上的共鸣。①增强了秦奋对家乡的情感连接。方书记讲述自己当年出国留学时，因为听不得别人说祖国不好，看到国外的发展变化后决心回国为家乡做贡献的经历，引起了秦奋的共鸣。秦奋本身对家乡就有着深厚的感情，方书记的话让他更加坚定了为家乡付出的决心，也让他对家乡的未来发展有了更强的责任感和使命感。②拉近了与秦奋的距离。方书记的真诚和对家乡发展的热情，让秦奋感受到了她的诚意和决心，也让他对方书记产生了信任和尊重。这种情感上的共鸣和信任，为他们后续的沟通和合作打下了良好的基础。

（3）行动上的影响。①促使秦奋开始关注光伏项目。方书记提出的光伏项目引起了秦奋的兴趣，他开始认真思考这个项目的可行性和发展前景。在与方书记沟通后，他积极地去了解光伏项目的相关信息，甚至和朋友一起去检测水泥厂附近的环境，为光伏项目的实施做准备。②为后续的合作埋下伏笔。虽然秦奋暂时没有答应方书记留下来，但方书记表示有足够的耐心等他考虑清楚。这为他们后续的合作留下了可能性，也为秦奋最终决定回到家乡参与建设埋下了伏笔。

总体而言，方书记与秦奋的沟通在思想、情感和行动上都对秦奋产生了积极的影响，虽然没有立即达成合作，但为秦奋的转变和后续的发展奠定了基础。

5. 沟通策略

在电视剧《黄土高天》第 27 集中，方黎明书记与秦奋沟通主要采取了以下策略：

（1）激发兴趣。①引入项目话题。方书记请秦奋等人吃饭时，主动提出了光伏项目。光伏项目对于当时的农村来说是一个比较新颖的概念，容易引起年轻人，尤其是像秦奋这样有知识、有见识的年轻人的兴趣。通过介绍光伏项目的前景和潜在收益，如“如果天气晴朗，光伏项目一天的收益将达到十几万元”，让秦奋直观地感受到这个项目的吸引力，从而激发他对该项目的关注和进一步了解的欲望。②分享自身经历引发共鸣。方书记讲述自己当年出国留学的经历，强调自己听不得别人说祖国不好，看到国外的发展变化后决心回国为家乡做贡献。这种对家乡的深厚情感和为家乡奋斗的经历，与秦奋内心对家乡的情感产生了共鸣，拉近了与秦奋的距离，让秦奋更容易接受她所说的话。

（2）展示价值与前景。①强调项目优势。方书记向秦奋详细介绍了光伏项目的好处，包括环保、可持续以及能够为农村带来新的经济增长点等。她还提到有很多大学生高科技人才自愿回到农村，贡献他们的知识力量，参与类似的项目，这让秦奋看到了光伏项目在农村发展的可行性和广阔前景，使他认识到这个项目不仅对个人有发展机会，对家乡的发展也具有重要意义。②举例说明成功案例。方书记带着秦奋去参观植树基地，介绍那些回到农村的高科技人才所取得的成就和为家乡带来的变化。这些成功案例为秦奋提供了具体的参考和榜样，让他更加相信光伏项目能够在丰源村取得成功，也增强了他对参与家乡建设的信心。

（3）给予尊重和理解。①尊重秦奋的选择。方书记知道秦奋已经得到了自己最想去的经济研究中心的工作，并且在荷兰还有女朋友，所以她没有强迫秦奋立即做出决定，而是表示自己有足够的耐心等他考虑清楚。这种尊重秦奋个人选择的态度，让秦奋感受到了方书记的诚意，也减轻了他的心理压力，使他能够更加理性地思考自己的未来规划。②理解秦奋的顾虑。方书记理解秦奋对家乡发展的担忧和对土地的特殊情感。她没有一味地强调光伏项目的好处，而是耐心地倾听秦奋的想法和意见，与他进行平等地交流和沟通，这有助于消除秦奋的顾虑，建立起良好的沟通氛围。

（4）提供机会与平台。①邀请参与实践。方书记邀请秦奋跟着自己一起去参加县里的种树项目，让他亲身感受农村建设的氛围和工作的意义。通过参与实践活动，秦奋能够更加深入地了解农村的发展需求和自己能够发挥的作用，这也为他提供了一个思考自己未来发展方向的机会。②表示合作意向。方书记表示如果张晓斌的无人机项目能够落地，她可以考虑代表丰源村成为他的第一个战略合作伙伴。这种合作意向的表达，让秦奋看到了在农村开展项目的支持力度和机会，也让他感受到了方书记对年轻人创业的支持和鼓励，进一步激发了他参与家乡建设的积极性。

6. 沟通启示

在电视剧《黄土高天》第 27 集中，方黎明书记与秦奋的沟通带来了以下启示：

（1）对人才工作者的启示。①关注人才兴趣点。方书记通过引入光伏项目成功吸引了秦奋的兴趣。这启示人才工作者在吸引和挽留人才时，要了解人才的兴趣爱好和专业方向，以具有吸引力的项目或发展机会作为切入点，激发人才的参与热情。例如，在招聘或与人才沟通时，先了解对方的研究领域和兴趣点，有针对性地介绍相关项目或工作内容，让人才感到自己的价值能够得到充分发挥。②以自身经历引发共鸣。方书记分享自己留学回国建设家乡的经历，引起了秦奋的共鸣，拉近了与他的距离。在与人才交流时，人才工作者可以分享自己或他人的奋斗故事、成功经验，让人才感受到自己不是孤立的个体，而是与一群有共同理想和追求的人在一起，增强他们对工作的认同感和归属感。③给予充分的尊重和理解。方书记知道秦奋面临着工作选择和个人生活的矛盾，没有强迫他立即做出决定，而是表示愿意等待。这提醒人才工作者要尊重人才的个人选择和发展规划，理解他们可能面临的困难和顾虑。不要给人才过多的压力，而是要为他们提供支持和帮助，让他们在一个宽松、自由的环境中发展。④提供实践机会和平台。方书记邀请秦奋参与县里的种树项目，让他亲身感受农村建设的氛围和工作的意义。人才工作者也应该为人才提供实践机会和平台，让他们能够将理论知识应用到实际工作中，不断提升自己的能力和水平。通过实践，人才能够更好地了解工作的实际需求和自己的能力差距，从而更加明确自己的发展方向。

（2）对领导干部与年轻人沟通的启示。①平等交流的重要性。方书记与秦奋沟通时，没有以领导的身份居高临下，而是以平等的姿态与他交流，让秦奋能够自由地表达自己的想法。领导干部在与年轻人沟通时，要摒弃传统的等级观念，尊重年轻人的个性和想法，建立平等民主的沟通氛围。只有在平等的基础上，年轻人才能真正敞开心扉，与领导干部进行深入的交流。②展示发展前景与价值。方书记向秦奋详细介绍了光伏项目的优势和前景，以及农村发展对人才的需求，让秦奋看到了自己在家乡发展的机会和价值。领导干部在与年轻人沟通时，要善于展示工作的意义和价值，让年轻人明白自己的工作对社会、对国家的重要性。同时，要为年轻人提供广阔的发展空间和晋升机会，让他们看到自己的未来和希望。③理解年轻人的困境与选择。秦奋在面对是否留在家乡的选择时，有着诸多的顾虑，方书记能够理解他的困境，并给予他足够的时间去思考。领导干部要理解年轻人在职业发展、家庭生活等方面面临的压力和挑战，站在他们的角度去思考问题，给予他们关心和支持。在年轻人做出选择时，要给予他们充分的自主权，不要强行干涉。

（3）对年轻人自身发展的启示。①关注家乡发展机遇。秦奋原本打算留在城市发展，但方书记的介绍让他看到了家乡的发展潜力和机遇。年轻人不应只关注城市的发展机会，也要关注家乡的变化和需求，将个人的发展与家乡的建设紧密结合起来。如今，随着乡村振兴战略的实施，农村地区的发展机遇越来越多，年轻人可以充分发挥自己的专业知识和创新能力，为家乡的发展贡献力量。②勇于尝试和创新。光伏项目对于丰源村来说是一个全新的尝试，需要有勇气和创新精神才能推动。年轻人在面对新的机遇和挑战时，要敢于尝试、勇于创新，不要被传统观念和思维模式所束缚。只有不断地探索和实践，才能在工作中取得突破和进步。③树立正确的价值观。方书记的爱国情怀和为家乡奉献的精神感染了秦奋，让他对自己的人生价值有了新的思考。年轻人要树立正确的价值观，将个人的利益与国家、社会的利益紧密联系在一起，在实现个人价值的同时，为国家和社会的发展做出贡献。

（四）土地银行与光伏项目

1. 沟通背景

在电视剧《黄土高天》第 28 集中，秦奋与其父秦学安围绕土地银行与光伏项目进行沟通的背景如下：

（1）村庄现状引发思考。①经济发展困境。秦奋回到丰源村后，看到村里很多年轻人都出外打工，村里只剩下些老弱病残，呈现出萧条的景象。村里的中药厂也因中药材价格下跌、收购价不变而濒临亏损，这些现状让秦奋意识到村子需要新的发展途径来改变。②环境问题突出。通过检测发现，村里水泥厂的污染严重超标，不仅空气污染严重，水污染也达到了很严重的程度。这不仅影响了村民的生活健康，也让秦奋对村里传统产业的发展模式产生了质疑。

（2）光伏项目的机遇。①政策支持与经济效益。方黎明书记向秦奋介绍了光伏项目，强调这个项目能给金水带来巨大的经济效益，这引起了秦奋的兴趣。而且从政策层面来看，政府也对这类项目较为支持，这为光伏项目在丰源村的开展提供了有利的政策环境。②丰源村的优势条件。方黎明书记表示，因为秦学安多年的努力，丰源村的基层党组织凝聚力非常强，在群众中的影响也特别好，所以县里把这个光伏项目交给秦学安所在的丰源村很放心，这让秦奋看到了项目在丰源村实施的可行性。

（3）土地问题的考量。①秦学安的传统观念。秦学安经历过农村土地改革的艰难历程，对土地有着深厚的感情。当年他冒着蹲大狱的风险才把地分下去，所以对于土地的使用和流转非常谨慎。他认为农民种地不仅仅是为了挣钱，如果农民没了地，连睡觉都不踏实，对于光伏项目可能涉及的土地流转问题存在担忧。②土地流转的新趋势。随着经济的发展，农村土地承包权和经营权的分离成为趋势，这为土地的规模化经营和项目的开展提供了条件。秦奋作为新一代的农民，接触过先进的经济学理念，他认为可以通过土地银行的方式来解决土地流转的问题，既保证农民的利益，又能推动项目的进行。

在这样的背景下，秦奋与秦学安进行沟通，希望父亲能够理解并支持光伏项目和土地银行的想法，以推动丰源村的发展。这也反映了不同代际的村民对于农村发展的不同思考和观念的碰撞。

2. 沟通竞秀

____

____

3. 沟通经典

秦奋：那我还想再跟你说说那个光伏项目的事。

秦学安：有啥好说的嘛，那说了，跟你没关系嘛。

秦奋：你就让我说说嘛，我要不说我心里边特别憋。

秦学安：你说。

秦奋：我翻了很多资料啊，我突然想到一个能够解决咱们村问题的办法，咱们可以先做一个土地银行。

秦学安：啥意思？

秦奋：你看啊，咱们村，还有其他的村子，不是有很多外出打工的人吗？他们要去了城里，那家里的土地不就撂荒了。我们可以先在村里或者是镇上成立一个土地银行，这如果以后他们再出去打工，没法照看自己的土地，他们就可以把土地存到这个土地银行里来啊，每年还有分红，而且，如果以后他们从城里回来，想把土地拿出来，没问题呀，可以连本带利地把土地从土地银行里面取出来，那这样不就解决咱们村里土地撂荒的问题了吗？你想，咱们村的土地那么好，你在里边不种地，你也不种菜，你啥都不种，光长草了，你说人看着心里能不着急吗？还有啊，咱存土地可以有活期，也可以有死期，而且土地银行收进来的土地可以像那种银行放贷一样放给有需要的人。

秦学安：给光伏用。

秦奋：光伏园只是一种，如果你想种的地多了，你还可以跟土地银行租。

秦学安：那把这土地存到银行里，这地还算咱农民自己的吗？

秦奋：爸，咱们国家的土地所有权那都是归国家的，但是，30年前不是有家庭联产承包责任制吗？那时候就把这个承包权都分给村里的乡亲们了，等于咱们现在往土地银行里面存的是使用权。你想啊，这使用权存到土地银行里面了，这承包权肯定还是咱们自己的嘛。其实就像那个咱往银行存钱一样，你说你要把钱存到银行了，结果这个钱不是你的了，那谁还往银行存钱？

秦学安：嗯，这事说得合情合理，可实行起来难嘛。

秦奋：其实也不难，就差一个带头的，你还记不记得你30年前，你带着大家分地。

秦学安：不说那个了。我知道了，你走你的，村里的事啊，你不管嘛，你现在走的路跟我们不一样了。

秦奋：反正办法我都给你想好了，过两天我也回荷兰了，我就是觉得光伏项目真的是挺不错的，错过了很可惜。

秦学安：行了，不说了。我跟你妈觉得你有出息啊，没把你白送到荷兰去念书，你也是靠自己的本事读了这个大博士，我跟你妈都高兴着呢。

秦奋：好吧，那你考虑好了跟我说，我教你怎么弄那个土地银行。

秦学安：嗯。……

4. 沟通实效

在电视剧《黄土高天》第28集中，秦奋与其父秦学安围绕土地银行与光伏项目的沟通效果如下：

（1）部分观念得到一定程度的交流与理解。①秦学安对秦奋的想法有了初步认知。秦学安知道了秦奋对于光伏项目的看法以及他所认为的项目优势。秦奋向父亲介绍了光伏项目能带来的经济效益，让秦学安了解到这可能是村庄发展的一个新方向。这使得秦学安开始思考这些新的发展理念，尽管他内心仍有诸多疑虑，但至少对这些新事物有了初步的认识。②秦奋理解了父亲的担忧。通过沟通，秦奋也明白了父亲秦学安对土地的深厚感情以及对土地流转的担忧。秦学安经历过农村土地改革的艰难历程，认为农民与土地的关系紧密，担心土地流转后农民会失去对土地的掌控。秦奋理解了父亲的这种顾虑，这为后续进一步沟通奠定了基础。

（2）仍存在较大分歧与矛盾。①土地银行的理念未完全被接受。秦奋提出的土地银行的想法，虽然在理论上能够解决土地流转的问题，保证农民的利益，但秦学安对这种新的模式仍然持谨慎态度。对于秦学安这一辈的农民来说，土地是他们的根本，这种新的模式太过陌生，他需要更多的时间和证据来接受。②对光伏项目的看法不同。秦学安对光伏项目的可行性和潜在风险存在疑虑。一方面，他担心项目的实施会对村庄的生态环境和农民的生活产生不可预见的影响；另一方面，他对项目的长期稳定性和经济效益也有所担忧。这些疑虑导致他与秦奋在光伏项目的看法上存在较大的分歧。

总体而言，秦奋和秦学安的这次沟通有一定的积极效果，双方在一定程度上理解了对方的观点，但在土地银行与光伏项目的问题上仍存在较大的分歧，需要进一步的沟通和实践来解决。

5. 沟通策略

在电视剧《黄土高天》第28集中，秦奋围绕土地银行与光伏项目，与父亲秦学安沟通时采取了以下策略：

（1）理论阐述策略。①介绍光伏项目的优势。秦奋深知父亲对新事物可能存在疑虑，但他还是耐心地向秦学安讲解光伏项目的好处。他提到光伏项目能带来巨大的经济效益，这对于一直想让村子富起来的秦学安来说是一个重要的吸引点。通过阐述项目的经济前景，试图引起父亲对光伏项目的兴趣和重视。②讲解土地银行概念。对于“土地银行”这一较为新颖的理念，秦奋详细地给父亲解释其运作模式和意义。他强调土地银行可以在保证农民土地权益的前提下，实现土地的合理流转和集中利用，为光伏项目的开展提供土地支持。这种理论讲解的方式有助于父亲理解这些新的概念和模式。

（2）情感共鸣策略。①唤起父亲的家乡情怀。秦奋明白父亲对丰源村有着深厚的感情，一直致力于村子的发展，所以他在沟通中强调光伏项目和土地银行的实施是为了让丰源村有更好的发展，让村民过上更好的生活。他表示自己作为新一代的丰源村人，也希望能够像父亲一样为家乡做贡献，以此唤起父亲的情感共鸣，让父亲更容易接受自己的想法。②理解父亲的担忧。秦奋没有一味地强调自己的观点，而是认真倾听父亲的想法和担忧。他理解父亲对土地的深厚感情以及对土地流转可能带来的风险的担忧，在沟通中表示会充分考虑这些问题，让父亲感受到自己的尊重和理解。

（3）循序渐进策略。先提出想法，再深入探讨。秦奋没有一开始就强迫父亲接受自己的全部观点，而是先提出光伏项目和土地银行的想法，让父亲有一个初步的了解。然后，他根据父亲的反应，逐步深入地探讨这些项目的具体细节和实施步骤，让父亲有一个逐渐接受的过程。这种循序渐进的沟通方式，避免了过于急切地推进而引起父亲的反感。

6. 沟通启示

在电视剧《黄土高天》第28集中，秦奋与秦学安围绕土地银行与光伏项目的沟通带来以下启示：

（1）观念沟通方面。①理解代际差异，耐心解释新观念。秦奋代表的年轻一代有着先进的理念和知识，而秦学安作为老一辈农民，有着自己固有的思维模式和对土地的深厚情感。这启示我们在沟通中要理解代与代之间观念的差异，年轻人在向长辈介绍新观念、新项目时，不能急于求成，要耐心地解释和说明，用通俗易懂的方式让长辈理解。就像秦奋向父亲详细讲解光伏项目的优势和土地银行的运作模式，逐步让父亲对这些新事物有初步的认识。②尊重长辈经验和担忧。长辈们的经验和担忧往往是基于他们长期的生活经历和对土地的深厚感情。年轻人在沟通时要尊重长辈的这些感受，不能一味地否定或忽视。秦奋在沟通中理解了父亲对土地流转的担忧，这为进一步的沟通奠定了基础。我们在面对类似情况时，应该认真倾听长辈的意见，充分考虑他们的担忧，在新观念和传统经验之间找到平衡。

（2）项目沟通方面。①用数据和案例说话。在介绍光伏项目和土地银行时，秦奋如果能提供更多的数据支持和成功案例，会更有说服力。这启示我们在沟通项目时，要做好充分的准备工作，收集相关的数据和案例，用事实来证明项目的可行性和优势。例如，其他地区实施光伏项目和土地银行后取得的经济效益、对农村发展的推动等，这些都可以作为有力的证据，让对方更容易接受项目。②强调项目的综合效益。秦奋在沟通中不仅要强调光伏项目的经济效益，还应该关注项目对农村生态环境、社会发展等方面的影响。一个好的项目应该是综合效益最大化的，既要能带来经济收入，又要能保护环境、促进社会和谐发展。这提醒我们在沟通项目时，要全面地介绍项目的各种效益，让对方从多个角度认识项目的价值。

（3）情感沟通方面。①以情感共鸣为切入点。秦奋深知父亲对家乡的热爱和对农村发展的期望，他在沟通中强调光伏项目和土地银行是为了让家乡更好地发展，以此唤起父亲的情感共鸣。在沟通中，找到与对方的情感共鸣点，能够增强彼此的信任和理解，使沟通更加顺畅。我们可以从对方关心的话题、共同的目标等方面入手，建立情感连接，让对方更容易接受我们的观点。②保持冷静和理智。在沟通中可能会出现意见不合、情绪激动等情况，这时要保持冷静和理智，避免情绪化的表达和争吵。秦奋在与父亲的沟通中，虽然有不同的意见，但始终保持着冷静的态度，没有与父亲发生激烈的冲突。这启示我们在沟通中要学会控制自己的情绪，以理性的思维和方式解决问题，这样才能达到良好的沟通效果。

三、励志榜样

（一）例文引领

电视剧《黄土高天》中的榜样——秦学安

在电视剧《黄土高天》中，秦学安是一位令人敬佩的农民榜样。

秦学安是一个地道的西北汉子，有着坚定的信念和不屈的精神。他生长在黄土高坡的农村，对这片土地有着深厚的感情。在改革开放的初期，农村面临着诸多困难，粮食产量低，农民生活艰苦。秦学安没有被困难吓倒，而是积极寻求改变的方法。当他了解到安徽的“包干到户”能够提高粮食产量后，便不顾风险，毅然决定在自己的村子里推行“分地包产到户”。这种敢为人先的勇气，使他成了村里改革的先锋，也为丰源村带来了新的希望。尽管面临着被抓、被撤职等风险，但他始终坚定地认为自己的做法是正确的，是为了让村民们过上好日子。

秦学安不仅有勇气，还有智慧和担当。在改革的过程中，他不断学习新知识，探索新的农业发展模式。为了提高农作物的产量，他积极引进新技术，改良土壤，带领村民们走上了科学种田的道路。当村里的中药材产业遇到发展瓶颈时，他四处奔走，寻找销售渠道，解决了村民们的燃眉之急。同时，他还关心村里的基础设施建设，积极推动修路、通电等工作，为村民们的生活提供了便利。在面对各种困难和挑战时，他总是挺身而出，承担起自己的责任，成为村民们的主心骨。

秦学安的重情重义也是他的闪光点之一。他对家人关爱有加，对妻子赵秀娟体贴入微，夫妻二人相互扶持，共同走过了许多艰难的岁月。对父亲秦有粮，他始终保持着敬重和孝顺，听从父亲的教导。在村里，他与乡亲们相处融洽，乐于助人。当村民们遇到困难时，他总是毫不犹豫地伸出援手，帮助他们解决问题。例如，“偷梁换柱”帮助包谷地解决燃眉之急，这种行为体现了他的善良和义气。

在秦学安的带领下，丰源村发生了翻天覆地的变化。从一个贫困落后的村子，逐渐发展成为一个富裕、文明的新农村。他的努力和付出得到了村民们的认可和尊重，也为其他农村的发展提供了宝贵的经验。他的故事，不仅是丰源村的奋斗史，更是中国农村改革开放的一个缩影。

总之，秦学安是《黄土高天》中当之无愧的榜样。他的勇气、智慧、担当和重情重义，使他成为一个具有代表性的农民形象。他的故事激励着无数人，为了实现自己的梦想，为了家乡的发展，不断努力奋斗。

（二）百花齐放

____

____

四、观后感

（一）例文引领

观电视剧《黄土高天》有感

《黄土高天》犹如一幅波澜壮阔的历史画卷，徐徐展现在观众眼前，带我们领略了中国农村在改革开放四十年间的沧桑巨变。这部剧以其真实的剧情、饱满的人物形象和深刻的时代内涵，给人留下了难以磨灭的印象。

故事围绕着丰源村展开，以秦学安为代表的农民们在时代的浪潮中奋力前行。秦学安，这位朴实而坚毅的西北汉子，成为引领丰源村走向富裕的关键人物。他身上所展现出的勇气、智慧和担当，令人敬佩不已。

在改革开放初期，农村面临着诸多困境。粮食产量低，农民生活艰苦，思想观念也相对保守。秦学安却敢于冲破传统观念的束缚，率先尝试“包干到户”。这一决定无疑是大胆的，甚至可能面临巨大的风险。但他坚信，只有改变旧的生产方式，才能让村民们过上好日子。他的勇气不仅仅在于敢于尝试新事物，更在于面对质疑和反对时，依然坚定地走自己的路。这种勇气，是推动农村改革的重要力量。

随着改革的深入，秦学安并没有满足于现状，他不断学习新知识，探索新的农业发展模式。为了提高农作物的产量，他积极引进新技术改良土壤。他深知，只有依靠科学技术，才能实现农业的可持续发展。在这个过程中，他也遇到了许多困难和挫折，但他从不气馁，总是想方设法去解决问题。他的智慧不仅仅体现在对农业技术的掌握上，更体现在他对市场的敏锐洞察力和对未来发展的前瞻性思考。

秦学安的担当精神也令人动容。当村里的中药材产业遇到发展瓶颈时，他四处奔走，寻找销售渠道。他明白，自己肩负着村民们的期望，不能让大家的努力付诸东流。在面对各种困难和挑战时，他总是挺身而出，承担起自己的责任。无论是解决村里的基础设施建设问题，还是处理村民之间的矛盾纠纷，他都尽心尽力，为丰源村的发展营造了一个和谐稳定的环境。

除了秦学安，剧中的其他人物也各具特色。赵秀娟，秦学安的妻子，她勤劳善良，默默支持着丈夫的事业。秦有粮，秦学安的父亲，一位传统的农民，他在经历了思想的转变后，也成了改革的坚定支持者。还有张天顺等村干部，他们在改革的过程中，也发挥了重要的作用。这些人物共同构成了一个丰富多彩的农村世界，展现了中国农民在改革开放中的奋斗历程。

《黄土高天》不仅仅是一部讲述农村改革的电视剧，更是一部反映中国时代变迁的史诗。它让我们看到了中国农民在改革开放中的伟大创造和奉献精神，也让我们感受到了中国农村的巨大变化。从贫困落后到富裕文明，从传统农业到现代农业，中国农村在四十年间发生了翻天覆地的变化。这一变化，离不开像秦学安这样的农民的努力，也离不开党和国家的好政策。

回顾这部剧，我们不禁为中国农村的发展感到自豪，也为中国农民的奋斗精神所感动。在新时代，我们更应该继承和发扬这种精神，为实现乡村振兴战略贡献自己的力量。让我们以秦学安等农民为榜样，勇敢地面对挑战，积极地探索创新，为建设美丽中国而努力奋斗。

（二）百花齐放

五、研讨发言

(一)例文引领

电视剧《黄土高天》研讨会发言稿

尊敬的各位领导、嘉宾:

大家好!很荣幸能够在这次《黄土高天》研讨会中发言。《黄土高天》这部电视剧以其深刻的主题、精彩的剧情和生动的人物形象,给观众带来了一场视觉与心灵的盛宴。

该剧以农村改革为背景,展现了中国农民在历史变迁中的奋斗历程。故事发生在黄土高原上的一个小村庄,通过秦学安等一批农民的视角,描绘了从土地承包责任制到乡村振兴的伟大历史进程。

首先,剧情真实地反映了农村改革的艰辛与成就。在那个特殊的历史时期,农民们渴望摆脱贫困,追求更好的生活。秦学安等主人公敢于尝试,率先实行土地承包责任制,他们面临着来自传统观念和现实困难的重重挑战。然而,他们凭借着坚韧不拔的毅力和对美好生活的向往,克服了一个又一个难关。这种真实的描写让观众深刻感受到了农村改革的不易,也为中国农民的勇气和智慧所折服。

其次,剧中的人物形象鲜明,富有感染力。秦学安是一个典型的农民代表,他勤劳、善良、勇敢,有着强烈的责任感和使命感。他不仅关心自己的家庭,更关心整个村庄的发展。在他的带领下,村民们逐渐走上了致富之路。此外,剧中还有许多其他生动的人物形象,如赵秀娟、张天顺等,他们各自有着不同的性格特点和人生经历,但都在农村改革的浪潮中发挥了重要作用。这些人物形象的塑造,让观众感受到了人性的光辉和温暖。

再次,《黄土高天》的主题深刻,具有重要的现实意义。该剧通过展现农村改革的历程,表达了对农民的尊重和关爱,同时也传递了对乡村振兴的美好愿景。在当今时代,乡村振兴战略正在全面实施,这部电视剧为我们提供了一个生动的案例和启示。它告诉我们,只有坚持党的领导,充分发挥农民的主体作用,才能实现乡村的全面振兴。

此外,该剧的制作也非常精良。画面优美,场景真实,音乐动人,为观众营造了一个浓郁的黄土高原风情。同时，演员们的出色表演也为该剧增色不少。他们用精湛的演技，将剧中人物的情感和内心世界展现得淋漓尽致，让观众产生了强烈的共鸣。

总之，《黄土高天》是一部优秀的电视剧，它以其真实的剧情、鲜明的人物形象、深刻的主题和精良的制作，赢得了观众的广泛赞誉。它不仅是一部艺术作品，更是一部反映中国农村改革历史的生动教材。在今后的创作中，我们应该借鉴《黄土高天》的成功经验，创作出更多更好地反映现实生活、传递正能量的优秀作品。

谢谢大家！

（二）百花齐放

____

____

六、文旅链接

宝鸡市麟游县丰塬村：该剧的主取景地，这里大山环绕，有大片黄土耕地和湛蓝天空，还有山清水秀的自然景观，如麦田、山花、中药材等，以及保留着“几十年前老样子”的老房老屋老街道，能原汁原味地展现农村二十世纪七八十年代的风貌。

旬邑县张洪镇西头村云尚乡舍：曾是该剧的拍摄地，是一个具有浓郁陕西乡土气息的地方，有四个屹立在塬边的四合院，融合了陕西传统建筑风格与现代设施，集多种功能于一体，是农业观光和体验相结合的特色旅游打卡地。

麟游县酒房镇大庄村光伏扶贫示范项目：与剧中的光伏农业项目相对应，剧外这里的光伏发电项目助农脱贫增收。游客可到此参观了解光伏扶贫模式，感受科技在农业生产中的应用，以及对农村经济发展的推动作用。

作业

1. 完成本节“沟通竞秀”练习，将其中自己最满意的文字版和音频版创作内容上传到学习平台。

2. 观赏《黄土高天》全剧，完成“励志榜样”“观后感”“研讨发言”部分的练习，将其中自己最满意的文字版和音频版创作内容上传到学习平台。

第三节　湾区交响乐

可在学习强国App中搜索“五个一工程”或剧名观看

一、好剧推荐

在粤港澳大湾区这片充满活力与机遇的土地上，一部名为《湾区儿女》的电视剧如璀璨明珠般熠熠生辉。

该剧以独特的视角展现了大湾区的时代风貌和人文魅力。故事围绕着澳门疍家女孩麦斯钰的成长历程展开。从一个渔村辍学青年到成为大湾区灯饰行业的佼佼者，麦斯钰的奋斗之路充满了挑战与机遇。她凭借着坚韧不拔的毅力、过人的智慧和敢闯敢拼的勇气，在时代的浪潮中奋勇前行。

《湾区儿女》不仅仅是一部个人的奋斗史，更是大湾区发展的生动写照。剧中，我们可以看到亚洲金融危机、澳门回归等重大历史事件对人物命运的影响，也能感受到港珠澳大桥的建设为大湾区带来的翻天覆地的变化。超过30%的场景在澳门街头实景拍摄，让观众仿佛身临其境，领略到大湾区的美丽风光和独特风情。

在人物塑造方面，该剧可谓是细腻入微。麦斯钰乐观积极、勇于创新，她身上体现出的疍家文化传承的拼搏精神令人敬佩。男主角黄梓健温暖善良、执着追求，他与麦斯钰的爱情长跑也为故事增添了一抹温情。此外，剧中还刻画了众多具有家国情怀的企业家形象，他们在大湾区的建设中发挥着重要作用。

这部剧既有精彩的商战情节，又有动人的情感纠葛。它让我们看到了大湾区在政治、社会、文化和经济等领域所取得的巨大成就，也让我们感受到了港澳同胞融入祖国大家庭的时代潮流。《湾区儿女》激励着每一个为梦想奋斗的人，让我们看到美好、希望、梦想就在前方。

总之，《湾区儿女》是一部不容错过的精彩电视剧。它以其宏大的时代背景、精彩的剧情和深刻的主题，为观众呈现了一场视觉与心灵的盛宴。让我们一起走进《湾区儿女》的世界，感受大湾区的魅力与活力，共同奏响时代奋斗之歌。

二、经典表达与沟通

（一）感恩与职业发展

1. 沟通背景

在电视剧《湾区儿女》第12集中，谭老师与麦斯钰、石学举围绕从华明出来单干一事沟通的背景如下：

一方面，郭永旺被华明撤职后，心有不甘，想要自己出来单干，并希望妻子麦斯钰也从华明辞职一起创业。这一决定给麦斯钰带来了巨大的困扰和抉择难题。麦斯钰在华明公司得到了欧阳董事长的信任和鼓励，同时也认为华明的发展平台符合自己未来事业的定位，所以她对辞职一事犹豫不决。

另一方面，当时的大环境是 CEPA（《内地与香港关于建立更紧密经贸关系的安排》）实施，这为澳门人带来了新的机遇。新闻中澳门人李健立、洪俊杰等人成为 CEPA 实施后第一批在珠海领到个体工商执照的澳门居民，这一事件引起了广泛关注。在这样的政策背景下，郭永旺看到了自主创业的可能性和潜力，而谭老师和石学举也认为这是一个机遇。

同时，麦斯钰一直以来都在努力奋斗，追求个人价值的实现。她在事业上已经取得了一定的成绩，但面对新的机遇和挑战，她不确定自己是否应该勇敢迈出这一步。谭老师作为麦斯钰的良师益友，一直关注着她的成长，希望通过自己的经验和见解，帮助她做出正确的决策。石学举作为麦斯钰的朋友，也从自身的角度出发，给予她鼓励和支持。

在这样的背景下，谭老师、麦斯钰和石学举展开了这次沟通，旨在帮助麦斯钰理清思路，权衡利弊，做出最适合自己的决定。

2. 沟通竞秀

____

____

3. 沟通经典

麦斯钰：他想自己出来单干，让我从华明辞职。

谭老师：那你是怎么想的？

麦斯钰：我不想。

谭老师：说说理由。

麦斯钰：第一，欧阳董事长是我的贵人，是他鼓励我走上这条路的，在公司他非常地信任我，而我的发展也离不开他的鼓励和帮助，我不能做一个忘恩的人。第二，华明公司的发展平台，我认为很符合我自己未来事业的定位。

谭老师：这是今天的日报。我念给你们听听：澳门人李健立、洪俊杰等人成为 CEPA（《内地与香港关于建立更紧密经贸关系的安排》）实施后第一批在珠海领到个体工商执照的澳门居民。

麦斯钰：这篇新闻我看到过。

谭老师：CEPA（《内地与香港关于建立更紧密经贸关系的安排》）的实施对澳门人是一个机遇，我反倒觉得郭永旺想自主创业是好事。

石学举：我同意谭老师的观点，其实辞职与否并不是重点，重点是什么是你最想要实现的。

谭老师：对！个人价值的实现离不开机遇，企业也是一个道理。我给你看看我的笔记本。

石学举：这么多新闻啊。

麦斯钰：谭老师，没想到你还有整理报纸的习惯。

谭老师：以前我给你们上课的时候就说过，新闻里有最大的信息量，有各行各业的最新资讯，有最新的政策解读，你们要创业呀，不了解不学习政策，不行！

石学举：听了谭老师的一番话，真是胜读十年书啊。CEPA（《内地与香港关于建立更紧密经贸关系的安排》）为澳门打开了中国十三亿人口的这么一个大市场，这也是澳门人千载难逢的机会啊。斯钰啊，作为澳门人，我觉得，你不但要相信自己，而且要把握住机会，一定要更进一步啊。

麦斯钰：谭老师，石大哥，我可以吗？

石学举：当然可以了。

谭老师：不过，我还是要提醒你，做任何决定都有利弊，关键还是“坚持”二字。如果你有能力，那么弊端很可能转化为优势，但是，如果你只有躯壳，那么看起来是优势的，你也未必能抓得着。所以你自己好好想清楚，再做决定吧。

4. 沟通实效

在电视剧《湾区儿女》第12集中，谭老师与麦斯钰和石学举的沟通取得了以下多方面的良好效果：

（1）对麦斯钰的影响。①明确自我认知。麦斯钰在与谭老师的沟通中，通过阐述不想从华明辞职的理由，更加清晰地认识到自己对欧阳董事长的感恩之情以及对华明公司发展平台的重视。这有助于她明确自己的价值观和职业追求，为后续的决策提供了重要的依据。例如，她认识到自己不是一个忘恩负义的人，同时也清楚华明公司的平台符合自己未来事业的定位，这使她在面对郭永旺的提议时能够更加坚定地思考自己的选择。②拓宽视野与机遇意识。谭老师分享的CEPA实施后澳门人的机遇以及对政策的解读，让麦斯钰拓宽了视野，增强了机遇意识。她开始意识到外部环境的变化带来的新机遇，不再仅仅局限于当前的工作环境。

新闻中澳门居民在珠海领到个体工商执照的例子，让麦斯钰看到了更多的可能性，激发了她对未来发展的思考。她开始思考自己作为澳门人，如何在 CEPA 的机遇下实现个人价值的更大提升。③增强自信与决策能力。谭老师和石大哥的鼓励让麦斯钰更进一步增强了自信。他们对麦斯钰的信任和肯定，使她开始相信自己有能力抓住机遇。这种自信的提升有助于麦斯钰在面对重大决策时更加果断。同时，谭老师的提醒也让麦斯钰认识到决策的利弊，促使她更加谨慎地思考。她开始认真权衡辞职与否的利弊，以及如何在不同的选择中实现自己最想要的目标。这有助于提高她的决策能力，使她能够做出更加明智的决策。

（2）对石学举的影响。①深化对机遇的认识。石学举在与谭老师和麦斯钰的沟通中对 CEPA 的机遇有了更深刻的认识。他同意谭老师的观点，认为辞职与否不是重点，关键是抓住机遇实现个人价值。这种认识的深化使石学举在自己的事业发展中也可能更加关注外部政策环境的变化，积极寻找机遇，为自己的未来发展做好准备。②学习与启发。石学举从谭老师的言行中获得了学习和启发。谭老师整理报纸、关注新闻政策的习惯以及对政策的解读，让石学举认识到了解政策、学习资讯的重要性。他感慨“听了谭老师的一番话，真是胜读十年书”，表明他从这次沟通中汲取了宝贵的经验和智慧，这可能会影响他在今后的工作和生活中更加注重学习和积累。

5. 沟通策略

在电视剧《湾区儿女》第 12 集中，谭老师在与麦斯钰和石学举的沟通中运用了以下策略：

（1）引导式提问策略。谭老师通过提问引导麦斯钰思考自己的想法和决定。比如一开始问“那你是怎么想的？”，当麦斯钰给出初步回答后，又进一步追问“说说理由”。这种提问方式促使麦斯钰深入剖析自己不想从华明辞职的原因，从而更加清晰地认识自己的价值观和职业考量。通过引导式提问，谭老师让麦斯钰主动思考问题，而不是直接给出建议，这样有助于麦斯钰更好地理解自己的内心需求。

（2）引入外部案例策略。谭老师引入日报上关于澳门人李健立、洪俊杰等人成为 CEPA 实施后第一批在珠海领到个体工商执照的新闻案例。这个策略的作用在于将麦斯钰的注意力从个人的困境扩展到外部的机遇和大环境中。通过具体的案例，让麦斯钰直观地感受到 CEPA 带来的机遇，引发她对自主创业和把握机会的思考。同时，也为后续讨论个人价值实现与机遇的关系提供了现实依据。

（3）强调重点策略。石学举和谭老师先后强调“辞职与否并不是重点，重点是什么是你最想要实现的”以及“个人价值的实现离不开机遇，企业也是一个道理”。这种强调重点的策略帮助麦斯钰明确问题的核心，避免陷入对辞职这一具体行为的纠结中，引导她从更宏观的角度思考自己的人生目标和价值追求。通过明确重点，让麦斯钰更加关注自己的内在需求和长远发展，而不是被眼前的选择所束缚。

（4）分享经验策略。谭老师展示自己整理报纸的习惯，并强调新闻里有最大的信息量、最新资讯和政策解读。这种分享经验的策略旨在向麦斯钰和石学举传达一个重要信息，即了解政策和学习资讯对于创业和个人发展的重要性。通过分享自己的经验，谭老师为他们提供了一种可行的方法和思路，鼓励他们在面对机遇和挑战时，积极主动地去获取信息，以便做出更明智的决策。

（5）鼓励与提醒相结合策略。石学举鼓励麦斯钰相信自己并把握住机会，谭老师在肯定机遇的同时也提醒麦斯钰做任何决定都有利弊，关键是“坚持”二字。这种鼓励与提醒相结合的策略既给予了麦斯钰信心和动力，又让她保持理性和谨慎。“鼓励”让麦斯钰敢于去追求自己的梦想和机遇，而“提醒”则让她在做出决定之前充分考虑各种因素，避免盲目行动。这样的策略有助于麦斯钰在面对重大决策时更加全面地思考问题，做出更加成熟的决定。

6. 沟通启示

在电视剧《湾区儿女》第 12 集中，谭老师与麦斯钰和石学举的沟通带来了以下启示：

（1）关于职业选择。①感恩与忠诚并非职业发展的唯一考量。麦斯钰因感恩欧阳董事长的知遇之恩以及认可华明公司的发展平台而不想辞职。这提醒我们，在职业选择中，感恩和忠诚是重要的品质，但不能成为唯一的决定因素。我们需要综合考虑个人的职业目标、发展机会和成长空间等多方面因素。例如，即使对当前的领导和公司怀有深厚的感情，如果有更好的发展机遇出现，也应该勇敢地去评估和权衡，而不是仅仅因为感恩而放弃可能的成长机会。②关注外部机遇与政策环境。谭老师通过分享 CEPA 实施后澳门人的机遇，强调了关注外部政策环境对职业发展的重要性。在现实生活中，我们也应该密切关注行业动态、政策变化等外部因素，这些因素可能为我们带来新的机遇和挑战。比如，随着国家政策的调整，某些行业可能会迎来快速发展的机遇，我们可以提前了解并做好准备，以便在机遇来临时能够及时抓住。

（2）关于个人价值实现。①机遇与个人能力的相互作用。谭老师指出个人价值的实现离不开机遇，同时也强调了个人能力的重要性。这启示我们，要不断提升自己的能力，以便在机遇出现时能够充分发挥自己的优势，将机遇转化为实际的成果。例如，一个有能力的人在面对新的机遇时，能够迅速适应并抓住机会，实现个人价值的提升；如果只有机遇而没有相应的能力，可能会错失良机。②明确自己的核心追求。石学举和谭老师都强调了明确自己最想要实现的目标的重要性。在个人价值实现的过程中，我们需要深入思考自己的核心追求是什么，是财富、地位、成就感，还是其他。只有明确了自己的核心追求，才能在面临职业选择和人生决策时做出更加符合自己内心的决定。比如，有些人可能更注重事业的成功和成就感，那么他们在职业选择上可能会更倾向于具有挑战性和发展空间的机会，而有些人可能更注重家庭和生活的平衡，那么他们可能会选择相对稳定的工作。

（3）关于学习与成长。①从新闻中获取信息和知识。谭老师展示自己整理报纸的习惯，强调了新闻对于创业和个人发展的重要性。在信息时代，我们应该养成关注新闻、学习新知识的习惯，从各行各业的最新资讯和政策解读中获取有价值的信息，为自己的学习和成长提供支持。例如，通过关注新闻，我们可以了解行业的最新趋势、技术的创新发展以及政策的调整方向，从而及时调整自己的学习和发展策略。②坚持是实现目标的关键。谭老师提醒麦斯钰做任何决定都有利弊，关键是“坚持”二字。这告诉我们在追求个人目标和价值实现的过程中会遇到各种困难和挑战，只有坚持不懈地努力，才能克服困难，实现自己的梦想。比如，创业过程中可能会面临资金紧张、市场竞争激烈等问题，但只要有坚定的信念和坚持不懈的精神，就有可能克服困难，取得成功。

总之，这段沟通为我们在职业选择、个人价值实现和学习成长等方面提供了宝贵的启示，让我们更加深刻地认识到在人生的道路上，我们需要综合考虑各种因素，明确自己的目标，不断提升自己的能力，抓住机遇，坚持不懈地追求自己的梦想。

（二）感恩朋友的帮助和支持

1. 沟通背景

在电视剧《湾区儿女》第 18 集中，麦斯钰在国兰灯饰照明有限公司成立仪式上讲话的背景主要有以下几方面：

（1）个人的努力与机遇。①前期筹备与项目推进。麦斯钰一直努力为自己的灯饰事业拼搏。她关注低温照明项目，认为这是一个可以填补市场空白的领域，并且有自己明确的商业计划。经过不断努力，她的项目逐渐走上正轨，为公司的成立奠定了基础。②资金与合作伙伴的支持。石学举对麦斯钰的项目很感兴趣，不仅给她提供了很多建议，还带资入股，这无异于一剂强心针，让她的公司有了更充足的资金和强大的合作伙伴，得以顺利成立国兰灯饰公司。

（2）行业与市场环境。灯饰照明行业具有一定的发展潜力和市场需求，麦斯钰看到了这个行业的前景，并且希望通过自己的努力在这个领域取得成功，为行业发展做出贡献。

（3）外部竞争与挑战。在当时的商业环境下存在着激烈的竞争。比如剧中的华明灯饰等公司也是行业内的有力竞争者，麦斯钰需要通过成立自己的公司，不断提升自己的实力和竞争力，以应对来自同行的挑战。

（4）时代大背景。故事发生在粤港澳大湾区，澳门回归祖国后积极融入内地、踊跃参与粤港澳大湾区建设，这为麦斯钰这样的创业者提供了良好的发展机遇和广阔的发展空间。国家的政策支持、大湾区的建设推动了经济的发展，也为麦斯钰的创业提供了有利的外部条件。

综上所述，麦斯钰在国兰灯饰照明有限公司成立仪式上的讲话，是她个人努力、行业发展、外部竞争以及时代机遇等多方面因素共同作用的结果。这也标志着她在灯饰照明行业开启了新的征程，为她后续的发展奠定了基础。

2. 沟通竞秀

____

____

3. 沟通经典

我在灯饰行业之所以能走到今天，能够成立自己的公司国兰，离不开在座的每一位朋友对我的帮助和支持。

今天呢，我要特别感谢两个人：一位是欧阳东江先生，还有一位是维加斯的包总。

虽然今天欧阳东江先生不能亲自到场，因为身体的原因，但是我还是要在这里向他表示谢意。从一开始对灯饰行业一无所知，到最后自立门户，是华明教会了我很多，是欧阳东江先生教会了我如何做人做事。

今天之所以选择在维加斯举行这个创办仪式，是因为当初在我创业最艰难的时候，是维加斯的订单，改变了我的人生，让我有了新的转折，让我在灯饰行业站稳了脚跟，所以今天我要感谢包总。

4. 沟通实效

在电视剧《湾区儿女》第 18 集中，麦斯钰在国兰灯饰照明有限公司成立仪式上的讲话产生了多方面的效果：

（1）表达感恩之情，增强人际关系。①对朋友。通过讲话，麦斯钰向在座的每一位朋友表达了深深的感恩之情。这种感恩不仅能够让朋友们感受到自己的付出得到了认可，还能进一步增强他们之间的友谊和信任，为公司未来的发展奠定良好的人际关系基础。②对欧阳东江。尽管欧阳东江先生因身体原因未能到场，但麦斯钰的致谢表明她对恩人的敬重。这不仅是一种礼貌和感恩的表现，也向外界展示了麦斯钰的重情重义，有助于提升她在行业内的声誉。③对包总。特别感谢维加斯的包总，强调了在创业艰难时期维加斯订单的重要性。这不仅让包总感受到了被尊重和认可，也为未来双方的合作打下了坚实的基础。

（2）回顾创业历程，激励团队和自己。①个人成长。讲话中回顾了从对灯饰行业一无所知到自立门户的过程，这个过程充满了挑战和困难，但也展示了麦斯钰的成长和进步。通过分享自己的经历，可以激励团队成员在面对困难时坚持不懈，努力奋斗。②团队凝聚力。让团队成员了解公司的发展历程，明白今天的成就来之不易，从而增强团队的凝聚力和向心力。大家会更加珍惜现在的机会，共同为公司的未来努力拼搏。

（3）宣传公司形象，吸引潜在客户和合作伙伴。①诚信经营。麦斯钰的讲话体现了她的感恩之心和诚信经营的理念。这对于吸引潜在客户和合作伙伴非常重要，因为人们更愿意与有诚信、懂得感恩的企业合作。②实力展示。公司的成立仪式本身就是一个展示公司实力和潜力的机会。麦斯钰的讲话中提到了公司在灯饰行业的发展历程和成就，能够让外界对国兰灯饰照明有限公司有更深入的了解，提升公司的知名度和美誉度。

总之，麦斯钰在国兰灯饰照明有限公司成立仪式上的讲话，既表达了感恩之情，又回顾了创业历程，同时还宣传了公司形象，具有多方面的积极效果。

5. 沟通策略

在电视剧《湾区儿女》第 18 集中，麦斯钰在国兰灯饰照明有限公司成立仪式上的讲话运用了以下策略：

（1）感恩为引，凝聚人心。①强调共同努力。麦斯钰开篇就表达了对在座每一位朋友的感谢，让大家感受到自己是公司发展历程中的重要参与者。这种感恩之情能够拉近与听众的距离，增强他们的归属感和认同感。②突出关键人物。特别感谢欧阳东江先生和包总，将他们作为重点感恩对象。通过对这两位关键人物的提及，既表达了具体的感激之情，又向其他人展示了自己在发展过程中善于借助他人力量、懂得感恩回报的品质。

（2）回顾历程，引发共鸣。①讲述成长故事。从对灯饰行业一无所知到自立门户，麦斯钰的成长历程具有一定的代表性和励志性。这种讲述能够让听众尤其是那些有过类似创业经历的人产生共鸣，激发他们的情感认同。②强调转折点。提及维加斯的订单是自己创业的转折点，让大家更加清晰地了解到公司发展的关键节点。同时，也让包总感受到自己的重要性，进一步加深了双方的情感联系。

（3）解释选择，彰显诚意。①说明仪式举办地点选定原因。麦斯钰解释了选择在维加斯举行创办仪式的原因，是为了感谢包总在创业最艰难时给予的订单。这种解释不仅让包总感受到被重视，也让其他听众了解到公司的决策背后有着深刻的情感考量，增强了公司的人性化形象。②展示诚信与感恩。通过这样的解释，麦斯钰向所有人展示了自己的诚信和感恩之心。在商业社会中，这种品质尤为珍贵，能够为公司赢得更多的信任和支持。

（4）树立榜样，激励前行。①学习做人做事。强调欧阳东江先生教会自己如何做人做事，为团队树立了一个榜样。这不仅是对欧阳东江先生的高度评价，也为团队成员提供了一个学习的方向，激励他们在品德和能力上不断提升。②传递奋斗精神。麦斯钰的讲话整体传递出一种奋斗、拼搏的精神。她的成长历程和对未来的展望，能够激励团队成员勇往直前，为公司的发展贡献自己的力量。

6. 沟通启示

在电视剧《湾区儿女》第 18 集中，麦斯钰在国兰灯饰照明有限公司成立仪式上的讲话带来了以下启示：

（1）感恩之心是成功的基石。①人际关系的重要性。麦斯钰的成功离不开朋友的帮助和支持。在商业世界中，良好的人际关系可以为企业带来资源、机会和合作。懂得感恩他人，能够维系和加强这些关系，为企业的发展创造有利条件。②增强团队凝聚力。对朋友和合作伙伴表达感恩之情，能够让团队成员感受到自己的付出得到了认可，从而增强团队的凝聚力和向心力。大家会更加愿意为共同的目标努力奋斗。

（2）学习与成长是持续进步的动力。①从他人身上学习。麦斯钰从欧阳东江先生和华明那里学到了做人做事的道理和灯饰行业的知识。在创业过程中，不断学习和借鉴他人的经验和智慧，可以帮助我们少走弯路，快速成长。②勇于探索和创新。从对灯饰行业一无所知到成立自己的公司，麦斯钰展现了勇于探索和创新的精神。在不断变化的市场环境中，只有持续学习和创新，才能保持竞争力，实现企业的可持续发展。

（3）把握机遇是实现突破的关键。①困境中的机遇。在创业最艰难的时候，麦斯钰抓住了维加斯的订单，实现了人生的转折。这提醒我们，在面对困境时，不要气馁，要善于发现和把握机遇。有时候，一个小小的机遇可能会改变整个企业的命运。②主动创造机遇。除了等待机遇的降临，我们还可以主动创造机遇。通过不断提升自身实力、拓展业务渠道、加强市场调研等方式，为企业创造更多的发展机会。

（4）诚信与责任是企业立足之本。①感恩回报。麦斯钰在成功后不忘感恩，选择在维加斯举行创办仪式，向包总表达谢意。这种诚信和感恩的行为，不仅能够赢得他人的尊重和信任，也为企业树立了良好的形象。②对客户负责。作为灯饰企业，麦斯钰的成功也离不开对客户的负责。提供优质的产品和服务，满足客户的需求，是企业赢得市场份额的关键。只有始终坚持诚信经营和对客户负责的态度，企业才能在市场上立足。

总之，麦斯钰的讲话为我们提供了宝贵的启示，即在创业和发展过程中，要保持感恩之心，不断学习和成长，善于把握机遇，坚持诚信与责任，才能实现企业的成功和可持续发展。

（三）从“少林小子”到“太极宗师”

1. 沟通背景

在电视剧《湾区儿女》第 23 集中，麦斯钰收购风行公司时与大壮、小卓等的沟通是基于以下背景：

（1）风行公司陷入困境。①核心人物被捕。风行公司的核心人物戴天宇因被认定设计剽窃日本东林光电的 LED 新技术而被关进监狱。这一事件使得风行公司失去了关键的研发领导力量，团队陷入混乱，公司的发展也因此受到严重阻碍。②入驻横琴新区的申请被否决。原本风行公司申请入驻横琴新区，但由于戴天宇的事件以及公司存在的一些问题，导致申请被否决。这对于想要寻求更好发展机遇的风行公司来说是一个重大打击，使其面临发展瓶颈，急需寻找新的出路。

（2）麦斯钰的考量与决心。①看好风行公司潜力。麦斯钰坚信风行芯片潜力无限，认为该公司的技术和研发团队有很大的发展潜力，尽管当前面临困境，但只要给予正确的引导和支持，未来能够取得成功。②为公司发展布局。麦斯钰的国兰灯饰公司想要进一步发展，收购风行公司可以为其带来新的技术和研发力量，有助于提升公司的整体实力和竞争力。而且收购风行公司后能让其名正言顺入驻横琴，享受横琴新区的政策优势和发展机遇，对于国兰灯饰的长远发展具有重要意义。

（3）大壮、小卓等人的处境。戴天宇被捕后，大壮、小卓等风行公司的成员一下子傻眼了，他们失去了主心骨，对公司的未来感到迷茫和无助。麦斯钰之前鼓励他们坚强面对挫折，并答应帮忙解决赔偿款，这让他们对麦斯钰充满感激和信任。因此，当麦斯钰提出收购风行公司时，他们也愿意与麦斯钰进行沟通。

2. 沟通竞秀

____

____

3. 沟通经典

麦斯钰：今天呢，招集大家来国兰就是想一起商量一下。我们国兰希望收购风行芯片。

欧阳小江：麦总，收购一家企业，不仅要收购企业的资产，还要承担它的负债。现在风行芯片的资产是负数，还有高额的罚金。

麦斯钰：这个我知道。

大壮：麦总，我们知道，你是一位重情重义的人，但生意场上也明算账，你这个时候收购我们风行，太亏了！

麦斯钰：如果你们都认为我麦斯钰是因为感情用事而收购风行的话，那就大错特错了。我是在做企业，而不是做一个侠客。中国的企业都有一个从“少林小子”到“太极宗师”的这么一个过程，“少林小子”都可以打几下，“太极宗师”有章有法，有阴有阳，中国的企业从第一天就应该有一个精修内功的想法。你们现在都处在一个发展的过程当中，好好培养总会成为大师的。我不是看中一家公司，而是看中这家公司的人才。

小卓：麦总，您真是我们的伯乐呀。我们创业过来一路心酸委屈没少受，能有一个像您这样欣赏我们又器重我们的人，是我们最大的荣幸了！

麦斯钰：罚款呢一共是1100万元，加上500万元的违约金，我们国兰愿意以1600万元的价格收购风行，如果你们同意的话，合同现在就可以签。

欧阳小江：麦总，我已经拿出600万元来了，你不会让我退回去吧？

麦斯钰：那既然这样，你现在是风行最大的股东了，收购风行，你点头吗？

欧阳小江：大壮、小卓，你们觉得呢？（大壮和小卓连连点头）那我们一致同意。

石学举：那好吧。那就在合同上签字。

大壮：麦总、小江总，我们风行以前的领头人是天宇，我们只会做技术，像什么谈生意啊做生意啊，我和小卓一窍不通的。所以我们希望小江总能担任我们的总经理，这样我和小卓就有谱了。

欧阳小江：你们觉得我真的能当好这个总经理吗？

大壮：我们相信！

麦斯钰：好，那我现在宣布，任命欧阳小江为风行芯片的总经理。

4. 沟通实效

在电视剧《湾区儿女》第23集中，麦斯钰收购风行公司时与大壮、小卓等的沟通取得了非常好的效果，主要体现在以下几个方面：

（1）获得了认可与信任。①情感上的认同。麦斯钰之前鼓励大壮和小卓坚强面对挫折，并答应帮忙解决赔偿款，这让他们对麦斯钰充满感激。此次收购沟通中，麦斯钰展现出的担当和对风行公司未来的规划，进一步加深了大壮和小卓对她的认可。他们看到麦斯钰是真心实意想要帮助风行公司走出困境，所以从情感上更愿意接受她的收购提议。②专业上的信任。麦斯钰对风行芯片技术潜力的肯定，以及她对行业发展的见解，让大壮和小卓这些技术人员感受到了她的专业眼光。他们相信在麦斯钰的带领下，公司的技术研发能够得到更好的支持和发展，因此在专业层面上也对麦斯钰产生了信任。

（2）顺利达成收购协议。①合同签订。麦斯钰提出以1600万元收购风行芯片，并愿意承担公司的债务和违约金，这一举措解决了风行公司的燃眉之急。大壮和小卓当场在合同上签字，表明他们对收购条件的认可，收购协议得以顺利达成。②管理层任命。麦斯钰当场宣布任命欧阳小江担任风行芯片的总经理，这一决定也得到了大壮和小卓的支持。欧阳小江与他们之前有过接触，并且对芯片研发充满热情和信心，他们相信欧阳小江能够带领公司取得更好的发展，这也为公司后续的运营管理奠定了基础。

（3）为公司发展带来新机遇。①入驻横琴新区。通过收购，风行芯片加入国兰灯饰，得以顺利入驻横琴新区。横琴新区有良好的政策优势和发展机遇，这为公司的技术研发、市场拓展等方面提供了有力的支持。大壮和小卓看到了公司未来的发展前景，对公司的重新崛起充满了希望。②资源整合。麦斯钰的国兰灯饰公司可以为风行芯片提供更多的资源和支持，包括资金、生产设备、市场渠道等。这有助于风行芯片加快技术研发和产品推广的速度，提升公司的整体实力和竞争力。

5. 沟通策略

在电视剧《湾区儿女》第23集中，麦斯钰收购风行公司时与大壮、小卓等的沟通主要采取了以下策略：

（1）展现担当与诚意。①承担债务。麦斯钰深知风行公司因戴天宇事件陷入困境，面临着罚金和违约金等债务问题。她明确表示国兰愿意承担风行的这些债务，这让大壮和小卓看到了她的诚意和担当。对于陷入困境的他们来说，有人愿意接手并解决这些棘手的债务问题，无疑是雪中送炭，极大地缓解了他们的压力和焦虑。②坚定态度。在沟通中，麦斯钰的态度坚定且自信，让大壮和小卓感受到她对收购风行公司的决心。这种坚定的态度给他们传递了一个信号，即麦斯钰是认真对待此次收购的，并且有信心带领风行公司走出困境，从而增强了他们对麦斯钰的信任。

（2）强调发展前景。①平台优势。麦斯钰向大壮和小卓介绍了国兰灯饰的平台优势以及入驻横琴新区的机遇。横琴新区有良好的政策支持和发展前景，对于科技企业来说是一个非常有吸引力的地方。她强调风行芯片加入国兰后，可以借助这些优势获得更好的发展，包括资金支持、政策优惠、市场拓展等方面，让他们看到了公司未来的发展潜力。②技术重视。麦斯钰肯定了风行芯片的技术潜力，她表示认可大壮、小卓等人的技术能力和他们一直以来的努力，并且暗示在收购后，会继续加大对技术研发的投入。这让身为技术人员的大壮和小卓感到自己的价值得到了认可，也对公司未来的技术发展充满了信心。

（3）人事安排得当。麦斯钰当场宣布任命欧阳小江担任风行芯片的总经理。欧阳小江与大壮、小卓等人之前有过接触并且对芯片研发充满热情和信心。这一人事安排让大壮和小卓觉得公司的管理团队是可靠的，能够带领公司走向成功，从而减少了他们对公司未来管理方面的担忧。

6. 沟通启示

在电视剧《湾区儿女》第23集中，麦斯钰收购风行公司时与大壮、小卓等的沟通能带来以下启示：

（1）商业决策方面。①要有担当和勇气。麦斯钰明知风行公司面临诸多债务问题，仍愿意承担风险收购它。这启示人们在商业决策中，不能只看眼前的困难和风险，要有担当精神，敢于承担一定的风险去把握潜在的机遇。对于一些有潜力但暂时陷入困境的项目或企业，若经过合理评估后认为有发展前景，就应勇敢地做出决策，这样才有可能获得更大的回报。②善于发现价值。麦斯钰看到了风行芯片的技术潜力和未来发展空间，所以决定收购。这提醒人们在商业活动中要具备敏锐的洞察力，能够发现项目或企业的潜在价值。不能仅仅因为表面的困境就忽视其内在的优势和潜力，通过深入了解和分析，找到那些被低估的价值点，为自己的商业发展创造机会。

（2）沟通技巧方面。①表达诚意与善意。麦斯钰向大壮和小卓表明愿意承担风行的债务和违约金，让他们感受到了她的诚意。在沟通中，真诚的态度是建立信任的基础，只有让对方感受到自己的诚意和善意，才能够赢得对方的信任和支持。无论是商业谈判还是日常的人际交往，都要以真诚的态度去对待他人。②强调共同利益和发展前景。麦斯钰向大壮和小卓介绍了风行芯片加入国兰后的发展机遇，如入驻横琴新区的优势等，让他们看到了公司未来的发展潜力。在沟通中，要善于从对方的角度出发，强调共同的利益和发展前景，这样能够激发对方的积极性和参与感，使双方更容易达成共识。

（3）团队管理方面。①合理的人事安排。麦斯钰当场宣布任命欧阳小江担任风行芯片的总经理，这一人事安排得到了大壮和小卓的支持。在团队管理中，要根据团队成员的能力和特点进行合理的人事安排，让合适的人担任合适的职位，这样能够充分发挥每个人的优势，提高团队的整体效率和凝聚力。②重视团队成员的感受和需求。麦斯钰对大壮、小卓等技术人员的技术能力表示认可，让他们感受到自己的价值得到了尊重。在团队管理中，要关注团队成员的感受和需求，尊重他们的专业能力和付出，为他们提供良好的发展空间和平台，这样能够增强团队成员的归属感和忠诚度。

（四）华明灯饰的危机

1. 沟通背景

在电视剧《湾区儿女》第 25 集中，欧阳东江在董事会上与董事们沟通的背景如下：

（1）华明灯饰的危机事件。华明灯饰的一批国际订单产品被海盗抢走，这导致公司无法按时交货，面临着违约赔偿以及商业信誉受损等一系列严重问题。这一突发事件使华明灯饰陷入了极大的困境，急需解决问题以挽回损失和公司的声誉。

（2）欧阳春管理不力引发不满。欧阳春作为华明灯饰当时的董事长，在面对这一危机时应对不力。她之前盲目扩大海外贸易的决策被证明是存在风险的，这使得公司在遭遇海盗事件后更加雪上加霜。在董事会上，董事们纷纷谴责她的不当决策，对她的领导能力产生了严重质疑。

（3）董事们对公司前景的担忧。华明灯饰的危机让董事们对公司的未来发展感到担忧，他们迫切希望有能力的人来带领公司走出困境。在这种情况下，欧阳东江作为公司的重要人物以及曾经有影响力的领导者，成了董事们期待的对象，大家强烈要求欧阳东江出山解决公司的问题。

（4）与麦斯钰的合作契机。麦斯钰的国兰公司在灯饰行业逐渐崛起，具有一定的生产能力和资源。欧阳东江与麦斯钰达成了协议，由麦斯钰帮忙生产华明灯饰百分之六十的产品，这为解决华明灯饰的交货问题提供了一个可行的方案。但这一合作也引发了董事们的疑虑，他们担心麦斯钰别有用心。

2. 沟通竞秀

____

____

3. 沟通经典

欧阳东江：我已经找人跟对方达成了协议，现在，只交20%的赔偿金！

欧阳春：这怎么可能？我一直在跟他们沟通，他们完全不同意跟我谈判，根本无法沟通。叔叔！

欧阳东江：人家之所以答应让步，是因为我开出了条件，延迟15天交货。

董事们：15天？这怎么可能？这时间太短了！我们怎么可能在这么短的时间交出同样数量和质量的产品呢？

欧阳东江：我已经跟国兰的麦总达成了协议，她同意承担60%的产品生产，利润也收60%。

董事们：这太多了吧！这也太多了吧！就是啊！ 60%，要这么多！

欧阳东江：大家想一想，如果国兰不出手帮助，我们不光要赔偿所有的货物，还得要承担巨额的赔偿，最重要的是我们华明的信誉将会失去，那损失难以估计，也有可能是致命的。现在，国兰它可以用那么短的时间就可以完成60%具有高品质的产品出来。我看现在国内没有一家可以办得到。所以现在国兰的实力真不容小觑。商场如战场，落井下石的人比比皆是。可是现在，麦思玉她没有忘恩负义，她念在跟我那么多年的交情，所以才接下这个订单，我非常尊重她，也非常感谢她。我们华明已经不是原来的华明了。这几年，欧阳春，你用你董事长的权力胡作非为，让我们华明损失了多少？我相信大家都很清楚。而人家国兰，用自己的实力，靠自己打拼，发展壮大，到了今天，已经把我们华明远远地甩到了后面去。

董事们：是啊！对呀！甩下去了！

欧阳东江：如果大家还要以狭隘的小人之心，认为这样可以解决我们现在公司的危机，我可以坦白地告诉你们，我们华明这样没有任何的希望。

董事们：董事长，我们听你的安排！对对对，董事长，我们听你的！听董事长的！对！

欧阳春：你们别忘了，我才是董事长。

董事：我提议，罢免欧阳春的董事长职务，同意的请举手，我同意！同意！同意！

董事们：欢迎董事长回来，欢迎啊。

4. 沟通实效

在电视剧《湾区儿女》第 25 集中，欧阳东江在董事会上与董事们沟通取得了多方面的效果：

（1）解决当前危机方面。①违约金与交货期问题。欧阳东江与对方公司达成了只收 20% 违约金且推迟 15 天交货的协议，这一举措暂时缓解了华明灯饰因产品被海盗抢走而无法按时交货的违约压力，为公司争取了一定的缓冲时间来解决生产问题，避免了更高额的违约赔偿，使公司在危机中得以喘息。②生产任务的落实。他成功说服董事们接受让麦斯钰帮忙生产 60% 产品的方案，这为按时交付订单提供了生产保障，解决了公司因产品被劫导致的生产能力不足的问题，让公司重新看到了完成订单的希望。

（2）公司内部管理方面。①揭露欧阳春的问题。欧阳东江当众揭穿了欧阳春利用职务之便胡作非为的行为，指出她的领导不力以及决策失误，让董事们清楚地认识到欧阳春的不当行为给公司带来的危害。这不仅使欧阳春在公司的权威受到挑战，也让董事们开始反思公司过去的管理模式和领导决策。②统一了对麦斯钰的看法。起初董事们担心麦斯钰帮忙生产产品是别有用心，但欧阳东江强调麦斯钰是不计前嫌愿意出手相帮，大家应该感谢她而非怀疑她。通过他的解释，在一定程度上改变了董事们对麦斯钰的看法，减少了内部的分歧和对合作的疑虑。

（3）公司权力结构方面。①罢免欧阳春。欧阳东江的发言和对欧阳春的指责，引发了董事们的共鸣、大家一致要求罢免欧阳春。欧阳东江也举手同意，这使得公司内部的权力结构发生了变化，欧阳春的董事长职务被罢免，为公司重新选择领导人和调整发展战略创造了条件。②确立欧阳东江的影响力。欧阳东江在这次董事会上的表现，重新树立了他在公司的影响力。他的决策和应对危机的能力得到了董事们的认可，为他后续在公司的决策和管理中发挥更大的作用奠定了基础。

总体而言，欧阳东江在董事会上的沟通效果显著，成功应对了公司的危机，调整了内部管理结构，为华明灯饰的后续发展创造了新的机遇。

5. 沟通策略

在电视剧《湾区儿女》第 25 集中，欧阳东江在董事会上与董事们的沟通主要采取了以下策略：

（1）展示解决方案，稳定局面。①处理违约问题。华明灯饰的产品被海盗抢走，面临无法按时交货的违约危机。欧阳东江首先告知董事们，他已经和对方公司达成了只收 20% 违约金且推迟 15 天交货的协议。这一举措迅速给了董事们一颗“定心丸”，让大家看到公司在违约问题上有了一定的缓冲和解决方向，避免了因高额违约赔偿可能给公司带来的更大冲击，也缓解了董事们对当前危机的焦虑情绪。②提出生产方案。在解决违约问题的基础上，欧阳东江提出让麦斯钰帮忙生产百分之六十产品的方案，以此来解决公司因产品被劫导致的生产能力不足的问题。这一方案为公司按时交付订单提供了切实可行的生产保障，让董事们看到了完成订单、挽救公司业务的希望。

（2）引导舆论倾向，改变看法。强调麦斯钰的善意。当董事们担心麦斯钰帮忙生产产品是别有用心时，欧阳东江强调麦斯钰是不计前嫌愿意出手相帮。他通过这种方式引导董事们的思维，让大家从对麦斯钰的怀疑转变为对她的感激，减少了内部的分歧和对合作的疑虑，为与麦斯钰的合作创造了良好的舆论氛围。

（3）揭露问题，削弱对手。指出欧阳春的不当行为。欧阳东江当众揭穿了欧阳春利用职务之便胡作非为的行为，指出她的领导不力以及决策失误，比如盲目扩大海外贸易等，导致公司陷入如今的困境。这不仅让董事们清楚地认识到欧阳春的问题给公司带来的危害，也削弱了欧阳春在公司的权威和影响力，为后续的决策调整和公司管理变革奠定了基础。

（4）顺应民意，达成共识。推动罢免欧阳春。在欧阳东江揭露欧阳春的问题后，董事们对欧阳春的不满情绪达到顶点，一致要求罢免欧阳春。欧阳东江顺应了董事们的意愿，举手同意罢免欧阳春，这使得他在董事们中间获得了更多的支持和认可，也为公司重新选择领导人和调整发展战略创造了条件。

6. 沟通启示

在电视剧《湾区儿女》第 25 集中，欧阳东江在董事会上与董事们的沟通带来了以下启示：

（1）危机应对方面。①及时止损，争取缓冲。当华明灯饰面临产品被海盗抢走、无法按时交货的危机时，欧阳东江迅速与对方公司达成折中协议。这启示企业在面对危机时，要第一时间采取行动，尽可能减少损失，为解决问题争取时间和空间。不能一味地逃避或拖延，而是要主动与相关方沟通协商，寻找最有利的解决方案。②制定切实可行的解决方案。欧阳东江提出让麦斯钰帮忙生产 60% 的产品，以解决生产能力不足的问题。这表明在危机面前，企业需要有具体、可操作的应对计划，不能只是空泛地讨论问题。要充分利用现有的资源和合作机会，制定出能够保证企业正常运转和业务完成的方案。

（2）沟通策略方面。①引导舆论倾向，消除内部疑虑。当董事们对麦斯钰帮忙生产的动机表示怀疑时，欧阳东江强调麦斯钰是不计前嫌愿意出手相帮，成功引导了董事们的看法，让大家从怀疑转为感激。这提示企业管理者在与内部人员沟通时，要善于引导舆论，及时消除团队成员的疑虑和担忧，使大家能够团结一心共同应对危机。②坦诚相待，直面问题。欧阳东江当众揭穿了欧阳春利用职务之便胡作非为的行为，没有回避公司内部存在的问题。这种坦诚的态度能够让董事们清楚地认识到问题的严重性，也为后续的决策调整和公司管理变革奠定了基础。在企业内部沟通中，管理者应该保持坦诚，勇于直面问题，不隐瞒，不包庇，这样才能赢得员工的信任和支持。

（3）领导决策方面。①顺应民意，增强团队凝聚力。在董事们一致要求罢免欧阳春时，欧阳东江顺应了大家的意愿，举手同意。这体现了领导者要能够倾听团队成员的意见，尊重集体的决策，不能一意孤行。顺应民意不仅可以增强团队的凝聚力和向心力，还能够让决策更加顺利地执行。②展现担当，稳定军心。欧阳东江在公司面临危机时挺身而出，主动承担起解决问题的责任，给董事们带来了信心和安全感。作为企业的领导者，在困难时刻要敢于担当，发挥领导作用，稳定团队的军心，带领大家共同克服困难。

（4）商业合作与竞争方面。①化敌为友，寻求合作机会。尽管麦斯钰曾与华明灯饰存在竞争关系，但在危急时刻，欧阳东江能够放下过去的竞争，寻求与麦斯钰的合作。这启示企业在商业活动中，不要过于拘泥于竞争关系，要善于发现潜在的合作机会，通过合作实现共赢。即使是曾经的竞争对手，在合适的时机也可以成为合作伙伴，共同应对市场的挑战。②保持敏锐的市场洞察力。欧阳东江能够迅速应对危机，与他对市场和行业的了解密不可分。企业管理者要时刻关注市场动态，保持敏锐的洞察力，及时发现潜在的风险和机遇，以便在危机来临时能够迅速做出反应。

三、励志榜样

（一）例文引领

电视剧《湾区儿女》中的榜样——麦斯钰

在电视剧《湾区儿女》的璀璨画卷中，麦斯钰如一颗熠熠生辉的明星，散发着令人瞩目的光芒，成为无数人心中的榜样。

麦斯钰出身于澳门的疍家，这个特殊的群体赋予了她坚韧不拔的品质和对生活的独特感悟。她没有优渥的家庭背景，甚至曾是渔村的辍学青年，但命运的波折并未阻挡她前行的脚步。相反，这些困境成了她磨砺自我、不断成长的基石。

从一个默默无闻的小人物成长为大湾区灯饰行业的领军人物，麦斯钰的奋斗历程充满了传奇色彩。她勇敢地面对生活中的种种挑战，从不轻言放弃。在亚洲金融危机的风暴中，许多人陷入恐慌和绝望，但麦斯钰却凭借着敏锐的商业头脑和果敢的决策，在危机中寻找机遇。她敢于尝试新的商业模式，不断开拓市场，为自己的事业打下了坚实的基础。

麦斯钰的成功不仅仅在于她的商业才能，更在于她的创新精神。在灯饰行业竞争激烈的大湾区，她深知只有不断创新才能立于不败之地。她投入大量的时间和精力进行产品研发，引进先进的技术和设计理念，打造出具有独特风格和高品质的灯饰产品。她的努力不仅为自己的企业带来了丰厚的回报，也为大湾区的灯饰行业注入了新的活力。

除了商业上的成就，麦斯钰还展现出了高尚的人格魅力。她心怀家国，始终牢记自己的根在大湾区。在港珠澳大桥的建设过程中，她积极参与，为大桥的照明工程贡献出自己的力量。她深知大湾区的发展离不开国家的支持，也明白自己作为湾区儿女的责任和使命。她用自己的实际行动诠释了什么是爱国情怀，什么是企业家的担当。

在感情方面，麦斯钰与黄梓健的爱情长跑也令人感动。他们在共同的奋斗中相互扶持，相互鼓励，共同面对生活中的风风雨雨。他们的爱情没有被物质和利益所左右，而是建立在相互理解、相互尊重的基础之上。这种真挚的感情在这个浮躁的社会中显得尤为珍贵。

麦斯钰的故事激励着每一个为梦想奋斗的人。她告诉我们，无论出身如何，无论面临多大的困难，只要我们有坚定的信念、不屈的精神和勇于创新的勇气，就一定能够实现自己的梦想。她是大湾区无数奋斗者的缩影，也是我们这个时代的榜样。

在现实生活中，我们也应该像麦斯钰一样，勇敢地追求自己的梦想，不断挑战自我，为实现中华民族伟大复兴的中国梦贡献自己的力量。让我们以麦斯钰为榜样，在人生的道路上绽放出属于自己的光彩。

（二）百花齐放

四、观后感

（一）例文引领

观《湾区儿女》有感

《湾区儿女》是一部以粤港澳大湾区的蓬勃发展为背景，讲述了一群年轻人在时代浪潮中勇敢拼搏、追逐梦想的故事。观罢此剧，心中感慨万千。

故事围绕着麦斯钰、黄梓健等主人公展开。麦斯钰，一个渔家女，凭借着自己的勇敢、聪慧和坚韧不拔的毅力，从一个小小的打工妹逐步成长为一名成功的企业家。她的成长历程充满了艰辛与挑战，但她始终没有放弃，不断地突破自我。

剧中，麦斯钰在面对困难时展现出的勇气令人钦佩。从最初在灯具厂打工，到后来勇敢地投身创业浪潮，她每一步都走得坚定而有力。在创业过程中，她遭遇了资金短缺、技术难题、竞争对手的打压等重重困难，但她从不退缩，而是积极寻找解决办法。她敢于尝试新的商业模式，不断创新，最终在激烈的市场竞争中脱颖而出。这种勇敢面对困难、积极进取的精神，正是我们在现实生活中所需要的。

黄梓健作为一名年轻的工程师，也有着自己的梦想和追求。他致力于研发新技术，为大湾区的建设贡献自己的力量。他与麦斯钰在共同的奋斗过程中，相互扶持，共同成长。他们的爱情故事也为这部剧增添了一抹温情。他们在追求事业的同时，也没有忘记对家庭和爱情的责任，这种平衡让人感受到了人性的美好。

《湾区儿女》不仅仅是一部个人奋斗史，更是一部大湾区的发展史诗。通过剧中人物的经历，我们看到了大湾区从一个小渔村逐渐发展成为国际化大都市的历程。这里有高楼大厦的崛起，有科技创新的飞速发展，有文化的交融与碰撞。大湾区的发展离不开每一个人的努力，就像剧中的主人公们一样，他们用自己的智慧和汗水，为这片土地注入了新的活力。

同时，这部剧也让我们深刻地认识到了国家政策对地区发展的重要性。粤港澳大湾区的建设是国家的重大战略决策，为这里的人们带来了前所未有的机遇。剧中的人物们正是抓住了这些机遇，才实现了自己的人生价值。这也让我们明白，在国家发展的大背景下，我们每个人都应该积极响应国家政策，为国家的繁荣富强贡献自己的力量。

此外，剧中还展现了大湾区人民的团结和包容。来自不同地区、不同背景的人们在这里相聚，共同为了一个目标而努力。他们相互学习、相互帮助，共同创造了一个和谐、美好的社会环境。这种团结和包容的精神，也是大湾区发展的重要动力之一。

总之，《湾区儿女》是一部充满正能量的电视剧。它让我们看到了年轻人的奋斗与拼搏，看到了大湾区的发展与繁荣，也让我们感受到了国家的强大和民族的自豪。在这个充满机遇和挑战的时代，我们应该像剧中的主人公们一样，勇敢地追逐自己的梦想，为实现中华民族伟大复兴的中国梦而努力奋斗。

（二）百花齐放

____

____

五、研讨发言

（一）例文引领

电视剧《湾区儿女》研讨会发言稿

尊敬的各位领导、专家、同仁们：

大家好！很荣幸能够在这个研讨会上发言，与大家共同探讨电视剧《湾区儿女》。《湾区儿女》以粤港澳大湾区的蓬勃发展为背景，生动地展现了一群年轻人在时代浪潮中的奋斗历程和成长故事。这部剧不仅具有强烈的艺术感染力，更在多个方面给我们带来了深刻的思考和启示。

从剧情来看，《湾区儿女》以麦斯钰、黄梓健等主人公为核心，讲述了他们在大湾区的拼搏与追梦之旅。麦斯钰，从一个渔家女成长为成功的企业家，她的经历充满了传奇色彩。她在灯具厂打工时，就展现出了过人的聪慧和勤奋。面对困难，她从不退缩，而是积极寻找解决办法。在创业过程中，她遭遇了资金短缺、技术难题、竞争对手的打压等重重困境，但她凭借着顽强的毅力和创新精神，一次次地化险为夷。她敢于尝试新的商业模式，不断开拓市场，最终在激烈的竞争中脱颖而出。麦斯钰的故事，让我们看到了一个普通人通过自己的努力和奋斗，实现人生价值的过程。

黄梓健作为一名年轻的工程师，致力于研发新技术，为大湾区的建设贡献自己的力量。他与麦斯钰在共同的奋斗过程中，相互扶持，共同成长。他们的爱情故事也为这部剧增添了一抹温情。他们在追求事业的同时，也没有忘记对家庭和爱情的责任，这种平衡让人感受到了人性的美好。

这部剧不仅仅是一部个人奋斗史，更是一部大湾区的发展史诗。通过剧中人物的经历，我们看到了大湾区从一个小渔村逐渐发展成为国际化大都市的历程。这里有高楼大厦的崛起，有科技创新的飞速发展，有文化的交融与碰撞。大湾区的发展，离不开国家政策的支持和每一个人的努力。剧中的人物们正是抓住了大湾区建设的机遇，才实现了自己的人生价值。

《湾区儿女》在艺术表现上也有很多可圈可点之处。首先，该剧的画面精美，展现了大湾区的美丽风光和现代化风貌。无论是繁华的都市景观，还是宁静的渔村风光，都给人留下了深刻的印象。其次，剧中的演员们表演出色，他们将角色刻画得入木三分，让观众能够深刻地感受到人物的情感和内心世界。特别是主演们，他们用精湛的演技，将麦斯钰、黄梓健等人物的成长历程展现得淋漓尽致。此外，该剧的剧情紧凑，情节跌宕起伏，充满了悬念和吸引力。观众在观看的过程中，会被剧中的人物和故事所吸引，情不自禁地为他们的命运担忧，为他们的成功而欢呼。

从现实意义来看，《湾区儿女》具有重要的价值。一方面，它展现了大湾区的发展成就和未来前景，为我们描绘了一幅充满希望和活力的画卷。这部剧可以让更多的人了解大湾区，关注大湾区的发展，吸引更多的人才和资源投入到大湾区的建设中。另一方面，它传递了积极向上的价值观。剧中的人物们在面对困难和挑战时，始终保持着乐观、积极的态度，他们勇敢地追求自己的梦想，为了实现自己的人生价值而努力奋斗。这种精神可以激励更多的人在现实生活中勇敢地面对困难，积极地追求自己的梦想。

在当今时代，我们正处于一个快速发展的时期，面临着各种各样的机遇和挑战。《湾区儿女》为我们提供了一个很好的榜样，让我们看到了年轻人在时代浪潮中的担当和作为。我们应该学习剧中人物的精神，积极投身到国家的建设和发展中，为实现中华民族伟大复兴的中国梦贡献自己的力量。

最后，我想说，《湾区儿女》是一部优秀的电视剧，它以其精彩的剧情、出色的表演和深刻的现实意义，赢得了观众的广泛赞誉。我相信，在未来的日子里，这部剧将会继续发挥它的影响力，激励更多的人勇敢地追求自己的梦想，为国家的发展和繁荣贡献自己的力量。

谢谢大家！

（二）百花齐放

六、文旅链接

珠海海滨公园：该剧的取景地之一。公园位于珠海市香洲区东部，依山傍海，景色优美，有大面积的草坪、湖泊及丰富的植物种类，是市民和游客休闲散步、欣赏海景的好去处。

横琴梧桐树：在剧中多次出现。横琴新区是粤港澳大湾区的重要组成部分，梧桐树大厦造型独特，周边环境优美，现代化的建筑风格与自然景观相得益彰，展现了大湾区的城市魅力。

华发会展中心：作为重要取景地，这里经常举办各类大型展会和活动，是珠海的标志性建筑之一。其建筑造型独特，内部设施先进，周边配套完善，吸引了众多商务人士和游客前来。

作业

1. 完成本节“沟通竞秀”练习，将其中自己最满意的文字版和音频版创作内容上传到学习平台。

2. 观赏《湾区儿女》全剧，完成“励志榜样”“观后感”“研讨发言”部分的练习，将其中自己最满意的文字版和音频版创作内容上传到学习平台。

第四节　滚滚洪流中那朵奔腾的浪花

可在学习强国App中搜索“五个一工程”或剧名观看

一、好剧推荐

在时代的长河中，总有一些人如璀璨星辰，照亮我们前行的道路。电视剧《黄大年》便是一部以时代楷模黄大年为主角的震撼之作。

该剧生动地展现了黄大年这位杰出科学家的传奇人生。他放弃国外的优厚待遇，毅然回国，投身于祖国的科研事业。他心有大我、至诚报国，把爱国之情、报国之志融入祖国改革发展的伟大事业之中，融入人民创造历史的伟大奋斗之中。

剧中，我们看到黄大年对科学的执着追求。他带领团队攻坚克难，突破重重技术壁垒，为我国地球深部探测技术的发展做出了卓越贡献。他日夜奋战在科研一线，削尖了脑袋想着技术突破，那股拼劲和专注令人动容。

同时，电视剧也细腻地刻画了黄大年的人格魅力。他对学生关爱有加，在茶思屋中与学生们交流探讨，激发他们的创新思维，为他们的成长搭建广阔的舞台。他不仅是一位杰出的科学家，更是一位令人敬仰的师者。

《黄大年》不仅仅是一部电视剧，更是一部时代的精神史诗。它让我们深刻感受到了黄大年的爱国情怀、奉献精神和科学态度。在这个快速发展的时代，我们需要这样的榜样，激励我们为实现中华民族伟大复兴的中国梦而努力奋斗。

走进《黄大年》，领略时代楷模的风采，汲取前行的力量。

二、经典表达与沟通

（一）搞科研需要有开放的思维和轻松的氛围

1. 沟通背景

在电视剧《黄大年》第 2 集中，围绕茶思屋的创建，黄大年与程果、卫宏远沟通的背景如下：

（1）黄大年回国投身科研事业。2009 年，黄大年放弃国外优厚条件回国。他满怀报国热情，急切地想要为国家的地球深部探测项目贡献力量。

（2）担任重要职务并组建团队。黄大年在吉林大学入职，无条件接下国家地球深部探测项目领军重任。他开始着手组建自己的科研团队，对学生进行面试筛选。

（3）对科研工作有独特理念。黄大年认为搞科研不能只闷头在科研室，需要有开放的思维和轻松的氛围，才能激发创新灵感。基于这样的理念，他希望为学生和团队创造一个可以自由交流、放松讨论学术问题的空间，于是想要建立茶思屋。

（4）学生对黄大年的教学方式感到新奇。程果、卫宏远等学生对黄大年的教学方式和理念还处于适应和了解的过程中。黄大年将博士生面试安排在体育场以考验学生的意志和体力等做法，已经让他们感到这位老师与众不同，所以当听到黄大年要建立茶思屋这样新颖的学术交流场所时，他们感到惊讶和好奇。

2. 沟通竞秀

____

____

3. 沟通经典

黄大年：实话跟你们说吧，这间屋子是我跟学校要来的，我想把这儿呢建成一个茶思屋，也就是喝茶聊天的地方，将来我的学生、我的团队有什么学术问题，可以在这地方进行讨论了，是不是？人嘛思想只有放松点，他才能出好点子，你不能整天都关在科研室里，那成什么了。

卫宏远：茶思屋，那我们也能来吗？我还没听说过哪个导师安排学生这么好的地方呢！

程果：是啊，我们没听错吧？

黄大年：当然没听错了，你们知道，剑桥大学它就有很多的咖啡屋，还有酒吧。科学家詹姆斯·沃森上个世纪就是在一个酒吧里面跟大家边聊边喝，构思出了脱氧核糖核酸的双螺旋结构，成为诺贝尔奖的得主。我们这的条件呢虽然比不了国外，但是呢我们可以自己创造出这种氛围。有了茶思屋，学生的现代体验感他可以增强，再有呢，就是大家也好交流！

卫宏远：我就说黄老师跟其他老师不一样吧，教学都带着洋范儿。

黄大年：这个不叫“洋范儿”，好的东西我们就得吸取，这叫什么？这叫“开放”。海纳百川才能浩然荡世。

4. 沟通实效

在电视剧《黄大年》第2集中，围绕茶思屋的创建，黄大年与程果、卫宏远沟通的效果如下：

（1）对学生的影响。①激发兴趣与期待。程果和卫宏远对茶思屋表现出强烈的好奇与期待。他们之前没有遇到过这样独特的学术交流场所，这让他们对未来的学习和交流充满了憧憬，激发了他们参与学术讨论的积极性。学生们感受到黄大年对他们的关怀和重视，意识到黄大年不仅仅关注学术成果，还注重为他们创造良好的学习氛围和交流环境，从而在心理上更加亲近和信任黄大年。②拓宽视野。黄大年提到剑桥大学的咖啡屋、酒吧以及詹姆斯·沃森的故事，让学生们了解到国外先进的学术交流方式和创新环境。这拓宽了学生们的视野，使他们认识到学术交流可以在轻松的氛围中进行，而不仅仅局限于传统的科研室。③树立开放的学习态度。黄大年对卫宏远所说的“洋范儿”进行纠正，强调好的东西就要吸取，这叫“开放”。这种观念传递给学生们一种开放的学习态度，让他们明白在学术研究中不能故步自封，要积极借鉴国内外的先进经验和方法。

（2）对团队建设的影响。①促进交流与合作。茶思屋的设立为团队成员提供了一个轻松自由的交流平台。在这里，学生和团队成员可以更加随意地讨论学术问题，分享想法和经验，促进了团队内部的交流与合作。这种开放的交流氛围有助于打破学术壁垒，激发创新思维，提高团队的整体科研水平。②增强团队凝聚力。黄大年为团队争取茶思屋，体现了他对团队建设的用心。这让团队成员感受到团队建设的用心。这让团队成员感受到自己是被重视和关心的，从而增强了团队的凝聚力。共同参与茶思屋的建设和使用，也让团队成员有了一种共同的目标和归属感，进一步加强了团队的团结。

5. 沟通策略

在电视剧《黄大年》第 2 集中，围绕茶思屋的创建，黄大年与程果、卫宏远沟通的策略如下：

（1）坦诚相告策略。黄大年一开始就实话实说，表明这间屋子是跟学校要来的，打算建成茶思屋，并且明确其用途是供学生和团队进行学术讨论。这种坦诚的方式能够迅速建立起信任，让学生了解他的真实意图和对他们的期望，减少不必要的猜测和疑虑。

（2）强调益处策略。①强调思想放松出好点子。他指出人在放松的状态下才能有好的想法，不能整天关在科研室，让学生认识到茶思屋的重要性在于提供一个能够放松思想的环境，从而更好地进行学术思考和创新。②举出成功案例。以剑桥大学的咖啡屋、酒吧以及科学家詹姆斯·沃森在酒吧构思出脱氧核糖核酸双螺旋结构并获得诺贝尔奖为例，向学生说明轻松的交流环境对学术创新的积极影响。通过具体的成功案例，更有说服力地让学生理解茶思屋的价值。③阐述对学生的好处。他提到有了茶思屋可以增强学生的现代体验感，便于大家交流。从学生的角度出发，强调茶思屋对他们自身的益处，更容易引起学生的共鸣和认同。

（3）回应质疑策略。当卫宏远和程果对茶思屋表示惊讶和质疑时，黄大年迅速给予肯定的回应，让他们确信自己没有听错。这种及时回应质疑的方式，避免了学生的困惑和不确定感持续下去，增强了他们对茶思屋的信心。

（4）纠正观念策略。卫宏远认为黄大年的教学有“洋范儿”，黄大年立即纠正这种观念，强调这不是“洋范儿”，而是开放，好的东西就应该吸取，并且提出“海纳百川才能浩然荡世”的观点。通过纠正学生的错误观念，引导他们树立正确的学习态度和价值观，即开放包容、积极借鉴先进经验，而不是盲目地认为是模仿国外。

6. 沟通启示

在电视剧《黄大年》第 2 集中，围绕茶思屋的创建，黄大年与程果、卫宏远沟通的启示如下：

（1）教育理念方面。①创新教学环境。黄大年创建茶思屋的想法启示我们，教育不应该局限于传统的教室和科研室，为学生创造多样化、轻松的学习环境有助于激发他们的创造力和思维活力。教育者可以思考如何打破常规，根据教学需求和学生特点，开辟新的学习空间，促进学生更好地学习和交流。②注重学生体验。黄大年考虑到学生的现代体验感，强调茶思屋对学生的好处。这提醒教育者要关注学生的感受和需求，从学生的角度出发设计教学活动和学习环境。提高学生的学习体验可以增强他们的学习兴趣和积极性，从而提高教育效果。

（2）学术交流方面。①营造轻松氛围。人在放松状态下更容易出好点子，黄大年的观点强调了学术交流需要一个轻松的氛围。在学术研究中，不应过于严肃和紧张，适当的放松和交流可以促进思想的碰撞和创新。学术团队可以组织一些轻松的交流活动，如茶话会、学术沙龙等，为成员提供一个自由交流的平台。②借鉴先进经验。黄大年以剑桥大学的咖啡屋和詹姆斯·沃森的故事为例，说明好的学术交流方式值得借鉴。这启示我们要保持开放的心态，积极学习国内外先进的学术交流经验和方法。学术研究不应闭门造车，而要与国际接轨，吸收先进的理念和技术，推动学术的发展。

（3）价值观方面。①正确认识开放。黄大年纠正卫宏远对“洋范儿”的错误理解，强调开放的重要性。这提醒我们要正确认识开放，开放不是盲目模仿，而是有选择地吸收好的东西。在全球化的时代，我们应该保持开放的心态，积极学习和借鉴各国的优秀文化和先进经验，同时也要保持自己的特色和优势。②海纳百川的胸怀。“海纳百川才能浩然荡世”这句话体现了黄大年宽广的胸怀和远大的志向。在学习、工作和生活中，我们应该具备海纳百川的胸怀，接纳不同的观点和意见，包容多样性，只有这样，我们才能不断进步，实现自己的人生价值，为社会的发展做出更大的贡献。

（二）电脑风波

1. 沟通背景

在电视剧《黄大年》第 3 集中，围绕电脑的事，黄大年与李斯华等沟通的背景如下：

（1）黄大年的科研工作背景。黄大年回国后致力于地球深部探测项目的研究，为了加快研究进程、突破技术壁垒，他提出研发装备的理论，但在观念上与行业专家出现差异，推进工作受阻，面临各种质疑。不过，他积极通过论证会等多种方式进行沟通，最终取得了认同。黄大年向学校申请开辟了茶思屋，旨在给团队科研工作营造轻松讨论氛围。这体现出他对科研环境和团队交流的重视，也为后续与学生关于电脑的沟通提供了场景。

（2）学生的科研学习状况。学生们在科研学习过程中面临诸多困难，其中之一就是缺少电脑。像李斯华等学生拿着手绘作业在茶思屋时并不轻松，这反映出没有电脑给他们的学习和作业完成带来了很大的不便。黄大年原本误会学生敷衍学业，后来了解到学生缺少电脑的实际困难，这才引发了他对学生学习条件的关注。

在这样的背景下，黄大年与李斯华等学生围绕电脑的事情产生了沟通，这也促使黄大年决定跟夫人商量拿出自己的存款为本科班的学生购置电脑，展现了他对学生的关爱和无私奉献。

2. 沟通竞秀

____

____

3. 沟通经典

李斯华：我们来交作业。

黄大年：好好好，来，我看看。对了，我来介绍一下。这两位是我的博士生，他叫程果，他叫卫宏远。两位女同学是本科班的。来，我看看你们的作业。这就是你们做的手绘和草图吗？

李斯华：老师，这个不是草图，这个是我们的作业——我们画了好几张，也就这个还比较可以。

黄大年：不，你们为什么不用电脑画呢？

石小磊：黄老师……你们怎么在这？交作业也不叫我。黄老师，我作业。

黄大年：对呀，对呀，这才对呀，是不是？你们看看小磊的作业。他为什么就可以用电脑画呢？

石小磊：黄老师，为了交这作业，我可在网吧交了好几个小时钱呢，合格了吧？

黄大年：什么，网吧？

…………

刘跃：我说大年，你听我说，你真要给学生发电脑啊？

黄大年：那可不，买了不发干吗呀，你这。

刘跃：不是，就算论证会通过了，你不至于高兴成这样，为什么不跟我商量？

黄大年：我跟你商量什么啊？我这是跟我爱人要的钱。李斯华她们那个作业的事，我做了自我检讨了，是我不了解情况，我还当是在国外呢。这些孩子真是不容易，有不少家都在山区、农村，跟我刚上大学的时候一样，非常困难，哪有条件买电脑啊！

刘跃：你就算这样，你也犯不着这样花钱

黄大年：我们这个专业电脑就是武器，你让一个战士到战场上，你没有一个合手的武器，你让他杀什么敌人呢？

刘跃：行，你听我说……

黄大年：行了，行了，行了，不说了，我给上课去啊，这事就这样了。装备研发通过了论证，成立研发中心的事，就拜托你费点心吧！

…………

刘跃：李斯华把电脑给丢了。

黄大年：什么？难怪呀，我在上线跟学生们视频交流作业的时候，没有见她在线上呢。那你没问问，她那个电脑存没存什么要紧的资料啊？

刘跃：你放心，她和刘一米都是外围工作，接触不到要害资料，不过这孩子最近总是借钱。借钱干什么呢？会不会没借到钱把电脑给卖了？

黄大年：这可太不像话了，叫她来见我吧。

李斯华：老师，您找我。

黄大年：我在视频上跟大家交流作业，你不在线上，上哪去了？说话呀，上哪去了？

李斯华：我，我有点事耽搁了。

黄大年：你是不是把电脑卖了？斯华，第一次见到你的时候，刘跃老师说你很崇拜李四光，第一次让你交制图作业的时候，你交手绘稿的样子，我到现在都还记得。当时，我在想，这些孩子学习热情这么高，应该拥有更好的条件去接受教育，所以老师才给你们每个人配备了电脑，可是你呢？你说吧，你把电脑弄哪去了？李斯华，请不要在这耽误我的时间，我不想看到我的学生不负责任。电脑现在是你们每个人的武器，你把武器弄丢了，还在这遮遮掩掩的，你这样，将来怎么跟你的团队去合作呢？

李斯华：老师，不是您想的这样……

黄大年：不是什么，你不是什么，你把电脑给卖了，你怎么跟我学呢？算了，我看，咱们不要在这个事上再耽误时间了，好吗？既然你不说，那你就回去好好想想，你如果不想跟我学，我支持你，另换更适合自己的专业去学。

李斯华：老师，我没卖电脑，我，我把电脑给抵押了，老师，我可以休学，我打工，我赚钱，我赚钱，我把电脑给赎回来。

黄大年：你在说什么，李斯华，你不休学，学习的时间还不够用呢，看来你是真的不想学了，算了，不要再说了，明天写一个休学的证明，老师给你签字，你这样的学生，不要到我的李四光实验班来学习，出去吧。我说，出去吧！不要在这儿耽误我的时间，行吗？

…………

卫宏远：我想跟您说斯华的事。

黄大年：斯华，斯华怎么了？

…………

黄大年：休学报告，怎么，真要休学啊？这是三万块钱，拿着，你妈妈的手术费如果不够，你再告诉老师。

李斯华：老师，我不能要。

黄大年：宏远昨天晚上来找我，把你的情况都跟我说了，手术是需要钱的，一定拿着，听话，拿着！

李斯华：老师，我把您给我的电脑给抵押了，对不起，我错了！

黄大年：人生难免会遇到各种困难的，以后有什么事呢，就要马上跟老师和同学们说，咱们人多力量大，有什么困难克服不了的呢，是不是？

李斯华：我是怕耽误您的时间，浪费您的时间，就是浪费国家的时间！您是干大事的人。

黄大年：行了，昨天晚上问你，你不回答，那才叫浪费时间呢。我培养你们，关心你们，对我来说，这就是大事啊，这不是浪费时间。有困难就不能软弱，把它克服了也就好了。好了，别难过了，给我当学生嘛，首先一点就是要学会坚强。赶快把妈妈的事情处理好，另外你要考无人机驾照的事，老师非常支持你，这个真是太好了！这是我从北京带过来的资料，还有，还有这个，防近视的眼镜，你都拿着。

李斯华：老师，我真的以为您不要我了呢。

黄大年：傻孩子，你们都是我的学生，只有学生远走高飞的，哪有老师不要学生的。

4. 沟通实效

在电视剧《黄大年》第 3 集中，围绕电脑的事，黄大年与李斯华等的沟通经历了一些波折但最终取得了较好的效果：

（1）前期的误会与批评。李斯华和同学刘一米带着几易其稿的图表来交作业，黄大年却以为这只是她们手绘的草图，而此时石小磊带来了在网吧花几个小时绘制的地球图表，黄大年对后者表示满意。这让李斯华当着程果和卫宏远两位博士生的面出丑，觉得特丢脸。在这个阶段，黄大年对李斯华的作业产生了误解，这是一次不太愉快的沟通。后来黄大年了解到学生缺少电脑的困难后，意识到自己没有了解情况，对批评李斯华一事做了自我检讨。

（2）后期的理解与帮助。当得知李斯华是因为妈妈手术需要钱而抵押了电脑后，黄大年二话不说慷慨解囊将三万元钱交到李斯华手中，帮助她解决了家庭的困难。这一举动让李斯华感受到了老师的关心和爱护，也化解了之前因误会产生的矛盾。黄大年还把专程从北京带回的资料交给李斯华，表示支持她考无人机驾照，这体现了他对学生学业的支持和鼓励，进一步增强了与李斯华之间的信任和理解。

总的来说，虽然前期存在一些误会，但通过进一步的沟通和了解，黄大年对李斯华的态度发生了转变，从批评到理解和帮助，这种沟通方式的转变不仅解决了李斯华的实际困难，也让她感受到了老师的关爱，对她的学业和成长产生了积极的影响，最终取得了良好的沟通效果。

5. 沟通策略

在电视剧《黄大年》第 3 集中，黄大年与李斯华等围绕电脑的事，其沟通策略主要有以下几个方面：

（1）主动了解情况。①前期误解后的反思。一开始，黄大年看到李斯华和刘一米交的图表，误以为是手绘草图，而对石小磊在网吧绘制的地球图表表示满意，这让李斯华感到丢脸。但之后黄大年意识到自己可能没有了解清楚情况，对批评李斯华一事进行了自我检讨。这种反思促使他去进一步了解学生的状况，为后续沟通奠定了基础。②主动询问学生困难。当得知学生们缺少电脑时，黄大年主动去了解学生面临的这一困难，而不是忽视或简单地认为学生不努力。这体现了他对学生学习条件的关注，也为发现李斯华电脑问题的根源提供了契机。

（2）自我检讨与自我批评。黄大年在发现自己对李斯华的批评存在不妥后，能够及时进行自我检讨，向学生承认自己的错误。这种做法展现了他作为老师的谦逊和对学生的尊重，有助于缓解与李斯华之间因误解产生的紧张关系，为后续的沟通创造了良好的氛围。

（3）关心帮助学生。①经济上的支持。了解到李斯华是因为妈妈手术需要钱而抵押了电脑后，黄大年二话不说慷慨解囊，将三万元钱交到李斯华手中，帮助她解决家庭的经济困难。这一行动体现了他对学生的关心和爱护，让李斯华感受到了老师的温暖。②学业上的鼓励。黄大年把专程从北京带回的资料交给李斯华，并表示支持她考无人机驾照，这不仅是对李斯华学业上的支持，也是对她的一种鼓励，让她感受到老师对她的期望和信任。

（4）引导与教育。在与李斯华的沟通中，黄大年并非只是单纯地解决她的困难，还注重对她的引导和教育。例如，在让李斯华带着艾文参观茶思屋时，也是在给她机会去了解科研氛围，让她明白学习和科研的重要性。

总的来说，黄大年在与李斯华围绕电脑的事进行沟通时，采取了主动了解、自我检讨、关心帮助和引导教育等策略，既解决了李斯华的实际问题，又促进了她的成长和发展。

6. 沟通启示

在电视剧《黄大年》第3集中，围绕电脑的事，黄大年与李斯华等的沟通带来了以下启示：

（1）要充分了解情况再做判断。①避免先入为主。黄大年最初看到李斯华和刘一米交的图表，以为是手绘草图，与石小磊在网吧绘制的电脑图表形成对比后，对李斯华产生了误解，认为她对待作业不认真。这提醒我们在沟通和评价他人之前，一定要全面了解事情的来龙去脉，不能仅凭第一印象或片面信息就轻易下结论，否则很容易产生不必要的矛盾和误会。②主动探寻真相。后来黄大年了解到学生们缺少电脑的困难，以及李斯华抵押电脑是为了给母亲治病等真实情况，这才意识到自己的错误。所以在沟通中，当出现问题或疑惑时，我们不能停留在表面，而应该主动去探寻背后的原因和真相，这样才能更好地理解对方，避免错误的判断。

（2）学会自我反思与自我批评。①及时反思自身行为。黄大年在得知自己对李斯华的批评可能有误后，能够马上进行自我检讨，反思自己没有了解实际情况就做出判断的行为。这启示我们在与他人沟通出现问题后，不要一味地指责对方，而要首先反思自己的行为是否得当，是否存在疏忽或错误，这样才能不断改进自己的沟通方式，提升沟通效果。②勇于承认错误。黄大年不仅在心里反思，还能向学生承认自己的错误，这种勇于自我批评的态度非常可贵。在沟通中，当我们发现自己的错误时，要勇于向对方承认，这不仅能够化解矛盾，还能赢得对方的尊重和信任，为进一步的沟通打下良好的基础。

（3）给予关心和帮助能促进有效沟通。①关注对方的实际需求。黄大年了解到学生的困难后，主动关心并给予实际的帮助，不仅在经济上资助李斯华，还在学业上支持她考无人机驾照。这让李斯华感受到了老师的关爱，也化解了之前的矛盾。在沟通中，我们不能只关注事情本身，还要关注对方的实际需求和感受，只有真正关心对方，才能建立起良好的沟通关系。②用行动表达关心。黄大年用实际行动帮助学生，比单纯的言语安慰更有力量。这告诉我们，在沟通中，行动往往比言语更能表达我们的关心和诚意，通过实际行动去帮助对方解决问题，能够增强彼此之间的信任和理解，使沟通更加顺畅。

（4）教育引导要注重方式方法。①因材施教。黄大年在了解到李斯华的情况后，根据她的兴趣和潜力，支持她考无人机驾照，这是一种因材施教的教育方式。在沟通中，我们要根据对方的特点和需求，选择合适的沟通方式和教育方法，这样才能更好地引导对方，达到沟通的目的。②以鼓励为主。黄大年对李斯华的鼓励和支持，让她重新树立了信心，激发了她的学习热情。在沟通中，我们要多给予对方鼓励和肯定，少一些批评和指责，这样能够增强对方的自信心和积极性，使沟通更加有效。

（三）中国第一首小提琴曲

1. 沟通背景

在电视剧《黄大年》第 4 集中，黄大年与刘跃等人沟通的“突然加速”和“滚动淘汰”的背景如下：

（1）科研任务紧迫。中国的能源紧缺问题亟待解决，而当时的地球深部探测技术对于寻找更多能源资源至关重要。勘探一线对深探装备样机的需求非常急迫，这给黄大年及其团队带来了巨大的压力和使命感，促使他们必须加快科研进度，尽快拿出成果。国家对探测装备的需求迫切，时间紧迫，黄大年深知自己所承担的科研任务对于国家的重要性，所以希望通过加快速度来满足国家的需求。

（2）团队管理需要。为了加快地球深部探测项目的研究进程，突破技术壁垒，黄大年提出了一些新的管理理念和方式。“突然加速”和“滚动淘汰”是他为了提高团队的工作效率和竞争力，采用的一种公司化管理方式。这种方式可以促使团队成员更加积极地投入工作，提高项目的推进速度，但同时也对团队成员提出了更高的要求。

（3）团队已初步凝聚但仍面临挑战。经过前期的努力，团队已经初步凝聚起来，但在推进项目的过程中，仍然面临着各种困难和挑战。黄大年认为只有通过不断地加速和淘汰，才能让团队保持活力和竞争力，克服这些困难，实现项目的成功。

刘跃担心这种突然加速和滚动淘汰的方式会使刚刚凝聚起来的团队崩溃，提醒黄大年千万别把人心弄散了。而黄大年则通过讲述李四光的故事等方式，试图让大家理解他的做法和爱国情怀，鼓励大家携手勇敢前行。

2. 沟通竞秀

____

____

3. 沟通经典

刘跃：大年，你这突然加速，突然滚动淘汰，我就担心刚刚凝聚起来的团队抗压能力是有限的，你别把人心弄散喽。

黄大年：这首《行路难》是中国的第一首小提琴曲，曲子是对旧中国科研工作者难做科研的诉说。作者解放前曾在英国，当时有人要求他发表拒绝回国的声明，还密谋要扣押他。但是他冲破了重重的障碍，冒着生命危险绕道法国，再经过意大利回到了祖国。作者是谁你们知道吗？他就是新中国地质学的奠基人李四光先生。各位，你们说咱们现在做的这个事儿，比李四光前辈还要难吗？所以啊有些事情还没有做，我们呢先别把难处放大，别把杂音放大吧。只要我们大家想做的，是让我们祖国的科研能够尽快地赶超国外，那么我想大家也一定会支持和理解我们。

李斯华、刘一米：老师，我们支持你！

程果、卫宏远：我们也支持！

4. 沟通实效

在电视剧《黄大年》第4集中，黄大年与刘跃等人围绕“突然加速”和“滚动淘汰”的沟通取得了一定的效果：

（1）精神层面的触动与鼓舞。①理解与认同科研精神。黄大年在茶思屋中播放中国地质学奠基人李四光所作的小提琴曲《行路难》，并给大家讲起李四光当年冲破重重困难回到国内献身科研工作的故事。这让团队成员对老一辈科学家的奉献精神、爱国情怀有了更深刻的理解，也对自己所从事的科研工作的意义有了新的认识。这种精神层面的触动使得大家开始理解黄大年提出“突然加速”和“滚动淘汰”等管理方式背后的良苦用心，以及他为了国家利益迫切想要推动科研进展的决心。②激发团队的使命感。黄大年以身作则，为了科研工作舍弃休息时间、忘我投入，甚至立下军令状要在年底前交付样机。他的这种拼搏精神和强烈的使命感感染了团队成员，激发了大家的斗志和使命感，使他们愿意克服困难，携手勇敢前行。

（2）团队凝聚力的增强。①化解了部分质疑与担忧。刘跃最初担心“突然加速”和“滚动淘汰”会使刚刚凝聚起来的团队崩溃，但经过黄大年的沟通和解释，团队成员对这些新的管理方式和工作要求有了更多的理解。虽然仍存在一定的压力，但大家开始尝试接受挑战，团队的凝聚力并没有因为新的要求而瓦解，反而在共同面对困难的过程中得到了进一步的增强。②明确了共同目标。通过沟通，团队成员更加明确了当前科研任务的紧迫性和重要性，以及他们所肩负的责任。大家意识到只有团结协作、加快进度，才能尽快取得科研成果，为国家的能源探测事业做出贡献。这种共同目标的明确使得团队成员更加紧密地团结在一起，为了实现目标而共同努力。

（3）对科研工作的推动。①工作态度的转变。沟通之后，团队成员的工作态度发生了积极的转变。大家不再对高强度的工作节奏和严格的要求有过多的抱怨，而是更加积极地投入到科研工作中。例如，黄大年闭关住在办公室一个多月攻克技术难关，这种忘我的工作精神也激励了其他成员，使整个团队的工作效率得到了提高。②科研进展的加速。在黄大年的带领和团队成员的共同努力下，深探装备的科研攻关取得了重要进展，最后一道难关被成功解决。这表明“突然加速”等措施在一定程度上确实推动了科研工作的快速发展，为按时交付样机奠定了基础。

5. 沟通策略

在电视剧《黄大年》第4集中，黄大年与刘跃等人围绕“突然加速”和“滚动淘汰”的沟通策略如下：

（1）情感共鸣策略。①借助音乐营造氛围。黄大年在茶思屋中播放中国地质学奠基人李四光所作的小提琴曲《行路难》，让音乐在空间中弥漫，营造出一种能引发情感共鸣的氛围。这种悠扬的音乐能够让团队成员在精神上得到放松，同时也为后续的沟通奠定了情感基础，使大家更容易接受他所传达的信息。②讲述前辈故事。在音乐的烘托下，黄大年给大家讲起李四光当年冲破重重困难回到国内献身科研工作的故事。通过讲述老一辈科学家的经历，让团队成员深刻感受到前辈们为了国家的科研事业不畏艰难、无私奉献的精神，从而激发起他们内心的爱国情怀和对科研工作的敬畏之心。这种情感上的共鸣能够拉近黄大年与团队成员之间的距离，使大家更容易理解他提出“突然加速”和“滚动淘汰”等措施的初衷。

（2）目标导向策略。①强调国家需求的紧迫性。黄大年深知团队成员对于“突然加速”和“滚动淘汰”可能存在抵触情绪，所以他着重强调了国家在地球深部探测方面的迫切需求。他向团队成员讲述了勘探一线对深探装备样机的渴盼，让大家明白他们所从事的科研工作对于国家能源安全的重要性。通过将个人的工作与国家的利益紧密联系在一起，黄大年让团队成员认识到加快科研进度的必要性，从而使他们更容易接受新的工作要求。②立下军令状激发斗志。为了进一步增强团队的紧迫感和使命感，黄大年立下军令状，誓在年底前交付样机。这种果断的行为不仅向团队成员展示了他对完成科研任务的坚定信心，也给大家带来了巨大的压力和动力。在黄大年的带动下，团队成员更容易将压力转化为动力，积极投入到科研工作中。

（3）以身作则策略。①亲身示范忘我的工作态度。黄大年不仅在言语上激励团队成员，更是在行动上以身作则。他舍弃休息时间，闭关住在办公室，全身心地投入到技术攻关中。这种忘我的工作态度对团队成员产生了强烈的示范效应，让大家看到了他为了科研事业所付出的努力和牺牲。在他的影响下，团队成员也会更加努力地工作，以实际行动支持"突然加速"的工作要求。②坦诚相待消除疑虑。黄大年在与团队成员沟通时，始终保持着坦诚的态度。他没有回避团队成员的质疑和担忧，而是认真倾听他们的意见，并耐心地解释自己的想法和做法。这种坦诚相待的沟通方式让团队成员感受到了他的尊重和信任，从而消除了他们的疑虑，增强了团队的凝聚力。

6. 沟通启示

在电视剧《黄大年》第4集中，黄大年与刘跃等人围绕"突然加速"和"滚动淘汰"的沟通，带来了以下启示：

（1）目标引领与使命驱动的重要性。①明确目标的激励作用。黄大年向团队强调国家在地球深部探测方面的迫切需求以及勘探一线对深探装备样机的渴盼，让团队成员清晰地认识到科研工作的重要性和紧迫性。这启示我们在团队沟通中，要明确地阐述工作目标及其背后的重大意义，使团队成员能够将个人目标与团队、组织的目标紧密结合起来，从而激发他们的工作动力和积极性。②以使命驱动凝聚力量。通过讲述李四光等老一辈科学家的爱国故事和奉献精神，黄大年唤起了团队成员的使命感和责任感。在工作中，我们应当注重培养团队的使命感，让成员们明白自己所从事的工作对于国家、社会或组织的价值，从而增强团队的凝聚力和向心力。

（2）沟通方式与技巧的关键影响。①情感共鸣的沟通策略。黄大年利用音乐和故事营造出情感共鸣的氛围，使团队成员更容易理解和接受他的观点。在沟通中，我们应该关注对方的情感需求，寻找与对方的共同经历、兴趣爱好或价值观等方面的契合点，以建立情感连接，这样可以提高沟通的效果。②坦诚相待与耐心解释。黄大年没有回避团队成员的质疑和担忧，而是认真倾听并耐心地解释自己的想法和做法。这种坦诚的沟通方式能够增强团队成员对领导者的信任，减少误解和抵触情绪。在团队管理中，领导者要保持开放的心态，积极与成员进行沟通，及时解答他们的疑问，以建立良好的合作关系。

（3）榜样示范的强大力量。①以身作则的影响力。黄大年自己全身心地投入到科研工作中，甚至闭关住在办公室一个多月攻克技术难关。他的这种以身作则的行为为团队成员树立了榜样，激励着他们更加努力地工作。作为领导者，要想让团队成员积极工作，自己首先要做到以身作则，用实际行动来影响和带动团队成员。②勇于担当的精神传递。黄大年立下军令状，誓在年底前交付样机，这种勇于担当的精神也给团队成员带来了很大的触动。在团队中，领导者要敢于承担责任，勇于面对挑战，为团队成员树立正确的价值观和行为导向。

（4）团队建设与管理的平衡把握。①合理的压力与挑战。“突然加速”和“滚动淘汰”给团队带来了一定的压力和挑战，但黄大年认为这是保持团队活力和竞争力的必要手段。在团队建设中，要适当给团队成员施加压力，让他们在挑战中不断成长和进步，但同时也要注意压力的适度，避免过度压力导致团队成员的崩溃。②关注团队成员的心理状态。尽管黄大年强调科研工作的紧迫性，但他也关注到了团队成员的心理状态。在工作中，我们不仅要关注团队的工作进度和绩效，还要关心团队成员的身心健康和心理需求，及时给予支持和帮助，以保持团队的良好状态。

（四）把事业和追求跟祖国的需要相统一才是最幸福的

1. 沟通背景

在电视剧《黄大年》第5集中，黄大年与闫伟沟通的背景如下：

（1）疗养地的学术交流活动背景。中央组织专家疗养，黄大年本打算放弃疗养机会，但听说国际装备年会也在疗养地召开，便参与了疗养活动。在疗养期间，他借机邀约专家就地开了闭门会议，进行学术交流。这种学术交流的场合为黄大年与闫伟的沟通提供了契机，大家聚集在一起探讨学术问题、交流科研经验，也让黄大年有机会接触到像闫伟这样的海洋领域专家。

（2）国家对科研人才的需求背景。当时中国在科研领域，尤其是地球深部探测等方面，急需大量优秀的科研人才来推动技术的发展和突破。黄大年深知这一点，所以积极地与海外专家沟通，希望能说服他们回国效力。闫伟作为海洋领域的优秀人才，是黄大年争取的对象之一。

（3）黄大年的报国情怀与使命感背景。黄大年自己放弃了国外优厚的待遇回国，立志用5年对国外同类项目50年的成果实现弯道超车。他有着强烈的爱国情怀和使命感，希望更多的海外专家能够像他一样回到祖国，为国家的科研事业贡献力量。这种情怀促使他主动与闫伟沟通，试图打消闫伟回国的顾虑。

（4）闫伟自身的情况背景。闫伟作为海洋领域的专家，在国外可能有较好的科研条件和发展机会，但也面临着一些困境和选择。他对是否回国可能存在疑虑和纠结，而黄大年以自己的经历和见解，试图帮助闫伟做出正确的选择。

2. 沟通竞秀

______

______

3. 沟通经典

黄大年：我听叶明说你旅美多年，跟他是一个领域的。过一段时间，还要在国内开个报告会，到时候我一定要去听听。

闫伟：这……

叶明：别怪我当卧底啊，是他逼着我去了解你的。

闫伟：这是我的荣幸啊，怎么会怪你呢？只是黄教授时间这么宝贵，去听我的报告，着实让我忐忑！

黄大年：这是跨领域难得的学习机会，我当然不会错过了。正好我牵头的深地深海探测的大系统，特别需要你们海洋领域的智能研究。哎呀，如果你要能回国，跟叶明他们一起，跟建工，还有环境专家一起联合做些事儿，那我们技术突破就指日可待了。

叶明：听见没有？这是在拐着弯地请你回国呢！

闫伟：回国，我不是没有想过，但是说实话，在美国科技转化率高，我经历的海底通信研究，做到了一定程度就成立了公司，短时间内就向市场推出了产品，这些在国内恐怕暂时很难实现。

黄大年：但是我觉得，你不管遇到什么困惑、困难，回到自己的国土上踏实，在自己的国土上研究，你有依靠！我始终觉得，把个人的幸福根植于祖国的土壤里，把事业和追求能跟祖国的需要相统一，这才是最幸福的。

闫伟：我们今天聊得非常愉快，我会好好地考虑您的建议

黄大年：好，我期待你能早点改变想法！

闫伟：好好好！

4. 沟通实效

在电视剧《黄大年》第 5 集中，黄大年与闫伟沟通后取得了一定的积极效果：

（1）引发闫伟的思考。黄大年向闫伟讲述了回国搞科研的意义以及在祖国的土地上做研究的踏实感，这让闫伟开始认真思考回国发展的可能性。闫伟作为海洋领域的专家，在国外可能有较好的科研条件，但黄大年的话让他意识到个人的事业追求与祖国的需要相统一的重要性，动摇了他之前对于是否回国的一些固有想法。

（2）增强了闫伟对国内科研环境的信心。黄大年以自己回国后的经历和感受，向闫伟展示了国内对科研的重视以及科研环境的不断改善。通过他的介绍，闫伟了解到国内有广阔的科研舞台和发展机遇，这在一定程度上减轻了闫伟对回国后可能面临的困难的担忧，增强了他对国内科研环境的信心。

（3）为后续的人才回归起到推动作用。黄大年对闫伟的沟通是他说服海外专家归国的一部分努力。这种沟通和交流的行为具有示范效应，不仅对闫伟个人产生了影响，促使其最终选择了回国，也让其他海外专家看到了国内对人才的渴望和重视，为后续更多人才的回归起到了推动作用。

总的来说，黄大年与闫伟的沟通是他为推动国家科研事业发展、吸引海外人才回国所做的努力之一，不只取得了理想的短期效果，而且从长远来看，具有积极的意义和影响。

5. 沟通策略

在电视剧《黄大年》第5集中，围绕美国科技转化率高的说法，黄大年与闫伟沟通时主要采取了以下策略：

（1）以亲身经历为切入点。①分享回国感受。黄大年以自己回国后的经历和体验为话题的开端，向闫伟讲述自己回到祖国后开展科研工作的情况。他强调在自己国家的土地上搞研究，心里是踏实的，这种情感上的共鸣能够让闫伟更直观地理解回国的意义和价值。②对比国内外科研环境。通过自身经历的对比，黄大年指出国内科研环境虽然可能在某些方面与国外有所不同，但有着广阔的发展空间和机遇。他让闫伟认识到，国内对于科研的重视以及不断投入，为科研工作者提供了良好的平台和支持，以此来削弱闫伟对美国科研环境的过度推崇。

（2）强调国家需求和个人价值的统一。①国家的迫切需求。黄大年向闫伟阐述了中国在相关科研领域的迫切需求，以及这些需求对于国家发展的重要性。他让闫伟明白，回国进行科研工作不仅仅是个人的职业选择，更是对国家的一种贡献，能够将个人的价值与国家的发展紧密结合起来。②个人的成就感。黄大年提及在国内开展科研工作，能够直接为国家解决问题，所取得的成果会带来更大的成就感和满足感。这种对于个人价值实现的强调，对于有着科研追求的闫伟来说具有一定的吸引力，让他开始思考回国的可能性。

（3）理性分析美国科技转化率高的说法。①客观看待优势与不足。黄大年没有完全否定美国在科技转化率方面的优势，但也指出这种优势是在特定的环境和条件下形成的，并且存在一定的局限性。他引导闫伟要全面、客观地看待美国的科研情况，不要被单一的优势所迷惑。②结合中国实际情况。同时，黄大年将美国的情况与中国进行对比，分析中国在科技转化方面的潜力和优势。他提到中国有着庞大的市场和丰富的资源，这些都为科技转化提供了良好的条件，只要科研工作者们努力奋斗，中国在科技转化方面也能够取得优异的成绩。

（4）激发爱国情怀。①唤起民族自豪感。在沟通中，黄大年不断强调中华民族的智慧和创造力，提及中国古代的科技成就以及近代以来中国科学家们的努力和贡献。他激发闫伟的民族自豪感，让闫伟认识到作为一名中国科学家，有责任为国家的科技发展贡献力量。②鼓励回报祖国。黄大年以自己的报国热情感染闫伟，鼓励他将个人的事业追求与祖国的需要相统一，回到祖国实现自己的科研梦想，为国家的繁荣富强添砖加瓦。

6. 沟通启示

在电视剧《黄大年》第 5 集中，围绕美国科技转化率高的说法，黄大年与闫伟的沟通带来了以下启示：

（1）要客观、全面地认识不同国家的科研优势。①避免盲目推崇。美国科技转化率高这一观点被很多人提及，但不能因此就盲目认为美国的科研环境在各方面都绝对优越。黄大年的做法提醒我们，不能仅仅看到某一个国家的单一优势，而应该综合、全面地分析不同国家科研体系的特点。每个国家都有其独特的科研资源、政策环境和市场需求等，我们需要根据具体情况进行客观的评估。②挖掘自身潜力。中国也有自己的优势和潜力，比如庞大的市场、丰富的资源以及国家对科研的大力支持等。我们应该对自己国家的科研发展充满信心，充分挖掘和利用自身的优势，而不是一味地羡慕其他国家的成就。

（2）个人价值应与国家需求紧密结合。①增强国家责任感。黄大年在与闫伟沟通时，强调了个人的事业追求与祖国的需要相统一的重要性。这启示我们，科研工作者不应仅仅关注个人的学术成就和利益，更要将自己的研究与国家的发展紧密联系起来，为解决国家的重大需求贡献力量。只有这样，个人的价值才能得到最大程度的实现。②引导人才回流。对于海外的科研人才来说，祖国的发展为他们提供了广阔的舞台和机遇。我们应该积极吸引海外人才回国，让他们的专业知识和技能能够为国家的建设服务。同时，也要为他们创造良好的科研环境和发展条件，让他们能够安心地在国内开展工作。

（3）积极的沟通与交流有助于消除误解。①打破信息壁垒。闫伟对回国可能存在顾虑，其中一部分原因是对国内科研环境的不了解。黄大年与他的沟通，让他对国内的科研情况有了更深入的认识，从而消除了一些误解。这表明，在科研领域，积极的沟通和交流是非常必要的，它可以打破信息壁垒，让人们更加准确地了解不同地区的科研状况。②促进合作与发展。通过沟通和交流，不仅可以消除误解，还可以促进不同地区、不同领域的科研人员之间的合作与发展。各国之间可以相互学习、借鉴，共同推动全球科技的进步。

（4）坚持科学精神和爱国情怀的统一。①以科学精神指导实践。在科研工作中，我们要始终坚持科学精神，以严谨的态度对待科学研究，不断追求真理和创新。同时，我们也要将爱国情怀融入科学研究中，为国家的繁荣富强贡献自己的力量。②克服困难的勇气。黄大年回国后面临着诸多困难和挑战，但他始终坚持自己的信念，克服了重重困难，取得了卓越的成就。这启示我们，在追求科学的道路上，我们要有坚定的信念和克服困难的勇气，不畏艰难险阻，为实现自己的目标而努力奋斗。

三、励志榜样

（一）例文引领

电视剧《黄大年》中的榜样——黄大年

在电视剧《黄大年》中，我们邂逅了一位令人敬仰的时代榜样——黄大年。他如同一座巍峨的山峰，矗立在时代的前沿，用自己的生命和智慧书写了一曲壮丽的爱国之歌。

黄大年，一位杰出的科学家，他的故事在电视剧中徐徐展开，每一个情节都如同璀璨的星光，照亮了我们的心灵。他放弃了国外优越的生活条件和科研环境，毅然回到祖国。在那个抉择的时刻，他心中只有一个信念：祖国需要我。这种坚定的爱国情怀，如同熊熊烈火，燃烧在他的胸膛，也点燃了我们内心深处的爱国热情。

剧中，黄大年一回国就投入到紧张的科研工作中。他带领团队夜以继日地奋斗，为了突破地球深部探测技术的瓶颈，他不知疲倦地奔波在实验室、野外考察现场。他的眼神中透露出对科学的执着和对祖国的担当。面对重重困难和质疑，他从不退缩，而是以坚定的信念和顽强的毅力去攻克一个又一个难关。他说：“人的生命相对于历史的长河不过是短暂一现，若能做一朵小小的浪花奔腾，加入献身者的滚滚洪流中推动历史向前发展，我觉得这才是一生中值得骄傲的事情。”这句话深刻地诠释了他的人生追求和价值取向。

黄大年对学生的关爱也令人感动。他在学院里设立了茶思屋，为学生们提供一个交流和创新的空间。他耐心地指导学生，鼓励他们勇敢地追求梦想。当学生们遇到困难时，他总是毫不犹豫地伸出援手。他不仅传授知识，更传递着一种精神，一种为了祖国的科研事业无私奉献的精神。在他的影响下，学生们也逐渐成长为有担当、有责任感的科研人才。

电视剧中的一个场景令人难以忘怀。黄大年在病床上，依然牵挂着科研项目的进展。他虚弱的身体与坚定的眼神形成了强烈的反差，让我们看到了一位科学家对祖国的忠诚和对事业的执着。他用生命诠释了什么是爱国、什么是奉献、什么是担当。

黄大年，他是我们这个时代的榜样。他的故事激励着我们每一个人，让我们明白，无论在何时何地，我们都应该心怀祖国，为了国家的繁荣富强而努力奋斗。他的精神如同璀璨的星辰，照亮了我们前行的道路。在这个充满机遇和挑战的时代，我们需要更多像黄大年这样的榜样，引领我们走向更加美好的未来。

让我们以黄大年为榜样，把爱国之情、报国之志融入我们的工作和学习中。让我们像他一样，不畏艰难，勇于创新，为实现中华民族伟大复兴的中国梦贡献自己的力量。因为，在我们的心中，黄大年永远是那颗最闪亮的星，他的光芒将永远照耀着我们前行的道路。

（二）百花齐放

____

____

四、观后感

（一）例文引领

时代楷模　精神丰碑

——观《黄大年》有感

在观看电视剧《黄大年》之后，我的内心久久不能平静。这部剧以细腻的笔触、生动的演绎，为我们展现了时代楷模黄大年的壮丽人生，让我们深刻感受到了一位科学家的爱国情怀、奉献精神和高尚人格。

黄大年，这个名字如同一颗璀璨的星辰，照亮了当代中国的科技天空。他放弃了国外优越的生活条件和科研环境，毅然回到祖国，投身于地球深部探测技术的研究。剧中，我们看到他回国后的那份坚定与执着。他迫不及待地来到母校吉林大学，眼中闪烁着对祖国科研事业的热切期望。他说："国家需要我回去，我必须回去。"这句话，简单而有力，彰显了他的爱国之心。

在科研工作中，黄大年展现出了非凡的毅力和智慧。他带领团队攻坚克难，日夜奋战在实验室和野外考察现场。面对重重困难和质疑，他从不退缩，始终坚信自己的研究方向。他的这种坚定信念，源于他对祖国的深深热爱和对科学的执着追求。剧中有一个场景让我印象深刻——黄大年在病床上，依然牵挂着科研项目的进展。他虚弱的身体与坚定的眼神形成了强烈的反差，让我们看到了一位科学家对祖国的忠诚和对事业的执着。

黄大年不仅是一位杰出的科学家，更是一位令人敬仰的师者。他在学院里设立了茶思屋，为学生们提供了一个交流和创新的空间。他耐心地指导学生，鼓励他们勇敢地追求梦想。当学生们遇到困难时，他总是毫不犹豫地伸出援手。他用自己的行动诠释了什么是师德，什么是责任。剧中，学生李斯华因为母亲病重抵押了电脑，黄大年得知后，二话不说慷慨解囊帮助她解决了家庭的困难。这种对学生的关爱，让人感受到了他的温暖和善良。

黄大年的爱国情怀、奉献精神和高尚人格，不仅仅是他个人的品质，更是我们这个时代的精神财富。他的故事激励着我们每一个人，让我们明白，无论在何时何地，我们都应该心怀祖国，为了国家的繁荣富强而努力奋斗。在当今时代，我们需要更多像黄大年这样的时代楷模，引领我们走向更加美好的未来。

作为新时代的青年，我们应该以黄大年为榜样，学习他的爱国精神、奉献精神和创新精神。我们要坚定理想信念，把个人的命运与国家的命运紧密联系在一起，为实现中华民族伟大复兴的中国梦贡献自己的力量。我们要勇于担当，在各自的岗位上努力拼搏，不畏艰难，勇于创新，为推动国家的科技进步和经济发展做出贡献。我们要关爱他人，像黄大年一样，用自己的爱心和善良去帮助那些需要帮助的人，传递正能量，让社会变得更加美好。

电视剧《黄大年》是一部充满正能量的作品，它让我们看到了一位时代楷模的光辉形象，也让我们感受到了一种强大的精神力量。让我们铭记黄大年的事迹，传承他的精神，在新时代的征程中，书写属于我们自己的辉煌篇章。

（二）百花齐放

五、研讨发言

（一）例文引领

电视剧《黄大年》研讨会发言稿

尊敬的各位领导、嘉宾：

大家好！非常荣幸能够参加电视剧《黄大年》的研讨会。这部剧以黄大年教授的先进事迹为蓝本，生动地展现了一位伟大科学家的奉献精神和爱国情怀，给我们带来了深刻的触动和思考。

电视剧《黄大年》以细腻的笔触和精彩的演绎，将黄大年的一生呈现在观众面前。从他毅然放弃国外的优厚待遇，回到祖国怀抱，到带领科研团队攻克一个个技术难题，黄大年的形象在剧中变得丰满而真实。

剧中，我们看到了黄大年对科学的执着追求，他把全部的精力都投入到科研工作中，不分昼夜地忙碌着。为了实现科技强国的梦想，他不畏艰难，勇于挑战前沿领域。无论是面对复杂的地质数据，还是艰苦的野外作业环境，他都始终保持着坚定的信念和顽强的毅力。这种对科学的执着，让我们深刻认识到科学技术对于国家发展的重要性，也激励着我们在各自的领域中不断追求卓越。

同时，黄大年的爱国情怀更是令人动容。他深知祖国在科技领域的落后，怀揣着一颗赤子之心，义无反顾地回到祖国。他说："只要祖国需要，我必全力以赴。"这句话成了他一生的写照。在剧中，我们看到他为了国家的利益，不惜牺牲自己的健康和家庭生活。他带领团队争分夺秒地工作，只为了让祖国在地球深部探测技术上实现突破。这种强烈的爱国情怀，让我们感受到了一位科学家的责任与担当，也激发了我们每一个人的爱国热情。

此外，电视剧还展现了黄大年的人格魅力。他不仅是一位杰出的科学家，更是一位有血有肉的人。他关心团队成员，尊重每一个人的意见和努力。他用自己的行动诠释了什么是团队精神，什么是奉献精神。在他的影响下，团队成员们团结一心，共同为实现科研目标而努力奋斗。这种人格魅力，让我们看到了一个优秀领导者的风范，也为我们树立了榜样。

回顾整部电视剧，我们可以深刻地体会到黄大年精神的内涵。这种精神是对科学的执着追求，是对祖国的无限热爱，是对团队的无私奉献。在当今时代，我们需要大力弘扬黄大年精神。

对于广大科技工作者来说，黄大年精神是一面旗帜。它激励着我们要以国家需求为导向，勇攀科学高峰，为实现科技强国的目标贡献自己的力量。我们要学习黄大年的执着精神，不畏艰难，勇于创新，在各自的研究领域中取得突破。同时，我们也要学习他的爱国情怀，将个人的发展与国家的命运紧密联系在一起，为祖国的繁荣富强而努力奋斗。

对于全社会来说，黄大年精神是一种价值导向。它告诉我们，在追求个人利益的同时，不能忘记国家和民族的利益。我们要树立正确的价值观，弘扬爱国主义精神，培养奉献精神和团队精神。只有这样，我们才能在实现个人价值的同时，为社会的进步和发展做出贡献。

最后，我想说，电视剧《黄大年》是一部具有深刻思想内涵和艺术价值的作品。它让我们更加深入地了解了黄大年这位优秀的科学家，也让我们深刻体会到了黄大年精神的力量。让我们以黄大年为榜样，传承和弘扬黄大年精神，为实现中华民族伟大复兴的中国梦而努力奋斗！

谢谢大家！

（二）百花齐放

____

____

六、文旅链接

长春地质宫：位于吉林大学朝阳校区，曾是伪满洲国为溥仪规划的皇宫。这里是黄大年生前的工作地，其 5 楼是他的办公地点，如今已成为爱国主义教育基地。

吉林大学：黄大年的母校及工作单位，校园内的诸多场景与他的经历紧密相连，如剧中涉及的教学楼、实验室等，漫步校园可感受他曾经的奋斗足迹。

贵港：黄大年生活、工作过 7 年的地方，西江农场小学、贵港港区高中及广西地矿局第六地质队宿舍区等，都留下了他的成长足迹，承载着他的早年记忆。

黄大年纪念馆：位于长春地质宫 5 楼，展示了黄大年的成长经历、科研成果等，通过丰富的展品和资料，让人们深入了解他的杰出贡献和崇高精神。

吉林大学地质博物馆：在长春地质宫内，除了黄大年纪念馆外，一楼的地质博物馆也值得一游。这里有 5 个展厅，展示了稀有的矿产玉石、珍贵的古生物化石等，见证了国家地质科学的发展历程，与黄大年所从事的地球物理研究领域相关。

作业

1. 完成本节“沟通竞秀”练习，将其中自己最满意的文字版和音频版创作内容上传到学习平台。

2. 观赏《黄大年》全剧，完成“励志榜样”“观后感”“研讨发言”部分的练习，将其中自己最满意的文字版和音频版创作内容上传到学习平台。

第四章 圆梦路上的经典表达与沟通

第一节 人有两头根

可在学习强国App中搜索“五个一工程”或剧名观看

一、好剧推荐

电视剧《山海情》，一部震撼心灵的时代画卷！

《山海情》曾荣获2021年第27届上海电视节白玉兰奖最佳中国电视剧奖、2022年第33届中国电视剧飞天奖优秀电视剧奖、2022年第31届中国电视金鹰奖优秀电视剧奖和2022年中央宣传部第十六届精神文明建设“五个一工程”优秀作品奖。2023年6月23日，此片获得第28届上海电视节白玉兰奖国际传播奖。

《山海情》讲述了20世纪90年代宁夏西海固地区在福建对口帮扶下，人们走上脱贫道路的故事。这部剧以平实的视角，展现了闽宁镇在扶贫干部的带领下，几十年从无到有，从“干沙滩”变成“金沙滩”的历程，让观众们通过一部剧几乎可以了解到我国整个扶贫工作的全貌。

剧中人物形象鲜明，仿佛从黄土地中跃然而出，带着浓郁的乡土气息和不屈的精神力量。无论是马得福为村民谋福祉的坚持，还是李水花面对命运的不屈，都深深打动着我们的内心。

这部剧的剧情紧凑，扣人心弦。从移民搬迁的艰难抉择，到在戈壁滩上从零开始建设家园，每一个情节都充满了挑战与希望。它不仅展现了贫困地区的困境，更传递出人们对美好生活的执着追求和无限向往。

《山海情》的画面极具质感，展现了西北大地的广袤与荒凉，也呈现出人们用汗水和智慧创造出的绿洲和希望。它的配乐恰到好处，烘托出剧情的情感氛围，让观众沉浸其中。

《山海情》不仅仅是一部电视剧，更是一部关于爱与奋斗、关于希望与梦想的史诗。它让我们看到了人类在困境中迸发出的巨大力量，是一部不容错过的经典之作！

二、经典表达与沟通

(一)有奔头那就不算苦

1. 沟通背景

在《山海情》第 2 集中，吊庄移民办公室主任张树诚为了完成市里给县里下达的涌泉村七户移民的指标，坚持开村民大会，马得福一如既往地表示支持。次日，三人把村民们聚在一起开会，老支书来了，村民们对他很是尊敬。张主任还没说几句，从吊庄跑回来李大有等人就说起了反话，村民们又闹了起来。张主任连忙再一次介绍了情况，说要另外让七户补上指标，可大家都不愿意去，谁都不愿意为了以后的生活而奔波劳累。老支书站起身来，劝说大家报名。

2. 沟通竞秀

____

____

3. 沟通经典

张同志，我想问一下，那些留在那儿的吊庄户，他们在哪儿咋活呀?

(老支书，我刚才也说了，是这样的——那个地方离国营农场不远，离周边的村镇，还有银川市都不远，好多吊庄户都想好了，一边打工赚钱，一边收拾房子收拾地。县里也和当地的政府有过协商，对咱外出打工的人员会多多照顾的。)

哎呀，你看看，这不就行了嘛，你听听，你听听，人要是有了出路，那还当啥逃兵呢?

(你坐下先，松手。)

张同志啊，我当了十几年的支书了，我知道咱涌泉村穷，可是再穷也不能把骨头穷没了，是吧? 昨天晚上，喊水找我商量，要我跟他一块儿报名——他说了，说我们两家要是不带这个头，就不可能完成咱村这七户指标，就拖了全县的后腿！我还以为是多大的事呢，心里还直打鼓，可刚才张同志这一说，这又能打工又能挣钱，这算啥苦嘛，有奔头那就不算苦，没奔头那才叫真的苦！

昨天，咱村有几个娃逃出大山想活命，又给抓回来了。我就在想，咱在座的都是满嘴齐牙的大人，咋就不如几个娃娃胆正? 在咱这儿活不好，咱换个地方活有啥不好呢?

张同志，你放心，咱涌泉村不会给全县丢人，不会扯全县的后腿！我看，今天这会咱就不开了——这样，你先把我和喊水两家给登记上，还有谁想去就续着往上写，要是没人了，就在原来这七户里头再抓阄——当时争着去，现在想要赖，哪户敢不去，我跟喊水商量好了，就把他今年的救济粮给扣了，发给那些顶替他去的人家，就这么定了！

4. 沟通实效

在《山海情》第 2 集中，老支书的演讲具有显著且深刻的效果。

从情感层面来说，他的演讲饱含对家乡的深情和对村民未来的关切。这种真挚的情感触动了村民们的内心，引发了他们的共鸣，让大家感受到了改变现状的紧迫性和必要性。

在内容上，老支书的演讲条理清晰，有理有据。他清晰地阐述了移民搬迁的好处和未来的发展前景，用实在的话语消除了村民们的顾虑和担忧，使大家对未来有了一定的期待和憧憬。

从影响力方面看，老支书的演讲为后续的工作推进奠定了基础，在一定程度上改变了部分村民的想法，增强了村民们团结一心、共同面对困难的决心。

总的来说，老支书的演讲在剧中起到了推动剧情发展、凝聚人心的重要作用。

5. 沟通策略

在《山海情》第 2 集中，老支书演讲所采用的方法策略主要包括以下几点：

（1）以情动人。老支书开篇便表达了对村子和村民们深厚的感情，强调了大家同甘共苦的经历，唤起了村民们内心深处的情感共鸣，拉近了与听众的距离。

（2）摆事实讲道理。他详细阐述了移民搬迁政策的优势和好处，比如新的居住地有更好的基础设施、更多的发展机会等，用实际的利益吸引村民。

（3）消除顾虑。针对村民们普遍担忧的问题，如能否适应新环境、搬迁后的生计等，老支书一一进行回应和解释，消除了大家的后顾之忧。

（4）语言质朴。老支书使用了村民们熟悉且通俗易懂的语言，没有过多的华丽辞藻，让大家能够轻松理解和接受他所传达的信息。

（5）树立信心。在演讲中，老支书不断鼓励村民要相信政府、相信自己，只要大家齐心协力，就一定能够过上更好的生活，从而为村民们树立了坚定的信心。

6. 沟通启示

在《山海情》第 2 集中，老支书的成功沟通带来了以下启示：

第一，德高望重的影响力。老支书在村里有着深厚的威望，他的话语往往能得到村民的重视和信任。这启示我们，在沟通中，个人的声誉和过往的表现能够为交流增添分量。

第二，对村民的深入了解。老支书深知村民的性格、需求和担忧，能够针对性地进行劝说。这表明，要实现有效沟通，必须先了解对方的情况，做到有的放矢。

第三，以情动人。他在沟通时，不仅讲政策、讲道理，还融入了对村民的关怀和对村庄未来的期望，用情感打动人心。这提醒我们，沟通不仅仅是信息的传递，更是情感的交流。

第四，坚守原则的同时灵活应变。老支书在坚持政策原则的基础上，根据实际情况进行适度的调整和妥协，找到双方都能接受的解决方案。这教导我们在沟通中要把握好原则性和灵活性的平衡。

总的来说，老支书的成功沟通展示了在特定环境下，如何运用智慧、情感和策略，化解矛盾，达成共识。

（二）只有汇成大河才有希望奔向大海

1. 沟通背景

在《山海情》第 15 集中，吴主任说要用麦苗的经历动员大家走出大山来打工。丁世俊是领队，要和麦苗一起回宁夏宣讲。丁世俊从麦苗提供的素材里选了麦苗三次离家的情节，宣讲稿打算就围绕这三次离家来写：第一次，陪水花姐逃婚，但失败了，所以水花姐就服从了她父亲的安排，忍痛和得福哥分开，从那个时候就认定，人的命运要掌握在自己手里；第二次，发小马得宝答应带自己去新疆打工，但他食言了，自己先去了；第三次，劳务协作，真正离开了家乡。

但麦苗不想提第一次和第二次，因为第一次是在李水花伤口撒盐，第二次她不愿意提。宣讲的侧重点只能放在第三次上。

2. 沟通竞秀

____

____

3. 沟通经典

各位乡亲、领导：

大家好！

我叫白麦苗，是土生土长的宁夏人，也是宁夏第一批赴闽务工人员中的一员，我的老家就在西海固涌泉村。很高兴能有这样的一次机会，回到家乡来演讲。

在此要感谢公司对我们的表彰奖励！感谢领导的关心！感谢各地同事的帮助！感谢海吉县人民政府、共青团海吉团委及福建省对口帮扶宁夏领导小组能给我们这样一次机会，让我回到家乡，跟乡亲们讲述我们在福建的工作和生活。

我是一个从大山里走出来的孩子，每天看着太阳爬上山头，又从另一个山头落下，我的生活里只有大山和黄土，其实人生和溪水一样，只有汇成大河，奋力地把山劈开，把土划破，才有希望奔向大海。如果失去了勇气，就会成为内陆的盐湖，直至干涸。所以怀揣着这种想法，我报名参加了第一批赴闽打工的队伍。现在想来，我是何其幸运地抓住了这次机会！

当我第一天踏上福建的土地，我还是个啥都不懂、缩手缩脚、来自贫困山区的女孩。在工厂车间里，我和海吉姐妹们经历了第一次上工的手足无措，也经历了第一次考核的紧张和焦虑。为了快速掌握技术，早日达到合格的标准，我们抓住所有的机会勤学苦练，生产线见证了我们的汗水和泪水。短短不到两年的时间里，我们从一个个畏首畏尾的山里姑娘成长为了不服输的生产能手！

4. 沟通实效

在《山海情》第 15 集中，麦苗的演讲具有显著的效果：

首先，从情感层面来说，她的演讲充满真情实感，能够引起听众内心深处的共鸣。她以自己在福建的亲身经历为基础，讲述了外出打工的艰辛与成长，让人们感同身受。

其次，在内容方面，麦苗的演讲内容丰富且实在。她不仅分享了工作中的见闻和收获，还传递了积极向上的信念和对家乡未来的期待，给人们带来了希望和鼓舞。

再次，从表现形式上看，麦苗的演讲真诚且自然，没有过多的修饰和浮夸，这种质朴的表达方式更容易让人接受和信任。

总体而言，麦苗的演讲效果出色，成功地打动了听众，也为剧情的发展起到了推动作用。

5. 沟通策略

在《山海情》第 15 集中，麦苗的演讲运用了以下一些方法策略：

（1）讲述亲身经历。麦苗以自己在福建的真实打工经历为素材，这种源于自身的故事更具可信度和感染力，让听众能够直观地感受她的成长和变化。

（2）情感真挚投入。在演讲过程中，她充分投入情感，将自己的喜怒哀乐、艰辛与收获真实地展现出来，使听众能够产生共鸣，被她的情绪所带动。

（3）突出成长与变化。麦苗重点强调了自己在外出打工过程中的成长，从初入职场的懵懂到逐渐成熟，这种成长的展示给家乡的人们带来了希望和信心，让他们相信外出打工能够带来积极的改变。

（4）描绘美好愿景。她在演讲中不仅讲述了个人的经历，还描绘了通过努力工作能够为家乡带来的美好未来，激发了听众的向往和积极性。

（5）语言朴实简洁。麦苗没有使用华丽的辞藻，而是用朴实无华、通俗易懂的语言进行演讲，使每个人都能轻松理解她的意思，增强了演讲的传播效果。

6. 沟通启示

在《山海情》第 15 集中，麦苗演讲成功带来了以下几方面的启示：

首先，自信和勇气是成功的基石。麦苗能够克服内心的紧张和不安，勇敢地站在众人面前发表演讲，展现出了强大的自信和勇气。这告诉我们，在面对挑战时，要相信自己的能力，敢于迈出第一步。

其次，真实的情感最能打动人心。麦苗的演讲内容源自她的亲身经历和真实感受，没有华的辞藻，却充满了真情实感。这提醒我们，在与人交流或表达观点时，真诚地分享自己的经历和情感，往往能够引起他人的共鸣。

再次，充分的准备是关键。她之前在工作中的积累和思考为这次成功的演讲奠定了基础，宣传干事丁世俊的精心指导助力添彩。这意味着，我们在日常生活中要不断学习和积累，以便在需要的时候能够从容应对。

另外，麦苗的成功也体现了成长环境的重要性。她在福建的工作经历开阔了她的视野，提升了她的能力，使她能够在关键时刻有出色的表现。这表明，我们应该积极创造和抓住有利的成长机会，不断提升自己。

最后，团队的支持和鼓励给予了麦苗力量。同事们的信任和期待成为她的动力。这让我们明白，在一个团队中，相互支持和鼓励能够激发个人的潜能，共同创造更好的成果。

（三）有机会改变为啥不能考虑

1. 沟通背景

在《山海情》第 22 集中，涌泉村面临整村搬迁的问题，涌泉村自然条件恶劣，贫困问题严重。虽然闽宁镇有更好的发展机会，比如有学校、医院、田地和工地等，但老人们受传统观念影响，故土难离，不太愿意搬迁。在外读高三的马得花回家后知晓了此事。这时，马得花的哥哥马得福和父亲马喊水组织开会、反复上门劝说都无效，心情沮丧，回家吃饭。吃饭过程中，马母劝他们不要再做整村搬迁这件事了，马得福抱怨道难怪有人说村民是“刁民”。马喊水听见这话顿时急了，砸了他的饭碗警告他要是再说出“刁民”这两个字就从家里滚出去!

马得花见此情景，不声不响带着对美好生活的向往和追求走进村委广播室，希望通过广播演讲劝说大家同意搬迁到闽宁镇。

2. 沟通竞秀

____

____

3. 沟通经典

村里的人都听着，国家让我们搬到闽宁镇，是为了让我们摆脱贫困过好日子，你们都几十岁的人了，咋不知好歹？你们光顾着先人，那我们这些后人呢？教室塌了，白校长走了，村里连个学校都没了，这些年，村里上学的学生是咋上的？你们想过没有？小学跑十几里，初中跑几十里，高中才能住校。你们哪家的娃不是跟我一样受这罪!

天生在这穷地方，就要一辈子在这地方吗？你们老一辈人愿意，我们下一辈人不愿意！老先人没把我们生到好地方，有机会改变，为啥不能考虑？为啥不能搬出去？搬出去，我们这一代人就走出大山了，再往城里走就容易多了，这么简单的道理，你们老辈人咋就不懂？你们非得让你们的子子孙孙和你们一样受苦受穷，你们才愿意是不是?

4. 沟通实效

马得花的演讲对涌泉村村民的态度产生了很大的影响。她的言辞激烈但意义深刻的演讲“骂”醒了那些冥顽不化的村民，让他们开始重新思考搬迁的问题。

演讲中，马得花指出国家和政府希望大家搬到更好的地方去过好日子，批评了村民们迂腐、顽固不化的旧思想，认为他们不应该用固守先人的根为借口，而甘愿在穷地方受穷、受累。

这番话刺痛了村民内心最软弱的地方，也说到了老支书和一些德高望重的老人心里。老一辈人固守祖宗的想法在所难免，但马得花的演讲让他们意识到不能只顾先人不管后人，现在有机会能让下一辈过上好日子，应该去尝试。

对于村里的年轻人而言，马得花的出头不仅改变了村中老一辈的观念，也增加了他们的勇气。年轻人们其实向往闽宁镇更好的生活环境，但之前在村中老辈的压制下，形成了不敢出头的习惯。马得花的演讲让他们内心的想法得以释放，从而使得涌泉村的搬迁工作得以顺利展开。

5. 沟通策略

马得花在广播演讲中运用了以下一些方法策略：

（1）辱骂法。她“痛斥”老人们只知道考虑自己的根，只顾着先人，却不在乎想走出大山、走进城市、走向好日子的后人。这里的“辱骂”并非字面上的辱骂，而是通过放大不搬迁将会带来的负面效果，给“拒绝迁村”贴上了负面标签，从而刺痛村民，让他们重新思考搬迁的问题。言外之意就是不迁村等于不为下一代人考虑的自私，以此达到传播的目的。

（2）平民百姓法。马得花来自涌泉村，她作为普通老百姓的一员，设身处地地表达了对走出大山、追求更好生活的渴望，让村民们感受到她与大家有相同的处境和需求，从而更容易获得共鸣和信任。她的言辞真诚实在，切中了村民们想要改变生活的痛点，同时也拉近了与大家的距离。

马得花的演讲成功地改变了部分村民的态度，为涌泉村的搬迁工作打开了局面。她的演讲策略虽然直接而激烈，但在特定的情境下，有效地冲击了村民们的固有观念，促使他们重新审视搬迁的意义和价值。

不过，需要注意的是，在现实生活中进行沟通和劝说时，需要根据具体情况和受众特点，选择合适的方法和策略，并注意语言的恰当性和尊重他人的感受，以达到更好的沟通效果。同时，解决问题往往需要综合多种方法，充分考虑各方利益和关切，以促进共识和积极的行动。

6. 沟通启示

在《山海情》第 22 集中，马得花“骂”醒村民带来了以下启示：

其一，年轻人的视角和勇气具有重要价值。马得花作为年轻一代，她能够直率地表达自己的想法，突破传统观念的束缚。这提醒我们要重视年轻人的观点和意见，他们可能会带来新的思想和解决方案。

其二，沟通需要真情实感和直接表达。马得花的“骂”实际上是出于对村民们的关心和对家乡发展的急切期望，她用激烈的言辞触动了村民们的内心。这表明在某些情况下，真诚而直接地表达情感和观点，可能会比委婉含蓄更有效。

其三，揭示了教育和见识的影响力。马得花通过接受教育和接触外面的世界，有了更广阔的视野和对未来的期望，她希望村民们也能摆脱贫困，走向更好的生活。这体现了教育对于改变观念、推动进步的重要作用。

其四，反映了代际观念的差异与冲突。老一辈村民可能更注重传统和乡情，而年轻一代则更渴望改变和发展。这种差异需要通过相互理解和沟通来弥合，以找到符合全体利益的发展道路。

其五，强调了发展的必然性和必要性。尽管过程中会遇到困难和阻力，但为了子孙后代的幸福，有时候必须要勇于做出改变，不能因循守旧。

然而，马得花的方式虽然起到了一定作用，但也不能简单地认为这种“骂”的方式在所有情况下都适用。在现实生活中，沟通还是应该尽量采取平和、理性的方式，尊重他人的感受。但当面临一些紧迫的情况或需要突破固有思维时，马得花的勇气和直接或许能给我们一些启示，即要敢于表达自己的真实想法，以推动事物的发展。同时，这也提醒我们在面对类似的观念冲突时，需要多一些理解和耐心，通过交流达成共识。

（四）人有两头根

1. 沟通背景

在《山海情》第22集中，马得花广播演讲后，涌泉村里年龄最大的李太爷带领着村里的老人到村委向马喊水、马得福道歉认错，但同时要求村里其他人搬迁，他们这些老人留在村里，理由是不能把先人丢了。马得福为了实现涌泉村整体搬迁的工作目标，费尽心思，“山穷水尽疑无路”之时，得到了水花的认可与坚持做下去的建议。马得福深思熟虑后，满怀信心走进了村委广播室，拟对全村的乡亲发表劝说搬迁演讲。

2. 沟通竞秀

____

____

3. 沟通经典

乡亲们，我是马得福。1972年，我出生在涌泉村。我从小就纳闷——我说一个村子的人，为啥有的姓李，有的姓马？为啥我是姓马，我不是姓李？

前两天，我爸跟我讲了。我爸说，往前数几代，这涌泉村都是李姓，我们马家的老先人是流亡到这儿，被李家的老先人给收留下的。这一收留就是几代人！到了我马得福这一代，我根本不觉得我是外乡人，我就是涌泉村人！在我心里，涌泉村就是我的根，但是现在这根扎得再深，也都吸不上水了。

乡亲们，我们搬出去，不是为了断根，我们是要把根移到更肥沃的地方，是为了搭上易地扶贫这一班车，是为了得到教育的机会、医疗的机会，得到就业的机会。

那天，我要送老太爷去医院，我坐在这拖拉机上，我这心里特别难受，我想起我爷了，还有我太爷，当年是一家人轮换着抬，翻山越岭地往县医院送，这送到了人也不行了。因为我们离医院太远了，我们离学校太远了，我们离外面太远了。我们要不走不出去，要不就回不来。

乡亲们，现在闽宁镇有学校、有医院，有田地、有工地，又漂亮又实用，虽然现在还不是咱的家，但是住的时间长了那就是家，也能生根。人嘛，毕竟不是树，人有两头根，一头在老先人手里，一头就在我们后人手里。我们后人到哪儿了，哪儿也就能再扎根。

4. 沟通实效

马得福的演讲取得了显著的效果。他的演讲情真意切，极具感染力和说服力，让许多村民的态度发生了转变。

马得福从马家与李家的起源讲起，设身处地地理解村民们对故土的不舍之情，同时也指出人有两头根，一头在老先人手里，一头在后人手里，后人走到哪儿，就能在哪儿扎根。他深知村民们的心思是不舍和对未知的恐惧，以真心换真心，让大家感受到他是一心为了村民们能过上更好的日子。

他的演讲内容既提到了老一辈人对乡情的看重，也强调了科技发展下，家乡因逐渐与现代社会脱轨而导致生活不便、越来越穷的现实，让村民们认识到搬离是综合考虑下的最佳选择。

马得福的演讲体现了他强大的共情能力，用动之以情、晓之以理的方式，逐渐化解了村民们内心的顾虑和抵触情绪，使得整村搬迁工作能够顺利推进。

这段演讲也反映出扶贫工作的复杂性和艰巨性，以及基层干部在其中所发挥的重要作用。他们需要深入了解村民的需求和担忧，用真诚和耐心去打动村民，帮助他们摆脱贫困，走向更好的生活。同时也展现了在时代发展的背景下，人们需要逐渐转变观念，勇于接受新的机遇和挑战。

5. 沟通策略

在说服村民搬迁时，马得福主要使用了以下方法和策略：

（1）以情动人。马得福通过讲述自己的亲身感受和家族经历，来引发村民的情感共鸣。他提到送李太爷去医院的艰难，回忆起自己的爷爷和太爷当年因路途遥远无法及时就医而去世的往事，让村民们切实感受到搬出大山的紧迫性和重要性，他说“我们离医院太远，离学校太远，离外面太远了，我们要不是走不出去，要不就是回不来”。他用人的根有两头的比喻，“一头在先人手里，一头在后人手里，我们走出去不会断根，我们在哪里生活，就可以在哪里扎下根”，来消除村民对搬迁会断根的顾虑。

（2）强调好处。向村民们阐述了搬迁到闽宁镇能带来的实际好处，包括教育、医疗、就业等方面的机会，如“闽宁镇有学校、有医院，有田地、有工地”，让村民们了解到搬迁是为了给他们创造更好的生活条件。

（3）表明身份和决心。马得福在广播中首先介绍自己，强调自己永远是村子里的人，会为村民们的利益着想，让村民们信任他的出发点，他表示“我永远是这个村子里的马得福”，拉近了与村民的距离，增强了说服力。

（4）借助他人的力量。马得福与水花交流后受到了启发和鼓励。水花拖着板车带着全部家当走七天七夜到玉泉营的坚韧，以及她让马得福坚持做下去的建议，给了马得福继续说服村民的信心和动力。同时，李大有坚持不用硫黄熏制枸杞保住良心的行为，也在一定程度上影响了村民。

此外，马得福的妹妹马得花通过广播发表的演讲，也在一定程度上“骂”醒了部分村民，让他们开始思考搬迁的意义。马喊水作为村主任，也在背后做了一些调查和动员工作，为马得福的说服工作提供了支持。

在多种方法的综合作用下，村民们最终被说服，同意参加整村移民，搬迁到闽宁镇，开启新的生活。

6. 沟通启示

在《山海情》第22集中，马得福的成功沟通带来了多方面的启示：

首先，真诚与坚持是关键。马得福在面对诸多困难和阻力时，始终怀着一颗真诚为村民谋福利的心，坚持不懈地去与各方沟通，不轻易放弃，这种真诚和坚持让他最终赢得了他人的理解和支持。

其次，充分了解对方需求至关重要。他在沟通中能够换位思考，深入了解村民、上级领导以及其他相关方的顾虑和期望，从而有针对性地提出解决方案，使得沟通更加有效。

再次，以事实和数据说话增强说服力。马得福通过展示实际情况和相关的数据，让大家清晰地看到问题的本质和解决问题的必要性，从而更容易达成共识。

另外，良好的沟通技巧和表达能力也不可或缺。他能够清晰、有条理地阐述自己的观点，同时也善于倾听他人的意见，在交流中不断调整和完善自己的想法。

总之，马得福的成功沟通告诉我们，在面对复杂的情况时，只要保持真诚、了解需求、以理服人，并具备良好的沟通能力，就有可能化解矛盾，实现目标。

三、励志榜样

（一）例文引领

《山海情》中的榜样——马得福

在电视剧《山海情》中，马得福是一位令人钦佩的角色。

马得福是一名基层干部，他身上有诸多闪光点。从农校毕业后，他毅然回到家乡，致力于改变家乡的贫困面貌。为了完成“吊庄移民”工作，他苦口婆心地劝返逃跑的吊庄户，不辞辛劳地走遍各家各户，以坚定的信念和顽强的毅力推动着这项艰难的任务。

在为移民村通电的过程中，他遭遇了重重困难，但始终不放弃，连续多日去供电所“蹲守”，想尽办法为村民争取电力资源。当东西协作扶贫政策出台后，他又积极带领村民们探索致富之路。

他鼓励弟弟马得宝带头种植双孢菇，在种植过程中遇到各种难题时，也没有退缩。特别是当双孢菇出现严重滞销问题，面对麻副县长张罗召开现场会的压力，马得福经过深思熟虑，冒着丢“乌纱帽”的风险，在现场会上陈述了蘑菇滞销的实情，最终为村民解决了销售问题。他事事以群众利益为上，有困难迎难而上，真正做到了心中有人民，做事为人民。

马得福的成功并非偶然，他有着吃苦耐劳的精神，面对宁夏西海固地区的艰苦条件和重重困难，从未有过丝毫抱怨。他也有敢于担当的气魄，在关键时刻能够挺身而出，为了村民的利益不惜冒险。他还有着敢于创新的勇气，不甘于贫穷落后的现状，勇于做脱贫致富的领头人，带领村民们尝试新的发展道路。

例如，马得福的原型之一谢兴昌，既是村支书又是村医。当初为了让百姓能在移民地稳住，他贷款在沙滩里建诊所，这一绝招成功动员了部分百姓。电视剧中的场景十分真实地展现了当初的艰难。

马得福的形象让我们看到了一位优秀基层干部的榜样，他的坚持和奉献精神值得我们学习和敬仰。他就像一束光，照亮了村民们脱贫致富的道路，也让我们感受到了在艰苦环境中奋斗的力量和希望。他的故事告诉我们，只要有坚定的信念、勇于担当的精神和不懈的努力，就能够战胜困难，创造更美好的生活。

在现实生活中，也有许多像马得福这样的基层干部，他们扎根在贫困地区，为了实现脱贫攻坚的目标默默奉献。他们的努力和付出，为贫困地区带来了实实在在的改变，推动了社会的进步与发展。他们或许没有惊天动地的壮举，但他们用自己的行动诠释着责任与担当，是我们身边真正的榜样。我们应该从他们身上汲取力量，努力在自己的生活和工作中，为实现个人价值和社会发展贡献自己的一份力量。

《山海情》中的榜样——白麦苗

在电视剧《山海情》中，白麦苗是一个令人印象深刻且充满魅力的角色，她身上展现出了诸多令人钦佩的品质。

白麦苗是一个勇敢且有冲劲的女孩。她积极响应国家政策，毅然选择离开家乡，前往福建莆田打工。在一个完全陌生的环境中，她没有丝毫的畏惧，努力适应新的生活和工作。她的天资聪颖使得她很快掌握了生产技术，并且收获了自信，成了小姐妹们的主心骨。

麦苗在工作中展现出了细心和努力的特质。厂里不让海吉女工进车间，她便向厂长求情，并立下军令状。通过刻苦努力，她最终帮助同乡姐妹们达到了考核标准。

面对工厂突发的火灾事故，她不顾个人安危挺身而出冲进火场抢救物资，这种英勇无畏的精神令人赞叹。从一个有点叛逆的少女，成长为一名先进工作者，麦苗经历了重重磨难，在这个过程中，她重新审视了亲情、爱情，收获了事业，也见证了闽宁镇的发展与变化。

白麦苗也是一个重情重义的人。她和马得宝自幼青梅竹马，虽然因为种种原因经历了分别和波折，但她心中始终惦记着得宝。得宝给她的信件是她的精神支柱，即使在火灾中信件被烧毁，她也没有放弃对爱情的坚守。

同时，麦苗身上还有着一种坚韧不拔的品质。她虽然从小失去了母亲，与父亲存在隔阂，但在成长过程中，逐渐理解了父亲。在福建打工的日子里，她努力工作，想要改变自己和家庭的命运。

例如，麦苗刚到福建电子厂时，就展现出了积极进取的一面。在联谊会上，她认识了司机王国辉，对方为了满足她看大海的愿望，主动开车带她和室友去海边，虽然途中出了故障导致大家被罚钱，但麦苗并没有抱怨，反而看到了王国辉的善良和憨厚。

而当她成为厂里女工中的先进典范，面对媒体采访时，市团委派来的宣传干事丁世俊给予了她很多帮助和指导，让她能够更好地应对。丁世俊的出现，也在一定程度上促使麦苗不断进步和成长。

在现实生活中，也有像“白麦苗”这样的原型人物。比如刘莉，她是永宁县闽宁镇原隆村一家酒庄的生产车间主管，也是《山海情》中“白麦苗”的原型人物之一。

她从西海固大山深处的大麦沟村移民到闽宁镇，通过自己的努力，从没有工作、靠打零工维持生计，成长为酒庄的车间主管。她的故事激励着更多的人勇敢地追求自己的梦想，努力改变生活。

白麦苗的故事告诉我们，只要有勇气、有决心、有毅力，就能在困难的环境中不断成长实现自己的价值，她是我们值得学习的榜样。

（二）百花齐放

____

____

四、观后感

（一）例文引领

《山海情》观后感

《山海情》这部剧以其真实质朴的风格、生动感人的故事和深刻的主题，给我带来了强烈的触动和深深的思考。

这部剧让我看到了在艰苦环境下，人们为了追求美好生活所展现出的顽强拼搏精神。剧中的西海固地区，自然条件恶劣，贫困如影随形，但村民们并没有放弃希望。从最初的移民搬迁，到后来学习种植双孢菇、发展其他产业，他们一步步克服了无数困难。就像李水花，用手推车拉着丈夫和女儿，顶着风沙，历经七天七夜行程400余公里来到安置点，她的坚持和勇气令人钦佩。这种对美好生活的向往和不屈不挠的奋斗精神，让我明白只要心怀希望，就没有克服不了的困难。

剧中的人物形象鲜明且丰满，给我留下了深刻的印象。马得福作为基层干部，一心一意为村民谋福利，他面对各种难题从不退缩，积极寻求解决办法，为了让村民过上好日子付出了巨大努力。凌一农教授则展现了知识分子的担当和奉献精神，他不仅传授种菇技术，还自掏腰包垫付农民卖菇的钱。白崇礼校长坚守教育岗位，为了不让一个孩子辍学，不惜付出一切。还有马喊水，他既有着农民的憨厚，又有着精明能干的一面，在大是大非面前有明确的主见。这些人物的故事让我感受到了人性的光辉和温暖。

同时，《山海情》也让我深刻体会到了闽宁对口帮扶的重要意义和巨大成果。福建专家带来的技术、理念和市场，为西海固的发展注入了新的活力。这种东西部协作的模式，充分体现了中国特色社会主义制度的优越性，以及全国一盘棋、集中力量办大事的优势。

此外，剧中所展现的浓浓乡情和亲情也令人感动。村民们在面对困难时相互扶持、共同努力，他们对故土的眷恋和对新生活的期待交织在一起。马喊水一家的故事，更是体现了亲情的力量和家庭的温暖。

观看完《山海情》，我对脱贫攻坚事业有了更深刻的认识。它不仅仅是经济上的扶持，更是一场改变命运、创造未来的伟大征程。这部剧让我看到了无数人为此付出的心血和努力，也看到了贫困地区人民生活的巨大变化。它提醒着我们要珍惜来之不易的幸福生活，同时也激励着我们在自己的生活和工作中，保持奋斗的精神，为实现更美好的未来贡献自己的力量。

在剧中，我还看到了一些体现航天精神的实例。比如马得福为了让村民们过上好日子，不断努力、四处奔走，就如同航天人在追求航天事业的道路上，不畏艰难、勇于探索。他们都有着坚定的信念和使命感，为了实现目标而不懈奋斗。凌一农教授为了兑现自己的诺言，不遗余力地帮助村民种菇、找销路，这种执着和专注也类似于航天精神中的精益求精、追求卓越。还有那些移民们，他们离开熟悉的家园，勇敢地去开拓新的生活，就像航天人敢于迈向未知的宇宙一样，充满了勇气和决心。

《山海情》是一部有深度、有温度、有力量的作品，它让我对生活、对奋斗、对国家的发展有了更多的感悟和敬意。

（二）百花齐放

五、研讨发言

（一）例文引领

电视剧《山海情》研讨会发言稿

尊敬的各位领导、专家和同仁们：

大家好！

我是来自××大学的×××，非常荣幸能够在此次《山海情》研讨会上发言。

《山海情》作为一部深受观众喜爱的电视剧，以其独特的题材、精湛的制作和深刻的社会意义赢得了广泛的好评。今天我将从故事背景与主题、人物塑造、情节设计、艺术表现以及社会意义等方面，对《山海情》进行研讨。

《山海情》讲述了20世纪90年代以来，在国家东西部扶贫协作政策指导下，宁夏西海固地区人民是如何在福建省的对口帮扶下，通过辛勤劳动和不懈探索，将“黄沙漫天”的“干沙滩”建设成“绿树成荫”的“金沙滩”的故事。这部剧突出展现了扶贫攻坚的伟大历程，以及社会主义制度的优越性。它不仅是一部电视剧，更是一部具有深刻社会意义的作品。它以小见大，通过个人和家庭的变化，反映了整个时代的进步和社会的发展。

剧中的人物塑造生动而真实，尤其是对农村人物的刻画，展现了他们的淳朴、善良以及对美好生活的向往。主要人物如马得福、李水花等，他们的命运变化与成长，深刻反映了贫困地区人民的生活状态和精神面貌。情节设计紧凑，不拖沓，每个角色都有其独特的命运和故事。剧中不仅展现了贫困的艰辛，也展示了人与人之间的互助与爱，以及人民群众在党的领导下，通过自身努力实现脱贫致富的过程。

从艺术角度来看，《山海情》无疑是一部成功的电视剧。它通过真实生动的情节，合情合理的艺术加工，展现了深厚的主题思想。剧中的音乐、摄影、美术等方面都体现了较高的艺术水平，为观众呈现了一部高质量的艺术作品。

《山海情》的影响广泛，它不仅在中国国内受到关注，也在海外赢得了一定的声誉。这部剧的成功，为我们提供了如何将主旋律剧与观众喜闻乐见的形式相结合的参考。同时，它也启示我们，优秀的电视剧作品应该具有深刻的主题思想、真实的人物塑造和精湛的艺术表现。

总的来说，《山海情》是一部值得深入研究和广泛推广的优秀电视剧作品。它在艺术上和社会意义上都取得了显著的成就，为我们提供了丰富的研讨素材。通过对《山海情》的研讨，我们可以更好地理解扶贫攻坚的艰辛历程，感受人民群众的奋斗精神，以及社会主义制度的优越性。

谢谢大家！

（二）百花齐放

六、文旅链接

闽宁镇：位于宁夏回族自治区银川市永宁县，是《山海情》剧中海吉县金滩村和闽宁村的原型，也是全国特色小镇。这里有闽宁镇镇史馆，可以了解小镇的移民搬迁历史。周边还有多个葡萄酒庄，如长和翡翠酒庄、立兰酒庄等，游客可以品尝美酒。此外，棚湖湾树莓生态景区也值得一游。

北长滩村：地处宁夏回族自治区中卫市沙坡头区，是黄河进入宁夏北岸的第一个小村庄，《山海情》剧中涌泉村就取景于此。它是全国历史文化名村、全国乡村旅游重点村，有着古朴民风、历史遗迹和春日梨园，还保留着明清时代的土木结构建筑，能让人感受到浓郁的西北乡村风情。

石炭井：位于宁夏回族自治区石嘴山市大武口区，是《山海情》中供电所的取景地，也是一座典型的西北工业小镇。这里的老棚户区、老矿山、老小卖部等，极具年代感，能让人瞬间回到过去，还可以体验乘坐绿皮小火车的浪漫。

火石寨：位于宁夏回族自治区固原市西吉县，是《山海情》大结局中满目苍翠青山镜头的拍摄地。这里有典型的丹霞地貌，山峰耸立，姿态各异，春夏时节漫山遍野绿意盎然，鲜花点缀，生机勃勃。

莆田石城村：位于福建省莆田市秀屿区埭头半岛突出部，是一个半岛渔村。村内有南北码头、石城山、火山岩等景点，还有新晋网红打卡地石城环海公园，以及被榕树装点成绿荫通道的榕树路，风光旖旎。

作业

1. 完成本节“沟通竞秀”练习，将其中自己最满意的文字版和音频版创作内容上传到学习平台。

2. 观赏《山海情》全剧，完成“励志榜样”“观后感”“研讨发言”部分的练习，将其中自己最满意的文字版和音频版创作内容上传到学习平台。

第二节　把每一滴热血都流进祖国的大海

可在学习强国App中搜索“五个一工程”或剧名观看

一、好剧推荐

《火蓝刀锋》是一部令人热血沸腾、激情澎湃的军旅题材电视剧。

该剧根据冯骥的同名小说改编，于2012年9月29日在中央电视台电视剧频道播出，并获得了第29届中国电视剧飞天奖长篇电视剧二等奖和中央宣传部第十三届精神文明建设“五个一工程”优秀作品奖。

剧中，波澜壮阔的海洋场景，紧张刺激的训练任务，扣人心弦的战斗情节，无不紧紧抓住观众的心。就像蒋小鱼说的：“把每一滴热血都流进祖国的大海！”主人公们用行动诠释着这句誓言。

他们从初入军营的懵懂稚嫩，到历经磨砺后的坚毅成熟，其成长历程充满了挑战与突破。正如龙百川所言：“想要得到自己从未得到的东西，就要去做自己从未做过的事情。”他们勇敢地面对重重困难，展现了军人的担当与奉献。每一次的冲锋陷阵，每一次的生死抉择都彰显着他们对祖国和人民的无限忠诚。

这部剧不仅有精彩绝伦的军事行动，还有深厚的战友情感。同甘共苦、并肩作战的情谊，在剧中展现得淋漓尽致。

《火蓝刀锋》更是一部充满正能量的作品，它激励着我们在面对困难时勇往直前，坚持不懈。无论是对军事题材感兴趣的观众，还是渴望汲取正能量的朋友，这部剧都不容错过。

二、经典表达与沟通

（一）不是每个人都能担得起这份责任

1. 沟通背景

在《火蓝刀锋》第11集中，鲁炎因为集体找海训场被大风刮走的旗子不能正常训练甚是恼火，一脚踢飞了地面上的易拉罐垃圾，直言蒋小鱼和垃圾没有什么区别，从兽营到海训场，蒋小鱼就是个成事不足败事有余的家伙，和海训场的垃圾没有区别。蒋小鱼反唇相讥：“鲁炎，你不带刺就不会说话是吧？你好，你是冠军，你威风，可现在呢，你不也是待在这破地方吗？你别以为我不知道，你枕头底下那本日记上面贴满了你从小得冠军上报纸的各种剪报，你每天不看一遍，你都睡不着觉，你都吃不下饭，我再垃圾也比你天天枕着那破玩意儿做梦强，有什么用啊？起码我知道每天三个饱两个倒，我活得踏实，不用像你似的，靠做梦活着，靠回忆活着！”鲁炎一怒之下动了手，与蒋小鱼打了起来。邓久光与柳小山赶了过来。柳小山训斥自己徒弟蒋小鱼：“你一天到晚吃啥啥不剩，干啥啥不行，怎么打架惹事全是你！一到训练你就跑，训练怕流汗，训练怕吃苦，训练永远掉队。”……

“蒋小鱼，你说得没错，我们是在做过去的梦，过去做，现在做，以后还要做，我在为我的梦想努力着，你有吗？你有吗？永远的最后一名，最后一名！”

当天晚上回宿舍临睡前，柳小山叫住了蒋小鱼，让他坐在了自己身旁，围绕白天的事进行交流。

2. 沟通竞秀

____

____

3. 沟通经典

还因为白天的事生气啊？

（没有！）

生气都不敢承认？

（是，我生气了！你当着那么多人的面说那么重的话，我自尊心有点受不了！）

小鱼，从你来这儿，我从来没有像今天这么跟你吼过，有些话是重，但是真话永远都难听，而且我今天第一次见到你难过，我心里也不痛快，但你不努力是事实。我在部队这么多年，经历过大大小小的比赛、训练、任务无数，可是我从来都不觉得苦，为什么？你就想想你妈妈为你受的那些累，吃的那些苦，你还觉得苦吗？我见过太多的妈妈，送儿子参军时的眼神，就是那种特别炽热的期盼，盼什么，儿子的成长！

小鱼，也许真的就像你忽悠时所说的，你的肩膀就是比别人宽一点，所以你的责任就比别人重。不是每个人都能担得起这份责任，这是你的骄傲！当然，你也可以放弃，然后偷偷地后悔一辈子，但是我希望你面对你妈妈时，可以很自信地告诉她，你是一名合格的海军陆战队队员。我也这么跟我妈妈说过。她笑得特别美！

4. 沟通实效

在《火蓝刀锋》第 11 集中，柳小山晚睡前与蒋小鱼的谈话产生了深远的效果。

柳小山作为蒋小鱼的导师和上级，他的话语产生了以下方面的积极影响：

（1）情绪调节。柳小山帮助蒋小鱼平复了打架后的情绪，引导他冷静思考问题，从而避免了情绪失控对蒋小鱼自身和团队可能造成的负面影响。

（2）反思促进。柳小山通过对话促使蒋小鱼反思自己的行为，理解到自己行为的不当之处以及如何更好地处理个人冲突和团队关系。

（3）价值观塑造。柳小山强调了军人的核心价值观和责任感，使蒋小鱼开始思考作为一名军人应有的行为准则和人生目标。

（4）心态转变。柳小山的谈话有助于蒋小鱼从一名普通的新兵心态，转变为一名有责任心，有担当的军人心态。

（5）成长激励。柳小山提到了蒋小鱼的母亲，让蒋小鱼联想到家庭的期待，从而激发了他更加努力训练和成长的动力。

（6）信任建立。此次谈话也是柳小山与蒋小鱼之间建立信任的重要时刻，柳小山作为一个经验丰富的长辈和领导，他的理解和指导使蒋小鱼感到被尊重和关心。

（7）领导力培养。通过这种一对一的指导，柳小山实际上是在向蒋小鱼传授领导力经验，帮助他在将来能更好地担任领导角色。

（8）团队凝聚力增强。柳小山的及时干预不仅化解了蒋小鱼和鲁炎之间的冲突，也有助于维护和增强整个团队的凝聚力。

（9）长远影响。这次谈话对蒋小鱼的长远发展有着持续的影响，在他之后的军旅生涯中，这些教诲会成为他做决策的重要参考。

（10）观众共鸣。对观众而言，这样的情节不仅增强了剧集的教育意义，也提升了观看的体验，使观众对角色的成长和改变产生共鸣。

综上所述，柳小山的引导对蒋小鱼产生了积极的影响，不仅帮助他在军队中快速成长，也为他日后成为一名优秀的军人奠定了坚实的基础。

5. 沟通策略

在《火蓝刀锋》第 11 集中，柳小山晚睡前与蒋小鱼的谈话采取了一种充满智慧和人情味的策略来引导蒋小鱼。这一策略可以概括为以下几个关键点：

（1）建立沟通。柳小山选择一个晚睡前的安静时刻与蒋小鱼进行交谈，创造了一个相对私密和放松的环境，有助于开展真诚的对话。

（2）情感共鸣。柳小山谈及蒋小鱼的母亲，触及蒋小鱼的情感和家庭观念，以此激发蒋小鱼的共鸣和内省。

（3）冷静分析。他帮助蒋小鱼从冲动和愤怒中冷静下来，促使其以更理性的态度回顾发生的事。

（4）灌输理念。通过强调军人的责任和担当，以及家庭对个人的期望，柳小山向蒋小鱼传达了成长和责任感的重要性。

（5）指出方向。柳小山明确告诉蒋小鱼应该如何改正自己的行为，并指出正确的道路和方法，帮助他找到前进的方向。

（6）设身处地。柳小山通过自己的亲身经历或理解，展现对蒋小鱼情感的共情，使其感到被理解和尊重。

（7）提供支持。柳小山表达了作为上级和长辈愿意提供帮助和支持，给予蒋小鱼信心和勇气面对困难。

（8）期望效应。他向蒋小鱼明确了高期望，这种期望效应能激励蒋小鱼去实现这些期望，从而促进个人成长。

（9）启发自我反思。柳小山没有直接告诉蒋小鱼答案，而是通过提问和引导，让蒋小鱼自己思考问题，达到启发自我反思的目的。

（10）维护纪律和团队精神。他强化了团队纪律的重要性，让蒋小鱼明白个人行为对集体的影响，增强团队精神。

综上所述，柳小山的策略是多方面的，既包括了情感上的关怀，也包括了理性的指导，兼顾了个人成长和团队的整体利益。通过这样的策略，柳小山不仅化解了蒋小鱼的即时问题，还为他今后成为一名优秀的军人打下了基础。

6. 沟通启示

在《火蓝刀锋》第 11 集中，晚睡前，柳小山对蒋小鱼的引导提供了多个层面的启示：

（1）冷静处理冲突。在冲突或困难情境下，冷静和理性地处理问题通常比冲动反应更为有效。

（2）情感的力量。情感可以是强大的动力源泉，了解和利用自己的情感可以更好地激励自己和他人。

（3）家庭的重要性。家庭的支持和期望对个人成长至关重要，认识到这一点可以提供额外的动力和责任感。

（4）责任与担当。作为团队的一员，每个人都需要承担起相应的责任，并主动面对和解决问题。

（5）导师的角色。良好的引导和教育对于个人发展有着不可替代的作用，导师的建议和经验往往能够帮助他人避免走弯路。

（6）自我反思。定期进行自我反思有助于认清自己的弱点和错误，是实现个人成长和进步的关键步骤。

（7）成长的过程。成长是一个渐进的过程，每个挑战和困难都是成长的机会，重要的是如何从中学习和提升。

（8）团队凝聚力。个体行为会影响团队的整体表现，维护团队的和谐与合作是实现共同目标的基础。

（9）纪律与自由。纪律是自由的保障，理解并接受纪律的重要性有助于个人在集体中更好地行使自由。

（10）价值观的塑造。正面的价值观和信念可以帮助人们在面对挑战时保持坚定，塑造积极的人生态度。

（11）信任与沟通。建立信任关系并通过开放、诚实的沟通解决问题，是构建任何稳固关系的基石。

（12）持续学习。生命不息，学习不止。无论处于人生的哪个阶段，都要保持学习的态度，不断吸收新知识。

（13）应对失败。失败是成功之母。面对失败和挫折，正确的态度是将它们视为成长的契机，而不是放弃的理由。

（14）激发潜能。每个人都有未被发现的潜能，通过正确的引导和内在的动力，可以激发出更强大的自我。

综上所述，柳小山对蒋小鱼的引导不仅是剧中的一个温馨时刻，也是充满了教育和启发意义的片段。它展示了人与人之间如何通过沟通、理解和引导来解决问题，促进个人和团队的成长。

（二）出彩的海训场介绍

1. 沟通背景

在《火蓝刀锋》第 11 集中，新上任的陈政委带着沈参谋来海训场视察，蒋小鱼担负介绍海训场的任务。

2. 沟通竞秀

____

____

3. 沟通经典

我叫蒋小鱼，大家就叫我小鱼好了。今天由我为各位领导服务。首长请看，现在呈现在大家眼前的这片训练场，就是我们海训场的主训练场，虽然它在规模上没有浅水湾的那个新场子大，但是，麻雀虽小五脏俱全啊，在这里，你想练什么都能练得开，甭管你是刀枪剑戟，还是斧钺钩叉；甭管你是说学逗唱，还是煎炒烹炸……

首长，您请看，这个是我们海训场的宿舍楼。宿舍楼建于九十年代，二十年过去了，稍显老旧，但是古人说得好啊，“山不在高，有仙则名；水不在深，有龙则灵”。我请领导看的不是这个宿舍，而是住在这宿舍里的人……

首长请看，这二位，表面上看是海训场的高级教练，实际上是隐居在山中的绝世高手，当年名震江湖的“鳄鱼”“影子”，国际侦察兵大赛的榜眼。一位是枪法如神，堪称小李广花荣转世；一个武功盖世，有楚霸王不敌之勇。如今这二位宝刀封鞘，归隐山中，江湖上只留下了关于二位无尽的传说……

介绍完两位老前辈，我再给您介绍介绍我们的青年近卫军。

这位，鲁炎，天生的游泳奇才，从小拿奖拿到手软，挂金牌挂到颈椎增生，他要是早生十年，菲尔普斯根本不敢来北京参加奥运会，就是这样一位奇才，甘心在海训场，在平凡中磨炼自己的意志……

还有这位，张冲，我们的准兵王，十八般武艺那是样样精通，瞧这一身腱子肉，那是一身的功夫呀，走高楼越大厦如履平地，横跳江河竖跳海，万丈高楼他脚下踩啊……

还有这位，女兵乌云，巾帼不让须眉的女枪王啊，人家开枪根本就不用子弹……人这是射击的最高境界，子弹还没有出膛，精神上就已经杀死了对手。

4. 沟通实效

蒋小鱼给政委介绍海训场的效果主要有以下几点：

（1）引起了政委的兴趣。蒋小鱼幽默夸张、绘声绘色的介绍方式成功吸引了政委的注意力，让政委对海训场的情况产生了好奇和关注。

（2）突出了海训场成员的特点和实力。通过他的描述，政委对海训场众人的独特之处和优秀才能有了较为深刻的印象，如柳小山和邓久光被形容为隐居的绝世高手，鲁炎是游泳奇才，张冲是准兵王，乌云是巾帼不让须眉的女枪王等。

（3）展现了蒋小鱼能说会道的性格特点。他的言辞不仅介绍了海训场的人员，也在一定程度上展示了自己的口才和机智。

（4）为海训场的未来发展埋下伏笔。政委可能会因为这次介绍而更加留意海训场的训练情况和人员表现，这或许会对海训场的命运产生积极的影响。

（5）拉近了与政委的距离。蒋小鱼的介绍带有一定的趣味性，可能在某种程度上拉近了他与政委之间的心理距离，为后续的交流和沟通创造了相对轻松的氛围。

然而，政委毕竟是经验丰富的军人，他不会仅仅依据蒋小鱼的言辞就对海训场做出全面判断，而是会通过自己的观察和了解来进一步认识海训场的真实状况。但蒋小鱼的介绍无疑给政委留下了初步的深刻印象。

5. 沟通策略

在《火蓝刀锋》第 11 集中，蒋小鱼给政委介绍海训场的策略可以概括为：生动夸张、突出特点、富有情感。

蒋小鱼充分发挥了他能说会道的特点，用生动且略带夸张的语言来描述海训场的成员，例如“我们的准兵王！十八般武艺样样精通，瞧这一身腱子肉，那是一身的功夫呀！走高楼越大厦如履平地，横跳江河竖跳海，万丈高楼他脚下踩”“人家开枪根本就不用子弹，射击的最高境界就是，子弹还没出膛，精神上就已经杀死了对手”，这样的描述让政委对海训场众人留下了深刻的印象。

同时，他突出了每个人的独特特点和能力，如张冲的勇猛和战斗实力、乌云的射击技能等。这种介绍方式能够快速吸引政委的注意力，并让政委对海训场的成员有一个较为鲜明的认知。

此外，蒋小鱼的介绍富有情感，不仅仅是简单地陈述事实，还融入了自己对海训场战友的感情和看法，使介绍更具感染力，拉近了与政委的距离。

然而，蒋小鱼的介绍也带有一定的掩饰和夸张成分，比如他一晚没睡在山上用油漆画了一面军旗，当沈歌执意要看升旗时，他不得不驾船出海寻找被风刮走的真正军旗。不过，这也从侧面反映出蒋小鱼的机智和随机应变能力。

总之，蒋小鱼通过这种独特的介绍策略，成功地引起了政委对海训场的兴趣和关注。

6. 沟通启示

在《火蓝刀锋》第 11 集中，蒋小鱼给政委介绍海训场时，强调了海训场的重要性和独特价值。他的介绍表达了以下几点启示：

（1）海训场虽然看似简陋，但培养出了优秀的战士。这里的训练环境艰苦，却能磨炼人的意志和技能。

（2）海训场的老兵具有丰富的经验和卓越的能力，他们是新兵们的宝贵财富和学习榜样。

（3）强调了团队合作和战友之间的情谊。在海训场的经历让大家明白，只有团结协作，才能共同进步，完成艰巨的任务。

（4）说明不能仅从表面现象来判断一个地方或人的价值，海训场虽然条件不佳，却有着不可忽视的作用。

蒋小鱼的介绍旨在让政委了解海训场的真正意义，以及它对于培养优秀海军战士的重要性。

（三）海训场失而复得

1. 沟通背景

《火蓝刀锋》第 14 集：

“都半个月前的事了，龙头村村委会那个主任，给我打电话说：咱们土地到期的事，她是提过什么，鼎信集团要租地开发，当时我以为，他们也就是想多要一点租金，故意找借口，所以这事我就压根没放在心上，没想到还真有这样的事！”

“师傅，合同上关于租期到期以后，是怎样约定的？”

“原来说的是合同到期自动续约，没想到他们现在又变卦了。”

“咱们这个地方啊，面朝大海，背靠青山，这么肥的一块肉，不定多少张嘴盯着呢，我想肯定是那个什么什么，鼎信集团出的价更高，半路给咱们截了和了。”

“这不是要把海训场连锅端吗？”

“不行，我要找村委会的人说道说道……”

2. 沟通竞秀

____

____

3. 沟通经典

（1）大家下午好！我是海训场战士鲁炎，我和师傅来到这里，是希望大家能够把地继续租给我们海训场。

《孙子兵法》说的好，“兵者，国之大事，生死之地，存亡之道，不可不察也。”这句话要告诉大家，军队对一个国家，对一个民族的重要性，大家可以试想一下，如果没有钢铁般的军队，忠诚的军人，哪来的国泰民安？哪来的和平生活呢？海训场是我们海军陆战队重要的轮训之地，每年有百分之四十的训练任务，要在那里完成。

（鲁炎，你先停一下。你看，刘主任，咱们今天是座谈会，座谈会就是大家坐下来随便谈，有什么想法都可以直接说出来。）

（好，那我也说说，小伙子，你在那巴啦巴啦说了半天，我们听懂的没几句，你们海训场继续租地也没问题，开发商给多少钱，你们一分钱也不能少！）

主任，做人做事，不能只顾自己眼前的利益，你这么做的话，总有一天会为自己的短视而感到后悔！

（2）各位叔叔阿姨，我是海训场的蒋小鱼，今天来，本来是为了租地的事，来跟大家商量商量，可到了这儿之后我改变主意了。

（咋了？）

这地确实不能再租给海训场了，我为啥这么说呢？因为我也是在海边长大，知道鱼现在不好打，钱不好挣，不能因为部队的事，就断了村里人的财路，您说对吗？

（这个小伙子说话在理，比昨天那个明白事多了！）

对啊，阿姨，其实我有个私心，我想求您一件事。

（啥事？）

我想在海边要一小块地，能埋个棺材，建个碑就行。

（你想葬谁啊？）

我要葬我的师傅。我的师傅柳小山，十八岁就参军了，在侦察连干了五年，在海训场守了七年。一个月前，一伙海盗抢了我们的渔船，杀了我们的渔民，我师傅带着我去跟他们拼命，最后撵走了海盗，抢回了渔船，可是，我师傅柳小山在战斗中牺牲了，他临死前对我说："小鱼，等我死了，就把我葬在这片海边，我得守着这儿！"我问我师傅："你守啥呀？"我师傅说："我守着这片海，就算我死了，也不能让海盗欺负咱们渔民乡亲！"

（你说的那艘船是不是叫远洋号？）

是。

（刘姐，那不是你们家老三和大东他们出事的那条船吗？）

（小伙子，啥话也别说了，回去告诉老邓，就冲着你师傅救了我们村的男人们，这地你们接着租！）

阿姨，这使不得吧？

（我说使得就使得，不就是少挣点钱吗？现在日子好过了，谁家还缺这一点半点的，你们说是不是啊？）

（对啊，租给他们吧。）

我替我师傅在这里谢谢你们！

4. 沟通实效

在《火蓝刀锋》第 14 集中，鲁炎在龙头村的演讲效果并不理想。

原本的合同到期，村委会要收回租约到期的海训场给房产公司开发别墅。邓久光和鲁炎去龙头村村委会谈判，鲁炎试图说服村民们让海军继续租地，但他的话让村民们难以理解，最终谈判以失败告终。

鲁炎在龙头村演讲失败的原因主要在于他的演讲方式和内容未能与村民们产生共鸣，且村民们对海军续租海训场这件事的关注度和理解度也不高。

剧中，鲁炎的演讲较为刻板和正式，没有充分考虑到村民们的实际情况和需求，村民们难以理解他所讲的内容，因此无法被打动。

相比之下，蒋小鱼在龙头村的演讲中运用了多种出色的沟通技巧：

（1）讲故事引发共鸣。他以柳小山的英勇事迹为核心讲述了一个感人至深的故事。通过生动的描述和情感的投入，让听众能够感同身受，引发了强烈的情感共鸣，使村民们更能理解和认同海军战士的付出与坚守。

（2）观察和了解听众。他事先对龙头村的情况、村民的需求以及开发商的态度进行了观察和了解，从而能够在演讲中有的放矢，针对关键问题和矛盾点进行阐述和解决。

（3）以退为进。没有一开始就强硬地要求续租，而是先表达对村民追求发展和利益的理解，降低了听众的抵触心理，为后续的沟通打下良好基础。

（4）语言生动形象。蒋小鱼的语言充满活力和感染力，不枯燥乏味，能够吸引听众的注意力，使他们更愿意倾听和接受他所传达的信息。

这些沟通技巧的综合运用，使得蒋小鱼的演讲成功地达到了目的，化解了海训场面临的危机。

5. 沟通策略

在《火蓝刀锋》第 14 集中，蒋小鱼在龙头村演讲时主要运用了以下方法策略：

（1）以情动人。蒋小鱼讲述了师傅柳小山的故事。柳小山为国捐躯的事迹感动了村民，他通过这种方式唤起了村民们的情感共鸣，让他们感受到了海军战士的奉献精神和牺牲精神。

（2）利用反向思维。他没有直接强调海训场的重要性，而是通过讲述柳小山的故事，让村民们自己去思考和判断，在巨大的经济利益和为国捐躯的老兵请求之间做出选择。

蒋小鱼的演讲策略成功地打动了村民，使他们同意让海军们继续租地。他的口才和智慧在解决问题的过程中发挥了重要作用，既展现了他的随机应变能力，也体现了他对海训场的深厚感情以及为了保留海训场所做出的努力。

6. 沟通启示

如何运用沟通技巧化解矛盾冲突？蒋小鱼的成功给了我们一些启示：

（1）积极倾听。给予对方充分的表达机会，不打断、不急于反驳，认真理解对方的观点和感受。通过眼神交流、点头等方式表示关注，让对方感受到被尊重。

（2）保持冷静。在冲突中控制自己的情绪，避免被情绪左右而说出过激或冲动的话。以平和的心态面对，有助于更理性地处理问题。

（3）换位思考。尝试站在对方的角度看问题，理解他们的立场和需求。这样能够增进彼此的理解，减少误解和偏见。

（4）清晰表达。用简洁、明确的语言表达自己的观点和想法，避免模糊不清或模棱两可，以免引起更多的误会。

（5）避免指责。不要一味地指责对方的错误而是聚焦于解决问题本身。使用“我”语言，如“我觉得”“我认为”，而不是“你总是”“你从不”等指责性的表述。

（6）提出建设性方案。在沟通中，不仅仅是讨论问题，更要积极提出可行的解决方案，共同探讨如何改善现状。

（7）给予肯定和认可。即使存在分歧，也可以寻找对方观点中的合理部分并给予肯定，有助于缓解紧张气氛，建立良好的沟通氛围。

（8）控制语速和语调。保持适中的语速和温和的语调，避免语速过快或语调过高而给对方带来压迫感。

（9）建立信任。在日常交往中积累信任，让对方相信你的出发点是为了共同解决问题，而不是制造更多的麻烦。

（10）适当妥协。在不违背原则的前提下，适当做出让步，展现出解决问题的诚意，以促进双方达成共识。

总之，化解矛盾冲突需要耐心、理解和诚意，通过良好的沟通技巧，往往能够化干戈为玉帛，实现和谐的关系和问题的妥善解决。

（四）真正的勇士属于千千万万无名的中国军人

1. 沟通背景

在《火蓝刀锋》第26集中，马尔斯世界侦察兵大赛比赛过程中，蒋小鱼不仅打败了恶劣的环境，还打败了严酷的规则，打败了数不清的敌人，按照大赛考核新标准，不仅是个人得分，还有在大赛中的具体表现，以及为身边人所做的贡献，蒋小鱼获得了个人最高奖，马尔斯勇士奖。主持人请蒋小鱼发表获奖感言。

2. 沟通竞秀

____

____

3. 沟通经典

此刻，我想说，我的身边有几位老兵——我的大队长龙百川，是他把我的人生和中国人民海军联系到了一起；我的师傅柳小山，到死的那一刻，他都在想着为国出征，他救了我的命，把每一滴血都流进了祖国的大海，是他让我成了一名真正的战士；我的排长向羽，他放弃自己成就梦想的机会，让我们这些新兵来到了马尔斯。虽然今天我拿到了马尔斯勇士奖，但真正的勇士属于那些老兵，属于那些站在我身后千千万万无名的中国军人！

4. 沟通实效

在《火蓝刀锋》第26集中，蒋小鱼发表获奖感言时，他的言辞真挚动人，令人深受感动。蒋小鱼在感言中首先感谢了龙百川、柳小山、向羽这些无私无畏的老兵们，他表示是这些老兵教会了自己成长。他的发言表达了对战友们的深厚情谊，也体现了他对中国军人精神的深刻理解和尊重。整个发言过程中，蒋小鱼的语气坚定，情感真挚，让人们感受到了他内心的激动和感慨。

蒋小鱼的获奖感言不仅让现场的观众为之动容，也让观众们更加深入地了解了中国军人的精神和品质。他的感言传递了一种积极向上的价值观，鼓励人们在面对困难和挑战时，要勇敢坚持，不断努力，为了自己的梦想和目标而奋斗。

5. 沟通策略

在《火蓝刀锋》第26集中，蒋小鱼发表获奖感言时，主要运用了以下策略：

（1）真诚与感恩。他言辞恳切地表达了对龙百川、柳小山以及向羽等老兵的感激之情，强调是他们教会了自己成长，这种真诚的感恩态度能够引起听众的共鸣，让大家感受到他对战友和前辈的尊重。

（2）强调集体。蒋小鱼深知自己的成功离不开团队的支持，他没有将荣誉完全归功于自己，而是表示奖杯属于和他一起并肩作战的战友，荣誉属于身后千千万万的中国军人，突出了团队的重要性，展现了他的大局观和集体荣誉感。

（3）情感真挚。蒋小鱼在发言过程中，语气坚定且情感真挚，他内心的激动和感慨通过言语自然地流露出来，使听众能够深切地体会到他对军队、对战友的深厚情感，增强了感言的感染力。

蒋小鱼的获奖感言既展示了他个人的风采和成长，也传递了中国军人的精神和价值观，让人为之动容。这些策略使得他的感言能够深入人心，赢得大家的尊重和认可。

6. 沟通启示

在《火蓝刀锋》第 26 集中，蒋小鱼的获奖感言带来了以下启示：

（1）重视团队力量。他强调奖杯属于一起并肩作战的战友，荣誉属于千千万万的中国军人，这表明个人的成功离不开团队的支持与协作。在生活和工作中，要学会与他人合作，发挥团队的优势，共同追求目标。

（2）懂得感恩。蒋小鱼感谢了龙百川、柳小山以及向羽等老兵，体现出他对前辈和战友的感恩之情。这启示我们要心怀感恩，珍惜他人的帮助和付出，并适时表达自己的感激。

（3）传承与责任。蒋小鱼接过了老兵们的精神传承，意识到自己肩负的责任。这提醒我们应当从前辈身上汲取力量和智慧，承担起自己的责任，为了集体和更远大的目标而努力奋斗。

（4）保持谦逊。尽管获得了荣誉，蒋小鱼没有骄傲自满，而是将荣誉与他人分享。这告诉我们无论取得多大的成就，都要保持谦逊的态度，不断学习和进步。

（5）强调集体荣誉感。他的感言中突出了集体荣誉感，让人们感受到他对军队的热爱和对集体的认同。在团队中，每个人都应为集体的荣誉而努力，将个人的利益与集体利益相结合。

（6）忠诚与奉献。蒋小鱼愿意为了团队和任务舍身奉献，这种精神值得学习。在面对困难和挑战时，要有奉献精神，不计较个人得失，为了实现更大的价值而付出。

总之，蒋小鱼的获奖感言体现了他的优秀品质和价值观，这些启示可以激励人们在自己的生活和工作中，重视团队、学会感恩、勇担责任、保持谦逊，并具备奉献精神。

三、励志榜样

（一）例文引领

《火蓝刀锋》中的榜样——蒋小鱼

蒋小鱼是电视剧《火蓝刀锋》中的男主角，他是一个令人印象深刻且极具魅力的角色。

蒋小鱼原本是一个二手房推销员，出身草根，家庭并不富裕，母亲还患有重病。但他心地善良，孝顺父母。因擅长水下憋气这一特殊技能，被特招进入海军陆战队，从此开启了他的军旅生涯。

蒋小鱼有着鲜明的性格特点。他能说会道，凭借其三寸不烂之舌，在各种场合都能如鱼得水。刚入伍时，他从周易八卦聊到金庸古龙跟大伙打成一片，积攒了人气，还从班长巴朗手中忽悠到了黄金下铺，甚至连老兵都能被他的话语所吸引。不过，他入伍后爱吹牛忽悠，逮到机会就臭贫的毛病，也曾让一些人觉得他没有个兵样。

然而，蒋小鱼并非只有嘴上功夫。他脑子灵活，鬼点子多，在许多关键时刻都能想出奇妙的办法解决问题。比如在孤岛训练中弄海鲜烧烤，识破老兵的计谋，解决海训场租约问题等。同时，他也有着坚韧不拔的意志和强烈的责任感。在经历了一系列的训练和考验，尤其是师傅柳小山牺牲后，他逐渐明白了“为祖国大海流尽最后一滴血”的信仰，心智变得成熟，意志也更加坚定。

蒋小鱼的成长历程充满了挑战与转变。从最初的有些“不情愿”当兵，带着一身社会习性进入军营，到在老兵的启迪和各种艰难任务的磨炼下，他逐渐完成了从“小人物”到“大英雄”的华丽转型。他与战友们共同经历了许多战斗和考验，在国际比赛中为国争光，成长为新一代优秀的海军蛙人侦察兵。

在面对危险和困难时，蒋小鱼总是勇往直前，毫不退缩。他曾与海盗斗智斗勇，在一次危险的水下任务中，为了救同志不惜牺牲自己。他的勇气和奉献精神令人钦佩。

蒋小鱼这个角色融合了小人物的滑稽和大英雄的魅力，既接地气又令人敬仰。他的故事向观众展现了一个普通人在军队大熔炉中历经锤炼，最终成为英雄的过程，也让人体会到了海军陆战队的钢铁意志和爱国情怀。他的形象深受观众喜爱，不仅因为他的成长令人钦佩，更是被他身上的人格魅力所吸引。他的经历告诉人们，只要有坚定的信念、勇气和努力，即使是平凡的人也能成就不平凡的事业。

编剧冯骥评价蒋小鱼说：“蒋小鱼说不好听的确是油嘴滑舌，鬼点子多，一身社会习性，但是他孝顺、脑子灵活、讲义气、肯吃苦，他最终会从一个油嘴滑舌的二手房中介成为新一代的兵王，成为海军陆战队的新传奇。”蒋小鱼的经历告诉我们，一个人的出身并不决定他的未来。只要有梦想、有勇气、有毅力，即便像蒋小鱼这样的“小人物”，也能在磨砺中成长为“大英雄”。

总之，蒋小鱼是《火蓝刀锋》中的灵魂人物，他的故事激励着我们，在生活中无论遇到多大的困难和挑战，都要保持乐观积极的心态，勇敢地去面对，去拼搏，努力追求自己的梦想，为了更美好的未来而奋斗！为了国家和荣誉不惜奉献一切！

《火蓝刀锋》中的榜样——乌云

在《火蓝刀锋》这部充满热血与激情的剧中有一位令人瞩目的角色——乌云。她宛如一朵绽放在铁血军营中的铿锵玫瑰，以其独特的魅力和坚韧的精神，成了无数观众心中的榜样。

乌云来自广袤的草原，带着蒙古族姑娘的豪爽与直率投身军旅。她一出场，就以其独特的气质吸引了众人的目光。那坚定的眼神中透露出的是对理想的执着和对使命的担当。

作为军中为数不多的女战士，乌云面临着诸多挑战和偏见。然而，她从不曾因外界的压力而退缩，反而将这些压力转化为前进的动力。她毅然决然地剪掉长发，以板寸形象示人，展现出了不输男子的刚毅。在训练场上，她挥汗如雨，每一次冲刺、每一次射击都全力以赴，用实际行动证明了自己的实力。

乌云的魅力不仅在于她的勇敢，更在于她对自身信念的坚守。她深知自己肩负的责任，为了成为一名优秀的战士，她不断地挑战自我极限。在日复一日的艰苦训练中，她受伤、跌倒，但每次都能顽强地站起来，继续前行。这种不屈不挠的精神，让她在众多男兵中脱颖而出。

乌云还是一名出色的狙击手，她能够在复杂的环境中保持冷静，精准地锁定目标。她的耐心和专注令人赞叹，为了等待最佳的射击时机，她可以长时间保持一个姿势，纹丝不动。这种高度的自律和专业素养，使她成为战场上令敌人闻风丧胆的存在。

在战友们的眼中，乌云是值得信赖的伙伴。她在团队中总是默默付出，关心着身边的每一个人。当战友遇到困难时，她会毫不犹豫地伸出援手。在执行任务时，她始终将团队的利益放在首位，与战友们默契配合，共同完成艰巨的任务。

乌云的感情世界也同样令人感动。她在军中邂逅了自己的爱情，但她并没有因此而迷失自我，而是在爱情与使命之间找到了平衡。她深知作为一名军人的职责，始终将国家和人民的利益放在首位。

在《火蓝刀锋》的世界里，乌云以她的坚韧、勇敢和忠诚，成了一道独特的风景线。她的故事激励着我们在面对困难时勇往直前，在追求梦想的道路上永不放弃。她是我们心中的榜样，用她的光芒照亮了我们前行的道路。

（二）百花齐放

四、观后感

（一）例文引领

《火蓝刀锋》观后感

《火蓝刀锋》，一部充满热血与激情的军旅题材电视剧，如同一把熊熊燃烧的火炬，点燃了我内心深处对军人的敬意与对梦想的追求。

这部剧以海军陆战队为背景，展现了一群性格迥异的战士们在艰苦的训练和实战中逐渐成长的历程。

蒋小鱼，从一个靠耍嘴皮子谋生的草根，凭借着过人的智慧和顽强的毅力，在军队的大熔炉中脱胎换骨，成了一名真正的英雄。他的成长故事让我明白，一个人的出身并不能决定他的未来，只要有坚定的信念和不懈的努力，就能在困境中崛起，实现自我价值。

鲁炎，原本是一名骄傲的游泳健将，带着对荣誉的渴望进入部队。然而，军队的生活并非他想象中的一帆风顺，挫折和困难接踵而至。但正是这些磨难，让他明白了团队的力量远远大于个人的荣耀，使他从一个以自我为中心的运动员转变为一个懂得合作、懂得牺牲的优秀战士，这种成长让我深刻体会到，在追求梦想的道路上，我们需要放下个人的骄傲，学会与他人携手共进。

张冲，一个充满野性和力量的战士，他的直率和勇敢令人赞叹。但同时，他的冲动和莽撞也给他带来了不少麻烦。在军队的锤炼中，他逐渐学会了控制自己的情绪，将力量用在正确的地方。他的经历让我懂得，勇敢不是盲目地冲动，而是在理智的指引下，勇往直前，为了正义和荣誉而战。

剧中的女战士乌云，更是让我敬佩不已。在男性主导的军队中，她毫不逊色，以坚忍的意志和出色的战斗能力证明了自己的价值。她的存在打破了性别的刻板印象，让我明白，只要有梦想和决心，无论男女，都能在任何领域绽放光芒。

除了主角们的成长，剧中所展现的战友之情也深深打动了我。他们在训练中互相鼓励、互相帮助，在战斗中彼此信任、生死与共。这种纯粹而深厚的情谊，让我感受到了集体的力量和温暖。他们不是亲人，却胜似亲人，为了共同的目标和信仰，携手并肩，共同前行。

《火蓝刀锋》还让我对爱国主义有了更深刻的认识。这些战士们为了保卫祖国的海疆，不惜付出一切代价。他们用青春和热血谱写了一曲曲壮丽的赞歌，用生命捍卫着国家的尊严和荣誉。他们的奉献精神让我明白，爱国不是一句空洞的口号，而是实实在在的行动，是在自己的岗位上默默坚守，是在关键时刻挺身而出。

观看完《火蓝刀锋》，我的心情久久不能平静。这部剧不仅让我看到了军人的风采和担当，更让我对自己的人生有了新的思考。在今后的生活中，我将以剧中的战士们为榜样，勇敢面对困难，坚定追求梦想，努力成为一个对社会、对国家有贡献的人。同时，我也希望能有更多像《火蓝刀锋》这样优秀的作品，激励着我们在人生的道路上不断前行，永不停歇。

（二）百花齐放

____

____

五、研讨发言

（一）例文引领

电视剧《火蓝刀锋》研讨会发言稿

尊敬的各位领导、专家、同仁们：

大家好！今天能够在这里参与《火蓝刀锋》的研讨，我感到非常荣幸。

《火蓝刀锋》这部剧以其独特的视角和精彩的剧情，为我们展现了海军陆战队战士们的热血与拼搏，给观众带来了深刻的印象和诸多思考。

首先，从人物塑造方面来看，剧中的角色个个鲜明生动。蒋小鱼，这个最初看似油滑、世故的角色，在部队的历练中逐渐展现出了他的智慧、勇气和担当。他的成长轨迹并非一帆风顺，而是充满了曲折和挑战，但正是这些挫折让他的转变更加真实可信，也让观众能够深刻感受到他内心的力量和信念的觉醒。

鲁炎，作为一名游泳健将，他带着自己的骄傲和梦想投身军旅。在这个过程中，他经历了自我认知的转变，从追求个人荣誉到明白团队合作的重要性，这种成长的刻画细腻而动人。

张冲，他的勇猛和直率是他的鲜明特点，但同时也暴露出他性格中的冲动和莽撞。然而，在部队的磨砺下，他学会了控制情绪，将自己的力量用在更有意义的地方，这样的人物发展让我们看到了一个战士的成熟与进步。

女战士乌云，她在以男性为主的环境中，凭借着坚韧不拔的毅力和出色的战斗能力，打破了性别界限，证明了自己的价值。她的存在不仅丰富了剧情，也为女性形象在军旅题材中的展现提供了新的范例。

其次，剧情的设置紧扣主题，充满了紧张刺激的训练和实战场景。无论是艰苦的体能训练，还是惊心动魄的战斗任务，都让观众仿佛身临其境，感受到了海军陆战队战士们所面临的巨大压力和挑战。同时，剧中也巧妙地融入了人物之间的情感纠葛和成长困惑，使整个剧情更加丰满和富有层次。

再次，这部剧所传达的精神内涵值得我们深入探讨。它展现了军人的爱国情怀、忠诚与奉献精神。战士们为了保卫祖国的海疆，不畏艰险，不惧牺牲，这种精神令人动容。同时，剧中也强调了团队合作的重要性，个体的力量是有限的，只有团结一心，才能战胜强大的敌人。

此外，《火蓝刀锋》对于当下社会也具有一定的启示意义。它激励着我们在面对生活中的困难和挑战时，要保持坚定的信念和不屈不挠的精神。同时，也让我们更加珍惜和平安定的生活环境，明白这背后是无数军人的默默付出和坚守。

总之，《火蓝刀锋》是一部具有较高艺术价值和思想内涵的作品。它不仅让我们看到了海军陆战队战士们的英勇风采，也让我们对军人的使命和担当有了更深刻的理解。希望今后能有更多这样优秀的影视作品，为我们传递正能量，激发我们的爱国热情和奋斗精神。

谢谢大家！

（二）百花齐放

六、文旅链接

广东阳西县书村：位于广东省阳江市阳西县西南部，是电话剧《火蓝刀锋》的取景地之一。这里有长达7公里的月亮湾，水质清澈，沙质白皙，有着“东方夏威夷”的美称；还有北额岭，山上多有大小石头，颇具北国风貌，可俯瞰浩瀚大海、碧绿田野和小村全景。

分界洲岛：位于海南省陵水黎族自治县，是国家4A级旅游景区，是电视剧重要的取景地。岛上有国内唯一一艘海底观光潜水艇，可近距离欣赏海洋生物，还有多种潜水项目及徒步登山环岛栈道等。此外，决断谷、恋人谷等网红景点也值得打卡，山顶欢喜堂可祈福求愿，还能凭海临风，欣赏南海的壮阔风景。

三亚：《火蓝刀锋》摄制组曾在此拍摄，南海舰队航空兵某直升机团还协助完成了航拍等任务。三亚本身就是著名的旅游胜地，拥有美丽的海滩，如亚龙湾、海棠湾等，还有丰富的海上活动及热带雨林等自然景观。

刘公岛：位于山东半岛威海湾湾口，是中国近代第一支海军北洋水师的诞生地，岛上有甲午战争博物馆、海军公所等多个景点。在这里可以了解到中国近代海军的兴衰荣辱，与电视剧中展现的当代海军形象形成对比，更能体会到中国海军的传承与发展。

作业

1. 完成本节“沟通竞秀”练习，将其中自己最满意的文字版和音频版创作内容上传到学习平台。

2. 观赏《火蓝刀锋》全剧，完成“励志榜样”“观后感”“研讨发言”部分的练习，将其中自己最满意的文字版和音频版创作内容上传到学习平台。

第三节　跳出平流层　去更高更远的地方看一看

可在学习强国 App 中搜索“五个一工程”或剧名观看

一、好剧推荐

电视剧《问天》是一部全景展现新时代航天事业的佳作，非常值得一看！

该剧于 2021 年 12 月 17 日在央视一套播出，并在央视频、腾讯视频等同步播出。2022 年 12 月，该剧荣获中央宣传部第十六届精神文明建设“五个一工程”优秀作品奖。

这部剧以 1996 年长三乙火箭发射爆炸、卫星返回失利等事件为起点，讲述了一群青年航天科学家在老一辈专家的带领下，冲破重重障碍，攻破层层科研难关，取得一个又一个成功的故事。

《问天》的一大亮点是其真实而生动地刻画了中国航天人的群像。剧中有老一辈科研专家，如李光复饰演的李地丰院士，尽显鞠躬尽瘁的责任感与献身科学的牺牲精神；侯长荣饰演的顾年院长，不拘一格选人才；王建新饰演的耿军副院长，虽不苟言笑，但为航天事业一腔热血；史可扮演的钟旭，诠释了女航天人的干练利落与百折不挠。同时，年轻一代的角色也十分鲜活，凌潇肃饰演的方啸天才华横溢，却有着年轻人的毛躁和自负不羁，让观众看到了科学家平凡真实的一面，能与之共情并一同成长。

该剧剧情引人入胜，结合了许多精彩情节。它没有回避航天史上的重大问题，如火箭发射失利、卫星失联等，客观展示了我国航天事业的艰难起步与崛起。在北斗频道资源争夺战中，研究院紧急集结、各方协作的情节犹如电影大片，紧张刺激。

此外，《问天》还成功地将生活化的角色与类型化的剧情相融合，用平凡英雄的喜怒哀乐，呈现出强国时代的大江大河。它在还原航天事业背后艰辛的同时，也形成了新颖别致的追剧体验。

“中国航天人，哪有什么突然崛起啊，这是一代代的航天人传承的伟业！”剧中这句台词深刻地道出了航天事业发展的真谛。《问天》不仅能让观众感受到中国航天人的伟大精神，了解中国航天事业的发展历程，还能从中汲取力量，激励人们在各自的领域奋发向前。它是一部有深度、有温度、有力度的作品，相信会给大家带来深深的触动与启发。

二、经典表达与沟通

（一）没有自己的导航系统就永远受制于人

1. 沟通背景

在《问天》第6集中，顾院长关于星辰导航演讲的背景主要是当时中国航天面临的形势和任务。

此前的卫星发射出现了因元器件误差导致卫星形态变化而脱离轨道的情况，这让科研人员意识到元器件的重要性，耿军打算带团队去工厂查找原因以确保供应不出问题。

而在导航卫星方面，中央有意让研究院发射导航试验卫星。然而，他们所面临的情况较为严峻：首先，申请的频段虽只有很小的一段与别人有交合，却存在被他人以干扰为由阻碍的情况；其次，如果不能在规定时间内发射导航卫星，就有可能失去已申请的轨道。此外，院里还流传着“反正国家的导航搞不过外国，不如不搞”这类消极言论。

在这样的背景下，顾院长召开会议，让大家观看海湾战争和“‘银河号’事件”相关视频并发表演讲，强调导航系统的重要性，指出这是国家的事业，不能让软肋掌握在别人手中，以此激发大家的使命感和紧迫感，鼓励众人积极投身到导航卫星的研发工作中，尽快发射卫星以争取主动。

2. 沟通竞秀

____

____

3. 沟通经典

（1）今天，我把大家叫过来看这个片子，因为我觉得，这是对我们每一个航天人的一种鞭策。

最近，我听到院里有一些议论，说有国外的导航，我们还搞什么自己的导航系统，能搞得过别人吗？大家看完片子，我想你们一定能明白，如果没有我们自己的导航系统，我们就永远受制于人，我们的软肋就永远掌握在别人的手里。

星辰，是国家工程、大国重器。我不希望今后任何人再说类似的话。

（2）同志们，今天把大家召集到这儿，是有重要的事情要和大家说。想必大家都清楚，我们现在面临的形势十分严峻。海湾战争中，美国的GPS导航系统大显神威，而之后发生的“银河号”事件，更是深深地刺痛了我们。我们没有自己的导航系统，就永远让别人握着我们的软肋！所以，我们必须要搞自己的导航系统，这就是我们的星辰系统！

大家也知道，如果不能在规定时间内发射导航卫星，我们申请的轨道就有可能被收回。而李院士申请的频段只有很小的一段与别人有交合，别人还可能以干扰为由阻碍我们。但我们能退缩吗？不能！我们航天人什么时候怕过困难！

导航系统的重要性不言而喻，它不仅关系到我们国家的国防安全，还与我们的日常生活息息相关。想想看，如果我们一直依赖国外的导航系统，那么在关键时刻，我们就会受制于人。我们能让这种情况发生吗？绝对不能！

我们要有决心、有信心搞出我们自己的导航系统！这是国家的事业，是我们航天人的使命！也许有人会说，反正国家的导航搞不过外国不如不搞。这种消极的言论是极其错误的！我们的航天事业从无到有，经历了多少困难和挫折，但我们从来没有放弃过！只要我们齐心协力，就没有攻克不了的难关。

我相信，在大家的共同努力下，我们一定能够成功发射星辰导航卫星，让我们国家拥有自己的导航系统！为了这个目标，大家一起加油！

4. 沟通实效

顾院长关于星辰导航的演讲，让大家对导航系统的重要性有了更深刻的认识，他指出导航系统是国家的事业，也是软肋所在，不希望这个软肋总是掌握在别人手中。如果自己没有导航系统，那就会永远让别人握着把柄。

这番话使得众人不禁低头思索，起到了一定的警醒作用。让那些原本认为国家搞不过外国导航系统的人，开始重新审视这一观点，也让大家更加明确了努力的方向和目标，即要加快步伐，致力于研发出属于自己国家的先进导航系统，不再受制于人。

这一演讲也反映了老一辈航天人对于发展国家航天事业的决心和使命感，激励了年轻的航天工作者们勇于面对困难，协同苦战攻关，为实现国家航天事业的突破和发展而努力奋斗。

5. 沟通策略

在《问天》第 6 集中，顾院长关于星辰导航的演讲策略主要包括以下几点：

（1）强调重要性。顾院长明确指出导航系统是国家的事业，也是国家的软肋。如果没有自己的导航系统，就会永远被别人握住把柄，让众人深刻认识到发展国家导航系统的必要性和紧迫性。

（2）结合现实情况。提到星辰轨道如果没有按照规定时间发射导航卫星，轨道就有可能被收回，而他们所申请的频段只有很小的一段与别人有交会，且存在被他人以干扰为由阻碍的情况，以此说明尽快发射导航卫星以争取主动的重要性。

（3）激发使命感。顾院长的演讲旨在激发科研人员的使命感和责任感，让大家明白这项工作的意义不仅仅是个人的事业，更是关系到国家的利益和尊严，使众人摒弃“反正国家的导航搞不过外国，不如不搞”的消极观点。

（4）引发思考.他没有直接批评这种消极言论，而是通过阐述导航系统的重要性，引发大家的自主思考，让众人自己去领悟其中的道理，从而更加坚定地投入到导航系统的研发工作中。

通过这些演讲策略，顾院长成功地让大家对导航系统的重要性有了更深刻的认识，也激励了年轻的航天工作者们为实现国家航天事业的突破和发展而努力奋斗。

6. 沟通启示

在《问天》第6集中，顾院长关于星辰导航的演讲带来了以下启示：

（1）强调自主创新和国家利益的重要性。他指出导航系统是国家的事业，不能让其软肋掌握在别人手中，这表明在关键技术领域，必须坚持自主创新，努力掌握核心技术，摆脱对外国的依赖，以维护国家的利益和安全。

（2）激发使命感与责任感。让大家认识到从事的工作不仅关乎个人，更关系到国家的发展和尊严，从而激发了科研人员的使命感和责任感，鼓励他们为实现国家的航天事业目标而努力奋斗。

（3）树立克服困难的决心。面对国外的竞争和困难，不能有消极退缩的想法，而应坚定信心积极主动地去争取和突破，要有敢于迎难而上、攻克难关的决心。

（4）重视团队协作。发展导航系统这样的大型工程需要各个部门和人员的协同合作，只有团结一心、共同努力，才能实现目标。

（5）长远眼光和战略思维。顾院长关注到星辰轨道的竞争形势，意识到尽快发射导航卫星的紧迫性，这体现了要有长远的眼光和战略思维，提前布局，把握机遇。

（6）消除消极言论和思想。及时纠正了“反正国家的导航搞不过外国，不如不搞”这类消极观点，使团队保持积极向上的工作态度和信念。

这些启示对于任何涉及国家关键领域发展的团队或个人都具有重要的指导意义，鼓励人们在面对挑战时，坚定信心，勇担责任，为实现国家的科技进步和发展贡献力量。

（二）自信与执着是把双刃剑

1. 沟通背景

在《问天》第20集中，因为飞船瞒报故障导致全院工资下调，很多人对此表示不满，杨哲也因此与方啸天发生了争执。林泽辞职并坚持认为方啸天应该对飞船问题负责，这也让方啸天感到困惑和无奈。在这种情况下，江遥理解方啸天的行为，劝说他不要一意孤行，要多关心身边的人，希望方啸天能够更加成熟和稳重，更好地应对工作和人际关系中的问题。

2. 沟通竞秀

____

____

3. 沟通经典

你是不是不敢承认，你忽略了其他人的感受呢？比如杨哲，杨哲现在为什么不理你啊？你觉得杨哲会因为降点工资就跟你作对吗？你们是这么多年的好朋友，你的想法从来没有跟他交流过吧，你也没有站在他的角度为他考虑过。还有林泽，林泽是你的组长，也是你的师哥，你除了在工作中与他交流，其他的方面，你关注他吗？他因为工作繁忙，不能照顾家里和孩子，他的母亲也刚刚骨折被送进了医院，你问候过他吗？你说过一句关心他的话吗？

我们在工作中需要交流，感情也一样，你的自信和执着其实是把双刃剑，有时候可以是能力和天赋，但有的时候会成为伤害别人的一把利刃。

4. 沟通实效

在《问天》第20集中，江遥的劝说让方啸天认识到了自己的问题。

江遥指出方啸天一意孤行，做事前从不与他人交流，也不在乎别人的感受。比如杨哲生气不是因为工资下调，而是方啸天做事前没有任何交流；而林泽有家庭要养，还有生病住院的母亲，方啸天也没有关心过。

方啸天听了江遥的话后，承认了自己的狂妄自大，意识到在工作中确实有些一根筋，很多事情没有关注到，在与江遥的感情中也不善于表达。他开始反思自己的行为，并做出了一些改变。

之后，方啸天向杨哲道歉并得到了谅解；在得知林泽要辞职时，他主动找林泽沟通，挽留林泽，还保证以后会服从林泽的领导；他也向江遥坦言，江遥是“最有资格受伤的人”。这些改变体现了江遥劝说的效果，让方啸天更加关注他人的感受，学会了从他人的角度思考问题，以及更加重视与他人的沟通和交流。

同时，这也为后面剧情的发展奠定了基础，使得方啸天在处理人际关系和工作问题上更加成熟和稳重。方啸天与杨哲、林泽等人的关系得到了一定的改善，也更有利于他在航天事业中与团队成员协作，共同面对各种挑战。

5. 沟通策略

在《问天》第20集中，江遥劝方啸天时，采取了以下策略：

（1）以理服人。江遥客观地指出方啸天在工作和人际交往中存在的问题，比如做事前不与他人交流、不在乎别人的感受等。她提到杨哲生气的原因并非工资下调，而是方啸天做事前缺乏沟通；林泽有家庭负担和母亲住院的情况，而方啸天没有予以关心。这些分析有理有据，让方啸天能够认识到自己的不足。

（2）结合实例。江遥通过具体的例子，如五号飞船瞒报故障导致全院工资下调引发的矛盾，以及林泽的家庭状况，使方啸天更清楚地看到自己行为所带来的影响。

（3）表达关心。江遥在劝说过程中，也表现出了对他的关心。她希望方啸天能够在追求航天梦想的道路上，更加注重团队合作和他人的感受，这让方啸天感受到她的善意和真诚。

（4）给予建议。她没有只是单纯地批评，而是提出了改进的方向，希望方啸天以后做事能多考虑他人，加强与他人的沟通交流，这有助于方啸天明确自己应该如何去做。

通过这些策略，江遥成功地让方啸天认识到了自身问题，促使他进行反思并做出改变。

6. 沟通启示

在《问天》第20集中，江遥对方啸天的成功劝说带给我们以下启示：

（1）理性沟通的重要性。江遥在劝说时保持了理性和冷静，客观地分析问题，以理服人。她指出方啸天做事前缺乏与他人交流以及不关心他人感受的问题，让方啸天能够清楚地认识到自己的不足。

（2）具体事例的说服力。通过具体的例子，如飞船问题导致工资下调引发的矛盾、林泽的家庭状况等，使劝说更具说服力。这些实例让方啸天更直观地感受到自己的行为所带来的影响。

（3）表达关心与善意。江遥的劝说中体现了对他的关心，这让方啸天能感受到她的真诚，从而更容易接受她的建议。

（4）促进自我反思。成功的劝说可以促使对方进行自我反思。方啸天在江遥的劝说下认识到了自己的狂妄自大和在工作、人际交往中的问题，并开始思考如何改进。

（5）理解和尊重他人立场。江遥理解方啸天对航天事业的热情和专注，但也让他明白不能因此忽略他人的感受。这启示人们在追求自己目标的同时，要多考虑他人的立场和需求。

（6）及时沟通解决问题。当出现问题和矛盾时，及时的沟通交流是解决问题的关键。如果方啸天一直没有意识到自己的问题，可能会导致更多的误会和冲突。

（7）团队合作的意义。强调了在团队中良好沟通和相互理解的重要性。一个团队要取得成功，需要成员之间相互支持、协作，而不能只关注个人的想法和目标。

（8）感情中的相互理解。从感情角度来看，这也启示情侣之间要坦诚相待，及时指出对方的问题，相互理解、包容，共同成长，这样才能使感情更加稳固。

（三）信任！信任！信任！

1. 沟通背景

在《问天》第 17 集中，问天二号未能成功返回，这次失败给航天团队带来了巨大的压力和挑战，航天员们心理负担沉重，耿军和方啸天在会上向航天员致歉。

耿军希望大家能砥砺前行、精益求精，确保接下来的飞船任务不再出现任何闪失。尽管所有人都回答有信心，但方啸天仍愁眉不展。

方撼天带领众人起立并行军礼，他代表航天员发表看法，激励大家更加努力地去攻克难关，为后续的成功奠定基础。

2. 沟通竞秀

____

____

3. 沟通经典

各位领导、各位专家：

我们既然选择了做航天员，就已经把生死置之度外，世界载人航天事业发展到今天，就是一代代航天人用生命和鲜血成就的。挑战者号的爆炸，非但没有阻止航天员飞上太空的梦想，反倒激励着后来者奋勇前行。所以，我代表我们十四位预备航天员也向领导和各位专家们表个态，请你们放心，我们充分信任战友，信任在座的各位，信任每一位载人航天工作者。请祖国放心，请人民放心，信任！信任！信任！

4. 沟通实效

在《问天》第 17 集中，方撼天的讲话起到了以下几个方面的效果：

首先，稳定了军心。他的发言让航天员们感受到了领导对此次失利的正视和担当，减轻了大家因失败而产生的不安和焦虑，使团队能够保持相对稳定的心态，为后续的工作做好准备。

其次，增强了团队的凝聚力。方撼天的讲话表达了对团队的信任和对未来的信心，让航天员们更加坚信大家能够共同克服困难，继续为航天事业努力，从而进一步增强了团队的团结和协作精神。

再次，激发了斗志。他的话语激励着航天员们从失败中吸取教训，以更加坚定的决心和勇气去迎接未来的挑战，为下次任务的成功奠定了精神基础。

最后，传递了责任与担当的精神。让大家明白面对挫折不退缩，勇于承担责任，以更加积极的态度去解决问题，推动航天事业的发展。

5. 沟通策略

在《问天》第 17 集中，方撼天讲话的策略主要体现在以下几个方面：

首先，以坚定的态度表明立场。他强调作为航天员，早已做好面对生死的准备，这种坚定的决心传递出一种无所畏惧的精神，让大家明白他们从事的是高风险但意义重大的事业，不能因一次挫折而退缩。

其次，表达对团队的信任。方撼天明确表示相信每一位载人航天的工作人员，这种信任能够增强团队成员之间的凝聚力，让大家感受到自己的工作是被认可和尊重的。

再次，鼓舞士气。他鼓励大家要勇敢面对失败，将此次经历视为宝贵的经验和教训，激发大家从挫折中奋起的斗志，为未来的成功奠定基础。

最后，强调使命和责任。通过强调航天员的使命和责任，让大家明白他们的工作对于国家和民族的重要性，从而激发大家为了实现目标而不懈努力的决心。

6. 沟通启示

在《问天》第 17 集中，方撼天的讲话带来了以下启示：

（1）坚定信念的力量。方撼天在面对挫折时，展现出了对航天事业坚定的信念。这启示我们，无论遭遇多大的困难，只要信念不动摇，就能保持前进的动力。

（2）勇于承担的勇气。他没有因失败而逃避或指责，而是以积极的态度承担起责任。这告诉我们，在团队中要勇于面对问题，主动承担，才能促进团队的成长和进步。

（3）对团队的信任与鼓舞。方撼天对整个航天团队的信任，能够激发团队成员的斗志和凝聚力。这表明在困境中，相互信任和鼓励是战胜困难的重要力量。

（4）以大局为重的胸怀。他将个人得失置于航天事业的大局之下，这种大局观提醒我们在工作和生活中，要有更广阔的视野和更高的格局，不被一时的挫折所局限。

（5）乐观面对失败。他把失败视为成长的机会，这种积极乐观的态度启示我们，要以正确的心态看待挫折，从中吸取教训，为未来的成功积累经验。

（四）伤亡事故背后的反思

1. 沟通背景

在《问天》第29集中，顾年与耿院长沟通的背景是：顾年的儿子顾南在自己与赵甜甜的婚礼举办前，为了保护即将发射的卫星牺牲了，顾南生前一直致力于卫星发射等相关工作，他的离世对整个团队来说是一个巨大的损失。这让大家都陷入了悲痛之中。耿军觉得自己对不住顾年，没有把他儿子照顾好。然而，卫星发射任务依旧紧迫且重要。在这样的情况下，顾年虽然内心悲痛，但他理解耿院长所面临的压力，同时也希望大家能够化悲痛为力量，继续努力完成卫星发射任务，以告慰顾南等牺牲同志的在天之灵。

2. 沟通竞秀

____

____

3. 沟通经典

老耿，这事儿怪不到你，要怪就怪我们研制过程中还有疏漏，我们的产品还有瑕疵，由此而造成的伤亡事故，无论是谁，对我们研究院来说，都是巨大的损失，只不过这一次……这一次摊到了我的儿子。

…………

我们一定要确保这颗卫星安全、成功地发射！

4. 沟通实效

在《问天》第29集中，顾年与耿院长的沟通展现了老一辈航天人在面对亲人牺牲时的坚韧与担当。

顾年的一番话，既体现了他对耿院长的理解和安慰，也表明了大家应有的态度和决心。他指出责任不能归咎于某一个人，而是大家共同面对的问题。同时强调要将悲痛转化为力量，成功发射卫星才是对牺牲的顾南最大的告慰。

这种沟通效果主要体现在以下几个方面：

（1）稳定情绪。帮助耿院长缓解了内心的愧疚和自责，让他能够以更加理智的态度面对现实。

（2）凝聚力量。使众人明确了目标和方向，将大家从悲痛中拉出来，继续为航天事业努力奋斗。

（3）传承精神。顾年的话传承了航天人不畏艰难、勇担责任的精神，激励着其他人沿着顾南等烈士的足迹继续前进。

（4）推动工作。为后续的卫星发射工作注入了动力，大家憋着一股劲，努力完成任务，最终卫星成功发射进入预定轨道。

5. 沟通策略

在《问天》第 29 集中，顾年与耿院长沟通时，采用了以下策略：

顾年首先表达了对耿院长的理解和安慰，他说："老耿，这事儿怪不到你。"这句话旨在缓解耿院长内心的愧疚和自责，让他明白顾南的离世不是某一个人的过错。

接着，顾年客观地指出这是大家共同面临的问题："要怪就怪我们研制过程中还有疏漏，我们的产品还有瑕疵，由此而造成的伤亡事故，无论是谁，对我们研究院来说，都是巨大的损失，只不过这一次摊到了我的儿子。"这种表述强调了事件的复杂性和不可控性，避免耿院长过度自责。

然后，顾年提出了明确的行动方向和目标，他表示："我们一定要确保这颗卫星安全、成功地发射！"将大家的注意力从悲伤的情绪转移到实际的工作任务上，激励众人继续为航天事业努力奋斗，也为耿院长提供了一个积极的努力方向，使他能够将愧疚转化为动力。

顾年的沟通策略体现了他的理智、担当和对航天事业的坚定信念。他既理解耿院长的感受，又能够引导耿院长和众人共同面对现实，继续为实现航天梦想而努力。这种策略有助于稳定团队的情绪，凝聚大家的力量，传承航天精神，推动航天工作的继续进行。

6. 沟通启示

在《问天》第 29 集中，顾年与耿院长沟通的策略对现实生活有以下启示：

（1）理解与安慰。当面对困难和挫折时，首先要表达对他人的理解和安慰，让对方感受到支持，避免过度自责或陷入消极情绪，就像顾年安慰耿院长，"老耿，这事儿怪不到你"，责任不在某一个人，以缓解耿院长内心的愧疚。

（2）客观分析问题。共同探讨问题时，应保持客观的态度，分析问题的本质和复杂性，避免将责任简单归咎于个人。顾年指出，"要怪就怪我们研制过程中还有疏漏，我们的产品还有瑕疵”，这是大家共同面临的问题，而不是某个人能够操纵的结果。

（3）明确目标与方向。遭遇挫折后，需要确立积极的行动目标，将注意力从消极情绪转移到实际的努力方向上。顾年强调成功发射卫星才是对牺牲者最大的告慰，为大家提供了努力的方向。

（4）传承精神。老一辈的精神和信念可以激励后人继续前进。剧中顾年等老一辈航天人的精神，鼓舞着其他人在航天事业中不断奋斗。在现实生活中，我们也可以从前辈的经验和精神中汲取力量，为了共同的目标而努力。

（5）团队凝聚。面对困境，团队成员之间需要相互理解、支持和鼓励，共同承担责任，凝聚力量去解决问题。剧中大家在顾南离世后，依旧团结一致为卫星发射而努力。

（6）化悲痛为动力。将悲痛和挫折转化为前进的动力，激励自己更加努力地工作和生活，实现更大的价值。剧中众人以顾南的牺牲为动力，成功完成了卫星发射任务。

这些策略提醒我们在现实生活中遇到困难和挫折时，要保持理智和冷静，理解他人，客观分析问题，明确目标，传承优秀的精神品质，凝凝聚团队力量，并将负面情绪转化为积极的动力，从而更好地应对挑战，追求成功和进步。

三、励志榜样

（一）例文引领

《问天》中的榜样——方啸天

在电视剧《问天》中，方啸天是一位令人钦佩的角色，他怀揣着对航天事业的无限热情和坚定信念，在老一辈专家的带领下，不断突破自我，为中国航天事业的发展贡献了自己的力量。

方啸天是一个极具个性的年轻人。他拥有非凡的勇气和胆量，在进入航天研究院之前，就敢于以写匿名信的方式，对航天工作中的问题提出自己的见解，哪怕这些看法可能并不成熟、全面。这种初生牛犊不怕虎的精神，使他能够在面对各种困难和挑战时，毫不畏惧地表达自己的想法。在后续的工作中，无论面对多大的领导和权威，他都能坚定地提出科学合理的方案，展现出了年轻人的锐气和自信。

同时，方啸天具备卓越的专业能力。他在关键时刻总能凭借深厚扎实的专业知识，找到解决问题的正确方法。剧中多次出现工作陷入僵局，而方啸天凭借其快速转动的大脑和精准的演算，推动项目继续前进的情节。他的专业技术在纯技术的航天领域中发挥了关键作用，因为在这个领域，丝毫的差错都可能导致严重的后果，而他用自己的才华和努力，一次次地化解了难题，为航天任务的成功提供了有力保障。

方啸天的执着精神也令人印象深刻。他对自己的见解和看法充满自信，除非有确凿的证据证明他是错误的，否则他不会轻易改变自己的观点。这种敢于坚持己见、实事求是的态度，源于他对航天事业的热爱以及对工作的高度负责。他的执着并非固执己见，而是建立在对专业知识的深入理解和对问题的准确判断基础之上。这种品质使他能够在复杂的情况下保持清醒的头脑，不随波逐流，坚定地追求真理。

除了以上这些优点，方啸天还展现出了灵活的一面。尽管他在工作中常常坚持自己的观点，甚至让他人感到尴尬，但他并非不讲道理之人。他会认真听取别人的意见和建议，也会承认自己在工作或对待朋友、亲人时的错误。比如他与曾经的顶头上司林泽之间，尽管在航天研究院时有过不愉快，但随着林泽的离开和一些事情的发生，他们最终解开心结，成了朋友和合作伙伴。他在坚持原则的同时，能够找到与他人相处的平衡点，既做好了工作，又维持了良好的人际关系。

在方啸天的身上，我们看到了新时代青年应有的品质：有勇气、有才华、有责任感，同时又能够保持灵活性和适应性。他的成长历程也让我们明白，成功并非偶然，需要具备多方面的素质和不懈的努力。

《问天》以艺术化的形式展现了中国航天事业的发展历程，而方啸天这一角色则是无数航天人的缩影。他的故事激励着我们在自己的人生道路上，勇敢追求梦想，不断提升自己，以坚定的信念和执着的精神去迎接各种挑战，为实现自己的价值和国家的繁荣发展贡献力量。他是我们心中的榜样，让我们对航天事业充满敬意，也让我们对未来充满信心和期待。

《问天》中的榜样——江遥

在电视剧《问天》中，江遥是一位令人钦佩和喜爱的角色，她是众多怀揣航天梦想的年轻人中的佼佼者，也是观众心中的榜样。

江遥是一位烈士之女，她的父亲江永昌原来是中国航天院的工程师，在长三乙火箭发射失败中不幸牺牲。然而，这并没有让江遥退缩，反而使她更加坚定地投身于航天事业。她继承了父亲的遗志，带着对航天的热爱和执着，来到了航天研制部门报到。

江遥在大学时代成绩优异，展现出了过人的智慧和才华。进入航天研究院后，她化悲痛为力量，全身心地投入到工作中，在卫星组发挥着重要作用。她对待科研工作细心严谨，不放过任何一个细节，以确保航天任务的万无一失。她的专业素养和敬业精神令人赞叹，是团队中不可或缺的一员。

江遥性格沉着冷静，潇洒豪爽。她用深邃的目光将丰富的内心世界表达得自然不着痕迹，外表高冷的她内心却充满了热情。在面对工作中的困难和挑战时，她总是能够保持冷静，运用自己的知识和智慧去解决问题。

而在与方啸天的感情中，江遥也展现出了她温柔和坚定的一面。方啸天和江遥因一次撞车"不打不相识"，两人的性格一动一静，看似完全不搭边，却在共事航天的过程中逐渐产生了感情。他们一个敢闯敢干，一个克制严谨，在感情的道路上经历了许多误会与磨合。然而，江遥始终坚守着自己的爱情，她理解方啸天对航天事业的热爱和执着，也愿意在背后默默地支持他。尽管两人因工作分工不同，经常聚少离多，但他们的感情却愈发深厚。

在北斗频道资源争夺战中，江遥和其他航天人一样，夜以继日、废寝忘食地工作。她凭借着自己的专业能力和顽强的毅力，为北斗卫星的成功发射贡献了重要力量。她的努力和付出不仅实现了国家在太空领域的重要突破，也为自己的人生增添了辉煌的一笔。

江遥这一角色，让我们看到了一位优秀的女航天人的形象。她不仅有着扎实的专业知识和技能，更有着坚定的信念和高尚的品质。她用自己的行动诠释了什么是航天精神，那就是"特别能吃苦、特别能战斗、特别能攻关、特别能奉献"。她是年轻人的榜样，激励着更多的人为了实现自己的梦想而努力奋斗。

江遥的故事告诉我们，在追求梦想的道路上，会遇到各种困难和挫折，但只要我们保持坚定的信念，不断努力，就一定能够克服困难，实现自己的价值。她的形象深深地印在了观众的心中，让人们对航天事业充满了敬意和向往，也让我们相信，只要有像江遥这样的人在，中国的航天事业必将不断发展，创造更多的辉煌。

无论是在剧中还是在现实生活中，江遥这样的角色都具有重要的意义。她让我们看到了女性在科技领域的无限潜力和可能性，鼓励着更多的女性勇敢地追求自己的梦想，突破传统的限制，在各个领域展现自己的才华和能力。同时，她所代表的航天精神也将激励着每一个人，在自己的工作和生活中，勇于挑战自我不断追求卓越，为实现国家的繁荣和发展贡献自己的力量。江遥，这位《问天》中的榜样、将永远激励着我们向着梦想的星辰大海不断前行。

（二）百花齐放

四、观后感

（一）例文引领

《问天》观后感

《问天》是一部令人热血沸腾、心潮澎湃的电视剧，它以中国航天事业的发展为背景，展现了航天人不畏艰难、勇于拼搏的精神风貌，让我深受触动。

这部剧开篇就将观众带回到了1996年长三乙火箭发射爆炸的那个紧张时刻，瞬间抓住了我的注意力。剧中的中国航天面临着内忧外患的困境，技术的欠缺、设备的落后以及国际上的重重压力，都让航天事业的发展举步维艰。然而，老一辈航天专家的坚持和新一代航天人的热情与智慧，成了推动中国航天不断前进的强大动力。

《问天》让我对航天领域有了更多的了解和认识。它揭开了航天事业神秘面纱的一角，让我看到了航天人在背后付出的巨大努力，包括复杂的计算、精确的测绘、无数次的实验等。每一次的成功发射、每一次的轨道调整，都凝聚着无数航天人的心血，我对中国航天人充满了敬意。他们用自己的智慧和汗水，在艰苦的条件下实现了中国航天的一次次飞跃。

剧中的人物形象鲜明且丰满，给我留下了深刻的印象。方啸天等年轻的航天人怀揣着飞天梦想，他们充满激情、富有创造力，面对困难时毫不退缩。在老一辈专家的带领下，他们一步步攻克技术难关，这种传承与接力让人感受到了航天精神的延续。主角们在工作中展现出的严谨态度和奉献精神令人钦佩，他们为了航天事业放弃了个人的安逸和舒适，全身心地投入到工作中。而他们之间的情感，如方啸天和江遥因工作聚少离多但依然坚守的爱情，也为紧张的剧情增添了一些温情。

该剧没有回避中国航天史上的重大挫折，如火箭发射失败、卫星失联等，而是真实地呈现了航天人在面对这些困难时的痛苦、反思和不屈不挠的努力。这种写实的手法让我更加深刻地体会到了航天事业的艰辛以及成功的来之不易。同时，剧中也展现了中国航天在一步步发展过程中的突破与成就，从载人飞船发射到北斗卫星成功占据轨道，这些情节让我为中国航天取得的辉煌成就感到无比自豪。

航天事业的发展，是人类不断挑战自我、探索未知的伟大征程。它不仅需要高端的技术和精密的设备，更需要无数航天人坚韧不拔的意志和无私奉献的精神。每一次火箭的升空，都承载着人类对宇宙的渴望和追求；每一颗卫星的成功发射，都标志着人类在太空探索中迈出的坚实一步。

中国航天事业从无到有、从弱到强，走过了一条充满艰辛但又无比辉煌的道路。这背后是国家的大力支持、科技的不断创新以及航天人的不懈努力。它的发展，不仅提升了我国的国际地位和综合国力，更为人类探索宇宙、利用太空资源做出了重要贡献。

这部剧所传递的航天精神——“特别能吃苦、特别能战斗、特别能攻关、特别能奉献”，将激励着我在自己的生活和工作中勇敢面对挑战，坚持不懈地追求梦想。同时，也让我更加期待中国航天事业在未来能够创造更多的奇迹，向着星辰大海继续迈进。

（二）百花齐放

____

____

五、研讨发言

（一）例文引领

电视剧《问天》研讨会发言稿

尊敬的各位领导、专家、同仁们：

大家好！很荣幸能够参加这次《问天》研讨会，与大家共同探讨这部意义非凡的电视剧。

我想向大家介绍一下今天研讨会的流程。我们将分为三个主要环节：

第一个环节是主创团队分享环节。《问天》的主创人员将为我们讲述创作背后的故事，包括灵感来源、剧本打磨过程以及拍摄中的挑战与突破。

第二个环节是专家点评与讨论。各位资深的专家会从专业角度对《问天》的剧情、人物塑造、主题表达、艺术手法等方面进行深入的分析和评价，大家可以各抒己见，展开热烈的讨论。

第三个环节是观众互动交流。我们将邀请现场的观众分享观看《问天》的感受和体会，提出宝贵的意见和建议，共同为这部剧的完善和发展出谋划策。

《问天》是一部题材重大、价值导向鲜明的优秀剧作。它以载人航天、北斗导航、嫦娥工程、空间站建设和深空探测等航天重大工程的发展历程为背景，成功塑造了老中青三代航天人的生动形象，跨度近三十年，展现了我国航天事业从艰难起步到取得辉煌成就的壮丽篇章。

这部剧具有重要的研究价值。作为我国首部现代航天题材作品，它最大限度地实现了剧情真实化，跨越当代、现代和未来航天三大阶段，促进了艺术创作表现力与精准度的高度统一，为今后类似重大题材主旋律优秀影视创作提供了宝贵的新样本，在航天领域影视作品中开辟了新天地，具有重要的借鉴与研究意义。

同时，《问天》也彰显了鲜明的导向价值。它将写实性与艺术性完美结合，不仅展示了神舟载人飞船上天、北斗卫星成功进入工作轨道等一系列伟大成就，还体现了航天人“特别能吃苦、特别能战斗、特别能攻关、特别能奉献”的精神。剧中塑造的年轻有为、百折不挠的航天科技工作者群像，以及老一辈航天专家的家国情怀，都为观众传递了正能量，具有积极的导向作用。

从审美角度来看，《问天》具有独特的审美价值。它反映了飞天梦、强国梦，辉映着中国梦，再现了中国航天事业的发展历程，为航天精神作出了全面诠释。通过一个个扣人心弦的故事，塑造了个性鲜明的航天英雄人物，为全国观众展现了丰富多彩的航空人艺术形象。其全景式展现中国航天事业风采的开创性，以及在传统与现代的历史性比较参照中所蕴含的审美现代性，对当代中国人的思想情感、审美取向和价值观念产生了广泛而深刻的影响。

此外，《问天》还实现了写实性与艺术性、创新性与典型性的高度统一。在写实方面，它真实地还原了我国航天事业的历史进程，强化了国民的集体记忆，体现了以人民为中心的创作导向和现实主义创作精神。而在创新上，它探索形成了多部门、多地区和多机构“协同式”联动合作的创新模式，无论是题材角度、人物设定还是叙事方式，都给观众带来了耳目一新的感觉和独特的审美体验。

在观看《问天》的过程中，我们仿佛置身于神秘而伟大的航天世界，与剧中的人物一同经历喜怒哀乐，感受他们的坚持与奋斗。这部剧让我们深刻认识到，航天事业的发展离不开一代又一代航天人的拼搏奉献。他们怀揣着对宇宙的好奇和探索精神，不畏艰难险阻，不断追求卓越，为我国的航天强国建设立下了赫赫功勋。

同时，《问天》也让我们对我国航天事业的未来发展充满信心和期待。它激励着更多的年轻人投身于航天事业，为实现中华民族的航天梦贡献自己的力量。我们也期待着未来能有更多像《问天》这样优秀的作品涌现，继续传承和弘扬伟大的中国航天精神，激发人们的爱国热情和民族自豪感。

最后，感谢《问天》的主创团队为我们带来这样一部精彩的作品，也感谢各位领导、专家的指导和支持。让我们共同努力，为推动我国航天事业的发展和文艺创作的繁荣贡献更多的力量！

谢谢大家！

（二）百花齐放

____

____

六、文旅链接

奉化城市文化中心：位于浙江省宁波市奉化区大成路 2 号，是《问天》的取景地之一，其现代建筑风格与文化氛围相融合，内部设有图书馆、博物馆、文化馆等场所，周边还有广场、公园等休闲区域。

奉化栖凤村双山码头：位于浙江省宁波市奉化区莼湖街道，是剧组拍摄北斗卫星导航相关戏份的地点，码头上停靠的渔船及周边的海洋风光，展现了奉化的渔业特色和沿海风情。

怡诺凤麓科创园：位于浙江省宁波市奉化区，园区内有全新的 800 平方米万级无尘实验室及企业的生产车间、计量室、大厅等，为电视剧中科研场景的拍摄提供了理想场所。

作业

1. 完成本节“沟通竞秀”练习，将其中自己最满意的文字版和音频版创作内容上传到学习平台。

2. 观赏《问天》全剧，完成“励志榜样”“观后感”“研讨发言”部分的练习，将其中自己最满意的文字版和音频版创作内容上传到学习平台。

第四节　个人可以不赢　中国必须得赢

可在学习强国App中搜索“五个一工程”或剧名观看

一、好剧推荐

电视剧《海天雄鹰》是一部令人热血沸腾的军旅佳作！这部剧以中国第一艘航母平台出海试航为背景，讲述了中国海军舰载机试飞大队的故事。

该剧于2024年6月11日在央视一套首播，并在优酷、腾讯视频、央视频同步播出。

该剧全景式地展现了海军特级飞行员们，如何从零开始，一步步攻克舰载机着舰和起飞技术这一世界性难题的。剧中的主角们，如谢振宇、余涛等顶尖青年飞行员，他们技术高超、战绩出色，性格更是坚韧不拔。在功勋飞行员秦大地的带领下，面对诸如1V1对抗、甲板挂索、撞上“视觉墙”和反区飞行等重重考验，毫不退缩，历尽艰辛，终于成功突破技术难关，让中国成为掌握这些关键技术的国家之一。

《海天雄鹰》不仅有紧张刺激的飞行场面和高难度技术挑战，还将军旅叙事与生活叙事巧妙交织。它细腻地刻画了试飞员们的生活，从家庭、爱情、亲情等多个维度，展现了他们作为普通人的情感困境、内心挣扎和成长历程。使观众既能感受到军人的钢铁意志，又能体会到他们的铁血柔情。

剧中演员阵容强大，朱亚文、侯勇、李幼斌等实力派演员精彩演绎，生动呈现了中国军人的精神风貌。他们以精湛的演技，塑造出了一个个有血有肉、鲜活立体的角色形象。

这部剧制作精良，画面震撼，通过精彩的剧情和出色的特效，让观众仿佛身临其境般感受到了航母舰载机的魅力与威严。同时，它也传递出了深厚的爱国情怀和军人的使命感，激发着人们的民族自豪感。

《海天雄鹰》是一部兼具思想性、艺术性和观赏性的电视剧，它记录了中国海军在国防现代化征程上的重要里程碑，是一部值得一看的英雄史诗！无论是对军事题材感兴趣的观众，还是渴望感受热血与激情的人，都不容错过这部精彩的《海天雄鹰》！它将带你领略中国军人的风采，感受他们为国家和人民的奉献与担当。

二、经典表达与沟通

（一）三代军人的精神传承

1. 沟通背景

在《海天雄鹰》第3集中，余兆年对余涛引导沟通的背景是余涛成为空军789团特级飞行员，连续五届金头盔空中对抗竞赛的冠军，且他的爷爷余兆年曾以强大意志击落傲慢的侵犯者，父亲余海洋作为海军101团的特级飞行员亦为伟大的试飞事业光荣牺牲。这一情节展现了余家三代军人的传承和精神，同时也体现了余涛作为空军飞行员王牌中的王牌，不仅继承了家族的荣誉，也肩负着保卫国家领空的重大责任。这样的背景为余兆年对余涛引导沟通提供了丰富的情感基础和深刻的寓意，使得这场对话不仅仅是一次简单的交流，而是家族荣誉、国家使命和个人责任的交织体现。

2. 沟通竞秀

____

____

3. 沟通经典

海军要求你们空军支援飞行员参加航母战斗力的建设。你还记得你小学的时候，我带你去上海去见詹姆斯的事吗？（当然记得，这件事我永远不会忘记的，您战胜了他！）那个时候你就问我，咱们什么时候能有航母啊？现在咱们有了。

（余涛看手表。）

是不是到了该告别的时候了？（是，让我们今晚七点之前报到。）都准备好了吗？（报告首长，空军特级飞行员余涛全都准备好了！）我这辈子只有一个儿子，早年，我送他去海军做试飞员，牺牲了，现在我要送我唯一的孙子去海军试飞大队，知道我告别之前要说的第一句话是什么吗？（要不惜一切代价完成任务！）为什么要这样做呢？（请爷爷指示！）因为这个任务不仅关系到国家的安危、民族的复兴，也关系到一个军人的尊严！军人上了战场，生死就不能由自己掌控了，能够掌控的就只有尊严，军人的尊严！

说完了第一句话，我才能说第二句。在保证完成任务的前提下，减少伤亡。如果我孙子在这一场战斗中牺牲了，爷爷会心疼的，会心疼，疼死的！

即使是那样，我也不会后悔，因为我知道，这是我这个老兵最应该做的事情。要是你真的回不来，喝不到空军首长为你们准备的庆功酒，爷爷会失望的，爷爷活不了多久了，甚至都不一定能看到中国第一艘航母完成战斗力的建设，我真正希望的是由我孙子来完成这历史上的很多个第一次，然后向我报告，爷爷会准备家宴为我孙子庆功。

4. 沟通实效

在《海天雄鹰》第3集中，余兆年对孙子余涛引导沟通的效果主要体现在以下几个方面：

余兆年是一位老将军，他对孙子余涛寄予了厚望，同时也有着诸多不舍。他的话语让余涛更加明确了自己肩负的责任和使命。

余兆年深知试飞员工作的危险性，但他仍然鼓励余涛去迎接挑战。这种家族传承的精神力量激励着余涛，使他坚定了投身海军舰载机试飞大队的决心。

余兆年经历过国家没有航母、被欺负的时期，他的话语让余涛深刻理解到中国拥有航母以及舰载机试飞工作的重要性，这增强了余涛的使命感和爱国情怀。

这番讲话也可能在一定程度上影响了余涛的价值观和职业态度，使他在后续的试飞大队训练和任务中，能够牢记爷爷的嘱托，努力拼搏，为中国的航母事业和海军现代化建设贡献自己的力量。

在后续的剧情中，余涛逐渐成长为一名优秀的试飞员，与队友们共同面对各种挑战，努力完成舰载机试飞任务。他的表现既离不开自身的努力和天赋，也与余兆年的此次引导带给他的鼓舞和激励密切相关。

5. 沟通策略

在《海天雄鹰》第3集中，余兆年对自己的孙子余涛引导沟通时，采用了晓之以理、动之以情的策略。

他首先通过讲述国家的现状和需求，让余涛明白中国拥有航母以及舰载机试飞工作的重要性。他提到中国在很长一段时间内处于被欺负的状态，而改变这种状况就必须要有自己的航母，使余涛深刻认识到他们所从事工作的意义和价值。

接着，余兆年表达了对余涛的深厚情感和不舍。他的话语中透露出对孙子的疼爱，但也强调了个人的辛苦和牺牲在国家利益面前不算什么，这让余涛感受到了家人的关心和支持，同时也增强了他的使命感和责任感。

这种讲话策略，既激发了余涛的爱国情怀和为国家奉献的精神，又让他明白自己肩负的重大使命，使他更加坚定地投身到舰载机试飞工作中。

6. 沟通启示

在《海天雄鹰》第3集中，余兆年对余涛引导沟通的启示包括以下几点：

（1）强调国家利益至上。余兆年指出中国需要拥有自己的航母来改变被欺负的状态，这让余涛深刻认识到他们所从事的工作对国家的重要性，激励着他为了国家的强大和安全而努力奋斗，将个人的努力与国家的命运紧密联系在一起。

（2）要有使命感和责任感。老一辈军人对航母的渴望以及为实现这一目标所做出的牺牲，让余涛明白自己肩负着重大的使命，这种使命感促使他在面对困难和危险时能够勇敢地承担责任，不畏惧艰辛和牺牲。

（3）传承和发扬精神。余兆年等老一辈军人的精神和信念需要新一代军人去传承和发扬。余涛从爷爷的讲话中汲取力量，继承了老一辈的“海空雄鹰精神”，继续为中国的航母事业和海军现代化建设拼搏奉献。

（4）团队协作的重要性。虽然剧中主要展现了余涛和谢振宇等个体之间的竞争，但余兆年的话也暗示了国家航母事业的成功不仅仅依赖于个人，还需要整个团队的共同努力。这让余涛以及观众明白，在追求个人荣誉的同时，也要注重团队的协作和集体的利益。

（5）勇于面对挑战。余兆年鼓励余涛迎接挑战，即使面临困难和未知，也不能退缩，这启示余涛要具备勇气和决心，在试飞等艰难任务中敢于尝试、突破自我，为了实现目标而不断努力。

这些启示不仅对剧中的余涛产生了深远影响，也能激励现实生活中的人们，在各自的岗位上努力奋斗，为了国家的繁荣和发展贡献自己的力量。同时，它也强调了在团队合作中，个体应具备使命感、责任感以及勇于挑战和奉献的精神。

（二）不惜一切代价也要完成任务

1. 沟通背景

在《海天雄鹰》第 4 集和第 5 集中，衣正邦在试飞大队成立大会上讲话的背景是中国海军为了航母舰载机试飞工作的顺利开展，成立了首支舰载机试飞大队。

当时中国拥有了自己的第一艘航母平台，而舰载机的着舰和起飞技术是一项世界性难题，需要顶尖的青年飞行员去攻克。衣正邦在成立大会上通过讲述牺牲英雄的故事，来激励试飞大队的队员们。

2. 沟通竞秀

3. 沟通经典

同志们，海军舰载机试验试飞大队成立大会以这样一种方式开始，是我的决定。我想了很久，我问自己，当又一群和屏幕上这些故去的英雄们同样年轻的小伙子们，又一次组成了一支队伍，去冲击一项中国人从来没有冲击过的事业时，作为你们的领导、长辈，最该告诉你们的是什么？

现在，我让大家看到的是新中国成立后各个时期牺牲在试验试飞战线上的英雄们，他们当中年龄最大的三十三岁，最小的只有二十二岁。这其中有我的前辈，也有我的战友。我们当年朝夕相处，亲如骨肉。当然，还有比我更年轻的，为了新中国的国防事业，继续在这条战线上牺牲的。

今天我不想讲所有牺牲者的故事，我只想讲其中的一位，他的名字叫余海洋。他不但是我的战友，还是我当年的室友，毕业后分到了同一个团，这个团就是著名的海军航空兵一零一团。一零一团你们知道，海军一零一团名贯中外，无人不知，无人不晓，但是今天，我还是要在这里讲一讲这个团。简单地说，海军一零一团是一支战功卓著、英雄辈出、誉满海天的英雄部队，在抗美援朝和国土防空作战中，共击落击伤敌机三十一架，创造了同温层作战、飞机对头着陆等世界空战史上的八个第一，涌现出了一大批战斗英雄、王牌飞行员和功勋飞行员。毛泽东主席曾三次点将并二十五次接见了这个团的四十一名代表，周恩来总理曾先后接见了这个团的七十九名同志，称这个团是“召之即来，来之能战，战之能胜的英雄部队”。1965年12月25日，中华人民共和国国防部颁布命令，授予该团“海空雄鹰团”的英雄称号。这是新中国成立以来，唯一一个因屡立战功而被授予这一荣誉的团一级单位。

我和余海洋同志同一年被分到了这个团当战斗机飞行员，同一年成为海军新型机的试飞员。他出生在一个飞行世家，父亲是我军第一代空中英雄余兆年老前辈。后者曾经在抗美援朝、东南沿海和南海战场上为新中国立下了不朽的战功！

那年余海洋烈士二十八岁，一款新型的战机到了试飞场。余海洋同志刚刚探亲回来，还没有休息，本来团里指定的试飞员是我，我也做好了准备，但是前一天晚上，我们所在的地区突然降温，那个时候，飞行员的宿舍条件不是很好，房间透风漏雨。第二天早上，我发现我感冒了，头痛欲裂，打喷嚏，咳嗽得厉害，领导问我还能不能飞，我说没有问题，可以！但是这个时候，余海洋同志提出要替我飞。当时我也没想到会发生别的事情，因为这种情况经常发生，有时候他替我，有时候我替他。考虑到我的身体状况，上级领导批准了。从那天起到今天，三十一年过去了，我一直不能原谅自己，为什么早不感冒，晚不感冒，偏偏那一天感冒；我也不能原谅余海洋，为什么早不回来，晚不回来，偏偏那一天回来。其实他的假期还有好几天呢。第二天，我还是赶到了机场，目送他驾机升空。当时我什么也没有想，因为他是一个特级飞行员，是我们当中最好的，所有的人都对他充满了信心，可是同志们可能已经想到了，那也是一次普通的试验试飞，试验的对象不是人，而是飞机。那一天，就是因为飞机出现了故障，他飞到海上，再也没有回来。现在，请同志们最后看他一眼，他为了一代国产功勋战机的问世献出了自己的青春和生命，他的年龄、面孔，连同脸上的笑容，再也不会改变！他永远永远只可能这么年轻了！

下面我宣布，中国人民解放军海军舰载机试验试飞大队成立大会现在开始！

进行大会第一项，全体起立，脱帽，向新中国成立以来牺牲在试验试飞战场上的烈士们默哀一分钟！……默哀毕！

现在进行大会第二项，宣布海军命令，中国海军舰载机试验试飞大队成立！请大队长秦大地同志、政治委员陶斯勇同志上台受领军旗！

我要讲的话不多，只讲两句。第一句，使命光荣，任务艰巨，过程艰苦，但是一定要完成任务！不惜一切代价也要完成任务！

下面我讲第二句，中国航母试航的消息传得沸沸扬扬，大家都知道了，但是我在这里可以告诉大家，中国人开天辟地，第一次搞航母，就像我们当年搞两弹一星，非常难，外国人对我们封锁非常严，没有人希望中国人搞出自己的航母和舰载机！我们呢，也是大姑娘上轿——头一回，这个大姑娘还两手空空，嫁妆箱子里什么都没有，中国人怎么样才能拥有自己的航母和舰载机？靠谁？靠你们！你们靠谁？你们就靠不了别人了，只能靠自己！在一百年内，美国人因为在航母上起飞和着舰技术的失误损失了数千名飞行员。我刚才讲了那么多，其实就是为了讲出最后一句话，我在这里宣布，虽然你们经过千挑万选进入了试飞大队，但是仍然可以做出自己的选择，如果没有做好牺牲的准备，可以选择退出。还有，你们的大队长秦大地同志对你们最后是不是都能留下来握有最后的决定权。我再说一句，无论你们在今后的一个星期内做出怎样的选择，都不代表你们不能留在海军和空军做飞行员，它仅仅说明，你们不适合做舰载机试验试飞员罢了。

我讲完了，散会！

4. 沟通实效

在《海天雄鹰》第4集和第5集中，衣正邦在试飞大队成立大会上的讲话令人印象深刻效果显著。

他通过讲述牺牲者的故事，让在场人员深刻感受到试飞工作的危险性和使命感。

其中提到了余涛的父亲余海洋，他主动请缨代替突患感冒的衣正邦去试飞新型战机，却遭遇飞机故障而壮烈牺牲；还提及了名贯中外的海军一零一团，这是一支战功卓著的英雄部队，因屡立战功被毛主席、周总理多次接见，授予“海空雄鹰团”的英雄称号，也是新中国成立以来唯一一个获重大荣誉的团一级单位。

衣正邦的讲话，让试飞大队的成员们对那些为中国试飞事业献身的战士们有了更深刻的认识和敬意，也让他们明白了自己所肩负的重大责任。这种讲话方式激励着在场的每一位飞行员，要抱着随时牺牲的觉悟，怀着使命与责任去完成任务。同时，也为整个剧集营造了一种庄严、肃穆的氛围，强调了试飞工作的重要性和神圣性。

讲话结束后，大家为先驱们默哀，并举行了庄重的仪式，将试飞大队的旗帜交给了秦大地。衣正邦的话语和行动为试飞大队的工作奠定了坚实的思想基础，也让观众对中国海军舰载机试飞大队的使命和精神有了更深入的理解。

5. 沟通策略

在《海天雄鹰》第 4 集和第 5 集中，衣正邦在试飞大队成立大会上讲话的策略主要包括以下几点：

（1）以真实故事引发共鸣。他讲述了余海洋烈士主动请缨代替突患感冒的自己去试飞新型战机，却遭遇飞机故障而壮烈牺牲的故事。通过这个真实而感人的事迹，让在场人员深刻感受到试飞工作的危险性以及试飞员所肩负的重大责任，引发了大家的情感共鸣。

（2）强调使命与责任。借余海洋的故事，衣正邦向试飞大队的每一位飞行员强调，他们必须要抱着随时牺牲的觉悟，怀着使命与责任去完成任务，让大家明白试飞工作的重要性和神圣性。

（3）激励与鼓舞士气。衣正邦的讲话激励着在场的飞行员，唤起他们的使命感和荣誉感，使他们更加坚定地投身到试飞工作中，为中国航母舰载机事业的发展贡献力量。

这种讲话策略能够让试飞大队的成员们对自身工作的意义有更深刻的认识，激发他们的斗志和决心，同时也为整个剧集营造了庄严、肃穆的氛围，突出了中国海军舰载机试飞大队的使命和精神。

6. 沟通启示

在《海天雄鹰》第 4 集和第 5 集中，衣正邦在试飞大队成立大会上的讲话带来了以下启示：

（1）传承与发扬精神。他讲述了余海洋烈士主动请缨试飞新型战机，遭遇故障后壮烈牺牲的故事，这激励着试飞大队的成员们传承烈士的精神，怀着使命感和责任感去面对每一次飞行任务。这种精神的传承提醒人们要铭记历史、尊重前辈的奉献，并将其转化为自己前进的动力。

（2）强调责任与担当。试飞工作充满危险，但他们必须要有随时牺牲的觉悟，这凸显了军人在履行职责时应有的担当和对国家、人民的高度责任感。这启示人们在面对困难和挑战时，要勇于承担责任，不畏惧风险。

（3）培养坚定的信念和勇气。面对未知和危险，需要有无畏的勇气和坚定的信念。正如衣正邦所说，每一次试飞都是对极限的挑战，只有具备这些品质，才能在艰难的任务中坚持下去并取得突破。这鼓励人们在生活和工作中要树立坚定的信念，勇敢地追求目标。

（4）团队合作的重要性。试飞大队是一个团队，每个人的工作都关系到整个任务的成败。这提示人们在团队合作中要相互协作、相互支持，心往一处想，劲往一处使，共同为实现目标而努力。

（5）激发爱国情怀。衣正邦的讲话体现了对国家和国防事业的忠诚与热爱。这种爱国情怀能够激发人们为国家的繁荣和强大贡献自己的力量，在各自的岗位上努力奋斗为实现国家的利益和荣誉而拼搏。

电视剧中的衣正邦这一角色虽为虚构，但其背后有着鲜明的现实原型。海军原副司令员张永义中将就是其角色的真实化身影，他是中国舰载机飞行员的奠基者，曾担任海军副司令员，兼任舰载机试验训练总指挥，为我国航母舰载机的发展做出了突出贡献。他致力于攻克技术难关，推动舰载机飞行员的培训与发展，其坚韧和爱国情怀深深感染着无数人。《海天雄鹰》通过衣正邦这一角色，向观众展现了中国军人的血性与担当，以及他们为国家和航空事业无私奉献的精神。

（三）坚持下去就总有机会成为比强大对手更强大的人

1. 沟通背景

在《海天雄鹰》第 9 集中，吴惊天对谢振宇引导沟通的背景是谢振宇在试飞大队控制对抗赛中败给余涛后，提交了离队申请书。

秦大地深知谢振宇是难得的人才，希望他能留在试飞大队，便恳请吴惊天去做谢振宇的思想工作。吴惊天约谢振宇来到海边自己钓鱼的地方，对自己的爱徒进行引导。

2. 沟通竞秀

3. 沟通经典

你铁了心要退出试飞大队回一二零团？（是的！）我看你退役算了，我是在海边出生的，我们那儿的乡亲们哪，这些年，一直在搞海水养殖，什么鲍鱼呀、海参哪，山积海聚的，但是销路上有些问题，他们一直想找个能人，帮他们开一家海产品销售公司。我有残疾，干不了，我看你退役以后，帮他们去卖海参吧，那玩意挺赚钱的，用不了多久，你就发了！……

你别管我，反正从明天开始，我不会再到这里来了。（您别这样，您这样我心里难受！）你难受什么？承认自己不行，在比你更强大的对手面前认输不丢人！我没想到你的内心会这么脆弱，真让我失望！

（试飞大队有秦大地和余涛就够了，他们俩配合默契，思想统一，格局一致，有没有我谢振宇无所谓！）

你说什么？有没有你谢振宇都无所谓，是吗？（是！）

是个屁！当年秦大地连续三次决战击败我之前，你知道失败了多少次、多少年吗？整整五年！如果照你说的那样——无所谓！能有他秦大地的今天吗？每年全海军的空中对抗，最后进入决赛的总是我们两个人，每次都是我击败他，是我让他一点点明白了他的差距在哪里，想成为最优秀的飞行员，他还需要什么，最后他终于成功了。我呢，也弄通了一个道理——一个人的内心如果强大到足以让他坚持下去，他就总有机会打败他面前那个看起来无比强大的对手，到那个时候，他就成了比对手更强大的人——真正的“空中之王”。中国海洋和蓝天的主人从来都是这么练出来的！

（您到今天还相信我？）我相信你有什么用？是秦大地相信你！秦大地相信你有什么用？你得自己相信你自己！

（您说秦大地相信我？他自己跟您说的？）

他儿子得了疑难杂症，头脑发达，四肢不能动，到今天，医学界也没个明确的说法，换句话说，无法对症下药；他父亲三年前又得了截瘫。他哪一点比你容易啊？可他刚刚通过你们的对内竞赛让自己成为第一试飞员之一！每一次试验，他都要第一个冲上去面对牺牲！你有没有问过自己，为什么一定应该是他？十二年了，我终于明白了，我钓不到那条大鱼了——原来以为，你能把秦大地的本事全部学过来，全变成自己的本事，强大到可以一次又一次全方位地击败他，就像他当年毫不留情地击败我一样！（吴惊天愤然折断钓鱼竿离去。）

4. 沟通实效

在《海天雄鹰》第 9 集中，吴惊天对谢振宇引导沟通的效果是显著的。

吴惊天约谢振宇来海边谈心，斥责他内心过于脆弱。他指出秦大地在击败自己之前，曾经历了整整五年的挫折与失败，强调一个人的内心若足够强大并能坚持下去，就总有机会打败强大的对手，成为真正的空中王者。吴惊天还透露了秦大地的家庭困境，其儿子患有疑难杂症，父亲截瘫，而秦大地在如此艰难的情况下，仍通过努力成为试飞大队第一试飞员，并可能在未来的试飞中面临危险。

这番话如重锤般敲打着谢振宇的心灵，让他开始反思自己的逃避态度。吴惊天的话语打破了谢振宇的自我设限和消极心态，唤起了他的责任感和使命感。

最终，谢振宇如梦初醒，明白了秦大地和吴惊天的良苦用心，下定决心回到试飞大队，向秦大地和陶斯勇申请撤回离队报告。他还重新修复了吴惊天的钓鱼竿，以表达自己诚心悔过的态度。这次沟通成了谢振宇转变的关键契机，使他重新振作，积极面对挑战，肩负起自己的使命与责任。

5. 沟通策略

在《海天雄鹰》第 9 集中，吴惊天对谢振宇引导沟通时运用了以下策略：

（1）以自身经历激励。吴惊天提到秦大地在战胜自己之前，曾经历了整整五年的挫折与失败，通过讲述秦大地的这段经历，让谢振宇明白成功并非一蹴而就，需要经历挫折和坚持。

（2）强调内心强大的重要性。他郑重地告诉谢振宇，只要内心强大到足以坚持下去，就总有机会打败强大的对手，成为真正的空中王者，以此激励谢振宇要克服内心的脆弱，培养坚韧的品质。

（3）透露秦大地的困境。吴惊天向谢振宇透露秦大地的儿子患有疑难杂症，父亲截瘫，而秦大地在艰难的情况下仍努力成为试飞大队第一试飞员，且可能在未来的试飞中面临危险。这让谢振宇了解到秦大地所肩负的责任和压力，以及他为了事业的坚持和付出，从而唤起谢振宇的责任感和使命感。

（4）运用激将法。吴惊天对谢振宇的怯懦表现表示失望，甚至在盛怒之下折断鱼竿，表示不再来钓鱼，因为他原本期待谢振宇能成为像秦大地一样优秀的人，现在看来这个期望落空了。这种激将法刺激了谢振宇，让他开始反思自己的逃避态度。

吴惊天的这些沟通策略，目的是打破谢振宇的自我设限和消极心态，唤起他的斗志、责任感以及对试飞大队的归属感，使他能够重新振作，积极面对挑战，肩负起自己的使命与责任。最终，谢振宇也确实受到了触动，下定决心回到试飞大队。

6. 沟通启示

在《海天雄鹰》第 9 集中，吴惊天对谢振宇的沟通引导带来了以下启示：

（1）挫折是成长的机遇。秦大地在成为“空中之王”前也经历了五年的挫折失败，这表明遇到困难和挫折并不可怕，关键是要有坚持下去的勇气和毅力，挫折可以成为成长和进步的机遇。

（2）内心强大的力量。只要内心足够强大并能持之以恒，就有机会战胜强大的对手。强大的内心能帮助人们在面对困难和挑战时保持坚定，不轻易放弃。

（3）责任与使命的重要性。秦大地在家庭面临诸多困难的情况下，依然为了试飞事业努力拼搏并取得卓越成绩，甚至可能面临危险也毫不退缩。这让谢振宇认识到，每个人都肩负着责任和使命，不能逃避，而应勇敢担当。

（4）团队合作的意义。谢振宇曾认为试飞大队有秦大地和余涛就够了，但吴惊天的话让他明白，团队中的每个人都有其价值和作用，不能忽视自己在团队中的责任。

（5）克服自我设限。谢振宇之前的逃避态度是一种自我设限，吴惊天的斥责和激励让他反思并尝试突破这种限制，相信自己有能力做得更好。

（6）尊重和珍惜良师益友的指导。吴惊天作为谢振宇的导师，对他的批评和建议是出于关心和期望。这提醒谢振宇要尊重并珍惜他人的指导，从中汲取力量和智慧。

这些启示不仅对剧中的谢振宇产生了深远影响，也能让观众在现实生活中得到启发，鼓励人们在面对困难时保持积极的心态，勇于承担责任，不断挖掘自身潜力，努力实现自己的目标。

（四）什么是国耻

1. 沟通背景

在《海天雄鹰》第 33 集中，余兆年在会议上进行关于“精神”讲话的背景是：中国海军已经成立了首支舰载机试飞大队，正在攻克舰载机着舰和起飞技术这一世界性难题。

随着中国第一艘航母平台开始出海试航，海军面临着巨大的挑战和任务。老一辈飞行员如余兆年等，深知这项任务的艰巨性和重要性。他们经历过过去中国在航空领域的相对落后，以及面对外部强敌时所遭遇的困境。

在这样的背景下，余兆年通过讲述自己当年与敌军对抗的经历，来激励年轻一代的飞行员。

2. 沟通竞秀

____

____

3. 沟通经典

有一件事，你们当中可能有人听说过，就是二十年前，我跟我的老对手见面那一回事，是不是有人听说过？

这位将军呢，就是当年在海南岛上空被我击落的那个驾驶F8舰载战斗机的飞行员，他叫詹姆斯·威尔逊。要知道，他可是号称“王牌飞行员”哪！王牌也被我们打下来了，也成我们的俘虏了，所以他觉得这一仗是非常的耻辱，所以他一定要找到我，让我亲自谈一谈那场战斗的经过，他这块心病啊才能放下来。我们俩就见面了，见了面之后他就说：“其实我知道你是怎么把我打下来的，但是我就是不想说，因为那是我最丢人的事。我们的飞机那么先进，还有最先进的导弹，你们的飞机那么落后，竟然被你们打了一个三比零，耻辱啊！奇耻大辱啊！简直是国耻啊！”

翻译给我翻译完了，我一听，不算耻辱，一场战役而已，更谈不上国耻，要说国耻啊，那事就大了。什么是国耻啊？当年鸦片战争，英国人逼着我们签订了《南京条约》，那叫国耻！中日甲午战争，日本人逼着我们签订了《马关条约》，割让了台湾和辽东半岛，那叫国耻！抗日战争时期，日本人杀了我们成千上万的同胞啊，那叫国耻啊！还有啊，你们现在国富兵强的，想什么时候弄个航母堵到我们家门口，想什么时候飞起几架舰载机来欺负我们一通，就欺负我们一通，这叫国耻啊！

讲完了这些，也不知道他听懂没听懂，反正那个翻译都给他翻译过去了，他也不住地点头，酒过三巡了，我就跟他说，詹姆斯先生，你知道吗，那一场战役我所使用战术，我们自己人管它叫作“空中拼刺刀”。你们都欺负到我们家门口来了，我们必须把你们打回去呀，否则的话，中国人民解放军那不就成了鸦片战争时期的八旗兵了吗？那不就成了中日甲午战争时期的清军了吗？不是我要赢你们，是中国人民解放军一定要赢你们！

当年哪，我们的战斗机和人家比呀，咱们太落后了，靠军事装备，咱们打不过人家——靠军事装备打不过他们，那得靠什么呀？靠的就是精神！只有拿出来“空中拼刺刀”的精神，只有下决心用我们自己的飞机去撞击敌人的飞机，我们才能赢他们。

我们这支军队的缔造者——毛主席早就说过一句话，他说我们这支军队“具有一往无前的精神，它要压倒一切敌人，而绝不被敌人所屈服，无论在任何艰难困苦的场合，只要还有一个人，这一个人就会继续战斗下去”。

最后，我还要说，咱们现在终于有了自己的航母，有了我们的舰载机，我们终于可以改变长期以来被人家堵在家门口、欺负我们的历史了。但是，我们还要跨过最后一道坎儿，首先就要攻克的是舰载机起飞和着舰的课题，然后还要攻克

舰载机编队一系列技术问题，让我们的航母编队和你们舰载机编队，再加上先进的战斗舰艇，一起成为一支真正具有强大战斗力的海上作战部队，驶向大洋，驶向深蓝，驶向未来的每一个制胜高地!

还是那句话，辛苦不算什么，牺牲也不算什么！个人，可以不赢！但是，中国必须得赢！这就是中国的精神!

4. 沟通实效

在《海天雄鹰》第33集中，余兆年的讲话给全体官兵带来了极大的鼓舞，向年轻一代的飞行员有效传递了飞行员的精神和使命，对年轻飞行员起到了极大的激励作用。

首先，增强了年轻飞行员的使命感和责任感。余兆年讲述了当年中国因没有先进设备而遭受敌人的轻视、攻击，以及外国肆意入侵掠夺的历史，让年轻飞行员们深刻认识到自己所肩负的保卫国家的重任。

其次，唤起了他们的爱国情怀和战斗精神。余兆年强调如今中国逐渐强大，需要年轻一代拿出“刺刀精神”，认真对抗来犯之敌。这种精神的传递激励着年轻飞行员们勇往直前，不畏艰难险阻，为了国家的安全和尊严而奋斗。

再次，给予了他们面对挑战的信心和勇气。余兆年自身作为经验丰富且技术超群的前辈，他的话语让年轻飞行员们相信，只要具备坚定的信念和顽强的精神，就能够克服各种困难，完成攻克舰载机技术难题等艰巨任务。

最后，促进了老一辈“海空雄鹰精神”的传承。余兆年向年轻一代传递了飞行员的精神和使命，鼓励他们继承和发扬老一辈飞行员的优秀品质和传统，为中国海军的发展和强大贡献自己的力量。这种精神的传承将激励年轻飞行员们在未来的飞行生涯中不断追求卓越，为保卫祖国的海空安全而拼搏。

5. 沟通策略

在《海天雄鹰》第33集中，余兆年在会议上讲话的策略主要是以亲身经历和真实历史为依据，来激励和鼓舞全体官兵。

他首先讲述了自己当年与敌军对抗的过程，强调了过去因为没有先进的装备，中国遭受了敌人的攻击，被迫签订很多不平等条约，外国肆意入侵掠夺。这种以真实经历为基础的叙述，能够让听众深切感受到当时的困境和无奈，增强他们的共鸣和情感

触动。

接着，他将过去的耻辱与现在中国的强大进行对比，指出中国已经真正强大起来了。然后鼓励大家拿出刺刀精神，认真对抗所有来犯之敌，表明只要有人敢冲过来，就可以用最先进的设备打回去。这种对比的方式，凸显了今昔的巨大变化，也让大家更加明确自身的责任和使命，激发他们的斗志和信心。

余兆年的讲话旨在向年轻一代的飞行员传递飞行员的精神和使命，强调打赢战争不仅要依靠先进的设备，更要依靠这种顽强拼搏、敢于战斗的精神。他的讲话策略通过真实故事引发共鸣、对比激励斗志、明确使命方向等方式，成功地鼓舞了在场众人，大家纷纷激动鼓掌。

6. 沟通启示

在《海天雄鹰》第 33 集中，余兆年在会议上关于“精神”的讲话带来了以下启示：

（1）传承与担当。余兆年作为老一辈的英雄飞行员，他的经历和精神激励着年轻一代的飞行员。这体现了传承的重要性，老一辈的奋斗和奉献为后代树立了榜样，新一代需要接过接力棒，担当起保卫国家和人民的责任。

（2）爱国情怀与使命感。他讲述过去中国因实力差而遭受侵略的历史，强调了要为国家的强大而努力奋斗。这启示人们应怀揣强烈的爱国情怀和使命感，为了国家的利益和尊严，毫不畏惧地面对挑战。

（3）不畏困难，勇往直前。尽管当年面临装备落后等困难，但余兆年毫不退缩地迎战敌人。这提醒人们在困难面前不能畏惧，要有勇气和决心去克服，凭借拼搏精神去争取胜利。

（4）重视精神力量。余兆年强调打赢战争不仅靠先进设备，更要依靠精神。这表明在面对各种挑战时，坚定的信念、顽强的意志等精神力量是至关重要的。

（5）居安思危。虽然中国已经逐渐强大，但仍需保持警惕，随时准备应对来犯之敌。这提醒人们要有危机意识，不能满足于现状，而应不断努力提升自己和国家的实力。

（6）团队合作与奉献精神。剧中的试飞大队等集体展现了团队的力量。每个人都为了共同的目标而努力，甚至不惜献出生命。这启示人们在团队中要发扬奉献精神，共同为实现目标而奋斗。

这些启示不仅适用于剧中的飞行员们，也对现实生活中的人们具有一定的激励和教育意义，鼓励大家在各自的岗位上，为了国家、集体和个人的发展，传承优秀品质，勇于担当，克服困难，发挥精神力量，保持进取和奉献的精神。

三、励志榜样

（一）例文引领

《海天雄鹰》中的榜样——秦大地

在电视剧《海天雄鹰》中，秦大地是一位令人钦佩的海军功勋飞行员。

秦大地拥有高超的飞行驾驶技巧，能完成鹞式飞行等高难度飞行动作。在首次C类项目新机型试飞测试任务中，他作为主飞，在强子的配合下进行新型战机的技战术性能测试，成功进行了鹞式飞行的技巧表演并安全返航。

然而，这位身经百战的英雄却面临着生活的困境与内心的挣扎。回到家中，他常因家庭琐事与妻子发生争执。妻子认为他在海军部队工作工资太低，想让他换个高薪且假期多的工作以兼顾家庭，但秦大地一心扑在祖国的航天事业上，常常忽略妻子的感受。甚至在儿子因患疑难杂症，从小需要他人协助日常起居的情况下，他依然选择负重前行。

中国海军成立首支舰载机试飞大队后，秦大地在海军副司令员衣正邦的带领下，带领着以谢振宇、余涛为代表的顶尖青年飞行员，以严谨的科学态度和时不我待的使命意识，攻克了舰载机着舰和起飞技术这一世界性难题，让中国海军走向了世界舞台。

尽管秦大地飞行技能卓越，是一位优秀的飞行前辈，但他在对待家庭方面显得较为自我。他全身心投入祖国的航天事业，却常忽视妻子的情感需求。

当试飞大队准备推举秦大地作为第一试飞员时，他却做出了一个令人意外的决定——主动退出。这并非冲动之举，而是经过深思熟虑的。他深知自己的身体状况和试验飞行的危险性，不愿因个人原因给国家带来不必要的损失。此外，老一辈军事家余兆年的话也深深触动了他，让他意识到真正的军人要有为大局着想的智慧和牺牲精神。

秦大地选择转型成为着舰指挥员，在新岗位上凭借高超技术和丰富经验，赢得了战友们的信任与崇拜。他的主动让步，不仅是对自身状况的坦诚，更是对年轻一代的信任和期待。他相信年轻飞行员们是“明日之星”，胜利的要素不仅在于前线的战士，还在于那些甘愿为他人铺路、成为幕后英雄的人。

秦大地的故事，是关于成长、责任与牺牲的深刻寓言。他用自己的选择和行动，诠释了真正的英雄主义。他在家庭与事业之间的艰难抉择，以及为了国家和集体荣誉所做出的巨大牺牲，令人动容。他的精神激励着年轻一代飞行员，为了国家的航空事业不断拼搏、奋进。在他的引领下，谢振宇和余涛等年轻飞行员逐渐成长，掌握了先进的飞行技能，学会了面对困难和挑战，成为中国海军航空兵的新生力量和希望。

《海天雄鹰》通过秦大地的故事，展现了一代军人的风采与情怀，是一首献给所有为了国家和民族默默奉献、勇于牺牲的英雄们的赞歌。

《海天雄鹰》中的榜样——余涛

《海天雄鹰》中的余涛，是一位令人钦佩的角色，他以自身的魅力和精神成为许多观众心中的榜样。

余涛出身于飞行世家，祖父是曾战胜美国顶尖驾驶员的赫赫有名的飞行员，父亲也是翱翔蓝天的勇士。然而，父亲在他出生之际便英勇牺牲，这使得余涛从小就肩负着家族的期望，坚定地踏上了飞行之路。

他性格坚韧不拔，不屈不挠，且具有钢铁般的意志。对待飞行工作，余涛认真负责，无论是战机选择、航迹推演还是战术演练等复杂的指挥工作，他都亲力亲为。

在剧中，余涛是一名优秀的青年飞行员，他和谢振宇等顶尖青年飞行员一起，在海军功勋飞行员秦大地大队长的带领下，以严谨的科学态度和时不我待的使命意识，攻克了舰载机着舰和起飞技术这一世界性难题。

余涛深知试飞工作的危险性，但他依然在与妻子匆匆领取结婚证后，便毫不犹豫地投身其中。他的飞行技术高超，在与谢振宇的竞争中，两人暗自较劲，努力争夺第一试飞员的名额。然而，在看到秦大地为了突破难题，在试飞任务中不幸受伤后，余涛的心态开始发生变化。

秦大地受伤后，余涛临危受命做了代理大队长，逐渐理解了秦大地总是抢着第一个飞的真正原因——是为了保护他们。余涛也深深被秦大地触动，他开始意识到集体的重要性，明白了试飞任务不是几个人就能完成的，需要整个团队的共同努力。第一个飞不是目的，而是应该通过试验，得到经验和教训，减少后面的失误和牺牲。

余涛拥有很强的大局意识，能屈能伸。他为了集体的荣誉和利益，主动向谢振宇靠近，包容对方。他和谢振宇性格互补，一个适合在前面冲锋，一个负责安定后方，两人的思想逐渐统一，不再强求谁第一个飞，而是相互鼓励，相互学习，一起为航母事业的发展贡献力量。

余涛传承了老一辈的“海空雄鹰精神”，最终率领中国舰载机机群在辽阔海空上展翅翱翔。他的故事告诉我们，成功不仅仅是个人的荣耀，更是团队协作、责任担当和为了共同目标不懈努力的结果。他用自己的行动诠释了什么是真正的军人精神和对国家、对集体的无私奉献，这种精神激励着我们在面对困难和挑战时，坚定信念，勇往直前，为了实现更大的目标而努力奋斗。

《海天雄鹰》中的榜样——谢振宇

在电视剧《海天雄鹰》中，谢振宇是一位令人钦佩的角色。

谢振宇是一位青年飞行员，他身材高大、眼神坚定，身着军装的他尽显海军的专业与庄重。他是海军连续三年的“空王”，具备卓越的飞行技术和敏锐的反应能力。

谢振宇心思缜密，面对复杂的飞行任务和突发状况，他总能冷静分析，迅速找到解决问题的方法。他执着勇敢，不达目的誓不罢休，这种性格让他在面对困难和挑战时从不轻易退缩。

然而，他也并非完美无缺。谢振宇性格桀骜不驯，有着像弹簧一样的脾气，越给压力越有动力，但有时也会显得过于冲动。在一次驱离不明战机的任务中，尽管团长警告他绝不能越过作战区域，但他因心中的怒气，根本不听指挥，紧追敌机不放，这显示出他有时会因冲动而忽视纪律。

谢振宇在成长过程中也经历了许多挫折和考验。在试飞大队的选拔和训练中，他面临着巨大的竞争压力和高难度的试飞任务。例如，在执行某些试验科目时，他可能会遭遇失败，但他从不气馁，反而将失败视为积累经验的机会，以更加坚定的决心和毅力去攻克难题。

他曾因不遵守指挥命令而被关禁闭室，甚至提交过离队申请书。但在关键时刻，他能够幡然醒悟，理解他人的良苦用心。在经历了内心的挣扎和反思后，他重新审视自己，认识到自己的不足，并努力改正。

谢振宇的成长也离不开他人的帮助和引导。他的师傅吴惊天给予他鼓励和支持，让他明白了坚持和信念的重要性。而与战友们共同探讨技术难题、攻克飞行难关的过程，也使他逐渐学会了团队合作和倾听他人的意见。

在面对试飞的风险和困难时，谢振宇内心的恐惧也曾油然而生。但他凭借着顽强的意志和对飞行事业的热爱，努力克服恐惧，不断挑战自我。他自告奋勇担任最危险的试验课目第一试飞员，展现出了非凡的勇气和担当。

谢振宇的梦想是率领中国舰载机机群在辽阔海空上展翅翱翔，为了实现这个目标，他不畏艰难，不断努力。他的精神成长历程，受试飞英雄们“海空雄鹰精神”的激励鼓舞。他的形象充分印证了现实主义精神与浪漫主义情怀相结合的创作具有强大生命力，也让他成了许多人心目中的榜样。谢振宇的故事激励着人们在追求梦想的道路上，坚定信念，勇往直前，无惧困难与挑战。

（二）百花齐放

四、观后感

（一）例文引领

《海天雄鹰》观后感

《海天雄鹰》这部剧以其紧张刺激的情节、震撼人心的画面和深刻的主题，给我带来了一场难以忘怀的视听盛宴，同时也让我对军人的使命、责任和奉献有了更深刻的认识，具有重要的教育意义。

该剧以真实事件为蓝本，首次揭秘了航母舰载机试飞员的训练和生活，呈现了谢振宇、秦大地、余涛等顶尖飞行员从遴选到训练，再到着舰起飞的艰辛成长历程。他们在海军副司令员衣正邦的带领下，从零开始，突破重重技术难关，成功攻克舰载机着舰和起飞技术这一世界性难题。

剧中人物形象鲜明且立体，他们既是英勇无畏的军人，也是有血有肉的普通人。面对家庭与事业的冲突，他们内心的纠结与挣扎令人感同身受。秦大地在工作中信念坚定、不辱使命，但同时他也是一位爱妻子的丈夫、疼儿子的父亲和孝顺的儿子。当妻子因孩子的病情逼迫他转业时，他的愧疚、无奈和执意坚守，使这个人物更加真实可感。这种对人物多面性的刻画，让我们看到了军人在履行职责的背后，也有着和常人一样的情感和困扰，使他们的形象更加可亲可敬。

这部剧将现实主义精神与浪漫主义情怀相融合，通过历史的回顾和现实的观照，把国防意识艺术化、形象化地传达给观众。它让我们深刻认识到拥有自主自制的航空母舰对于国家安全和人民幸福的重要性，激发了我们的民族自豪感和爱国情怀。

同时，《海天雄鹰》也让我对团队协作的意义有了更深刻的理解。在攻克舰载机技术难题的过程中，每一个环节都需要不同岗位人员的紧密配合，从飞行员到地勤人员，从技术专家到指挥官，缺了谁都不行。这种团结一心、众志成城的团队精神令人钦佩，也让我明白了在任何一个集体中，只有大家齐心协力、相互配合，才能实现共同的目标。

此外，该剧还具有激励人心的教育作用。它展现了试飞员们不畏艰难、勇往直前的精神，让我们看到了他们为了国家和人民的利益，不惧风险、敢于挑战极限的勇气和决心。这种精神力量将激励我们在自己的生活和工作中，勇敢面对困难，坚持不懈地追求目标。

而且，剧中军人的优秀品质，如忠诚、担当、坚韧等，为我们树立了良好的榜样。他们的故事告诉我们，无论面对何种挑战，都要有坚定的信念和使命感。特别是秦大地在得知自己基因问题后的抉择，他放弃个人荣誉，选择成为年轻一代的引路人，这种无私奉献的精神令人动容，让我们明白了真正的英雄不仅是在关键时刻挺身而出，更是在幕后默默付出、为了团队和未来甘愿牺牲个人利益的人。

观看完这部剧，我深感自己收获颇丰。它不仅让我对中国军人的风采和精神有了更深入的了解，也让我在思想上得到了洗礼和升华。它提醒着我们要珍惜来之不易的和平环境，努力奋斗，为国家的繁荣和发展贡献自己的力量。无论是在国防建设还是其他领域，我们都需要这种海天雄鹰般的精神，去展翅翱翔，迎接挑战，实现梦想。

总之，《海天雄鹰》是一部兼具艺术价值和教育意义的佳作。它以其独特的视角和精彩的呈现，让观众感受到了中国海军的强大和军人的伟大，同时也激励着我们在现实生活中传承和发扬这种精神，为实现中华民族的伟大复兴而努力拼搏。对于军事题材爱好者和广大观众来说，这部剧都值得我们反复品味和思考。

（二）百花齐放

____

____

五、研讨发言

（一）例文引领

电视剧《海天雄鹰》研讨会发言稿

尊敬的各位领导、专家、同仁们：

大家好！很荣幸能够在这次《海天雄鹰》的研讨会上发言。

《海天雄鹰》这部剧以其独特的视角和精彩的叙事，为我们展现了一幅波澜壮阔的海天画卷。它不仅仅是一部影视作品，更是一次对家国情怀、军人使命和时代精神的深刻诠释。

首先，从剧情角度来看，《海天雄鹰》紧扣时代脉搏，将故事背景置于我国航空事业发展的关键时期。剧中通过一系列紧张刺激的情节如高难度的试飞任务、复杂多变的战斗场景等，充分展现了我国航空事业从起步到腾飞的艰辛历程。同时，也描绘了飞行员们在面对困难和挑战时，那种坚韧不拔、勇往直前的精神风貌。这种精神，不仅激励着剧中的人物，也深深感染着每一位观众。

在人物塑造方面，该剧可谓是入木三分。以余兆年为代表的老一辈飞行员，他们将青春和热血奉献给了祖国的蓝天，用自己的实际行动诠释了什么是忠诚和担当，而新一代飞行员们，在继承了前辈们优良传统的同时，又展现出了新时代年轻人的创新精神和进取意识。他们在成长过程中所经历的困惑、挫折和突破，让我们看到了人性的光辉与力量。这些鲜活的人物形象，让我们深刻感受到了我国航空事业发展的背后，是一代又一代航空人的不懈努力和无私奉献。

此外，《海天雄鹰》在视觉呈现上也给观众带来了极大的震撼。精彩绝伦的飞行特效、逼真的战斗场面，让我们仿佛身临其境，感受到了海天之间的紧张与刺激。同时，剧中对于我国先进航空装备的展示，也让我们为国家的科技实力感到自豪。这些视觉元素的运用，不仅增强了作品的观赏性，更让我们对我国航空事业的发展有了更直观、更深入的了解。

从主题思想上来看，《海天雄鹰》传递了一种强烈的爱国主义情怀和民族自豪感。它让我们看到了我国航空事业在国家发展中的重要地位，以及航空人在保卫国家领空安全、推动科技进步方面所做出的巨大贡献。同时，该剧也激励着我们在各自的工作岗位上，要像剧中的飞行员们一样，勇于担当、敢于创新，为实现中华民族伟大复兴的中国梦贡献自己的力量。

然而，这部剧也并非完美无缺。在剧情的推进上，个别情节可能显得有些仓促，导致人物的情感转变略显生硬。另外，在一些细节的处理上，还可以更加严谨和细致，以提升作品的整体质量。但不可否认的是，《海天雄鹰》在诸多方面都取得了显著的成就，它为我国的军事题材影视作品树立了新的标杆。

总之，《海天雄鹰》是一部具有深刻思想内涵和艺术价值的优秀作品。它让我们看到了我国航空事业的辉煌成就，感受到了航空人的伟大精神。相信这部作品将会在广大观众心中留下深刻的印象，并激励更多的人投身到祖国的建设事业中去。

谢谢大家！

(二)百花齐放

____

____

六、文旅链接

青岛东方影都：位于山东省青岛市西海岸新区，是该剧的主要置景拍摄地之一。这里拥有先进的影视拍摄设施和完善的影视制作产业链，还有融创茂、融创乐园等娱乐休闲场所，以及星光岛等特色景点，游客可以在这里感受影视文化的魅力。

青岛四方机厂1900文创园区：在山东省青岛市市北区兴隆路街道，剧中多个场景取自于此，如富有年代感的办公室场景取自园区老厂办公楼内部，规模宏大的厂房空间也作为剧组拍摄基地。这里的百年工业遗存建筑独具特色，未来还将改造为城市文旅体验新地标。

青岛西海岸东环岛路：该剧的取景地之一，这里有美丽的海滨风光，沿线风景优美，视野开阔，是骑行、散步等休闲活动的好去处，游客可以在此欣赏到青岛西海岸的自然美景。

葫芦岛港：地处辽宁省葫芦岛市，电视剧曾在此进行拍摄。葫芦岛市是沿海港口城市，拥有丰富的海洋资源和独特的海滨风光，其港口区域具有浓厚的海洋文化氛围和工业遗迹景观。

作业

1. 完成本节“沟通竞秀”练习，将其中自己最满意的文字版和音频版创作内容上传到学习平台。

2. 观赏《海天雄鹰》全剧，完成“励志榜样”“观后感”“研讨发言”部分的练习，将其中自己最满意的文字版和音频版创作内容上传到学习平台。

后　记

在山东信息职业技术学院党委的领导与指引下，这本红色文化基因进课程的探索性书稿终于完成，作为编写者的我们仿佛经历了一场漫长而又意义非凡的旅程。在这段关于“复兴路上的经典表达与沟通”的探索之路上，我们收获了太多的感悟与思考，在此，愿与读者们分享这一路的点点滴滴。

回首创作的初衷，是源于对当下时代背景的深刻认知。在中华民族伟大复兴的征程中，表达与沟通的力量愈发凸显。无论是在国内凝聚民心、传递政策，还是在国际舞台上展现中国形象、开展对外交流，精准而有力的表达都是不可或缺的桥梁与纽带。我们深知，经典的表达能够穿越时空的界限，在历史的长河中留下深刻的印记，成为推动社会进步与文化传承的重要力量。

在研究与撰写的过程中，我们深入挖掘了众多影视剧资料。其中有仁人志士的智慧言谈，有革命先辈们的激昂呐喊，有新中国成立后建设时期的宣传话语，有新时代中国特色社会主义的理念传播。这些丰富的素材犹如一颗颗璀璨的明珠，串联起了一部生动的表达与沟通的历史画卷。

在创作过程中，我们遇到了诸多困难。一方面，资料的收集与整理工作犹如大海捞针，需要从浩如烟海的文献、影像资料中筛选出有价值的内容，并进行系统的分析与整合。另一方面，如何将理论与实践相结合，让这本书不仅仅是一部学术性的著作，更是一本能够为广大读者提供实际指导的教科书，也是我们一直努力的方向。为了解决这些问题，我们与众多领域的专家学者进行了交流与探讨，他们的宝贵意见与建议让我受益匪浅。同时，我们也深入到社会各界，进行了大量的调研与访谈，倾听不同人群在表达与沟通方面的需求与困惑，力求使书中的内容更加贴近实际、贴近生活。

如今，这本书即将付梓，我们要感谢在创作过程中给予我们支持与帮助的所有人。正是因为有了你们的陪伴与支持，我们才能够在这条复兴路上的表达与沟通的探索之路上坚定地走下去。愿这本书能够成为复兴路上的一颗小小基石，为中华民族伟大复兴的宏伟事业贡献一份微薄之力。同时，我们心中充满了期待与忐忑。期待这本书能够为读者们在复兴路上的表达与沟通提供有益的帮助与启发。忐忑的是，由于自身的能力与视野有限，书中难免存在不足之处。但我们相信，读者们的反馈与批评将会成为我们不断完善与进步的动力。联系邮箱：wfwzh69@163.com。

编　者

2024 年 11 月 11 日